国家社会科学基金项目"面向中国式现代化的统计测度基础研究"(项目批准号：22VRC165)阶段性成果

国家社科基金丛书
GUOJIA SHEKE JIJIN CONGSHU

中国流动人口消费效应与就业核算研究

The Accounting of China's Floating Population
Consumption Effects and Employment

王亚菲　王　瑞　贾雪梅　著

人民出版社

前　　言

国家社会科学基金项目"面向中国式现代化的统计测度基础研究"（项目批准号：22VRC165）以 1973 年诺贝尔经济学奖得主列昂惕夫（Wassily Leontief）教授 20 世纪 30 年代创立的投入产出核算作为基本分析框架，构建了详细部门分类的中国投入产出数据系统，对经济高质量发展中面临的统计基础测度问题开展研究。本书是在此框架下针对我国劳动就业统计核算问题的一个基础研究。

劳动与就业统计数据是高质量发展不可或缺的公共产品。现有人口普查、人口和就业统计、劳动统计等主要反映劳动与就业状况的统计指标与数据仅提供与就业有关的"人数"信息，而联合国等国际组织倡导的"全时等值就业""标准化劳动投入"等反映就业质量的劳动就业指标尚未进入我国官方统计范畴，相应的核算基础研究还没有系统观测到。此外，由于我国地区间要素禀赋和经济发展差异，人口跨区域就业是我国劳动就业的显著特征之一，其所引发的异地消费对各地区社会、经济与环境产生了巨大影响，形成流动人口劳动就业核算需要重点考察的一个系统性问题。

为改进和完善基于国际统计标准的中国劳动就业核算问题，本书从社会经济系统角度出发，基于联合国《国民账户体系》卫星账户核算理论，将流动人口相关核算与就业核算纳入中国投入产出核算框架，开展了系统性研究工作:除"就业人数"传统指标方法外,引入"全时等值就业"和"标准化劳动投入"等就业核算方法;构建分行业的劳动就业指标体系,基于宏观统计数据和微观调查数据,构建全国流动人口分区域分行业全时等值就业、增加值、碳排放卫星账户数据,国家层面分行业就业人数、标准化劳动投入卫星账户数据;基于投入产出模型,测度流动人口消费驱动的社会、经济与环境效应,以及当前诸如数字经济和人口老龄化等消费特征驱动的就业效应。形成劳动就业核算方法→卫星账户数据构建→经济效应测度的闭环。目标是以数据基础设施(Data infrastructure)建设服务国家扩大内需战略、促进消费稳定增长和就业的要求。

本书研究涉及三套数据,一是表征中国经济系统的国家和省级投入产出表数据;二是符合国际核算标准的就业卫星账户数据;三是住户微观调查数据与宏观统计数据协调汇总而来的各类型居民消费支出数据。

中国经济系统投入产出表数据来自中国产业生态学虚拟实验室。这套数据受国家统计局投入产出调查与编表年份约束,以 2020 年国家延长表和2017 年省级调查表为最新数据年份,利用此前的投入产出表历史数据和宏观经济数据,对 1987—2021 年按详细产业和产品分类的国家表和省级多区域投入产出表进行了推算和校验,形成本书流动人口和劳动就业核算研究依托的经济系统基本数据框架。

就业卫星账户数据是基于中国投入产出框架研究社会经济环境问题的核心。这部分数据按照国际统计标准《国民账户体系》,结合中国劳动就业统计实践,构造了"就业人数""全时等值就业"和"标准化劳动投入"等反映就业数量和就业质量的分行业就业指标体系,并配合就业数据核算了增加值和碳排放等表征经济与环境的核心指标。与中国投入产出表序列的年份保持一致,结合各指标的具体数据来源,卫星账户数据仅展示了 2021 年以前的时间序列数据。然而,本研究形成的核算方法完全适用于后续时间序列数据的更新与扩展。

居民消费数据主要来自投入产出表构建的居民消费支出数据、国内主要的住户微观调查数据，以及国家统计局、国家卫生健康委和商务部有关宏观统计数据、流动人口监测数据和电子商务监测数据。消费类型以居民八大类消费品为主。数据涉及的时间差异较大。流动人口消费支出涵盖 2009—2018 年，住户微观调查数据库的居民消费支出主要是 2018 年及之前年份数据，老年人口消费支出、数字消费支出涵盖 2014—2021 年数据。

本书内容分为上下两篇，上篇是"流动人口消费效应核算研究"，下篇是"就业核算研究"。两篇均以中国投入产出系统为框架，按照"研究进展—理论基础—核算方法—数据构建—投入产出效应核算"思路展开，其逻辑是居民消费作为最终需求，通过投入产出生产系统，直接和间接地对就业、增加值和碳排放产生影响，尤其是数字消费和人口老龄化所产生的就业结构影响。这两篇既可自成体系，又有密切关联，每一篇可独立扩展研究，两篇之间也可相互关联研究。

上篇以流动人口劳动就业引致的消费为研究对象，因而采用了省级多区域投入产出表，展示流动人口在不同区域就业的消费结构特征，以及引发的社会经济和环境效应；下篇以分行业就业核算为研究对象，核心是国际统计标准的中国就业核算本土化问题，因而采用国家投入产出表，突出就业卫星账户核算，测度最终消费、数字消费和人口老龄化等不同消费结构特征下的就业结构效应。

本书在写作过程中获得了江西财经大学邱东教授和东北财经大学蒋萍教授的鼓励与支持。他们鼓励我们不断挖掘国际统计标准测度存在的问题，支持我们探索中国参与其中的方法论基础研究。书中核算理论与方法基础的形成，以及由此建立的思维逻辑是两位老师二十多年来言传身教和耳濡目染的结果，他们几十年来对经济统计孜孜不倦的追求和高屋建瓴的引领对我们影响深远。

投入产出框架下劳动就业核算的想法来自笔者在澳大利亚的访学工作。

悉尼大学曼弗雷德·伦曾（Manfred Lenzen）教授和新南威尔士大学托马斯·盛德曼（Thomas Wiedmann）教授两位合作导师在国际投入产出领域影响力巨大。过去二十年间，他们对投入产出理论、技术方法、数据开发和实践应用等所有问题都有重要推进，本书采用的中国投入产出数据系统便是在他们的指导下开发的，在此深表感谢。

本书的主要内容在多个学术会议中获得了同行大量的宝贵建议，这些建议对提升本书的研究质量起到了关键作用，在此一并表示感谢，如有遗漏之处请各位研究人员和同行谅解。

我们要专门感谢人民出版社经济与管理编辑部主任、北京师范大学校友郑海燕女士为本书出版付出的辛苦工作。她高度的耐心与责任心、优秀的专业素质，对书稿的质量提升发挥了巨大作用。

全书不当之处和文责均由作者承担。

王亚菲

北京师范大学国民核算研究院

2024 年 7 月 21 日

目　　录

下篇 ｜ 就业核算研究

上　篇

流动人口消费效应核算研究

全球层面人口徙移（流动）活动正在影响着国家间社会经济格局和生态环境的转变。在当前全球分工不断细化、政治格局、生态环境变化以及科学技术飞速发展的背景之下，为满足工作需要和寻求更好的生活方式，人口在国家之间的迁移和流动呈现出前所未有的崭新局面（Kerr 等，2016）[①]。联合国经社理事会人口司发布的数据表明，2019 年全球国际移民数量从 2010 年的 5100 万人增加到 2.72 亿人，占全球人口总量的比重从 2010 年的 2.8%上升至 3.5%，移民在世界各个地区都呈现出一个显著增长的态势（联合国，2019）[②]。其中欧洲的移民规模居全球之首，移民数达到 8200 万人；北美地区紧随其后（5900 万人）；北非、西亚及撒哈拉以南非洲的移民较其他地区而言增速最快（联合国，2019）。然而，近两年各国受新冠疫情影响，出台了不同的出、入境限制措施，外加经济萧条等不确定因素的影响，严重降低了人们跨国寻找工作的机会和能力，导致人口在全球层面的自主流动面临严峻挑战。但长期来看，追寻美好生活的愿景促使人们依旧会选择个人效用最大化的工作、生活目的地，人口从欠发达地区向发达地区的流动状态依然不会改变。因此，促进有序、安全、正常和负责任的人口徙移和流动不仅是个人自我价值的体现，同时也是联合国可持续发展目标顺利实现的重要途径。

　　[①]　Kerr, S. P., Kerr, W., Oezden, C., et al., Global Talent Flows, *The Journal of Economic Perspectives*, Vol. 30, No. 4, 2016.

　　[②]　联合国：《联合国：2019 年国际移民数量约 2.72 亿，占全球人口 3.5%》，https://news.un.org/zh/story/2019/09/1041612, 2022。

在中国,规模庞大的流动人口群体是推动社会经济迅速发展的重要引擎。长期以来,农村地区剩余劳动力向城镇地区的转移、流动为我国工业化阶段经济迅猛增长提供了重要的劳动力资源保障(赵楠,2016)①,是我国通过充分发挥劳动力比较优势发展劳动密集型产业、打造出口导向型"世界工厂"的重要依靠(翟振武等,2019)②。以农村转移人口为主体的流动人口是城镇化大力发展和城市建设的强大支撑,是助推我国经济长期持续增长的"生力军"(夏怡然和陆铭,2019)③。具体而言,大规模流动人口长期在城市稳定地生产和生活,促使我国城镇化率从1978年的17.9%提升到2021年的64.7%;同时,流动人口作为城市基础设施建设所需的劳动者,不仅弥补了城市劳动力在数量上的"短缺",也降低了城市劳动投入成本(唐代盛和盛伟,2019)④,是优化劳动力资源配置、完善产业链、促进城市生活和发展不可或缺的重要组成部分。此外,流动人口作为消费者,在流入地通过参与生产活动实现自我创收的同时,其自身衣、食、住、行等基本生活需求也极大地刺激了当地消费市场(王亚菲等,2020)⑤,这不仅增加了当地财政收入(张力,2015)⑥,也是流入地经济迅速、高效运转的重要支柱。

近年来,我国政府从顶层设计出发,出台了一系列改善以农业转移人口代表流动人口的政策(见图1),旨在解决流动人口可持续发展"瓶颈"。党的十八大报告明确指出要"加快改革户籍制度,有序推进农业转移人口市民化,努力实现城镇基本公共服务常住人口全覆盖"。在后续的党的十八届三中全会

　①　赵楠:《劳动力流动与产业结构调整的空间效应研究》,《统计研究》2016年第2期。

　②　翟振武、王宇、石琦:《中国流动人口走向何方?》,《人口研究》2019年第2期。

　③　夏怡然、陆铭:《跨越世纪的城市人力资本足迹——历史遗产、政策冲击和劳动力流动》,《经济研究》2019年第1期。

　④　唐代盛、盛伟:《人口城市化、结构红利与时空效应研究——以劳动力市场效率为视角》,《中国人口科学》2019年第5期。

　⑤　王亚菲、王瑞、徐丽笑:《流动人口消费的就业效应——基于多区域投入产出视角》,《中国人口科学》2020年第2期。

　⑥　张力:《流动人口对城市的经济贡献剖析:以上海为例》,《人口研究》2015年第4期。

和五中全会中,继续将流动人口作为城镇化建设的重点任务,并要求不断深化户籍制度改革,加快农业转移人口市民化,努力实现基本公共服务常住人口全覆盖。党的十九大报告将流动人口发展放在更加突出的位置,如直接在2020—2035年的中长期发展目标中提出"加快农业转移人口市民化、基本公共服务均等化基本实现"的愿景①。往后更是在逐年发布的"新型城镇化建设重点任务"中,根据"提高农业转移人口市民化质量、非户籍人口在城市落户"等目标,给出明确、具体的实施策略②③④⑤。顶层设计为流动人口实现融合发展的目标及实施政策指明了方向,促使中观层面户籍改革、基本公共服务均等化等具体政策路线逐步形成(李晓壮,2017)⑥。近年来,户籍制度改革和基本公共服务覆盖流动人口群体方面取得一些积极进展,《居住证暂行条例》《推动1亿非户籍人口在城市落户方案》及国务院关于户籍制度改革的意见逐步实施,为落实流动人口较快融入城市社会奠定了制度性基础。然而,这些政策设计的实施主体是农村转移人口,忽视了人口流动过程中出现的由欠发达城市流向发达城市的流动人口,现有政策也未能全面覆盖这部分流动人口,导致流动人口内部发展的不平衡问题依然突出。因此,全面探究流动人口发展现状及其在社会、经济和环境发展中的重要作用,有助于政府设计层面准确认识这一群体,也为新型城镇化建设过程中人口、经济发展政策的制定提供科学依据。

---

① 习近平:《决胜全面建成小康社会 夺取新时代中国特色社会主义伟大胜利——在中国共产党第十九次全国代表大会上的报告》,《人民日报》2017年10月28日。

② 国家发展改革委:《2018年推进新型城镇化建设重点任务》,https://www.gov.cn/xinwen/2018-03113/content_5273637.htm,2023。

③ 国家发展改革委:《2019年新型城镇化建设重点任务》,https://www.gov.cn/xinwen/2019-04/08/content_5380457.htm,2023。

④ 国家发展改革委:《2020年新型城镇化建设和城乡融合发展重点任务》,https://www.gov.cn/zhengce/zhengceku/2021-04/13/content_5500696.htm,2023。

⑤ 国家发展改革委:《2021年新型城镇化建设和城乡融合发展重点任务》,https://www.gov.cn/zhengce/zhengceku/2021-04/13/content_5599332.htm,2023。

⑥ 李晓壮:《北京流动人口结构性特征及对策研究》,《北京社会科学》2017年第11期。

图1　近年来与中国人口流动相关的政策概览

注:本图由笔者根据官方文件内容涉及"户籍改革""农村转移人口""城镇化""市民化"等信息整理
　　得到。

　　在通过扩大内需加速构建内循环为主导的新发展格局背景下,流动人口
消费活动驱动的社会经济效应成为驱动经济持续增长的重要突破点。近年
来,中国流动人口渗透在推进城乡一体化、优化劳动资源配置、促进产业结构
升级等全方位促进经济快速增长的主要方面,为我国经济高速发展作出了巨
大贡献,而长期以来流动人口面临的子女教育、医疗、社会保障等难题仍阻碍
着流动人口消费潜力的完全释放,不利于通过扩大内需促进经济的可持续发
展,同时也有违共同富裕目标的顺利推进。随着近年来城市资源紧缺、生态环
境恶化等发展"瓶颈"问题的不断凸显,社会各界将这些问题产生的原因归咎
于流动人口,使其受到较大的不公正待遇。尽管在新发展时期,流动人口的发
展难题正在不断得以解决,但在迈向"城市主人"流动通道中仍面临着一定的
体制机制障碍、社会各界对该群体的不公平认知,迫使其对未来持有较强的不

确定性和较大的风险预期。这些因素的综合最终造成流动人口在整个供需系统中缺乏生产、消费活力,进而对内循环背景下社会、经济的可持续发展产生不容忽视的重要影响。

流动人口在发达地区集聚所伴随的消费活动对当地减排目标产生了较大负担。自 1992 年联合国环境与发展大会签署的《联合国气候变化框架公约》(United Nations Framework Convention on Climate Change, UNFCCC)以来,我国已经多次向国际社会承诺,积极响应并参与全球温室气体减排行动,主动履行低碳减排义务。例如,在 2009 年哥本哈根联合国气候变化峰会上,我国提出争取到 2020 年单位国内生产总值(Gross Domestic Product, GDP)的二氧化碳排放比 2005 年下降 40%—45% 的气候目标,继而在 2013 年发布第一部专门针对适应气候变化的战略规划——《国家适应气候变化战略》。2020 年 9 月 22 日,我国进一步向国际社会作出承诺,提高国家自主贡献力度,二氧化碳排放力争在 2030 年前达到峰值,努力争取在 2060 年前实现碳中和。近期又接连颁布《中共中央 国务院关于完整准确全面贯彻新发展理念做好碳达峰碳中和工作的意见》《2030 年前碳达峰行动方案》等,这一系列减排目标及政策规划的制定足以表明中国参与全球气候治理的决心。可见,低碳减排作为纳入国民经济和社会发展中长期规划的战略任务,是当前及今后社会经济环境全面发展的重要内容。然而,对于流动人口的碳排放研究还处于起步阶段(王泳璇等,2021)[1],多数在讨论城镇化发展的减排问题时,将流动人口作为核心解释变量纳入研究框架之中,这类研究侧重探究城镇化发展与碳排放之间的因果关系(Gao 等,2021[2];Rafiq 等,2017[3]),无法从地区、部门层面量化流动

---

① 王泳璇、朱娜、李锋等:《人口迁移视角下城镇化对典型领域碳排放驱动效应研究——以辽宁省为例》,《环境科学学报》2021 年第 7 期。

② Gao, C., Tao, S., He, Y., et al., Effect of Population Migration On Spatial Carbon Emission Transfers in China, *Energy Policy*, Vol. 156, 2021.

③ Rafiq, S., Nielsen, I., Smyth, R., Effect of Internal Migration On the Environment in China, *Energy Economics*, Vol. 64, 2017.

人口碳排放的具体数量。仅少数研究在国家层面(Qi 和 Li,2020)[①]或只针对某一地区(Shi 等,2019)[②]测算了流动人口的碳排放特征,缺乏从多个维度展开对流动人口碳排放的系统测算分析。因此,在碳达峰碳中和("双碳")目标导向下,系统研究流动人口在流动前、后的碳排放特征对提升新型城镇化建设质量、减排政策的制定具有重要意义。

在以上构建国内经济大循环为主导的新发展格局和推动"双碳"目标为导向的生态文明现代化建设的双重背景下,探究流动人口的可持续消费问题,系统量化其消费活动的社会、经济和环境效应,不仅有助于客观、公正地认识流动人口的社会经济贡献,同时也对流动人口可能产生的环境问题具有客观准确的认识和判断,从而为制定科学的流动人口发展政策提供有效参考依据。然而,现有研究缺乏对流动人口消费规模及其社会、经济和环境影响进行全面量化分析,具体可归结为以下几个方面:(1)流动人口的消费规模究竟有多大?(2)国内经济大循环背景下,如何刺激流动人口释放消费潜力?(3)流动人口消费活动在社会、经济层面拉动的就业、增加值究竟有多少?(4)在实现碳达峰碳中和紧迫目标的要求下,流动人口消费引致的碳排放量具体是多少?在地区、部门层面的分布情况如何?(5)未来流动人口发展会对经济产生何种影响?关于这些问题的研究当前还处于起步阶段,试图回答这些现实需求并填补相应不足。

我国流动人口规模从 1982 年的 660 万人增长至 2021 年的 3.85 亿人,平均每年以 11.3%的速度急剧扩张,这一规模庞大的人口群体不仅是参与生产建设的中坚力量,更是扩大流入地消费市场、为经济增长持续提供动力的内需

---

①　Qi,W.,Li,G.,Residential Carbon Emission Embedded in China's Inter-Provincial Population Migration,*Energy Policy*,Vol.136,2020.

②　Shi,Y.,Wang,H.,Shi,S.,Relationship Between Social Civilization Forms and Carbon Emission Intensity:A Study of the Shanghai Metropolitan Area,*Journal of Cleaner Production*,Vol.228,2019.

源泉。长期以来,尽管流动人口在促进城镇化快速发展、城市繁荣及地方经济持续增长方面作出了巨大贡献,但受地方行政管制和户籍制度的限制,流动人口仍未能充分分享到社会经济发展和城镇化带来的成果和福利。总体上看,流动人口呈现出受教育程度低、就业流动性强、收入消费水平低、位于城市公共服务体系的边缘或外围、给流入地生态环境带来较大挑战等特征,这不仅不利于"推动人的全面发展"和"全体人民共同富裕"的顺利进行,也阻碍了社会、经济和环境可持续发展目标的实现。然而,在宏观、中观层面,对流动人口影响社会、经济和环境系统的综合研究几乎处于一片空白,缺乏对这一群体在社会、经济和环境发展中所扮演的角色进行深入全面的分析。本书从流动人口消费活动出发,在内循环、共同富裕、生态文明现代化建设等现实背景下,对我国流动人口消费投入产出核算及应用研究展开详细探讨。具体包括流动人口纳入社会、经济和环境系统理论框架的构建、流动人口消费投入产出核算框架及相关方法体系、数据库的构建、流动人口消费的就业效应研究、流动人口消费的经济效应研究和流动人口消费的碳排放效应研究。这将为我国新型城镇化建设、人口及社会、经济和环境可持续发展提供重要的参考依据。因此,本书具有重要的理论意义和现实意义。

第一,本书对拓展可持续发展相关理论与丰富国民核算体系内容具有重要的理论意义。具体而言,主要体现在以下两个方面:其一,以流动人口消费活动为出发点,将流动人口与社会、经济和环境系统纳入同一框架,构建流动人口消费影响社会、经济和环境可持续发展的理论框架,对扩展可持续发展理论具有重要意义。可持续发展理论从首次提出到发展至今,已被广泛应用于社会、经济和资源环境等多个研究领域(Malik 等,2016)[1],其研究范围也发生着自上而下的变化过程,即研究范围由起初的全球层面逐步向国家、地区、行业、企业或单个经济主体转变,表明可持续发展理论的应用范围和研究对象越

---

① Malik, A., Lenzen, M., Geschke, A., Triple Bottom Line Study of a Lignocellulosic Biofuel Industry, *Gcb Bioenergy*, Vol. 8, No. 1, 2016.

来越精细化和具体化。然而,关于将可持续发展理论应用于流动人口问题的研究还存在诸多不完善。现有研究多关注流动人口自身在社会经济发展中的可持续问题,且多侧重于微观层面的因果机制讨论,缺乏将宏观层面流动人口自身活动及其社会、经济和环境影响与可持续发展理论建立联系。因此,基于可持续发展理论的优越性和适用性,结合新时期宏观层面流动人口发展现状,厘清流动人口活动与社会、经济和环境系统之间可持续发展的内在逻辑,构建流动人口可持续发展理论框架对拓展可持续发展理论的应用范围、推动可持续发展理论的发展具有重要意义。

其二,在国民账户体系(System of National Accounts,SNA)、社会与人口核算体系(System of Social Demographic Statistics,SSDS)和环境—经济核算体系(System of Environmental-Economic Accounting,SEEA)的理论指导下,本书首次尝试构建了我国流动人口消费的投入产出核算框架,对拓展投入产出核算内容、流动人口议题研究等具有重要的理论意义。流动人口发展是我国新型城镇化建设的核心议题、关键环节和重要任务,同时也是通过扩大内需加速内循环建设的重要驱动力。目前,关于流动人口的宏观研究多停留在定性分析层面,以流动人口群体的流动趋势(王培安,2019)[1]、空间分布(马志飞等,2019)[2]、基本背景特征(翟振武等,2019)[3]及其发展困境(尹德挺,2016)[4]等为重点进行讨论。而微观视角的研究,或是探究流动人口作为劳动力资源对经济建设产生的影响(呼倩等,2021[5];叶文平等,2018[6]),或是从不同视角解

[1]　王培安:《把握新时代人口流动趋势　推动流动人口研究繁荣发展》,《人口研究》2019年第2期。

[2]　马志飞、尹上岗、张宇等:《中国城城流动人口的空间分布、流动规律及其形成机制》,《地理研究》2019年第4期。

[3]　翟振武、王宇、石琦:《中国流动人口走向何方?》,《人口研究》2019年第2期。

[4]　尹德挺:《超大城市人口调控困境的再思考》,《中国人口科学》2016年第4期。

[5]　呼倩、夏晓华、黄桂田:《中国产业发展的流动劳动力工资增长效应——来自流动人口动态监测的微观证据》,《管理世界》2021年第10期。

[6]　叶文平、李新春、陈强远:《流动人口对城市创业活跃度的影响:机制与证据》,《经济研究》2018年第6期。

释流动人口发展困境的原因(聂伟,2019①;魏东霞和谌新民,2018②),抑或分析流动人口呈现相关特征的背后成因(曹广忠等,2021③;刘涛等,2020④),这类研究均以计量实证作为方法手段分析研究问题的因果关系。通常而言,以描述性统计分析为主的定性研究具有一定的主观性,同时计量实证研究也仅能够关注流动人口某一方面的特征及其驱动机制,不能给出全面、统一的流动人口核算框架,此外,我国官方机构也尚未发布详尽的流动人口发展指南和统一、规范的数据库,导致准确量化流动人口发展特征及其全面的社会、经济和环境影响研究缺乏统一的数据基础和研究框架。鉴于此,本书在系统梳理流动人口文献研究资料的基础上,收集并整理国内关于流动人口调研的宏观、微观数据,进而借助各类核算账户体系,尝试构建出全面、统一的流动人口消费投入产出核算框架,基于此核算框架系统量化流动人口的社会、经济和环境效应。这不仅丰富了流动人口的研究范围和内容,也扩展了国民核算研究体系,对全面准确地量化流动人口消费特征及其社会、经济和环境影响具有重要意义。

第二,流动人口消费投入产出核算对我国社会、经济和环境可持续发展具有重要的实践意义,主要体现在以下三个方面:其一,对我国新型城镇化建设进程中解决流动人口市民化发展问题具有重要指导意义。自国务院印发《国家新型城镇化规划(2014—2020 年)》以来,不论是顶层设计还是具体落实,均将流动人口市民化发展作为以人为核心新型城镇化高质量建设的主要内容。在充分刻画流动人口消费特征的基础上,对流动人口消费活动拉动的社会、经济和环境效应进行准确量化,不仅能够全面揭示流动人口在社会经济发

① 聂伟:《就业质量、生活控制与农民工的获得感》,《中国人口科学》2019 年第 2 期。
② 魏东霞、谌新民:《落户门槛、技能偏向与儿童留守——基于 2014 年全国流动人口监测数据的实证研究》,《经济学(季刊)》2018 年第 2 期。
③ 曹广忠、刘嘉杰、刘涛:《空气质量对中国人口迁移的影响》,《地理研究》2021 年第 1 期。
④ 刘涛、卓云霞、王洁晶:《邻近性对人口再流动目的地选择的影响》,《地理学报》2020 年第 12 期。

展过程中所呈现的细节特征,同时也为各级政府和社会各界客观、准确地去认识该群体提供科学的参考依据,这对改善流动人口发展困境、破除相应的体制机制障碍、加快流动人口市民化进程具有重大意义。因此,流动人口可持续消费问题及量化其社会、经济和环境影响的研究能够为顺利实现新型城镇化战略任务提供基础条件。从社会、经济和环境全维视角深入探究流动人口的消费活动特征及其驱动作用,有助于从政策设计层面准确客观地认识流动人口群体,以助推流动人口市民化政策相关具体措施的顺利实施。

其二,在内循环为主导的新发展格局背景下刺激流动人口释放消费潜力具有现实意义。在新冠疫情、对外贸易受阻等国际环境不确定的情形下,我国提出依托国内经济循环体系形成对全球要素资源的强大引力场,加速构建内循环为主导的新发展格局是现阶段推动经济持续增长的必然选择。扩大内需作为畅通内循环建设的关键节点,是促进经济平稳增长的基本战略。其中居民消费需求是扩大内需的重要源泉,着力提升居民消费需求,释放居民内需潜力是建设超大规模国内市场的主要发力点。一般来说,城镇、农村居民的消费需求是相对稳定的,然而流动人口的消费需求还存在较大的上升空间,是增强经济增长过程中一股不容忽视的驱动力量。同时,流动人口收入多处于中等及中等偏下水平,其通常具有较强烈的消费意愿,若能有效解决流动人口的"后顾之忧"(基本公共服务和社会保障全覆盖),将极大地释放流动人口的消费潜力。这不仅能够提升流动人口的生活质量,满足其对美好生活的向往,也有助于通过扩大生产、促进就业实现经济平稳增长,最终扎实推进共同富裕。因此,探索流动人口的消费问题,寻求可能途径以刺激其消费潜力,不仅有助于打通当前经济内循环建设的生产、分配、流通、消费等关键节点,也对提振经济活力、促进共同富裕目标顺利推进具有重要指导意义。

其三,在"双碳"目标导向下有助于促进流动人口消费结构优化升级和落实低碳减排行动双赢局面的形成。居民消费作为一切生产活动的最终目的,我国居民消费引致的碳排放已被证实呈现快速增长趋势（Wang 和 Chen，2020）①，人均碳排放从 1997 年的 0.73 吨增加到 2015 年的 1.97 吨，年均增长率达 5.7%，且同期城镇居民人均碳排放是农村居民的 3 倍以上（Cao 等，2020）②。近年来，居民消费引致的碳排放占据全国碳排放总量的 40% 以上，未来随着居民生活质量和消费水平的提升，由此导致的碳排放增量将对中国减排目标的实现产生较大压力。城镇化进程中占据全国总人口 26% 以上的流动人口，其消费引致的碳排放增量将不容小觑（Qi 和 Li，2020）。然而，关于流动人口引致的碳排放问题研究还处于起步阶段，仅少数研究从国家层面进行测算与分析，缺乏地区、部门层面更为细致、准确的研究。准确掌握流动人口的碳排放特征，不仅对地区、部门层面减排路线的制定具有重要的指导意义，也对明晰城镇化进程中人口结构改变可能增加的减排压力大有裨益，从而为提前实现碳达峰碳中和目标提供科学的参考依据。

---

① Wang, X., Chen, S., Urban‐Rural Carbon Footprint Disparity Across China From Essential Household Expenditure: Survey‐Based Analysis, 2010 – 2014, *Journal of Environmental Management*, Vol. 267, 2020.

② Cao, M., Kang, W., Cao, Q., et al., Estimating Chinese Rural and Urban Residents' Carbon Consumption and its Drivers: Considering Capital Formation as a Productive Input, *Environment, Development and Sustainability*, Vol. 22, No. 6, 2020.

第一章　流动人口消费效应核算的研究进展

第一节　流动人口相关理论研究进展

系统量化流动人口消费特征及其社会、经济和环境效应的前提之一,是明晰与流动人口相关理论的研究进展,本节的重点是全面梳理流动人口的概念演变、核算范围和历史发展特征等,具体包括界定流动人口的定义、识别流动人口的统计标准、梳理我国关于流动人口的调查等,从而对后文展开流动人口的应用研究奠定基础。

一、流动人口相关概念与核算口径界定

在界定流动人口的概念和统计口径之前,有必要对人口迁移的概念进行梳理。国际上关于人口流动的主流概念有"人口迁移"和"迁移人口",但没有"人口流动"或"流动人口"的概念,故先对国际上关于"人口迁移"和"迁移人口"的概念进行厘清,在此基础上对我国关于人口流动的现象进行讨论,并对这一流动群体的定义进行确定。

(一)国际上关于人口迁移与迁移人口的界定

通常而言,国际上将人口迁移界定为人口在不同空间位置上移动的状态(Hägerstrand,1969)①。其中《多种语言人口学辞典》界定的人口迁移指"人口从一个地区单元移动到另一个地区单元(发生空间位置的变化),一般指从原居住地(迁出地)迁出并到达目的地(迁入地)的永久性变动",重点强调人口迁移的"空间位置变化"和迁移形式的"永久性"。联合国国际人口学学会(1992)②对人口迁移的定义与此相似,重点凸显人口迁移的特征为常住地的改变与跨行政边界的移动。以上两类定义均强调人口迁移是一种永久性的空间移动。然而,美国《人口手册》定义的人口迁移是"为了永久性或半永久性的定居目的,人口跨越一定边界的地理移动",主要增加了"半永久性"的时间范围。如果将"永久性"理解为固定的、长期的时间范围,那么"半永久性"则可以理解为暂时的、短期的或者是一定时期范围的。可见,较前两类而言,《人口手册》定义的人口迁移范围更广,在永久性人口迁移的基础上增加了短期的人口迁移。

就迁移人口的概念而言,经济合作与发展组织(Organization for Economic Cooperation and Development,OECD)通常将"国籍"和"出生地"作为界定迁移人口的标准。"从目的国视角看,永久性移民流入被视为在该国定居的外国人在一定约束条件下进行的流动",如在澳大利亚、加拿大、新西兰和美国等国家,此类移民应该获得"永久"权利的移民住宅。而在其他国家或地区,通常将迁移人口界定为获得了无限期可更新居留许可的移民,但此处的可更新性可能会受到工作条件的限制。简言之,经济合作与发展组织将迁移人口界

---

① Hägerstrand,T.,On the Definition of Migration.,*Finnish Yearbook of Population Research*,Vol. 11,1969.

② IUSSP, Multilingual Demographic Dictionary, http://www.demopaedia.org/tools/?Dictonary-generator,2024.

定为:人们在目的国持有"凭证"(一定管制约束)的条件下所进行的流动,其中所指的"凭证"可能具有永久性也可能是半永久性的。此外,也有学者通过梳理人口迁移概念的内涵,从广义和狭义两个方面对"人口迁移"和"迁移人口"进行系统界定。雷巴科夫斯基(Rybakovsky,2016)[①]将发生人口迁移活动的人口指定为迁移人口,并解释了从地域上分隔人口流动的标准是人口迁移的一部分,由此可以将"迁移人口"理解为发生"人口迁移"活动的人的总称。

总之,在国际上,无论是官方机构还是学界,界定的"人口迁移""迁移人口"广义概念主要包含人口在空间位置上发生的变化和在目的地停留的时间范围两大内容,而狭义定义会在广义概念的基础上附加相关的政策管制,且相应的附加条件因国(因地)而异。对国际上关于"人口迁移""迁移人口"概念的界定进行全面梳理,能够较好地为探究我国相关人口流动问题的概念界定提供先验基础。

(二)国内关于人口迁移与迁移人口的界定

在国内,人口迁移的概念也被广泛应用于科学研究,并习惯与国际惯例保持一致。通常以是否"跨界"作为统计标准,并将人口迁移区分为国内迁移与国际迁移两大类(张庆五,1988)[②]。故而本书首先从狭义、广义两个方面就国内关于人口迁移定义的区别与联系进行深入讨论。

第一,狭义的人口迁移。在国内,狭义的人口迁移主要指户籍登记地发生变动的人口,即一个人的户籍登记地从一个地区变动到另一个地区,这部分人群通常被称为迁移人口(段成荣和孙玉晶,2006)[③]。此概念主要涉及三个方面的内容:一是户籍登记地的改变。《中华人民共和国户口登记条例》第十条

---

　　① Rybakovsky,L. L.,"On Specifying the Notion of 'Population Migration'",*Sotsiologicheskie Issledovaniia*,No. 12,2016.

　　② 张庆五:《关于人口迁移与流动人口概念问题》,《人口研究》1988 年第 3 期。

　　③ 段成荣、孙玉晶:《我国流动人口统计口径的历史变动》,《人口研究》2006 年第 4 期。

规定,"公民迁出本户口管辖区,由本人或者户主在迁出前向户口登记机关申报迁出登记,领取迁移证件,注销户口。在申请拿到迁入地户口登记机关准予迁入的证明以后,方可向常住地户口登记机关办理迁出手续"。二是常住地发生改变,迁移人口的居住地跨越了一定的行政辖区范围,不包括在同一行政区内改变居住地的人口,这属于行政空间属性的变化。三是常住地发生"永久性"的改变,即迁移人口的常住地发生"永久性"变化,不包括日常发生通勤活动造成居住地暂时性改变的人口(张庆五,1988),这属于时间属性的变化。总体上看,"人口迁移"的狭义概念重点强调了"户籍""空间""时间"三个方面的内容,其中"户籍"因素指"登记地",是我国户籍制度下的独特形式,具有唯一性;"空间"因素是人口在空间位置上的移动,具体指两个距离相对较远地方之间的移动,通常是跨国界或者是跨地区的移动;而"时间"因素指"永久性",即一旦产生一次迁移后,短期内不允许再有第二次迁移,意味着迁移活动的时间相对较长。

第二,广义的人口迁移。广义的人口迁移指在时间范围或空间位置上发生一切改变的人口,具体包括人口从一个地区单元到另一个地区单元的全部暂时性或永久性移动,也包括常住居住地或暂住地的移动(赵永春,2012)[①]。由此看出,广义的人口迁移概念囊括了所有发生空间移动行为的人口,也将日常往返通勤的人口包括在内,同时对移动的"时间"范围没有限定。简言之,无论人口出于何种目的、是否定期、时间长短、距离远近、是否往返、居住地是暂时或永久,只要发生空间位置的移动都应视为人口迁移活动,且发生这一行为的人口统称为广义的迁移人口(吴瑞君,1990)[②]。

尽管广义的"人口迁移"定义比较单一,便于理解,但考虑到人口流动性与迁移行为所涉及空间范围、时间界限的复杂性,会造成该定义下的人口流动统计工作难以开展。此外,广义"人口迁移"的概念在人口学研究中不利于辨

[①] 赵永春:《关于"人口迁移"、"移民"及其相关概念》,《史学集刊》2012年第2期。
[②] 吴瑞君:《关于流动人口涵义的探索》,《人口与经济》1990年第3期。

识不同人口迁移活动的差异,即缺乏经济含义,会增加人口迁移相关问题研究的复杂性和不确定性。因此,本书更倾向于使用我国户籍制度设定下的狭义迁移人口概念。

(三)流动人口概念与核算口径界定

流动人口与户籍制度紧密相连,是我国户籍管理制度下所形成的一类独特城市人口群体。关于流动人口的官方定义最早始于 1982 年的第三次全国人口普查,具体指"已在本县、市常住一年以上、常住户口在外地和在本县、市居住不满一年但已离开常住户口登记地一年以上的人口"。此定义重点体现"时间"与"空间"两个维度的因素,统计标准分别为"一年以上""跨县、市",但其无法反映同一县、市范围内跨乡(镇)、街道的流动人口,同时也不包括离开户籍登记地不足一年的流动人口。因此,在 1994 年的全国 1% 人口抽样调查中,又将流动人口的空间、时间范围分别扩展成"跨乡(镇)、街道""半年以上",统计标准的扩展促使统计调查所得的流动人口更加接近于实际人数。

国务院在 2000 年颁布的《第五次全国人口普查办法》中提出了"市内人户分离"人口的概念,将离开户籍登记地在其他地区居住超过半年的人口定义为流动人口。此定义不仅包括离开户籍登记地到外地就业、学习的人,也包括同一城市内因搬迁等原因形成与户籍登记地分离的人口(段成荣和孙玉晶,2006),前者为通常意义上的流动人口,后者为城市内部的人户分离人口。而在 2005 年进行 1% 人口抽样调查时,基于以往人口普查(调查)结果,增加了对人户分离半年以下短期人口流动的调查,丰富了以往人口普查或抽样调查所不能提供的信息。2010 年第六次人口普查和 2015 年的 1% 人口抽样调查都将流动人口定义为"一个直辖市或地级市所辖的区内和区与区之间,居住地和户口登记地不在同一乡镇街道的人口"(国家统计局,2016)①。然而,

---

① 国家统计局:《2015 年全国 1% 人口抽样调查主要数据公报》,http://www.stats.gov.cn/tjsj/zxfb/201604/t20160420_1346151.html。

第七次全国人口普查又将流动人口的概念狭义化,从人户分离人口中扣除了市辖区内人户分离的人口(国家统计局,2021)①,是根据当前人口结构变动特征及其社会经济含义进行了重新设定。随着近年来交通出行与信息通讯的便利化,市内跨区工作、生活已成为普遍现象,外加人口在市辖区内流动所代表的经济含义也相对较弱,故而将这部分流动人口不再进行统计。总体而言,随着调查技术手段的不断完善以及机构部门、学术界对人口发展认识的越发规范,促使流动人口的界定标准越发接近于满足社会经济含义的实际现象,进而促进了统计部门对现实状况的考察也越发精准。

由于在调查活动中对流动人口概念的界定会因数据收集方式的变化而发生改变,相应的统计口径也存在差异。因我国不同部门调查需求的不同,对流动人口概念及统计口径的界定有所不同。通过整理资料发现,尽管各部门关于流动人口的界定标准存在一定差异,但均以流入地登记为主,同时又遵循自身的统计原则和数据资料(见表1-1)。根据研究人员对流动人口的界定要求:将超过"一定"时间限度和跨越"一定"空间范围位置变化的人口视为流动人口,此处的时间限度包含离开户籍登记地"半年以下"的流动人口,空间范围主要是在国家统计部门界定的行政区划上的变动(段成荣和孙玉晶,2006)。据此,本书参照国际、国内对人口迁移(迁移人口)的统计标准,在界定流动人口的概念时,也将从户籍、时间、空间3个维度甄别流动人口。并参照国家卫生健康委员会流动人口服务中心对流动人口的定义,将在流入地居住一个月以上,非本区(县、市)户籍的人口视为流动人口(国家卫生和计划生育委员会,2013)②。

---

① 国家统计局:《第七次全国人口普查公报(第七号)——城乡人口和流动人口情况》,《中国统计》2021年第5期。

② 国家卫生和计划生育委员会:《2013年全国流动人口动态监测工作方案》。

表 1-1　不同部门对流动人口统计口径的界定

统计要素	公安部门	计划生育部门	统计部门	人口普查
概念名称	暂住人口	流动人口	流动人口	流动人口
统计单元	乡镇级行政地区、户籍管辖区	县级、市辖区	乡镇级行政地区、市辖区	乡镇级行政地区、市辖区
统计对象	16 岁以上	15—59 岁	—	—
流动时间	3 天以上	30 天以上	1 天或以上	半年或以上
户籍登记情况	离开常住户籍所在地	离开常住户籍所在地	乡镇、市辖区外的人户分离	乡镇、市辖区外的人户分离
统计频率	实时	月份/季度	年度	10 年

注：笔者整理所得。
资料来源：国家统计局、国家卫生健康委员会、公安部以及段成荣、孙玉晶：《我国流动人口统计口径的
　　　　　历史变动》，《人口研究》2006 年第 4 期。

二、流动人口历史发展特征

新中国成立后原有户籍登记办法被废止，并按照先城市后农村的顺序建立新的户籍登记制度（陆继霞等，2019）[1]，故而本节以新中国成立作为时间起点，依据人口流动迁移政策梳理我国人口流动的历史发展特征（见图 1-1）。借鉴以往研究（郭冉，2019）[2]和我国流动人口发展特征，将我国流动人口历史发展划分为两大时期，分别是新中国成立至改革开放前（1949—1978 年）、改革开放后至新发展时期（1978 年至今）。

1. 新中国成立至改革开放前的流动人口发展特征

新中国成立初期，我国的人口流动经历了相对自由流动和严格控制流动两个阶段，其中行政力量是主导人口流动的主要因素（郭冉，2019）。1950 年公安部率先通过并发布《关于特种人口管理的暂行办法（草案）》《城市户口管

---

① 陆继霞、汪东升、吴丽娟：《新中国成立 70 年来人口流动政策回顾》，《中国农业大学学报（社会科学版）》2019 年第 5 期。
② 郭冉：《新中国成立 70 年人口流动的社会变迁》，《河南社会科学》2019 年第 9 期。

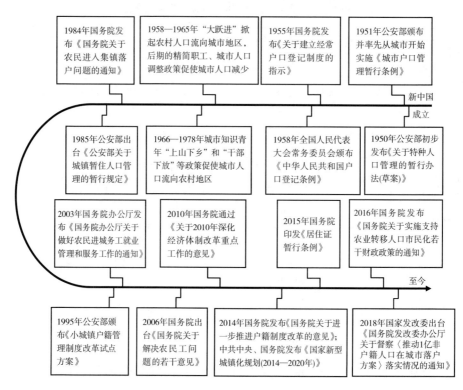

图1-1　我国人口流动迁移政策变迁历程

注:由笔者根据官方政策文件整理得到。

理暂行条例》(陆益龙,2002)[1],是我国户籍制度建立的雏形,旨在通过人口管理制度建立新的社会秩序(陆继霞等,2019),并恢复社会经济建设(鲍宗豪和岳伟,2019)[2]。1951年公安部颁布并率先从城市开始实施《城市户口管理暂行条例》,确定人口出生、死亡、迁出、迁入等户籍管理工作(万川,1999)[3]。1953年国务院进一步出台《为准备普选进行全国人口调查登记的指示》《全国人口调查登记办法》,旨在核准我国人口数量与建立基层选举工作体系(段成

① 陆益龙:《1949年后的中国户籍制度:结构与变迁》,《北京大学学报(哲学社会科学版)》2002年第2期。

② 鲍宗豪、岳伟:《新中国70年城乡关系:历程、转变、启示》,《学术界》2019年第6期。

③ 万川:《当代中国户籍制度改革的回顾与思考》,《中国人口科学》1999年第1期。

荣等,2008),同时也标志着农村地区户籍制度的建立与实施。为了将城乡地区的户籍登记制度进行统一,国务院于1955年继续发布《关于建立经常户口登记制度的指示》,以全面掌握我国人口数量及变化特征,从而更好地为计划经济体制服务,意味着我国户籍制度迈入一个新阶段(户籍研究课题组,1989)①。1953—1957年,国务院多次发布关于防止农民盲目流入城市的指示,其中1955年发布的《关于城乡划分标准的规定》,按照农业户籍和非农业户籍将我国人口进行了划分,标志着城乡二元户籍管理制度的初步形成。

1949—1957年的人口流动由政权更替、恢复经济发展所主导,具体发展特征主要体现在以下两个方面。一是重点发展城市经济导向下的自发性人口流动。自发性人口流动基本以农村人口流向城市为主、农村人口跨地区流向农村地区为辅。例如,大规模农村人口向上海的流入,促使上海在1951年的流入人口达100.4万人(胡焕庸,1987)②;东部沿海地区、华北地区农村人口流向东北地区、内蒙古和西北边疆地区,进行开垦拓荒事业(王桂新,2019)③,其中1949—1952年新疆共流入人口达63.9万人,且农村人口最多(25.56万人)(周崇经等,1990)④。二是政策法规主导的计划型人口流动,我国政府通过制定相关政策法规,旨在重点发展工业经济建设(陆继霞等,2019)。“一五”时期(新中国成立以来第一个五年计划,1953—1957年),政府为了合理布局工业产业发展,引导东部沿海城市的部分工业企业迁往西北地区、东北地区、华北地区及边疆地区,旨在加快以上地区的工业化进程。该过程促使东部沿海城市人口(企业管理干部、技术人员)响应政府号召,参与新兴工业城市、重点建设地区的经济建设,进而形成沿海城市人口流入内地城市的人口流动模式,其中东北三省因原有工业基础以及地理上靠近苏联,成为当时主要的人

---

① 户籍研究课题组:《现行户籍管理制度与经济体制改革》,《上海社会科学院学术季刊》1989年第3期。

② 胡焕庸:《胡焕庸人口地理选集》,中国财政经济出版社1990年版,第273页。

③ 王桂新:《新中国人口迁移70年:机制、过程与发展》,《中国人口科学》2019年第5期。

④ 周崇经等:《中国人口(新疆分册)》,中国财政经济出版社1990年版,第74页。

口流入地。

1958—1965 年是严格控制人口流动的阶段。早期"大跃进"运动掀起农村人口向城市地区的流动,后期是在精减职工、城市人口调整政策下促使城市人口流向农村地区。1958—1960 年,农村人口向城市流动总数几乎每年保持在 1000 万人以上,1958 年竟达到 3200 万人(杨云彦,1994)[1],在此期间,政府有组织、有计划地支援边疆建设及农村人口自发性流动持续进行(王桂新,2019)。在"二五"计划的后半期及 1963—1965 年都属于城市人口缩减时期,最终导致我国城市化水平跌至"大跃进"之前的 18% 左右,从而开始进入一个漫长的经济停滞时期(王桂新,1997)[2]。总体上,这一时期的人口流动主要由政府主导,自发性人口流动受到严格限制,可分为"大跃进"诱发的人口流动与政府依据计划经济建设(如"三线"[3]建设)所推动的人口流动两大部分。而 1958 年制定的户籍制度对该时期末农村人口向城市流动起到了关键调节作用,从而促使全国人口流动进入一个低潮期(王桂新,2019)。

1966—1978 年为行政力量支配下的人口流动时期,城市知识青年"上山下乡"和"干部下放"等人口由城市地区流向农村地区是人口流动的主体。"三五"时期因错综复杂的国内外形势,我国政府通过出台"三线"建设政策,继续组织东部地区农村人口流向西部地区、东北地区进行农业生产,鼓励干部、工人回乡务农或知识青年"上山下乡"等系列涉及人口流动的重大项目(鲍宗豪和岳伟,2019),以应对国内外不确定的经济环境,确保地区间平衡发展,并缓解城市人口增长过快产生的压力。例如,1962—1979 年,全国参与"上山下乡"的知识青年累计达 1776.48 万人,其中 1967—1976 年的数值为 1500 万人,此政策导致了全国性"逆"城市化现象,造成我国城市化水平不升

---

① 杨云彦:《中国人口迁移与发展的长期战略》,武汉出版社 1994 年版,第 75 页。

② 王桂新:《中国人口分布与区域经济发展———一项人口分布经济学的探索研究》,华东师范大学出版社 1997 年版,第 333 页。

③ 陈东林:《三线建设——备战时期的西部开发》,中共中央党校出版社 2003 年版,第 199—235 页。

反降,从 1966 年的 17.86%下降至 1972 年的 17.13%(王桂新,2019)。1976年以后,特别是 1977 年恢复大学招生考试,大批知识青年和下放干部通过"顶替"招工、高考入学、安排工作等渠道开始返回城市地区,促使我国城市人口恢复增长,同时城镇化水平出现较大幅度的提升。

综上所述,整个新中国成立至改革开放前,流动人口以政府政策为主导。受经济发展政策、户籍管理制度等因素的影响,自发性人口流动被严格限制。这一阶段,城镇化水平相对较低。

2. 改革开放后至新发展时期的流动人口发展特征

改革开放后,我国人口流动形式随社会经济转型而呈现出新特征,体现了从计划经济体制过渡到市场经济体制的新趋势(郭冉,2019)。早期人口流动受户籍制度限制较为严格,人口流动规模有限,但 1984 年《国务院关于农民进入集镇落户问题的通知》的发布,标志着农村人口流向城市的严格限制开始松动。1985 年公安部通过的《公安部关于城镇暂住人口管理的规定》明确指出"拟在城市和集镇暂住时间超过三个月的十六周岁以上的人须申领暂住证",意味着农村人口在城镇地区中长期居住有了合法性。在人口流动管制政策松动的同时,伴随市场经济体制改革促使乡镇企业快速发展以及家庭联产承包责任制的推行,农业生产中的大量剩余劳动力(农村人口)流向城市就业,形成了我国独具特色的农民工群体,这也是我国流动人口最具代表性的组成部分。截至 1985 年,农业部调查发现,多数农村地区的剩余劳动力占比在30%—50%,绝对规模高于 1 亿人(刘铮,1990)[1]。但这一时期的户籍制度仍严格限制农村人口向城市迁移,导致农村剩余劳动力呈现出"离土不离乡""进厂不进城"的特征(刘家强等,2020)[2],促使其只能向当地乡镇企业转移

---

[1]　刘铮:《我国沿海地区小城镇经济发展和人口迁移》,中国展望出版社 1990 年版,第 12 页。

[2]　刘家强、刘昌宇、唐代盛:《新中国 70 年城市化演进逻辑、基本经验与改革路径》,《经济学家》2020 年第 1 期。

（王桂新，2019）。改革开放初期，人口流动数量增长有限，仍延续改革开放前的趋势，年均流动量大致保持在 1400 万—2300 万人（孙兢新，1990）[1]。

1994—2010 年是我国人口流动的快速增长阶段。1995 年公安部发布的《小城镇户籍管理制度改革试点方案》明确指出，"允许已经在小城镇就业、居住并符合一定条件的农村人口在小城镇办理城镇常住户口，以促进农村剩余劳动力就近、有序地向小城镇转移，促进小城镇和农村的全面发展"，这表明我国开始初步放松农村人口迁移至城镇地区的限制，促使人口流动进入一个活跃期（王桂新，2019）。为了削减农村转移人口在城镇地区的就业限制及歧视问题，国务院办公厅于 2003 年进一步出台了《国务院办公厅关于做好农民进城务工就业管理和服务工作的通知》，同时也清理了部分带有歧视性的政策，表明政府开始将改善民生放在了突出地位。"十一五""十二五"发展规划正式提出推进户籍制度改革，其间也发布了国家重视流动人口发展的政策意见，如《国务院关于解决农民工问题的若干意见》《关于 2010 年深化经济体制改革重点工作的意见》，此类"意见"发布的目的在于深化户籍改革、完善不同城市的落户政策，并实现全国范围内暂住人口登记制度的统一。其间，流动人口从 1995 年的 0.7 亿多人增长至 2010 年的 2.2 亿多人，以年均 7.9%的速度进行扩张。尽管户籍制度在不断进行改革，但户籍身份与公共服务挂钩的问题依然没有得到根本性解决，流动人口并不能完全实现自由流动。

2011—2022 年，流动人口规模趋于平稳增长态势，政府也通过新型城镇化建设来逐步改善流动人口的民生发展状况。国务院于 2012 年发布了《国务院关于印发国家基本公共服务体系"十二五"规划的通知》，首次使流动人口享受均等化的公共服务有了制度性保障（国家卫生健康委员会，2018）[2]。党的十八大更是明确提出新型城镇化概念，重点突出了"人的城市化"的社会、

---

[1] 孙兢新：《跨世纪的中国人口（综合卷）》，中国统计出版社 1990 年版，第 17 页。

[2] 国家卫生健康委员会：《中国流动人口发展报告 2018》，中国人口出版社 2018 年版，第 15 页。

经济内涵。2013 年党的十八届三中全会通过的《中共中央关于全面深化改革若干重大问题的决定》进一步强调了要快速推进户籍制度改革，全面放松小城市落户限制。2014 年，随着《国务院关于进一步推进户籍制度改革的意见》和《国家新型城镇化规划（2014—2020 年）》的发布，国家正式将流动人口纳入流入地的社会经济发展规划之中，并着手逐步解决流动人口的落户、子女教育、就业等基本社会保障工作。此后，《居住证暂行条例》《国务院关于实施支持农业转移人口市民化若干财政政策的通知》等政策，进一步削弱了户籍制度的限制，推动流动人口在社会身份、权利享有以及生产生活方式等方面逐步向城市居民转变。党的十九大以来，国家更是将民生工程摆在突出位置，逐步放松流动人口在城市生活、工作的准入制度，不断破除阻碍劳动力、人口自由流动的体制机制弊端，促使流动人口平等参与城市建设，并享受基本的发展权和保障权（刘家强等，2020）。2018 年，《国家发展发改委办公厅关于督察〈推动 1 亿非户籍人口在城市落户方案〉落实情况的通知》发布，表明我国在流动人口落户、自由流动等方面取得了巨大进步。近年来发布的"新型城镇化建设和城乡融合发展重点任务"均将流动人口的融合发展作为主要任务目标，持续改善流动人口的发展状况，深入推进流动人口的市民化，不断促使流动人口实现社会公共服务的全覆盖。

近年来，国家将破除一切阻碍人口自由流动的体制机制壁垒、积极促进流动人口市民化和城乡融合发展等放在突出位置，以一个更加包容、更加友善的政策措施助力流动人口融合发展。解决流动人口的民生问题更是每年新型城镇化建设的重点任务，促使流动人口能够分享到社会经济发展进步的成果，同时其与城市居民享有同等的参与权、发展权与保障权（刘家强等，2020）。

综上所述，我国流动人口的历史发展经历了一个相对复杂的变化过程，从新中国成立初期的自由流动转变为严格限制，后经历逐步放开、重视流动人口的民生发展到全面推进流动人口市民化共五个阶段（国家卫生健康委员会，2018）。在新中国成立至改革开放前，早期受计划经济体制和地区、产业间平衡发展的影响,人口自由流动和政府政策支配下的计划性流动并存;中期及后期在"大跃进"特定发展时期和户籍制度及城乡二元发展结构的影响下,人口流动被严格限制,基本以政府主导的计划性人口流动为主(郭冉,2019);改革开放以后,尤其是1984年以后,农村人口进入城市务工的限制逐渐开始解除,后续出台的系列政策逐步放松户籍管制,促使农村转移人口转变为城市居民的机会大大增加。党的十八大以来,我国更是将流动人口的基本公共服务均等化摆在突出位置,一系列改革措施为流动人口在城市的融合发展提供了制度性保障,同时不断剥离城市户籍制度中的福利分配功能,回归单纯记录个人信息的本质(刘家强等,2020),这不仅有助于促使流动人口的基本公共服务全覆盖,也完善了共建共治共享的城市治理体系,对促进我国社会繁荣稳定、经济持续增长具有重要作用。

第二节　流动人口的社会效应研究进展

尽管当前各级地方政府不断提高流动人口参与城市建设与管理的力度,但对流动人口实现市民身份的完全转变仍存在一定距离。流动人口作为社会主体的重要组成部分,对经济可持续发展和城市高质量建设具有重要意义。历史经验表明,流动人口对城乡的融合发展不仅具有积极的经济效应,而且对推动整个社会朝向公平与正义发展、增加不同社会群体之间的协作共赢、建设高质量城镇化具有诸多溢出效应(龙琪琪和王道勇,2016)[①]。因此,探究流动人口所带来的社会效应对全面认识该群体具有重要意义。根据以往研究,可将流动人口在社会层面的影响划分为两大类:流动人口所产生的示范效应和协同效应。

---

① 龙琪琪、王道勇:《城市接纳农民工的社会效应分析》,《城市观察》2016年第5期。

一、流动人口的示范效应

流动人口从欠发达地区流入发达地区,伴随着其生产习惯、劳动技能、知识水平等的改变,对流动前后所在地社会发展具有重要的示范效应。流动人口的示范效应主要体现在文化传播(马双和赵文博,2019)[①]、劳动分工(陆铭,2018)[②]、知识技能(张海峰等,2019)[③]等方面。

首先,流动人口在地区之间的往返活动,会将城市先进的文化与思想传递到农村地区,该过程促进了不同文化之间的融合发展,同时先进文明的传播也有助于消除欠发达地区的文化贫困(陈云松和张翼,2015)[④]。流动人口在空间上的迁移行为,本质上代表了其所承载文化的地域流动。流动人口通过传播思想观念、语言文字、风俗习惯、饮食文化等,不仅丰富了流入地居民的业余生活,更有助于提高当地居民生活品质。同时,对促使欠发达地区居民摒弃生活陋习、借鉴先进的生活学习理念、不断提升生活质量大有裨益。因此,流动人口在文化传播方面的示范效应对新思想、新文化的形成具有重要作用。

其次,流动人口的流入使城市劳动力市场规模和容量不断增加,促使生产供应链各环节的劳动力分工更加细化、彼此之间的联系更为紧密(陆铭,2018)。不同技能的流动人口在生产过程中处于不同的就业岗位,促使高技能与低技能之间的辅助配套作用更加协调,为打破城乡二元壁垒促进一体化发展作出了重要贡献(龙琪琪和王道勇,2016)。此外,部分流动人口通过学习城市先进的技术知识,不断提升自身劳动技能,促使其在劳动分工中从事自身比较优势较强的职业,这一过程被周围人群和农村居民效仿,最终促进了全

---

① 马双、赵文博:《方言多样性与流动人口收入——基于 CHFS 的实证研究》,《经济学(季刊)》2019 年第 1 期。

② 陆铭:《城市发展如何达到高效且包容》,《中国青年社会科学》2018 年第 1 期。

③ 张海峰、林细细、梁若冰等:《城市生态文明建设与新一代劳动力流动——劳动力资源竞争的新视角》,《中国工业经济》2019 年第 4 期。

④ 陈云松、张翼:《城镇化的不平等效应与社会融合》,《中国社会科学》2015 年第 6 期。

民生产效率的提高(陆铭,2018)。可见,流动人口的示范效应以城市为依托,能够促进地区间及地区内劳动力资源的有效配置。

最后,流动人口消费模式的转变也形成了强大的示范效应。流动人口从欠发达地区流向发达地区以后,其消费特征因消费环境的变化而发生改变。流动人口在繁荣流入地消费市场的同时(盛来运,2007)[1],也将部分消费习惯传递至流出地,改变了流出地居民的消费理念,尤其是释放了农村居民的消费潜力,极大地提升了农村居民生活质量,并有力带动了乡村发展活力(龙琪琪和王道勇,2016)。同时,流动人口将其流出地的消费文化也带入到流入地,促使流入地消费模式更加多元化。因此,流动人口消费的示范效应对盘活各地区社会经济发展具有重要意义。

综上所述,流动人口作为知识信息传递的载体,在地区间的社会交流过程中起到了桥梁、纽带的作用,较好地实现了地区间资源、技术沟通,增强了各地区间的交流、合作与互动。同时,人口流动极大地促进了欠发达地区落后封闭生活方式的改变,缩小了地区间发展差距,尤其是城乡发展鸿沟。可见,流动人口的正常有序流动必然带来思想理念与生活方式的转变,并将促进劳动力市场的全面发展,也带动了流入地、流出地社会经济繁荣发展。

二、流动人口的协同效应

流动人口在流入地的协同效应主要体现在流动人口与流入地管理层之间、流动人口与流入地居民之间。第一个协同效应能够充分调动流动人口参与流入地生产建设的积极性,增强了流动人口在流入地的认同感与归属感;第二个协同效应促使流动人口与流入地居民之间的联系更为紧密,增强了流入地居民对流动人口的接纳度与信赖感,有利于流入地经济长期繁荣稳定地发展。

---

① 盛来运:《农村劳动力流动的经济影响和效果》,《统计研究》2007年第10期。

流动人口与流入地管理层之间的协同效应。长期以来,流动人口通常成为流入地被管理、被帮助的对象,难以参与到社会管理层面(杨菊华,2019)①。近年来,随着户籍限制的放松与流动人口市民化政策的不断推进,流动人口的主体地位逐步凸显,流入地管理层将流动人口纳入当地发展的长期规划之中,流动人口也逐步在日常生活、政治选举等方面参与到流入地的社会治理活动之中(龙琪琪和王道勇,2016)。这种协同效应不仅改变了社会管理层面和流动人口的行为方式,也促使社会合作理念、合作行动在全社会的日益普及。

流动人口与流入地居民之间的协同效应。一直以来,因户籍制度、就业环境等因素的影响,流动人口通常在流入地缺乏安全感,从而可能导致流动人口在流入地处于边缘状态。近年来,在社会管理层的引导与流动人口自身努力下,流入地居民与流动人口之间的平等互动、合作交流逐步展开。流动人口与流入地居民之间的协同互动,一方面,增进了二者之间的相互了解与接纳,消除了以往存在的隔阂与排斥;另一方面,有助于流动人口扩展社交范围,从多个领域参与到与市民的互动合作之中,促使流入地形成一个良好合作、互信融合的发展局面(龙琪琪和王道勇,2016)。因此,促进流动人口与流入地居民之间的互信融合,不仅有助于减少流动人口被边缘化的现象,同时也有利于优化地区间资金、劳动力等资源合理配置,实现流入地内部社会结构的协调发展。

综上所述,流动人口在流入地、流出地的社会影响颇为深远,整体上流动人口促进了社会包容、和谐发展。流动人口在通过自身努力实现上升式社会流动的同时,也为流入地、流出地其他居民创造了一定的福利与机遇。随着流动人口由周期性城乡循环流动向定居城市或就地城镇化等多向流动的转变

---

① 杨菊华:《流动人口(再)市民化:理论、现实与反思》,《吉林大学社会科学学报》2019 年第 2 期。

(李志刚和陈宏胜,2019)①,流动人口的这种示范效应、协同效应将更加显著,有助于新型城镇化的高质量建设与共同富裕目标的实现。

第三节　流动人口的经济效应研究进展

无论是在流入地还是在流出地,流动人口作为劳动力投入者和终端消费者对经济产生影响。流动人口作为劳动力主体,是生产部门重要的劳动力投入来源,为中国的生产建设提供了充裕的人力资本,是保障我国对外出口增长以促进经济持续增长的生力军。同时,大规模人口流动产生的消费容量更是不容忽视,其消费潜力的释放和消费水平的提升对经济持续增长至关重要。

一、流动人口作为劳动力主体

流动人口作为重要的劳动力资源,通过影响劳动投入、产业结构、生产率、技术创新等多个维度对经济产生影响,并且这种影响在流入地与流出地之间存在差异。总体来说,流动人口产生正的经济效应大于负的经济效应。

(一)流入地生产活动中的劳动红利

首先,在劳动投入方面,大规模人口的流入,是重新配置劳动力资源的体现,在解决农村劳动力剩余问题的同时为城市生产建设提供了大量的廉价劳动力(林素絮,2014)②,缓解了城市人口老龄化压力,为城市经济发展创造了优越条件,促进了市政建设步伐的不断加快(陈珺,2007)③。一部分流动人口

---

① 李志刚、陈宏胜:《城镇化的社会效应及城镇化中后期的规划应对》,《城市规划》2019年第9期。
② 林素絮:《劳动力变动趋势对广东经济发展的影响研究》,《广东轻工职业技术学院学报》2014年第4期。
③ 陈珺:《流动人口社会经济效应分析》,《当代经济》2007年第6期。

在流入地主要从事建筑及相关行业,尤其是在比较发达的大城市,其人口自然增长率相对较低,新增劳动力又无法满足大规模的经济建设,流动人口弥补了建筑、环卫、服务行业等相关就业岗位所需劳动力数量不足的问题,这对改善流入地劳动力市场就业结构具有重要作用(严超和常志霄,2011)①。因此,大量流动人口的存在,是中国经济发展过程中劳动力资源重新配置的表现,不仅有助于缓解农村剩余劳动力的就业压力(宋健,2005)②,还有利于在市场机制下引导流动人口流入到发达地区,为城市建设提供大量的劳动力,最终使劳动力资源配置日趋合理。

其次,人口流入对流入地发展劳动密集型制造业和服务业提供了可能,促进了当地产业结构的优化调整(王桂新和黄颖钰,2005)③。流动人口的总体素质相对较低,多从事于商贸服务行业、私营、个体非公有性质的制造业及服务业,流动人口的流入通过促进相关产业的快速发展,推动了产业结构调整(丁宪浩,2003)④。在国家层面,中西部地区劳动力向东南沿海地区的转移,有利于东南沿海地区更好地调整产业结构,利用廉价劳动力优势发展劳动密集型制造业和服务业,以形成一个良性互动的生产结构(陈海燕和黄报远,2010)⑤。

最后,流动人口在流入地会受到人力资本外部性的影响,促进创新发展,产生溢出效应,从而提高生产率(陆铭,2017)⑥。城市聚集了大量的高技能劳动力,会对低技能劳动力产生服务需求,市场容量的增加会使得劳动力之间的

① 严超、常志霄:《中国省际劳动力迁移对地区经济增长的影响研究——基于1995—2005年数据的实证分析》,《经济科学》2011年第6期。
② 宋健:《泛珠三角人口流动对区域经济发展的影响》,《特区经济》2005年第11期。
③ 王桂新、黄颖钰:《中国省际人口迁移与东部地带的经济发展:1995~2000》,《人口研究》2005年第1期。
④ 丁宪浩:《长三角地区两种人口流动模式比较分析》,《华东经济管理》2003年第6期。
⑤ 陈海燕、黄报远:《东莞流动人口变化情况及其对经济发展的影响》,《湖南城市学院学报》2010年第1期。
⑥ 陆铭:《享受"规模红利"》,《上海国资》2017年第3期。

联系变得紧密,不同技能之间的劳动力分工也更加明确,从而形成一个优势互补的生产局面(陆铭,2017)。同时,流动人口与城市高技能劳动力之间相互影响,流动人口通过不断学习提升自身的劳动技能,在个体层面提高生产率的同时提高了整个生产部门的效率(陈珺,2007;陆铭,2017b)。

(二)流入地生产活动的挤出效应

流动人口在为流入地生产活动带来人口红利的同时,也伴随一些负面的影响,如出现流动人口与城市融合的冲突(付晓东,2017)[①]、公共安全隐患愈加复杂(宋健,2005)。流动人口的流入,首先,在一定程度上挤占了当地人口的就业岗位,因其主体是青壮年劳动力,主要从事低技能行业,在一定程度上加剧城市就业的矛盾(陈珺,2007),造成城市失业和贫困问题(朱韵洁和贺浩亮,2009)[②]。其次,由于流动人口中的大部分是"农民工",其知识结构、职业技能有限,无法满足用工单位的要求,造成"有活没人干,有人没活干"的现象,在一定程度上影响了流入地经济的持续发展(宋健,2005)。最后,大规模的人口流入也增加了城市基础设施和管理的压力与难度(张磊,2019)[③]。城市人口密度增加造成交通拥挤、住房紧张、社会治安秩序不稳定等系列问题,如大城市出现"出行难""住房难"以及城市"水、电供给难"等基础设施超负荷运转现象。此外,因流动人口整体的文化、职业素质偏低,多以无组织、无计划的形式流入,少数流动人口流入城市以后,未从事正规职业,生活难以保障,甚至会造成一些犯罪事件的发生,对当地社会安全稳定带来不利影响,增加了城市治安的难度与成本(陈珺,2007),对流入地经济发展具有一定程度的阻碍作用。尽管流动人口给流入地带来一定程度的负面经济效应,但总体上,流

---

① 付晓东:《付晓东自选集》,中国人民大学出版社 2017 年版。
② 朱韵洁、贺浩亮:《流动人口的经济效应及其政策建议》,《经济与管理》2009 年第 4 期。
③ 张磊:《黑龙江省人口流出及其影响研究》,吉林大学 2019 年博士学位论文。

动人口对流入地经济增长的贡献不容忽视,杜小敏和陈建宝(2010)①认为,人口流动对我国经济来说是一个帕累托改进,从多个层面影响着我国经济的可持续发展。

(三)流出地的反哺效应

流动人口除为流入地带来经济增长、城市繁荣发展的积极效应,还对流出地经济发展存在积极的"反哺效应"和消极的"抑制效应"。就反哺效应而言,大量人口的流出解决了农村剩余劳动力的安置问题(付晓东,2017),增加了人均土地拥有量,缓解了人地矛盾,促进了农村经济集约化、规模化经营,有助于提高农业生产效率(陈珺,2007),也为流出地社会稳定提供了必要的物质基础(宋健,2005)。流动人口也可以通过传递新的思想理念,加强各地文化思想交流,促进落后地区思想意识的更新,进一步促进劳动力资源的供需平衡和有效利用。

流动人口中的投资者将在流入地获取的资金转而投向流出地,外出打工者将部分收入转化为创业资本,在资金方面形成一个反哺效应(丁宪浩,2003)。该反哺效应有利于缩小区域间经济差距,并促进区域经济的协调发展(孙峰华等,2006)②,如王涤等(2004)③认为,农村人口的外流是贫困地区脱贫的重要抓手之一,外出就业的流动人口把部分收入回流到流出地,作为流出地生产的资本积累与投入,弥补了当地发展的资金缺口问题。此外,流动人口在流入地学到先进科学的生产技术、管理理念,并将其运用到流出地的生产经营活动(丁宪浩,2003),有利于带动流出地产业发展,壮大农村经济发展实

---

① 杜小敏、陈建宝:《人口迁移与流动对我国各地区经济影响的实证分析》,《人口研究》2010 年第 3 期。

② 孙峰华、李世泰、杨爱荣等:《2005 年中国流动人口分布的空间格局及其对区域经济发展的影响》,《经济地理》2006 年第 6 期。

③ 王涤、周少雄、彭伟斌:《试论浙江流动人口的社会效应及其对经济社会发展的影响》,《浙江社会科学》2004 年第 3 期。

力,加快农业现代化发展,直接"反哺"了欠发达地区的经济发展(付晓东,2007)。因此,流动人口对流出地经济发展的反哺效应主要体现在资金、技术两个方面。

(四)流出地的抑制效应

尽管流动人口在一定程度上为流出地带来了积极的反哺效应,但人力资本流失对当地经济的负面影响已开始凸显,人口流出对本地经济发展造成的损失大于其带来的积极影响(杜小敏和陈建宝,2010)。青壮年人口的外流削弱了流出地的劳动生产力和区域发展竞争力(杨应满等,2003)[1],流出地人口结构的变化加速了人口老龄化进程(阎蓓,1995)[2]。具体而言,人口外流对流出地生产活动极为不利,劳动投入不足造成土地撂荒与浪费。特别是具有一定文化基础和劳动技能的人口流出使得流出地损失良好的创业或者从业群体(付晓东,2007),当地企业也会因招工困难无法扩大生产规模,最终影响流出地经济的增长和居民福利水平的提升。人口流出导致流出地人口老龄化趋势明显,这在欠发达地区养老保险等社会保障体系不够健全的情况下产生了一系列社会问题(李俊霞,2017)[3]。如流出地生产力日渐匮乏,多数流出人口家庭呈现严重的空巢现象(赵毅,2016)[4],大多数老年人口缺乏生产能力与生活技能,经济收入微薄,外加老年人口基数不断增大和欠发达地区社会保障的不到位,老年人口的赡养问题变得异常严峻(刘艺梅等,2008)[5],这将进一步加剧社会贫富差距,对公共安全和社会稳定产生威胁。

---

① 杨应满、张盛、陈素英:《人口外流对韶关经济发展的影响》,《南方人口》2003年第3期。
② 阎蓓:《流动人口及其社会经济效应探微》,《人口战线》1995年第4期。
③ 李俊霞:《人口大规模流出对农村家庭结构的影响及对策研究——基于四川省的数据》,《农村经济》2017年第11期。
④ 赵毅:《流动人口对社会经济发展的主要影响》,《今日财富》,第二届今日财富论坛论文集,2016年,第42篇。
⑤ 刘艺梅、杨锦秀、杨启智等:《基于熵权的农民工对流出地影响的模糊综合评价——以四川省为例》,《农业技术经济》2008年第4期。

综合评估流动人口对流出地的经济影响,整体上贡献有限,远不能弥补人口流出产生的消极影响(李尚红和陶金,2015)①。欠发达地区应采取相关政策和措施鼓励当地人口回流和增强人口在本地的流动性,从而提高当地劳动力资源再配置效率,以推动地区经济增长。

二、流动人口作为终端消费者

消费不仅在社会再生产循环中扮演着终点角色,同时也在社会再生产中承担着起点角色(卢永军,2004)②。流动人口作为国内消费市场不可分割的重要组成部分,其消费规模对促进中国经济增长具有重要作用(张力,2015)③。大规模人口从流出地转移到流入地时,其消费需求也会发生相应的变化,并受收入水平、消费环境、心理活动等因素的影响,在流动前后对经济的影响存在显著差异。充分挖掘流动人口消费潜力,是推动我国以投资为主要经济增长方式向以消费为主要增长方式转变的关键路径之一(胡若痴,2012)④。

(一)流入地消费的规模经济效应

尽管当前流动人口在个体层面存在边际消费倾向较低、消费能力不足的问题,但在加总层面产生的消费需求对中国经济的拉动作用不容忽视(Chen等,2015)⑤。现有研究针对流动人口在流入地消费的普遍认识是,流动人口的消费需求不足、消费潜力未完全释放,对中国经济增长的拉动作用具有较大

①　李尚红、陶金:《人口流出对皖北地区经济增长影响的实证分析》,《中国高新技术企业》2015 年第 32 期。

②　卢永军:《重庆市主城区流动人口对社会经济的影响》,《重庆三峡学院学报》2004 年第 2 期。

③　张力:《流动人口对城市的经济贡献剖析:以上海为例》,《人口研究》2015 年第 4 期。

④　胡若痴:《城市化进程中流动人口消费问题探析》,《管理学刊》2012 年第 6 期。

⑤　Chen, B., Lu, M., Zhong, N., How Urban Segregation Distorts Chinese Migrants' Consumption? *World Development*, Vol. 70, 2015.

的上升空间(张华初和刘胜蓝,2015)①。

人口从欠发达地区流动到较发达地区,其消费能力、消费结构、消费习惯等均会发生改变(胡若痴,2012)。收入是影响其消费能力的重要因素之一(李晓壮,2017),流动人口从流出地到流入地的收入环境逐步改善,为其消费水平升级提供了可能(胡若痴,2012)。同时,受城市户籍居民消费理念、消费习惯的影响,流动人口也会不断调整其消费心理和消费结构(李晓壮,2017)。受户籍制度的限制,当前中国流动人口具有较低的永久性收入预期和较高的预防性储蓄动机(Chen,2018)②,消费倾向低于储蓄倾向(王曼,2004)③,并且其消费行为以低档型、节俭型为主要特征,如花费在食品和居住方面的支出占据总支出的绝大比重(张华初和刘胜蓝,2015)。可见,流动人口的消费潜力还未完全释放,未来具有巨大的消费势能上升空间,若不对流动人口的消费现状进行改善,对内需拉动经济增长具有一定程度的阻碍作用,不利于中国经济的可持续增长。

随着刺激国内消费需求系列措施的实施,流动人口的消费需求将被逐步释放。从2014年的《国家新型城镇化规划(2014—2020年)》至2019年的《2019年新型城镇化建设重点任务》,推动1亿非户籍人口在城镇地区落户,是中国城镇化高质量建设的主要工作任务,这意味着流动人口的身份将发生永久性转变,拥有流入地户籍的同时,能够与当地居民同等地享受就业机会、公共服务和社会保障。这一目标的完成是推动城乡融合发展的必然要求,更有助于扩大国内消费需求市场以拉动我国经济增长。

---

① 张华初、刘胜蓝:《失业风险对流动人口消费的影响》,《经济评论》2015年第2期。

② Chen, X., Why Do Migrant Households Consume so Little? *China Economic Review*, Vol. 49, 2018.

③ 王曼:《北京务工型流动人口消费行为及策略选择》,《北京工商大学学报(社会科学版)》2004年第3期。

（二）流出地的不确定性影响

流动人口对流出地消费的影响具有两面性：一是流动人口自身的消费容量从流出地转移到流入地，导致流出地的消费规模发生萎缩，削弱了当地消费对经济的拉动作用（王亚菲等，2020）；二是流动人口又可以通过"收入效应"增加流出地流动人口家庭的收入和消费能力（苏志霞，1999）①，推动流出地的经济发展和消费市场繁荣，但总体上流动人口在流出地消费的影响存在不确定性。

现有从消费视角研究流动人口对流出地的影响是凤毛麟角的，鲜有学者通过定性分析方法探讨流动人口对流出地消费市场的影响（宋健，2005；付晓东，2007）。其中对流动人口在流出地的消费影响主要停留在其流入地获取劳动报酬收入然后转移到流出地的家庭，通过流动人口家庭消费水平的改善，进而影响当地消费市场和经济发展（Chen 等，2015）。如宋健（2005）认为，流动人口中的绝大多数人都会将其收入的很大一部分带回流出地，增加了流出地人口的实际人均收入，有助于改善流动人口家庭生活状况（余钱，2012）②和提高当地居民福利水平（丁宪浩，2003），在一定程度上对流出地经济发展有重要作用（付晓东，2007）。反之，从消费视角讨论流动人口对流出地的消极影响，王亚菲等（2020）认为，流动人口会造成流出地消费需求的减少，进一步导致生产部门的萎缩，削弱流动人口对流出地经济发展的贡献。总体上现有研究关于流动人口消费活动对流出地的影响的研究结论还未达成一致，未来研究须系统分析这一群体消费活动的经济效应。

---

① 苏志霞：《流动人口的"消费"功能初探》，《消费经济》1999 年第 3 期。

② 余钱：《河南省农业劳动力转移对经济社会影响的分析》，《江西农业学报》2012 年第 1 期。

第四节 流动人口的环境效应研究进展

城市人口增加被认为是造成城市住房紧张、交通拥堵、环境恶化的主要原因,而流动人口在城市的集聚是产生"城市病"现象的原因之一。现有研究重点关注流动人口在流入地的环境效应(贺丹和黄匡时,2017)[①],而针对其在流出地的环境影响研究还存在相对不足。关于流动人口在流入地的环境效应研究,主要有两种不同的观点:一是流动人口数量增加是造成城市环境恶化的主要诱因,城市环境容量不足以支撑人口暴增带来的负面影响(刘国军,1992)[②];二是城市人口增加在宏观上产生规模效应、在微观上产生同群效应,人口集聚程度越高,这两种效应越容易产生,更有利于环保目标的实现和"城市病"的缓解(李杰伟和陆铭,2018)[③]。而在流出地,有学者认为人口流出对当地的环境发展有积极影响(付晓东,2007)。

一、流入地的环境规模不经济

关于流动人口在城市产生环境规模不经济(孙伟增等,2020)[④]和规模效应(郑怡林和陆铭,2018)[⑤]的研究主要聚焦于公共交通、污染物排放两个方面。流动人口向城市的集聚,首先会加大当地交通系统的承载压力,造成交通成本增加、交通拥堵加剧,并在一定程度上通过延长通勤时间增加了城市人口

---

① 贺丹、黄匡时:《流动人口城市融合的碳排放效应》,《人口与社会》2017年第2期。

② 刘国军:《试从环境人口容量看我国人口迁移对生态环境的影响》,《兰州教育学院学报》1992年第1期。

③ 李杰伟、陆铭:《城市人多添堵? ——人口与通勤的实证研究和中美比较》,《世界经济文汇》2018年第6期。

④ 孙伟增、邓筱莹、万广华:《住房租金与居民消费:效果、机制与不均等》,《经济研究》2020年第12期。

⑤ 郑怡林、陆铭:《大城市更不环保? ——基于规模效应与同群效应的分析》,《复旦学报(社会科学版)》2018年第1期。

的通勤成本(李杰伟和陆铭,2018)。此外,大规模人口从欠发达地区转移到发达城市时,会导致大型城市的扩张和能源需求的快速增长(Liu 和 Yu,2020)[1],进而造成城市碳排放的增加(Chen 等,2019)[2]和空气污染的空间转移(Shi 等,2020)。[3]

　　无论是政府政策的实施还是学术研究的成果,流动人口均被认为是造成城市水质量下降(张立明和马勇,1996)[4]、空气污染(Shi 等,2020)等问题的主要原因,因流动人口环保意识不强,日常不良的生活习惯使城市垃圾处理和环境卫生问题变得日趋严重(邓建清和周柳,2000)[5]。如北京市、上海市等发达的大城市,设定人口规模上限以控制人口增长,旨在通过疏解人口规模以缓解交通系统、基础设施及环境容量的压力。然而,陆铭(2017)[6]认为,城市人口增长带来的通勤成本增加并不严重,因人口规模增长在增加拥堵成本的同时,也为治理交通拥堵提供了各种条件和机会。此外,人口从农村向城市的流入,显著增加了碳排放总量,同时因地区间碳排放转移的发生(Qi 和 Li,2020),会使地区间承担减排的责任存在不确定性,在一定程度上增加了地区间排放责任的界定难度。

　　流动人口在城市集聚过程中增加交通、环境成本等规模不经济现象的同时,也伴随提高公共基础设施利用率、降低污染物浓度等规模经济现象的发

---

①　Liu, Z., Yu, L., Stay Or Leave? The Role of Air Pollution in Urban Migration Choices, *Ecological Economics*, Vol. 177, 2020.

②　Chen, G., Zhu, Y., Wiedmann, T., et al., Urban – Rural Disparaties of Household Energy Requirements and Influence Factors in China: Classification Tree Models, *Applied Energy*, Vol. 250, 2019.

③　Shi, Y., Wang, H., Deng, Y.et al., In Air Pullutant Emissions Iduced by Population Migrantion in China, Environmental Science Technology, Vol. 54, No.10, 2020.

④　张立明、马勇:《流动人口对武汉城市建设和发展的影响与对策研究》,《南方人口》1996年第4期。

⑤　邓建清、周柳:《试论流动人口对广州市社会经济可持续发展的影响及对策》,《西北人口》2000年第4期。

⑥　陆铭:《城市、区域和国家发展——空间政治经济学的现在与未来》,《经济学(季刊)》2017年第4期。

生。当前无论是政策制定者、学者还是民众,均认为水污染、空气污染、生活环境恶化等"城市病"是城市人口过多造成的,却忽视了人口增加带来的规模经济效应。仅部分学者认为环境规模不经济可以通过技术、管理手段的提升而得以改善,甚至认为"城市病"治理的技术和管理手段自身就有规模经济性(陆铭,2017)[1]。李杰伟和陆铭(2018)的研究表明,科学的城市规划、城市空间结构改进和交通基础设施的改善可以缓解人口增加带来的通勤压力,且规模越大的城市改善效率越高。此外,郑怡林和陆铭(2018)认为,城市人口增加有助于减小城市排污强度,进而减少人均排污量,同时新进入城市的人口会受当地居民的影响产生同群效应,流动人口会提高自身的环保意识和知识水平,这种规模效应和同群效应在人口密度较高的大城市更显著。然而,关于人口在流入地产生规模经济的研究还处于起步阶段,且当前流动人口的环境规模经济效应未完全释放出来,流动人口的规模不经济效应仍占主导地位。随着政府促进社会融合发展、惠及流动人口市民化导向政策的实施,社会各界对流动人口的负面认识将逐渐转变。未来城市管理、技术水平的进一步提升和流动人口环保观念的不断提高,人口增长带来的规模经济效应将愈加显著。

二、流出地的环境规模经济

学界关于流动人口向城市集聚的研究,往往忽略其对流出地环境的影响,鲜有学者讨论流动人口对流出地的环境效应(Li,1996)[2]。就负效应而言,农村人口向城市迁移对环境的影响最为直接,如因人口耕地比例失调造成耕地沙漠化,农田转变为工、商业用地后造成环境污染等(Li,1996)。人口流出可能会破坏人与自然之间的平衡,甚至因疏于管理导致严重的环境恶化。而少数学者却认为人口流出对流出地环境存在正效应,如中西部地区人口向东部

---

① 陆铭:《大城市的供给侧改革》,《金融市场研究》2017年第11期。

② Li,C.,Surplus Rural Laborers and Internal Migration in China:Current Status and Future Prospects,*Asian Survey*,Vol.36,No.11,1996.

地区流动,有助于减缓西部地区及其他自然环境恶劣地区的压力,有利于保护环境和实现可持续发展(付晓东,2007)。格劳和艾德(Grau 和 Aide,2007)[1]认为,在农村地区人口流出对流出地的生态环境发展具有重要的积极影响,特别是环境较为恶劣的农村地区,大批农民外出就业更有利于当地农村生态环境的保护。

尽管当前关于人口流出对当地环境影响的分析还未引起足够的重视,极少数研究仅停留在定性分析的层面(付晓东,2007),未深入挖掘和量化人口流出对流出地的环境影响程度及其特征。后期研究可基于定性分析,结合统计量化分析工具,对流动人口在流出地的环境影响进行全面讨论。

第五节 投入产出分析研究进展

一、投入产出分析的缘起及传播

(一)世界投入产出分析发展

投入产出分析方法最初由诺贝尔经济学奖得主华西里·列昂惕夫(Wassily Leontief)于 20 世纪 30 年代初提出,用于分析经济系统中产业间的相互依存关系(Leontief,1936)[2]。投入产出思想的雏形见于列昂惕夫上大学期间在《世界经济》期刊上发表的短文——《俄国经济平衡———一个方法论的研究》。1930 年列昂惕夫在美国开始致力于投入产出方法研究,在恢复经济危机的背景下编制了美国投入产出表。后于 1936 年发表《美国经济体系中投

---

① Grau, H. R., Aide, T. M., Are Rural – Urban Migration and Sustainable Development Compatible in Mountain Systems? *Mountain Research and Development*, Vol. 27, No. 2, 2007.

② Leontief, W. W., Quantitative Input and Output Relations in the Economic Systems of the United States, *The Review of Economics and Statistics*, Vol. 18, No. 3, 1936.

入产出的数量关系》一文,主要阐述 1919 年第一张美国投入产出表的编制过程、数据资料来源、计算方法及投入产出理论等(Leontief,1936),该论文标志着投入产出分析的正式产生(刘起运,2007)①。因战事需要,投入产出法逐渐引起美国政府和经济学界的重视,美国劳工部聘任列昂惕夫,让其主导编制 1939 年美国投入产出表,后于 1944 年完成。在此期间,列昂惕夫出版了投入产出分析的第一本专著《美国经济的结构(1919—1929)》(1941 年),并于 1951 年通过增添 1939 年投入产出表进行了再版。随后,列昂惕夫又与几位经济学家进行合作,于 1953 年出版《美国经济结构研究:投入产出分析中理论和经验的探索》一书,该书全面系统地阐述了投入产出分析的原理。

投入产出分析提出之时并未引起较大的反响,而是在第二次世界大战后,美国运用该技术方法考察了军火生产对整个经济产生的影响,遂引起诸多学者和政府的关注(刘泮振,1996)②。20 世纪四五十年代,投入产出分析最先在美国、加拿大、英国、意大利等国家被广泛传播和应用;50 年代末传入苏联和东欧国家;60 年代初传入我国,之后推广至东南亚、非洲、拉美国家等地区。其间,由于投入产出分析方法被诸多学术部门、政府机构、学者所推崇,编制投入产出表、应用投入产出分析方法在当时社会形成了一种热潮。许多规模较大的企业也编制所属企业部门之间的投入产出表,用于加强垄断企业的组织性和计划性(钟契夫和邵汉卿,1979)③。截至 2022 年,已有 100 多个国家和地区编制了投入产出表。

从投入产出分析被提出到正式纳入整个国民经济核算体系,经历了一个漫长的发展过程。起初,在荷兰召开的全球首次国际投入产出会议上,有学者建议将投入产出分析纳入国民经济核算体系。而初创期的国民账户体系

---

① 刘起运:《投入产出分析》,中国人民大学出版社 2007 年版。
② 刘泮振:《投入产出技术的产生、发展和应用》,《经济经纬》1996 年第 5 期。
③ 钟契夫、邵汉卿:《投入产出分析的应用和发展》,《教学与研究》1979 年第 3 期。

(1953年版)特别注明,在条件成熟的情况下将对中间消耗开展核算。随着国民核算理论体系和投入产出分析原理的不断发展和完善,1968年国民账户体系吸纳了投入产出核算理论,最终在1993年国民账户体系中将投入产出核算作为一个重要的账户,正式纳入国民经济核算体系。其间,经济学家斯通(Stone)利用英国的统计资料,为国民经济核算编制了一个投入产出式的矩阵账户。至此,投入产出核算作为统计核算的基础内容,被广泛应用于指导经济实践活动(刘起运,2007),联合国社会经济部门也呼吁各成员将投入产出分析作为国民经济核算体系的组成部分。联合国组织列昂惕夫等学者尝试编制不同国家之间可比的投入产出表,以达到既定的社会经济可持续发展目标。

近年来,为解决全球收入差距、贸易供应链、气候变暖等社会、经济和环境问题,全球层面的投入产出表因其能够系统量化国家间、部门间、产品间及消费主体之间错综复杂的数量关系而被广泛应用。由此,全球投入产出表的研制促使投入产出分析进入一个新阶段,20世纪90年代至今,国际上已经形成了几个较为系统、颇具影响力的大规模全球投入产出表,其不仅覆盖了国家、部门、产品等多个维度,也编制了与此相匹配的社会、经济和环境卫星账户(劳动投入、温室气体排放、空气污染等)。其中全球贸易分析数据库、经济合作与发展组织投入产出数据库、日本外部贸易组织的亚洲经济研究所建立的数据库、EXIOBASE全球数据库、全球多区域投入产出数据库和欧盟世界投入产出数据库等是影响力较大、应用较广泛的成套数据库。这些投入产出数据库在全球范围内的推广与应用,对解决贫困、环境污染、贸易不平等问题提供了重要的研究基础。

投入产出分析从诞生、发展到普及经历了将近一个世纪的传播,投入产出表编制仍以不断细化的趋势发展,研究问题导向下的特定投入产出表编制也被日益推广,在大数据技术支撑下编制的投入产出表精度亦在不断提高。随着经济全球化、全球气候变暖等现象的不断深入,投入产出分析应用于社会、经济和环境等领域的研究仍旧是今后发展的重点方向。

(二)我国投入产出分析发展

尽管投入产出分析在我国起步相对较晚,但具有传播普及迅速、应用领域广泛的特征。20 世纪 50 年代初,我国成立了以著名经济学家孙冶方、科学家钱学森为首的投入产出研究小组,60 年代初中国科学院数学所在鞍山试编了鞍山钢铁联合企业的投入产出表。我国第一张投入产出表是由国家计委和国家统计局于 1974—1976 年编制的,包括 61 种产品的 1973 年全国实物表。此后,我国掀起了一股投入产出分析普及、推广和应用的浪潮,政府机构、科研院所及研究学者等编制了国家、地区、部门、企业层面的投入产出表,以满足经济分析、预测、政策分析的需要。研究内容不仅扩展到经济结构、价格计算、劳动就业、人口教育等各个方面,投入产出模型的应用范围也从静态、动态、多区域等多个维度全面展开。

我国最初的投入产出表是 1981 年由国家计划委员会和国家统计局联合编制的包括 146 种产品的实物投入产出表和包括 26 个生产部门的价值投入产出表。1983 年又编制了包括 22 个生产部门的价值投入产出表,由于当时采用物质产品平衡表体系(System of Material Product Balance, MPS)制度,所以这两张表具有试编性质(刘起运,2007)。在《国务院办公厅关于进行全国投入产出调查的通知》的指导下,国家统计局编制了 1987 年国家投入产出表。同时,国家统计局要求各省(自治区、直辖市)及计划单列市原则上编制相应的投入产出表,并规定此后每五年编制一次,即逢 2、逢 7 为编制投入产出表的年份,而逢 0、逢 5 为编制投入产出延长表的年份,这意味着投入产出表的编制及应用工作在我国进入制度化阶段。

地区层面的投入产出表编制在我国发展较迅速。山西省 1978 年编制的包括 88 个产品的实物投入产出表和包括 56 个生产部门的投入产出表,是我国最早的地区投入产出表,为其他地区编制投入产出表起到了重要的示范和指导作用。此后,广东省运用间接推导法编制了1980年包括153种产品的实物表和27个生产部门的价值表;北京市首次在国民经济核算体系下完成了1985年包括69个生产部门的价值表;黑龙江省、河南省、天津市等地区也相继编制了本地投入产出表。自1987年以后,除西藏自治区外,其余地区均可以与国家同步编制投入产出表,部分市辖区、县甚至都编制了同步表,从而构成了完整的地区投入产出表与国家投入产出表编制体系。

因科学研究、政策评估的需要,特定研究对象的投入产出表和时间序列投入产出表的研制也日渐成熟。除国家统计局、各省(自治区、直辖市)统计局定期编制的全国、地区投入产出表外,陈锡康等编制了1982年、1984年农业投入产出表和1992年城乡经济投入产出表;国家信息中心编制了1997年八大区域间投入产出表;国家统计局和国家信息中心编制了2002年、2007年中国区域间投入产出表;国家统计局与中国人民大学编制了1992年、1997年、2002年、2005年可比价的投入产出序列表;王博峰等(2012)[1]创新性地编制出2007年全国能源投入产出表、全国绿色能源投入产出表;张红霞等(2021)[2]在编表方法与国家统计局保持一致的基础上,编制完成了1981—2018年序列投入产出表。

因多区域投入产出表能够系统量化地区间产品部门层面复杂的生产、消费关系,且分析社会、经济和环境问题时精度更高、全面性较好,被广泛应用于分析多区域的就业、贸易价值、环境负担等问题,这也激发了研究机构与学者对省级多区域投入产出表的编制热情。许宪春和李善同(2008)[3]编制了1997年区域投入产出表;中国科学院地理科学与资源研究所、国家统计局编

---

①　王博峰、李富有、杨恒:《中国2007绿色能源投入产出表编制及应用分析》,《统计与信息论坛》2012年第8期。

②　张红霞、夏明、苏汝劼等:《中国时间序列投入产出表的编制:1981—2018》,《统计研究》2021年第11期。

③　许宪春、李善同:《中国区域投入产出表的编制与分析(1997年)》,清华大学出版社2008年版。

制了中国 2007 年 30 个省(自治区、直辖市)区域间投入产出表(刘卫东等,
2012)[①];国家统计局与日本国际协力机构(Japan International Cooperation
Agency,JICA)、日本经济产业所合作编制了 2007 年中日区域间投入产出表;
徐国祥和陈海龙(2019)[②]编制了 2015 年地区间人口投入产出表,以挖掘人口
流动跨期特征与空间静态分布特征;项莹和赵静(2020)[③]从最终产出视角编
制了省际高技术产业非竞争型投入产出表。我国投入产出分析的迅速发展,
不仅丰富了投入产出理论研究,也拓展了投入产出分析的应用领域。

二、投入产出分析应用研究

随着数据资料的日益丰富、编表技术的不断提升与投入产出理论研究的
陆续完善,投入产出分析的应用领域也日新月异。当前借助投入产出模型研
究不同维度下的社会、经济和环境问题已成为主流,是全面量化社会、经济和
环境影响的重要手段。

(一)投入产出的社会效应研究

将投入产出分析应用于研究就业、教育、收入差距等社会问题,是近期社会
研究的主要方向。其中利用投入产出分析讨论社会问题最广泛的是就业,故而
本书重点梳理利用投入产出分析方法探究就业问题的研究成果。基于投入产
出分析的就业问题研究,主要从国际(地区间)贸易(Alsamawi 等,2016)[④]、产业

---

① 刘卫东、陈杰、唐志鹏:《中国 2007 年 30 省区市区域间投入产出表编制理论与实践》,中
国统计出版社 2012 年版。

② 徐国祥、陈海龙:《中国省区间人口投入产出表编制方法创新及实证研究》,《统计研究》
2019 年第 4 期。

③ 项莹、赵静:《中国省际高技术产业非竞争型投入产出表编制及应用研究》,《数量经济
技术经济研究》2020 年第 1 期。

④ Alsamawi,A.,Mcbain,D.,Murray,J.,et al.,Social Impacts of International Trade On the
Chinese Transport Sector:Social Impacts of Trade On the Chinese Transport Sector,*Journal of Industrial
Ecology*,Vol. 20,No. 3,2016.

链(Simas 等,2015)①、最终需求(Wiedmann 和 Lenzen,2018)②三个方面讨论就业变化及其影响因素。

借助投入产出表分析国际贸易就业问题的实证研究较为丰富(王亚菲等,2020)。诸多研究已经表明富裕国家将劳动力(尤其是低技能劳动力)就业机会外包给发展中国家(Alsamawi 等,2014)③,与环境影响的转移问题结论相似。例如,阿西莫格鲁(Acemoglu 等,2016)④认为中国进口竞争加剧所导致的失业人数在 200 万—240 万人。可见,国际间、地区间贸易对所有国家和地区的社会变化产生了深远的影响,其中工资成本的差异是迅速推动全球化进程和经济圈(城市群)建设的重要驱动力(Acemoglu 等,2016)。

生产结构变化会引致地区、部门层面的就业发生变动,其研究重点是通过改造投入产出表的中间产品交易矩阵来探讨生产结构变化的就业效应(Wang等,2018)⑤。例如,马莉克(Malik 等,2016)利用多区域投入产出分析改进了传统的生命周期评估(Life Cycle Assessment,LCA)方法,量化了林业生物质转向生物燃料生产而导致造纸、纸浆和纸板行业的就业损失;张钟文等(2017)⑥通过构建非竞争型投入产出表测算了高技术产业对国民经济各行业的就业促

①　Simas,M.,Wood,R.,Hertwich,E.,Labor Embodied in Trade:The Role of Labor and Energy Productivity and Implications for Greenhouse Gas Emissions,*Journal of Industrial Ecology*,Vol. 19, No. 3,2015.

②　Wiedmann,T.,Lenzen,M.,Environmental and Social Footprints of International Trade,*Nature Geoscience*,Vol. 11,No. 5,2018.

③　Alsamawi,A.,Murray,J.,Lenzen,M.,The Employment Footprints of Nations Uncovering Master-Servant Relationships,*Journal of Industrial Ecology*,Vol. 18,No. 1,2014.

④　Acemoglu,D.,Autor,D.,Dorn,D.,et al.,Import Competition and the Great Us Employment Sag of the 2000S,*Journal of Labor Economics*,Vol. 34,No. S1,2016.

⑤　Wang,Z.,Shang-Jin,W.,Yu,X.,et al.,"Re-Examining the Effects of Trading with China On Local Labor Markets:A Supply Chain Perspective",*Nber Working Paper Series*,2018.

⑥　张钟文、叶银丹、许宪春:《高技术产业发展对经济增长和促进就业的作用研究》,《统计研究》2017 年第 7 期。

进作用;张志明等(2016)①借助多区域投入产出测算了我国1995—2009年增加值出口贸易的就业效应,并利用结构分解法分析就业效应的影响因素。总体上看,运用投入产出分析方法分析生产结构变化引致的就业效应已基本成熟。

从最终需求视角探讨就业变化,研究内容主要讨论了最终消费、资本形成、存货变动等引发的就业分布特征(王亚菲等,2020)。部分学者也从贸易、技术、最终需求等多个视角综合讨论就业变化及其影响因素(Pak 和 Poissonnier,2016)②。例如,卫瑞和张文城(2015)③首先量化了中国外需引致的就业变化,继而通过多区域投入产出—结构分解分析考察了生产部门劳动投入强度、国内产业关联、国际产业关联、最终需求产品结构、最终需求产品来源地结构和最终需求规模等因素变动对研究期间中国外需隐含就业的影响。从消费视角看社会指标变动,有助于揭示与贸易相关的不平等和(企业)社会责任问题(Pak 和 Poissonnier,2016)。此外,运用投入产出分析工具测算消费端的社会问题,还包括性别平等、母婴健康、政府治理(Xiao 等,2017)④或腐败(Xiao 等,2018)⑤,对制定联合国可持续发展目标所需的政策措施和战略选择具有重要的指导意义。

尽管基于投入产出分析方法分析就业问题已基本成熟,但使用省级层面多区域投入产出表测算特定研究对象的就业效应仍较为缺乏。现有研究要么

---

① 张志明、代鹏、崔日明:《中国增加值出口贸易的就业效应及其影响因素研究》,《数量经济技术经济研究》2016 年第 5 期。

② Pak, M., Poissonnier, A., "Accounting for Technology, Trade and Final Consumption in Employment:An Input-Output Decomposition", *Ideas Working Paper Series From Repec*, 2016.

③ 卫瑞、张文城:《中国外需隐含国内就业及其影响因素分析》,《统计研究》2015 年第 6 期。

④ Xiao, Y., Norris, C. B., Lenzen, M., et al., How Social Footprints of Nations Can Assist in Achieving the Sustainable Development Goals, *Ecological Economics*, Vol. 135, 2017.

⑤ Xiao, Y. Y., Lenzen, M., Benoit-Norris, C., et al., The Corruption Footprints of Nations, *Journal of Industrial Ecology*, Vol. 22, No.1, 2018.

单纯针对某个国家或部门展开就业讨论,要么关注全球贸易格局下的就业变化,缺乏讨论一个产业链相对完整的国家内部地区层面的就业变化。鉴于当前对流动人口的研究多停留在微观个体层面,缺乏探究这一群体在宏观经济层面的社会效应研究,借助投入产出分析方法的优良性质探究流动人口消费活动引致的就业效应是非常必要的。

(二)投入产出的经济效应研究

应用投入产出分析探究经济效应的研究大致可以分为两大类,分别是测算产业间或某产业的关联效应与全球价值链分工下的增加值贸易研究,以下就此类研究进展进行全面梳理。

产业关联效应主要是充分利用投入产出表派生的大量系数和参数本身进行分析(郭菊娥等,2004)[1]。投入产出表将生产与分配使用、消耗和产出、货物与服务的使用价值运动等有机联系起来,通过大量系数计算、描绘各经济部门、再生产环节的数量关系(刘起运,2007)。产业关联效应通常利用投入产出表中计算的直接消耗系数、直接分配系数、影响力系数、感应度系数等进行衡量(陈锡康和杨翠红,2011)[2],据此,陈东景(2016)[3]测算了我国服务业的宏观经济效应;李秀婷等(2014)[4]测算了房地产业的产业关联效应;张亚军等(2014)[5]对生产性服务业与制造业之间的关联程度进行了讨论。总之,产业关联效应的测度重点是关注某单一行业或部门在国民经济中的总体地位及其

---

① 郭菊娥、邢公奇、李琦:《中国金融发展对经济增长影响效应的投入产出分析》,《管理评论》2004 年第 12 期。

② 陈锡康、杨翠红:《投入产出技术》,科学出版社 2011 年版。

③ 陈东景:《基于投入产出表的居民服务业宏观经济效应分析》,《统计与决策》2016 年第 9 期。

④ 李秀婷、刘凡、吴迪等:《基于投入产出模型的我国房地产业宏观经济效应分析》,《系统工程理论与实践》2014 年第 2 期。

⑤ 张亚军、于春晖、郑若谷:《生产性服务业与制造业的内生与关联效应——基于投入产出结构分解技术的实证研究》,《产业经济研究》2014 年第 6 期。

与其他产业的相互影响程度。

关于增加值贸易的研究,主要是利用投入产出模型刻画进口品来源与使用及出口品生产与最终去向的过程,并对多个层面(包括国家、部门层面)的贸易流量进行分解(王直等,2015)①。经典的列昂惕夫逆矩阵是实现增加值贸易研究的核心,其通过反映不同国家、部门之间的投入产出关系以及每个国家、部门生产单位产品所需中间投入的数量和种类,追溯最终产品在各个生产环节所创造的增加值(李跟强和潘文卿,2016)②,进而度量国家、部门层面出口中的国内增加值与其他部分的价值及结构。李昕和徐滇庆(2013)③基于投入产出模型对我国贸易总额与贸易顺差额进行了重新估算;马丹和郁霞(2021)④通过计算分解区域参与复杂分工体系的增加值来源,以考察区域贸易增加值的分配特征。总结发现,增加值贸易的研究均是以列昂惕夫需求驱动模型为基础模型,在全球供应链视角下探究最终产品在整个生产链各环节所创造增加值的过程。然而,一个经济体内为满足最终消费主体所需的货物和服务称为最终产品,其在各生产环节中也会创造增加值,故而可借助这一思想研究某一特定主体最终需求所驱动的增加值。

综上所述,在对产业关联分析、增加值贸易内涵及应用研究进行梳理的基础上,运用投入产出表及投入产出模型能够度量最终消费品生产过程中各环节所创造的增加值。因此,本书借鉴最终需求驱动增加值的思路,尝试量化为满足流动人口最终消费所需的货物和服务而进行生产时,各个生产环节创造的增加值。

---

① 王直、魏尚进、祝坤福:《总贸易核算法:官方贸易统计与全球价值链的度量》,《中国社会科学》2015 年第 9 期。

② 李跟强、潘文卿:《国内价值链如何嵌入全球价值链:增加值的视角》,《管理世界》2016 年第 7 期。

③ 李昕、徐滇庆:《中国外贸依存度和失衡度的重新估算——全球生产链中的增加值贸易》,《中国社会科学》2013 年第 1 期。

④ 马丹、郁霞:《中国区域贸易增加值的特征与启示》,《数量经济技术经济研究》2021 年第 12 期。

(三)投入产出的环境效应研究

投入产出分析是当前讨论环境问题最为主流的方法,环境学家主要将投入产出分析用于环境压力核算、生命周期评估方法、影响因素贡献、产业链路径等方面(梁赛等,2016)①。其中关于环境压力的核算主要分为基于生产的核算、基于消费的核算和基于收入的核算三类,其中,基于生产的核算主要揭示某部门或地区在产业链路径上所处位置的重要性;基于消费的核算主要是利用列昂惕夫逆矩阵来反映经济系统内最终需求变化所引致环境指标的累积效应;基于收入的核算则基于高希(Ghosh)逆矩阵体现初始投入进入生产系统后所累积引发下游生产链各部门或地区的环境变化(Xu等,2019)②。正是因为投入产出分析在以上三类核算方法上具有优良的性质,投入产出模型被认为是进行环境核算的有效工具。目前,环境压力核算的研究多基于价值型投入产出表,重点关注的环境压力指标包括水、生物质、矿物质、温室气体及空气污染物等。

生命周期评估方法考察研究对象在整个生命周期中各生产环节所产生的环境压力,大致分为三类方法。一是基于过程的生命周期评估方法,通过捕捉各生产环节的直接(间接)生产投入以及所产生的直接(间接)环境压力,但在实践中常因数据难以获取而受限制,且仅能对系统边界内的环境影响进行研究,忽视了系统边界外的环境影响(Ding等,2019)③。二是鉴于过程生命周

---

① 梁赛、王亚菲、徐明等:《环境投入产出分析在产业生态学中的应用》,《生态学报》2016年第22期。

② Xu, L., Chen, G., Wiedmann, T., et al., Supply – Side Carbon Accounting and Mitigation Analysis for Beijing – Tianjin – Hebei Urban Agglomeration in China, *Journal of Environmental Management*, Vol. 248, 2019.

③ Ding, N., Liu, J., Kong, Z., et al., Life Cycle Greenhouse Gas Emissions of Chinese Urban Household Consumption Based On Process Life Cycle Assessment: Exploring the Critical Influencing Factors, *Journal of Cleaner Production*, Vol. 210, 2019.

期评估方法的不足,马修斯和斯莫尔(Matthews 和 Small,2000)①基于投入产出分析与生命周期评估方法的优良性质提出了投入产出生命周期评估方法,以期弥补这种缺陷。投入产出生命周期评估方法能够将整个经济系统作为评价边界,即促使评估范围更趋于完整,对研究宏观消费问题,尤其是涉及地区与消费相关的"隐含"环境污染问题非常有益(刘晶茹等,2007)②。当然,投入产出生命周期评估方法也存在一定的不足,如一般投入产出表为价值型,而环境影响多为实物型,投入产出生命周期评估方法无法将价值型转换为实物型。三是苏等(Suh 等,2004)③将上述两种方法进行结合,提出了混合生命周期评估方法,以期对某具体产品整个生命周期的影响进行全面刻画。为较好地评价某产品或服务,该方法将现有部门进行再划分或添加一个新部门到现有的投入产出表,并将评价对象的过程清单数据替换为投入产出表中相应部门的平均数据(王长波等,2015)④。但易受数据可得性、方法可操作性等问题的限制,混合生命周期评估方法还无法进行大范围推广。

影响因素贡献分析与产业链路径分析均基于投入产出分析中的列昂惕夫需求驱动模型反映经济系统结构与环境压力之间的关系。前者将投入产出模型与结构分解分析方法进行结合,能够描述各类社会经济因素变化对经济系统中环境压力变化的相对贡献(Hoekstra 和 Bergh,2002⑤;Huang 等,2020⑥);

---

① Matthews, H. S., Small, M. J., Extending the Boundaries of Life-Cycle Assessment through Environmental Economic Input-Output Models, *Journal of Industrial Ecology*, Vol. 4, No. 3, 2000.

② 刘晶茹、Glen P. Peters、王如松等:《综合生命周期分析在可持续消费研究中的应用》,《生态学报》2007 年第 12 期。

③ Suh, S., Lenzen, M., Treloar, G. J., et al., System Boundary Selection in Life-Cycle Inventories Using Hybrid Approaches, *Environmental Science & Technology*, Vol. 38, No. 3, 2004.

④ 王长波、张力小、庞明月:《生命周期评价方法研究综述——兼论混合生命周期评价的发展与应用》,《自然资源学报》2015 年第 7 期。

⑤ Hoekstra, R., van den Bergh, J., Structural Decomposition Analysis of Physical Flows in the Economy, *Environmental & Resource Economics*, Vol. 23, No. 3, 2002.

⑥ Huang, Q., Chen, G., Wang, Y., et al., Modelling the Global Impact of China's Ban On Plastic Waste Imports, *Resources, Conservation and Recycling*, Vol. 154, 2020.

后者将投入产出模型与结构路径分析相结合,能够提取出导致经济系统中环境压力的主要产业链路径(Lenzen,2007)①。此外,投入产出分析是风险影响(Santos和Haimes,2004)②、环境网络分析(Newman,2003)③方面的重要工具。

综上所述,投入产出分析在环境问题方面的研究与扩展已相当成熟,其特点和优点在于能够研究实际经济、环境问题,是一种从数量上系统研究复杂经济体部门间相互联系的方法,其中的经济体可以大到整个世界,小至一个省、市或企业部门。因此,本书借助投入产出分析在环境压力核算方面的优势,对流动人口消费引致的碳排放进行系统研究。

三、投入产出表数据库调研

因投入产出分析能够连接微观经济与宏观经济,通常被称为具有产业经济研究范畴的中观经济分析工具(Raa,2006)④。投入产出分析在国民账户体系框架的基础上,将数量与价值问题统一起来,通过一张设计巧妙的棋盘式平衡表(投入产出表),将经济系统中各部门的投入与产出、投入的来源与产出的去向及所有生产部门间相互供应、彼此消耗的数量经济技术联系起来(Miller和Blair,2009)⑤。本节重点对国内外现有的投入产出数据库编制进展进行梳理。

---

① Lenzen,M.,Structural Path Analysis of Ecosystem Networks,*Ecological Modelling*,Vol. 200,No.3,2007.

② Santos,J. R., Haimes, Y. Y., Modeling the Demand Reduction Input – Output (I – O) Inoperability Due to Terrorism of Interconnected Infrastructures,*Risk Analysis*,Vol. 24,No.6,2004.

③ Newman,M. E. J.,The Structure and Function of Complex Networks,*Siam Review*,Vol. 45,No.2,2003.

④ Ten Raa, T., *The Economics of Input – Output Analysis*, Cambridge：Cambridge University Press,2006.

⑤ Miller,R. E.,Blair, P. D.,*Input – Output Analysis：Foundations and Extensions*,Cambridge,UK：Cambridge University Press,2009.

（一）国际投入产出数据库

本书在深入调研这些数据库的基础上，借助相关文献资料介绍国际主流的六大数据库的基本编制情况，进而阐述相应特征并比较其优缺点（见表1-2）。

表1-2　六大国际投入产出数据库特征对比

名称	年份	国家	部门	形式	卫星账户	数据来源	编制方法
全球多区域投入产出数据库	1990—2015年	190	26—511	供给使用表、投入产出表	能源、排放、水、土地、就业等	联合国、各国家统计机构	进口按固定比例拆分;不改变各国原始数据
全球贸易分析数据库	2001年、2004年、2007年、2011年、2014年	141	65	投入产出表	能源、排放、土地使用、就业等	全球贸易分析数据库、各国统计机构或个人	进口按固定比例拆分;经过一致性处理的全球贸易分析数据库数据将各国数据扩编为多国投入产出表
经济合作与发展组织投入产出数据库	1995—2010年	76	45	供给使用表、投入产出表	能源、排放、其他物质流	经济合作与发展组织、相关国家统计机构	进口按固定比例拆分;经过一致性处理的经济合作与发展组织数据将各国数据扩编成多国投入产出表
日本外部贸易组织的亚洲经济研究所建立的数据库	1975年起每5年编制一次,最新为2010年	亚洲10国	76	投入产出表	就业	各国国家统计或信息机构	进口按固定比例拆分;通过专门调查区分进口品的来源国和使用去向
EXIOBASE全球数据库	1995—2011年	44+5个世界其他地区	163	供给使用表	能源、排放、水、资源、土地、就业等	欧盟及其他国家统计机构、IEA、USGS、DESIRE、FAOSTAT	进口按固定比例拆分;基于供给使用表扩展至环境内容

续表

名称	年份	国家	部门	形式	卫星账户	数据来源	编制方法
欧盟世界投入产出数据库	2013版：1995—2011年；2016版：2000—2014年	40+1个世界其他地区	59个产品35个部门	供给使用表、投入产出表	排放、水、资源使用、土地、就业	各国国家统计机构	将进口分为中间使用、最终消费和投资；对每一类按固定比例拆分；仅使用公开数据，进行一致性、平衡处理；额外涉及服务贸易、出口交易费用及税费、国内外直接消费等项

注：笔者根据各大数据库网站信息整理得到。

1. 全球多区域投入产出数据库

全球多区域投入产出数据库是在澳大利亚研究委员会（Australian Research Council, ARC）资助下完成的投入产出数据库，旨在建立一个能够生成多维、可更新投入产出表的大型数据平台（Lenzen 等，2013）①。全球多区域投入产出数据库具有较高的协调性和一致性，即不仅能够将尽可能多的国家和生产部门囊括进来，也能够将各个国家或地区的投入产出表直接嵌入到多区域投入产出表的框架之中。由此可见，全球多区域投入产出数据库中的多区域投入产出表是一个能够容纳形式各异、维度不同的投入产出表的混合体，即不仅包含产业×产业、部门×部门的方形投入产出表，也包含由供给使用表（Supply-Use Tables, SUTs）组成的矩形投入产出表。由于编制大规模投入产出表需耗费大量的人力、物力、财力，且待其公布时通常存在一定的时滞性，故而全球多区域投入产出数据库尝试通过一套标准化的流程、高度自动化的一致性处理及优化数据管理模式，将多区域投入产出表编制工作从目前昂贵、复

---

① Lenzen, M., Moran, D., Kanemoto, K., et al., Building Eora: A Global Multi-Region Input-Output Database at High Country and Sector Resolution, *Economic Systems Research*, Vol. 25, No. 1, 2013.

杂、一次性的任务转变为成本可负担、一致性良好、国际通用的标准化工具（基本每两年就可更新一次）。

全球多区域投入产出数据库的数据源主要取自联合国国民核算数据库与各个国家官方机构公布的数据资料。截至目前，全球多区域投入产出数据库已经编制了 1990—2015 年包括 190 个世界主要国家和地区的高分辨率时间序列投入产出表，其中每个国家包含 26—511 个产业部门，将世界其他地区作为平衡项，并匹配了相关的社会、环境卫星账户。一般投入产出表多属于基本价格表，而全球多区域投入产出数据库也考虑了贸易、运输、其他差价及产品税收与补贴，发布的投入产出表也包括了生产者价格表和购买者价格表。其中，国际贸易采用离岸价格或到岸价格计价。

2. 全球贸易分析数据库

全球贸易分析数据库（Global Trade Analysis Project，GTAP）依靠美国普渡大学 20 世纪 90 年代初创建的全球贸易分析项目而建立，主要由各个国家投入产出表、国际贸易、宏观经济、农业经济及资源环境等数据组成。其中各个国家投入产出表是该数据库的主要构成内容（Narayanan 和 Walmsley，2008）①，考虑到不同投入产出表在基础数据来源、时间、部门等具体细节上存在较大差异，该项目通过一致性处理后使不同来源的投入产出表具有可比性。由于该数据库中的投入产出表由各个国家的官方部门、研究机构或个人免费提供，故而全球贸易分析数据库也授予以上提供者整个数据库的免费使用权，并向其他机构和用户出售使用权。

因运用全球贸易分析数据库的政策量化效果较好，且能够广泛、迅速和持续地收集各国投入产出数据，被世界贸易组织、国际货币基金组织、世界银行等官方机构广泛采用，是当前公认的具有影响力的国际投入产出数据库之一。截至目前，全球贸易分析数据库中的投入产出表主要是以 2001 年、2004 年、

---

① Narayanan，G. B.，Walmsley，T. L.，"Global Trade，Assistance，and Production：The Gtap7 Data Base，Center for Global Trade Analysis"，2008.

2007年、2011年和2014年为参考年份,覆盖了141个国家或地区的所有65个项目的商品,也编制了与该投入产出表匹配的卫星账户。此外,由于全球贸易分析数据库所收集的投入产出表形式各异、数据参差不齐、质量难以保证,使全球贸易分析数据库需要对这些投入产出表进行一致性调整和平衡处理,该过程也为编制国际投入产出表提供了便利。

3.经济合作与发展组织投入产出数据库

经济合作与发展组织投入产出数据库中的全球多区域投入产出表由经济合作与发展组织开发并建立,与全球贸易分析数据库的构建方法类似,以专门针对全球资源环境问题而建立投入产出模型。经济合作与发展组织投入产出数据库开发于1995年,并于2002年进行更新(Nadim和Norihiko,2006)[①],现已更新至2015年(第三版)。该数据库为统一的部门×部门投入产出表,较好地整合了工业活动统计数据(研发支出、就业、外国直接投资和能源消耗数据等)。因此,在进行国际贸易研究和经济结构分析时,因该数据库能够捕获所有生产部门之间的技术数量关系,从而被认为是非常有用的实证工具。截至2022年,全球贸易分析项目覆盖了61个国家和地区(包括石油输出国组织、世界其他地区),涉及的生产部门达48个,并包括了一些详尽的资源环境指标的卫星账户(Wiebe等,2012)[②]。

4.日本外部贸易组织的亚洲经济研究所建立的数据库

日本外部贸易组织的亚洲经济研究所建立的数据库雏形来源于1958年成立的日本贸易振兴会,并于1998年与亚洲经济研究所合并,该数据库为促进日本与国际社会在解决发展问题方面的合作提供了数据基础,尤其是以亚洲国家的投入产出表为主要数据资料(Meng等,2013)[③]。自20世纪60年代

[①]　Nadim,A.,Norihiko,Y.,"The Oecd Input-Output Database:2006 Edition",2006.

[②]　Wiebe,K. S.,Bruckner,M.,Giljum,S.,et al.,Carbon and Materials Embodied in the International Trade of Emerging Economies,*Journal of Industrial Ecology*,Vol. 16,No.4,2012.

[③]　Meng,B.,Zhang,Y.,Inomata,S.,Compilation and Applications of Ide-Jetro's International Input-Output Tables,*Economic Systems Research*,Vol. 25,No.1,2013.

亚洲经济研究所编制国际投入产出表以来,从 1975 年开始每 5 年编制一次亚洲国家的多区域投入产出表,目前更新至 2010 年。因该数据库的数据源主要为各个国家的官方统计机构,为解决原始数据的不一致性问题,日本外部贸易组织的亚洲经济研究所通过开展专门的统计调查来甄别出现不一致的原因,并采用协调方法以确保相关数据的一致性。

关于各个国家投入产出表之间的连接问题,该团队将各个国家提供的进出口、关税、贸易差价、国际货运等信息衔接起来。如若缺乏以上相关数据,该团队则利用引力模型估算缺失内容(潘浩然等,2020)[1]。此外,为识别进口产品的目的国,日本外部贸易组织的亚洲经济研究所会实施专门的统计调查。一般而言,一国的某种进口产品应等于其他出口国对该产品的出口之和,但由于各个国家因统计口径、记录方式等存在差异,往往导致同一产品的进口额不等于出口额,此时唯有经过反复调整才能接近理论值。

5. EXIOBASE 全球数据库

EXIOBASE 作为一个与环境、经济核算系统兼容的数据库而被广泛应用,其具有与投入产出表部门高度匹配的大规模社会、环境卫星账户(Stadler 等,2018)[2],即 EXIOBASE 拥有详细的全球多区域环境扩展的供给使用表和投入产出表。截至 2022 年,最新的第三版 EXIOBASE 数据库公布了 1995—2011 年环境扩展的投入产出时间序列表,涵盖 44 个国家(28 个欧盟成员国与 16 个世界主要经济国家)及世界其他 5 个地区(Stadler 等,2018)。最新版 EXIOBASE 以 163 个部门(按 200 种产品分类)的矩形供给使用表作为构建基础,采用国际贸易数据将国家供给使用表连接起来,从而创建得到多区域供给

---

① 潘浩然、林欣月、李锦:《国际投入产出数据的新进展》,http://www.scces.cn/newsitem/278520012,2020。
② Stadler,K.,Wood,R.,Bulavskaya,T.,et al.,Exiobase 3:Developing a Time Series of Detailed Environmentally Extended Multi-Regional Input-Output Tables:Exiobase 3,*Journal of Industrial Ecology*,Vol.22,No.3,2018。

使用表,并由此转换生成多区域投入产出表(Merciai 和 Schmidt,2018)①。此外,第三版 EXIOBASE 也创建了包括 69 种排放清单、195 种水物质、291 种能源产品及提取物、15 类土地账户和 14 类就业的扩展数据清单。其中扩展的卫星账户数据主要通过其他数据库汇总或估算得到,且主要来源于美国地质调查局(USGS)、联合国粮农组织统计数据库(FAOSTAT)、DESIRE (Development of a System of Indicators for a Resource Efficient Europe)数据库、国际能源署(IEA)等(潘浩然等,2020)。可见,EXIOBASE 数据库为广大研究人员分析社会、环境问题提供了翔实的数据资料。

　　EXIOBASE 数据库编制所需的原始投入产出表主要取自欧盟统计局、相应国家的官方统计机构,通过采用国民经济核算的补充数据及各类系数矩阵对投入产出表进行一致性处理(Merciai 和 Schmidt,2018)。根据进口比例假定其他数据信息,EXIOBASE 将使用表拆分为本国使用和进口使用两部分,并依据联合国商品贸易统计数据库中的贸易份额数据来划分进口来源国(并不细分至中间使用、消费和投资)(Merciai 和 Schmidt,2018;潘浩然等,2020)。此外,进口矩阵按照双比例尺度法进行调整,以促使进口、出口与国际分层计价保持一致(潘浩然等,2020)。

6. 欧盟世界投入产出数据库(WIOD)

　　欧盟世界投入产出数据库在欧盟的资助下开发建立,现已经发布 2013 年、2016 年两个版本的投入产出表(Timmer 等,2015)②。欧盟世界投入产出数据库中的世界投入产出表涵盖 27 个欧盟成员国、13 个世界其他主要经济体和一个世界其他地区,每个地区包含 59 个产品或 35 个部门,形成了

---

　　① Merciai,S.,Schmidt,J.,Methodology for the Construction of Global Multi‐Regional Hybrid Supply and Use Tables for the Exiobase V3 Database:Methodology of Mr‐Hsuts for the Exiobase Database,*Journal of Industrial Ecology*,Vol. 22,No.3,2018.

　　② Timmer,M. P.,Dietzenbacher,E.,Los,B.,et al.,An Illustrated User Guide to the World Input‐Output Database:The Case of Global Automotive Production:User Guide to World Input‐Output Database,*Review of International Economics*,Vol. 23,No.3,2015.

1995—2014 年时间序列投入产出表(Dietzenbacher 等,2013)[1],故而能够较好地追踪经济活动在时间维度上的变化特征。欧盟世界投入产出数据库提供了 2013 年、2016 年各个国家的就业、资本存量、增加值及总产出数据,其中 2013 年版更是扩展了碳排放、能源消耗、大气排放等环境核算数据。欧盟世界投入产出数据库的数据源主要来源于各国官方统计机构,数据质量高,具有广泛的代表性。此外,欧盟世界投入产出数据库记录的经济交易均以基本价格计算,能够较好地刻画生产技术结构。具体而言,欧盟世界投入产出数据库中的世界投入产出表构建步骤如下:(1)将各个国家的供给使用表进行标准化处理,并以国家账户为基准进行调整,构建标准的国家供给使用时间序列表;(2)采用双边贸易数据资料,在基本价格的国家供给使用表基础上,将进口产品按照进口国从国内部分分离出来,从而形成各国的供给使用表;(3)将各国供给使用表合并为世界供给使用表,进而通过转化得到世界投入产出表(Timmer 等,2015)。

欧盟世界投入产出数据库的免费、开源特性,为学者、研究机构进行科学研究提供了便利。欧盟世界投入产出数据库中的投入产出表依据供给使用表建立,以便与国际贸易(产品)、社会经济和环境(部门)数据进行连接。由于欧盟世界投入产出数据库中的世界投入产出表具有国民经济核算一致性,是各国供给表更新和建立时间序列表的重要依据。此外,欧盟世界投入产出数据库比较重视双边贸易数据库建设,其在联合国商品贸易统计数据(约 5000 种产品)的基础上,合并为 59 种大类产品,并将已汇总完成的产品数据按照使用表中商品的来源地进行分离(Timmer 等,2015)。

7. 其他数据库

除以上详细介绍的 6 个投入产出数据库以外,还有国家间和全球投入产

---

① Dietzenbacher, E., Los, B., Stehrer, R., et al., The Construction of World Input-Output Tables in the Wiod Project, *Economic Systems Research*, Vol. 25, No. 1, 2013.

出核算、经济合作与发展组织—国家间投入产出表等数据库也创建了系列投入产出表。其中国家间和全球投入产出核算数据库由欧盟统计局与欧盟委员会的联合研究中心共同开发，截至2022年已公布2010—2018年全球多区域投入产出表；经济合作与发展组织于2018年更新2005—2015年的国家间投入产出表，该表涵盖64个国家，每个国家包括36个部门，可用于贸易增加值核算。

（二）我国投入产出数据库

目前，我国投入产出数据编制主要以国家统计局为主导，部分研究机构和学者也编制了系列研究所需的投入产出表。本节就我国投入产出数据库的建设情况进行梳理，详细分析各类投入产出数据库的特征及差异。

1.中国国家投入产出表

自投入产出分析传入我国以后，国务院于1987年颁布的《国务院办公厅关于进行全国投入产出调查的通知》明确指出往后每5年（逢2、逢7年份）开展一次全国投入产出调查，并编制投入产出基本表。截至2022年，国家统计局已经编制了1987年（118个部门）、1992年（119个部门）、1997年（124个部门）、2002年（122个部门）、2007年（135个部门）、2012年（139个部门）、2017年（149个部门）、2018年（153个部门）8张全国投入产出基础表，且在2005年、2010年、2015年编制了延长表，以满足社会经济规划活动所需。为方便进行国际比较，1992年以后的价值型投入产出表采用国际通用的国民账户体系表。在此期间也编制了部分年份的供给使用表。此外，国家统计局在各省（自治区、直辖市）地区投入产出表编制的基础上，于2018年也公布了2012年中国31个省（自治区、直辖市）42个部门区域间投入产出表。可以看出，随着统计调查技术手段的不断优化，我国投入产出表的编制方法越来越规范化，且更新速度也在不断加快，为我国政府宏观调控、科学研究提供了有力的量化工具。

2. 中国"产业生态学虚拟实验室"

中国"产业生态学虚拟实验室"(Chinese Industrial Ecology Virtual Laboratory,简称 Chinese IELab)是北京师范大学统计学院王亚菲教授在全球多区域投入产出数据库的编制基础上,创建了一个专门针对研究需求而生产多尺度嵌套投入产出表的数据平台(Wang,2017①;Wang 等,2017②)。截至2022 年,已经生成的投入产出表有:1978—2020 年国家投入产出表;1978—2017 年包括 31 个省(自治区、直辖市)的多区域投入产出表(42 个部门);2013 年、2015 年、2017 年京津冀多区域投入产出表(王亚菲等,2020);2009 年中国 5 个特大城市与澳大利亚 5 个较大城市的嵌套全球多区域投入产出表(Chen 等,2016)③;2011 年中国 31 个省(自治区、直辖市)嵌套全球 139 个国家和地区的多区域投入产出表(Hu 等,2020)④;1997—2011 年 31 个省(自治区、直辖市)的多区域投入产出表(135 个部门)(Fry 等,2018)⑤;2001—2015年中国 31 个省(自治区、直辖市)嵌套全球的多区域投入产出表(Jin 等,2021)⑥;中国 10 个特大城市、27 个省份和全球 139 个国家和地区的全球多区域投入产出表(Li 等,2020)。可以看出,中国"产业生态学虚拟实验室"能够生成研究内容所需的定制化投入产出表,为研究多视角社会、经济和环境问题提供了重要的数据资料。此外,该数据库所生成的投入产出表具有时间序列

---

① Wang,Y. F.,An Industrial Ecology Virtual Framework for Policy Making in China,*Economic Systems Research*,Vol. 29,No.2,2017.

② Wang,Y. F.,Geschke,A.,Lenzen,M.,Constructing a Time Series of Nested Multiregion Input-Output Tables,*International Regional Science Review*,Vol. 40,No.5,2017.

③ Chen,G.,Wiedmann,T.,Wang,Y.,et al.,Transnational City Carbon Footprint Networks-Exploring Carbon Links Between Australian and Chinese Cities,*Applied Energy*,Vol. 184,2016.

④ Hu,Y.,Su,M.,Wang,Y.,et al.,Food Production in China Requires Intensified Measures to be Consistent with National and Provincial Environmental Boundaries,*Nature Food*,Vol. 1,No.9,2020.

⑤ Fry,J.,Lenzen,M.,Jin,Y.,et al.,Assessing Carbon Footprints of Cities Under Limited Information,*Journal of Cleaner Production*,Vol. 176,2018.

⑥ Jin,Y.,Wang,H.,Wang,Y.,et al.,Material Footprints of Chinese Megacities,*Resources,Conservation and Recycling*,Vol. 174,2021.

长、协调性与一致性较高的特征,且能将中国多尺度投入产出表与全球多区域投入产出表嵌套起来,促使研究结果更具可靠性(Wang 等,2017;Wang,2017)。

3. 中国序列投入产出数据库

中国序列投入产出数据库由中国人民大学应用经济学院团队编制。截至2022年,已经编制完成了中国1981—2018年部门分类和口径一致的投入产出序列表、非竞争型投入产出表、可比价非竞争型投入产出表(上年价格)以及能源、碳排放卫星账户(张红霞等,2021)。整个投入产出表的构建思路:以投入产出表每一部分的价格指数为基础,运用数学方法调整表的平衡性,同时选择国家统计局公布的可比价GDP作为整体控制标准(张红霞等,2021)。此外,该表与国家统计局公布的投入产出表具有高度一致性,且时间序列跨度长,关键技术、结构特征等与国家投入产出表吻合。

4. 中国环境扩展的投入产出数据库

中国环境扩展的投入产出数据库(Chinese Environmentally Extended Input-Output Database,CEEIO)由美国密歇根大学徐明教授和北京师范大学环境学院梁赛教授牵头创建。截至2022年,公布了1992年、1997年、2002年、2007年和2012年的投入产出表,其中行业涵盖初始部门、91个部门和45个部门,计量单位分为人民币和美元两种。该数据库以国家统计局公布的投入产出表为基准进行汇总(并不涉及表的实质性编制工作),但编制了包括256种资源、30种污染物作为扩展的投入产出表卫星账户。

5. 中国碳核算数据库

中国碳核算数据库(Carbon Emission Accounts and Datasets,CEADs)在英国研究理事会、牛顿基金会、中国国家自然科学基金委员会、中国科学院等多家研究机构的联合支持下编纂了中国多尺度碳排放清单及多区域投入产出数据库。截至2022年,该数据库已发布:2012年、2015年、2017年中国多区域

投入产出表(Zheng 等,2020)[①];2012 年京津冀城市群多区域投入产出表
(Zheng 等,2019)[②];2012 年、2015 年中国城市尺度多区域投入产出表及 2015
年中国 309 个地级城市的多区域投入产出表(Zheng 等,2022)[③]等多张多区域
投入产出表。中国碳核算数据库团队在侧重环境问题研究的背景下开发编制
多区域投入产出表,其创建的多区域投入产出表参照国家投入产出表的基本
样式编制。编制过程主要以数学模型与假设条件结合的办法,通过与省级投
入产出表相互嵌套而成。此外,该数据库向学者、研究机构负责提供多区域投
入产出表。

6.其他投入产出数据库

除上述研究机构和学者创建的投入产出数据库以外,部分学者根据自身
的应用研究也编制了一些投入产出表。例如,中国科学院地理科学与资源研
究所刘卫东团队编著了 2007 年、2010 年、2012 年的多区域投入产出表,并将
参考国家投入产出表样式选取的部门分类为 42 个部门(8 个部门的投入产出
表也同时公布);国家信息中心研制完成了 1997 年中国区域间投入产出表,其
团队成员张亚雄和齐舒畅编著了 2002 年、2007 年中国区域间投入产出表,李
善同(2018)[④]主编了 2012 年中国地区扩展投入产出表;石俊敏和张卓颖
(2012)[⑤]编制了 2002 年 30 个省(自治区、直辖市)21 个部门的投入产出表。
此外,部分学者也根据自身研究所需编制了就业(徐国祥和陈海龙,2019)、能

① Zheng, H., Zhang, Z., Wei, W., et al., Regional Determinants of China's Consumption-Based Emissions in the Economic Transition, *Environmental Research Letters*, Vol. 15, No.7, 2020.

② Zheng, H. R., Meng, J., Mi, Z. F., et al., Linking City-Level Input-Output Table to Urban Energy Footprint:Construction Framework and Application, *Journal of Industrial Ecology*, Vol. 23, No.4, 2019.

③ Zheng, H. R., Tobben, J., Dietzenbacher, E., et al., Entropy-Based Chinese City-Level Mrio Table Framework, *Economic Systems Research*, Vol. 34, No.4, 2022.

④ 李善同:《2012 年中国地区扩展投入产出表:编制与应用》,经济科学出版社 2018 年版。

⑤ 石俊敏、张卓颖:《中国省区间投入产出模型与区际经济联系》,科学出版社 2012 年版。

源(雷明和敬晓清,2004)①等相关的投入产出表。

第六节　研究评述

作为全球人口规模最大的国家,长期以来中国国内人口流动现象引起社会各界的持续关注,大规模人口流动引起的一系列社会、经济和环境影响被学界广泛讨论。在讨论人口流动的社会、经济和环境影响之前,首先对国内外关于这一群体的概念界定和核算范围进行梳理,结合中国户籍制度下人口流动的特征,最终确定流动人口的含义及核算口径。通过梳理流动人口对流入地、流出地的社会、经济和环境影响研究现状,对现有相关研究的局限性进行讨论,并提出未来研究的展望性思考。在理论研究层面,主要探讨流动人口对社会、经济和环境的单一影响机制,鲜有文献从社会、经济和环境的全维视角出发,综合评价和衡量流动人口群体发展对三者产生的作用。例如:(1)从社会视角出发,以往研究要么讨论流动人口在社会发展中所扮演的角色和所面临的发展困境,要么探索流动人口与其他人口群体或流入地管理层之间的融合发展联系;(2)从经济视角看,流动人口经济影响的研究侧重于讨论其作为劳动力主体对城市建设、新型城镇化发展、工业化进程等所作的贡献,缺乏探究其消费属性的经济贡献;(3)以环境影响为出发点,现有研究重点分析了流动人口对流入地生态环境产生的不利影响。然而,单一视角探究流动人口在社会、经济和环境发展中所处的地位和所产生的影响,无法全面揭示流动人口的经济活动对社会、经济和环境的综合作用,故而在一定程度上对流入地管理层制订发展规划造成误判,同时促使社会各界对流动人口存在认识不清等问题,继而可能导致流动人口发展受限、难以分享到社会经济进步带来的红利。因

---

① 雷明、敬晓清:《行业吸纳就业的能力研究——基于宁夏回族自治区的投入产出核算分析》,《统计研究》2004年第1期。

此,将流动人口及其社会、经济和环境影响纳入同一理论框架,综合分析流动人口对社会、经济和环境发展的作用是亟待解决的问题。

在研究内容上,相当丰富的成果讨论了流动人口对流入地、流出地的社会、经济和环境影响,但关注点主要在流入地,缺乏同时考虑对流出地影响的综合评估。在研究方法上,以定性分析为主,以规范分析为辅,缺乏全面量化流动人口在流入地、流出地对社会、经济和环境的综合影响。此外,因研究的视角不同,流动人口对流入地、流出地的社会、经济和环境影响结论存在不一致,进而对流动人口的认识存在偏差。随着中国正在实施一系列关于推进新型城镇化和促进流动人口市民化的政策,流动人口将不断出现新的特征和变化,如人口年龄构成、教育水平结构、地区分布等方面的改变,这些变化将引致其消费行为活动发生一系列的转变。如果对流动人口的社会、经济和环境影响认识仅停留在当下,会影响社会各界对该群体的准确认知,在一定程度上会阻碍中国社会融合目标的实现和生态环境的可持续发展。因此,有必要在现有研究的基础上全面深入地挖掘流动人口作为消费者而产生的社会、经济和环境影响。

考虑到现有研究主要是基于生产视角讨论流动人口的社会、经济和环境影响,而生产视角的分析容易忽视流动人口的间接影响,因此,有必要尝试从消费视角扩展流动人口的社会、经济和环境效应研究。充分考虑规模庞大的流动人口消费活动在流动前后对流入地、流出地的社会、经济和环境影响变化,可尝试分析流动人口消费活动从流出地到流入地的变化,借助统计分析工具,综合量化流动人口的社会、经济贡献以及对生态环境的影响,这对准确认识流动人口群体和政府制定相关人口发展政策具有重要的参考意义。具体而言,可拓展的研究主要从以下三个可能的方面进行展开。

第一,从一个全新视角探究流动人口消费驱动的社会效应。因流动人口的生产、消费行为对流入地、流出地劳动力市场的影响最为强劲,而以往研究主要从生产视角讨论流动人口的社会效应,忽视了流动人口消费活动对社会发展的间接影响,故而本书尝试从消费视角出发全面探讨流动人口对流入地、流出地的社会效应。就业作为衡量社会繁荣稳定发展的核心指标,本书选择用就业指标来反映流动人口消费产生的社会效应。具体而言,为满足流动人口的最终消费活动,最终消费品生产部门首先要扩大生产规模,继而增加大量劳动力、资本等生产要素的投入,即该过程需要增加就业人员数量(直接就业)。然而,在一个生产系统中,最终消费品的生产过程是一个由不同生产部门组成的供应链共同完成的,意味着最终消费品需要其他不同分工的生产部门进行中间投入的生产,这一过程扩大了中间生产部门的规模,促使中间生产部门需要大量的劳动力投入,此过程产生的就业称为间接就业。因此,流动人口消费拉动的就业数量是直接就业与间接就业的总和。

第二,从消费视角全面量化流动人口消费活动对经济的影响。因消费活动能够对生产系统产生反作用,即消费是生产的动力源泉,对生产发展具有重要的促进作用。从消费视角探究流动人口经济影响的思路,指流动人口消费活动主要通过直接影响和间接影响对生产活动产生影响,如在生产过程中能够创造增加值。其中直接影响是流动人口通过直接消费商品和服务引起生产部门扩大生产规模,增加生产要素投入,促进生产部门增加对最终消费产品和服务的供给;因最终消费产品的供给需要各种类型的中间产品的投入,最终消费需求的生产增加需要大量中间投入产品来满足,进而使中间投入产品的生产部门扩大生产规模,增加生产资料投入的需求,这一过程经历多个错综复杂的生产链,这些中间投入产品的生产规模扩大是通过流动人口消费的间接影响而产生影响。因此,流动人口主要从直接、间接两个方面对经济活动产生影响,全面量化流动人口消费活动对流入地、流出地的经济影响就应从以上两个方面进行探讨。

第三,流动人口消费活动的环境压力分析。流动人口消费活动对环境的影响也主要体现在两个方面,即直接影响和间接影响。流动人口消费的直接环境影响主要指流动人口直接消费最终产品造成空气、水污染等环境压力,这一过程产生的环境压力为直接环境影响;而最终产品的消费需求增加会导致一系列中间产品投入增加,中间生产规模的扩大伴随着生产活动,该类生产过程伴随着生产资料的消耗和化学反应的发生,会造成环境污染物排放增加,称为由最终消费需求增加引发中间生产环节所产生的间接环境影响。现有研究表明流动人口的直接环境影响规模相对较小,而间接环境影响占比相对较大(Shi 等,2020),这说明在讨论流动人口对流入地、流出地消费活动的环境影响时不能忽视间接影响。唯有对流动人口的环境影响进行全面量化时,才能准确认识流动人口这一庞大群体产生的环境影响。

综上,无论是流入地还是流出地,流动人口对社会、经济和环境的影响均可从直接、间接两个层面进行全面衡量,系统分析这一群体从流出地到流入地的净社会、经济和环境效应有助于准确识别我国城镇化进程中人口结构转变带来的社会、经济贡献与环境问题,同时对寻求解决流动人口发展问题、促进城乡融合、推动地区间协调发展的根本路径具有多重参考依据。

本章通过系统梳理流动人口相关理论研究,流动人口的社会、经济和环境效应研究,产出分析在社会、经济和环境三个主要领域的研究进展,进而对比、评述了现有研究的不足,并提出本书研究可能的创新。具体而言,首先,从流动人口概念演变、核算范围、历史发展特征三个方面综述流动人口的相关理论;其次,详细阐述了流动人口社会、经济和环境效应的研究进展;再次,系统梳理了投入产出分析的研究现状及可扩展的内容,主要包括投入产出分析的缘起与传播、应用研究以及投入产出表数据库的调研;最后,研究评述部分,厘清现有文献的研究进展及不足,提出本书如何进行补充。

第二章　流动人口消费效应的核算理论基础

第一节　流动人口三重底线理论框架构建

释放流动人口的消费潜力在促进国内经济大循环为主体的新发展格局建设中具有举足轻重的作用。在推动高质量发展和尽早实现"双碳"目标为导向的可持续发展背景下，从单一视角探讨流动人口的消费活动及其影响已难以适应新发展阶段的要求。为此，本书尝试借助"三重底线"视角深入分析流动人口的可持续消费对社会、经济和环境的效应（见图 2-1）。

一、流动人口的可持续消费

可持续消费不仅是流动人口的责任，也对为满足流动人口消费所需货物和服务进行生产的经济主体提出了更高要求。20 世纪 90 年代，随着人类发展困境与环境问题的日益严峻，过度消费模式开始滋生并逐步蔓延，尤其在一些较为富裕的发达国家，这种非理性消费模式的表现甚是突出。为遏制不良消费模式的进一步发展，联合国环境署于 1994 年在奥斯陆组织召开专题研讨会，提出了可持续消费概念，具体定义为"提供服务及相关产品以满足人类的基本需求，提高生活质量，同时达到自然资源和有毒材料的使用量与服务或产

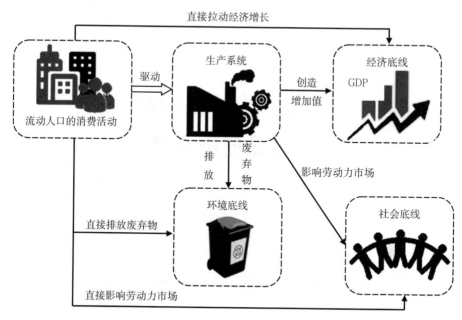

图 2-1　流动人口三重底线的理论框架

注:笔者自行绘制得到。

品的生命周期中所产生的废物、污染物最少,从而不危及后代的需求"'(UNEP,1994)①,这一理念旨在要求政府部门重视可持续发展的必须性和引导民众采取一个安全的、经济的、健康的、可持续的消费模式。因此,本书所讨论的流动人口可持续消费含义是在联合国可持续消费的概念之下进行延伸与扩展的。

　　考虑到我国大多数流动人口的消费活动还未达到过度消费或非理性消费阶段,即因流动人口存在自身发展约束的问题,其消费潜力未完全释放。在当前流动人口发展存在诸多困境与问题的背景下,其所面临的收入不确定性严重抑制了其消费意愿,一旦我国大规模流动人口的收入来源或自身就业技能存在风险时,则首先影响其消费水平和生活质量,这就可能造成宏观层面的内需不足和落入"低水平均衡陷阱"(又名"中等收入陷阱")的局面。因此,流

① UNEP,"Element for Policies for Sustainable Consumption",1994.

动人口消费需求的不足,对我国通过扩大内需促进社会经济的可持续发展具有不利影响,而提升流动人口生活质量、促进其消费潜力是当前及今后高质量发展的题中应有之义。

结合以上联合国关于可持续消费的定义和我国流动人口的消费现状,可将流动人口可持续消费的概念定义为:在满足流动人口自身基本消费需求、提升生活质量时,流动人口隐含的消费驱动力有利于社会经济的长期可持续发展,同时其消费活动对其他消费主体、自然资源和生态环境不会产生负面影响。进一步地,根据可持续消费的本质内涵也可以概括出流动人口可持续消费需遵守的三大原则:(1)合理消费。在流动人口解决了生存性消费问题之后,应该注重实现有利于自身可持续发展的享受型、发展型消费,这也是实现流动人口高质量发展的重要前提之一。(2)绿色消费。行政部门应积极倡导流动人口在消费时选择有助于实现低碳经济的绿色产品,并在消费中也要养成注重对废弃物进行收集处理的习惯,尽可能减少对资源能源的浪费和生态环境的不良影响。(3)健康、高质量的生活。在多举措并重提升流动人口的消费水平的前提之下,引导流动人口重视生活质量的提升,如在促进流动人口追求物质层面生活方便、舒适度的同时,也要富足其心理,最终促使流动人口达到健康、高质量的生活水平。可见,流动人口可持续消费的实质是应该促进流动人口与社会、经济和环境系统之间的互惠互利、协调永续发展。

二、三重底线的内涵与理论基础

可持续发展理念要求一个经济主体不仅关注切身利益,也要重视自身利益之外的领域。埃尔金顿(Elkington,1997)[①]基于企业可持续发展的视角最先提出"三重底线"(Triple bottom line)的概念,并指出盈利、社会责任和环境责任是一个企业可持续发展的必要条件。若对三重底线的概念从狭义、广义

① Elkington,J.,*Cannibals with Forks:The Triple Bottom Line of 21St Century Business*,Oxford:Capstone,1997.

两大视角进行甄别(应益华,2012)①,发现狭义概念的核心内涵是指经济主体在实现自身可持续发展的过程中不能仅考虑其经济效益,同时也应注重自身经济活动对社会和环境产生的影响(杨光勇和计国君,2011)②;而更宽泛的广义概念指经济主体在实现自身经济活动创造的社会、经济和环境价值的过程中应尽可能地减少相应活动附带的不利影响或所产生的负面价值(应益华,2012)。由此可见,"三重底线"理论作为衡量可持续发展的重要基础,旨在约束经济主体在创造经济利润时,必须要防止生态环境破坏,并造福人类社会。

早期,世界环境与发展委员会通过发布 *Our Common Future* 的报告首次定义了可持续发展③,不仅对可持续发展的核心思想进行系统阐释,也重点强调了可持续发展的三个维度——社会、经济和环境。随后,联合国在1992年的"环境与发展"会议上通过了《21世纪议程》(以下简称"议程"),标志着可持续发展理念被正式认可。该议程主要明确了可持续发展的核心内容,涉及社会与经济、资源与环境、社会公众的可持续发展及其相应的实施手段和建设能力,并强调可持续发展应促使社会、经济和环境达到统一。为响应联合国的发展议程及满足自身发展的需要,国务院于1994年通过编制《中国21世纪人口、资源、环境与发展白皮书》将可持续发展战略纳入我国社会经济的发展规划之中。此后,我国顶层设计继续将可持续发展确定为阶段性发展规划的主要战略任务。

在当前国内经济增速放缓、民生短板亟待补齐、生态环境问题突出的多重挑战之下,从社会、经济和环境三个维度综合考量流动人口消费活动产生的作用和影响,有助于社会各界全面认识流动人口群体,并充分对其可持续发展进

---

① 应益华:《三重底线报告——政府财务报告未来的发展方向》,《华东经济管理》2012年第6期。
② 杨光勇、计国君:《构建基于三重底线的绿色供应链:欧盟与美国的环境规制比较》,《中国工业经济》2011年第2期。
③ 指"既满足当代人的需要,又不对后代人满足需要的能力构成威胁"。

行评估。然而,现有研究多从一个单一视角探讨流动人口的社会、经济和环境影响,缺乏从全维视角出发在宏观层面上对该群体消费活动产生的社会、经济和环境效应进行系统研究。这势必对该群体的可持续发展带来一定的误判,进而忽视了其对我国新型城镇化、内循环建设等产生的中长期影响。可持续发展与三重底线之间存在相辅相成的关系,前者是后者的目标任务,而后者是前者的实现手段。因此,在可持续发展理念之下,亟须构建流动人口的三重底线理论基础,以全面揭示中国流动人口在宏观层面的社会、经济和环境影响。

三、流动人口三重底线的基本内涵

基于三重底线的内涵及其理论基础——可持续发展理念,本章尝试扩展并引申出流动人口三重底线的基本内容。对于流动人口而言,其消费活动会对社会、经济和环境产生重要影响,如为满足流动人口的消费需求,生产系统需调整生产规模,对相应的投入要素结构作出相应改变,在整个生产消费品的过程中不仅创造了新增价值,也会对环境产生一定的负面影响。然而,三重底线作为可持续发展目标实现的重要手段,其不仅考虑流动人口自身发展,也考虑流动人口消费对相关利益体的影响。换言之,三重底线既要考虑流动人口的可持续发展,更要考虑流动人口以外社会、经济和环境的可持续发展问题。据此,可将流动人口的三重底线解释为:流动人口在消费有限的产品和服务时,在三重底线原则下所带来的社会、经济效应和所应该履行的环境责任。因此,在充分考虑流动人口自身发展诉求的前提之下,三重底线将流动人口与社会、经济和环境三方面发展进行有机结合,从理论上突破了传统意义上单一视角讨论流动人口可持续发展问题的缺陷。

将流动人口与三重底线纳入同一研究框架具有多重优势。其一,三重底线作为衡量流动人口可持续消费问题的有效工具,从三维视角揭示了流动人口消费活动对社会、经济和环境产生的影响,有助于消除政府管理层面、社会各界与流动人口之间的信息不对称,同时为流动人口群体充分认识自身的社会、经济和环境影响提供证据。其二,社会底线、经济底线与环境底线之间并不矛盾,且环境底线的改进最终会影响社会底线、经济底线的完善。故而三重底线有助于将可持续发展理念贯穿于流动人口的消费活动之中,不仅为政府决策提供了有力的评估手段,也对提升流动人口社会认同感和话语权具有重要作用。其三,揭示流动人口消费引发的社会、经济和环境影响,有助于管理层识别其在提供公共服务过程中存在的不足和问题,为城镇化发展过程中应对各种挑战、减少可能面临的不确定性提供科学依据,故而流动人口在社会、经济和环境三重底线方面的有效衡量,对社会、经济和环境发展防范风险、实现可持续发展目标具有重要作用。因此,在人民日益增长的美好生活需要和不平衡不充分发展之间的矛盾下,挖掘流动人口三重底线的基本内涵,有助于实现流动人口与社会、经济和环境可持续发展之间的帕累托效应。

第二节　经济理论

一、总需求理论

总需求理论在宏观、微观经济学中的含义存在差异,其中在宏观经济学中总需求理论主要有马克思主义经济学和西方经济学两个分支。其中马克思的需求理论分为宏观、微观两个视角,其中宏观视角的需求理论由资本主义生产关系所决定,即生产资料的私有制决定需求结构;而微观视角的需求理论中商品数量与市场价值没有必然联系,商品的价值取决于社会必要劳动时间,即市场价值决定的商品需求总量。

在西方经济学中,总需求理论的基础是效用价值论。在早期的宏观研究中,古典经济学家穆勒(Mill,1821)是最早提出供求自然均衡观点的经济学家,其认为卖者亦是买者,供给和需求会自然达到平衡。萨伊(Say,1880)进一步将供给、需求纳入经济学研究范畴,提出供给创造需求的观点,最终达到供求平衡,形成"萨伊定律",但萨伊认为产品的需求取决于产品的效用。在新古典经济学中,通过刺激需求的不同政策形成了不同的经济学派,其中凯恩斯经济学派提出的有效需求理论是西方现代宏观经济学的核心内容。具体主要指一个国家或地区在一定时期内(通常为一年)由社会可用于投资和消费支出所实际形成对产品和劳务的购买力总量。此外,价格、投资、净出口、政府收支、消费及货币供应等因素均对总需求理论产生影响。简言之,总需求指全社会在一定价格水平下,对产品和劳务的需求总量。

马克思的需求理论以劳动价值论为研究基础,在分析资本主义生产关系的基础上分析需求,而在古典经济学、新古典经济学和凯恩斯经济学中以效用价值论为基础,以供需自动均衡为假设条件,并提出通过政府干预刺激有效需求以实现供给增加的政策。宏观经济学的总需求具体指按照国民收入决定理论或储蓄与投资的关系推导出需求曲线,是整个国民经济体系中的需求总和;而微观层面的需求主要指个体需求,通过边际报酬递减规律得到需求与价格之间的关系,即需求量取决于商品和服务的价格。因此,本书流动人口的总需求在宏观需求理论的框架下进行讨论,具体指在现有的经济系统和价格水平下流动人口购买商品及服务的所有支出总和。

二、有效需求不足理论

凯恩斯(Keynes,1936)的有效需求理论是短期总需求理论的核心内容,其含义是商品的总供给价格和总需求价格达到均衡时的社会总需求,这一均衡点也决定了就业量的大小,即在一定就业量下社会愿意支付所购买商品的价格。总供给价格指全部厂商在雇佣一定数量的工人进行产品生产时,会设定最大限度的卖价;而总需求价格指厂商所预期社会各界对其所生产产品愿意支付的价格。当总需求价格大于总供给价格时,厂商预期社会支付的价格会大于其最大限度的卖价,于是厂商会扩大生产规模,增加雇佣工人的数量;当总需求价格小于总供给价格时,厂商预期社会支付的价格会小于其最大限度的卖价,于是厂商会减小生产规模,缩减工人数量。因此,只有当总供给价格等于总需求价格时,厂商既不扩大生产规模也不缩小生产规模,既不增加雇佣工人也不减少雇佣工人,此时的总需求即为有效需求。

有效需求不一定保证能够达到充分就业的国民收入,但凯恩斯将影响有效需求的主要因素归结为人们的"消费倾向""对资本资产未来收益的预期""流动偏好"三个心理因素,当总供给持续大于总需求时,则有效需求不足现象发生。在现实经济活动中,受上述三个心理因素的影响,总需求总是小于总供给,即有效需求不足时常存在。通常解决有效需求不足问题,需要政府通过运用宏观财政政策、货币政策刺激消费、增加投资以保证充分就业。

三、就业理论

早期就业理论的发展基石为"萨伊定律",其核心思想是市场均衡能够实现充分就业,要解决失业问题,则需要降低工资水平。此后以凯恩斯为代表的西方经济学家在第一次世界经济危机背景下,初步创建了非自愿失业的理论体系,认为失业增加的本质是经济萧条引起的有效需求不足。为解决失业问题,就需要政府通过制定扩张性经济政策以刺激消费需求,进而促进就业和实现降低失业问题的目标。此外,马克思基于雇佣劳动制度与失业问题的背景创立了就业理论,其核心思想是资本主义私有制下的相对过剩人口理论。该理论的前提是劳动力成为商品,而生产资料和商品的所有者不同是形成条件。可见,马克思提出的社会主义计划经济有助于避免长期失业。

因就业理论的本质主要是针对非自愿性失业的理论,此处重点对非自愿性失业的概念、特征、因素进行梳理。在经济理论中,一般将失业分为六种类型,分别为:(1)摩擦性失业,指当经济处于充分就业状态时存在的失业,即因劳动力市场的动态属性、不完全信息等致使失业者与职位空缺匹配时发生的时滞;(2)周期性失业,指超过摩擦性失业以上的失业部分,发生在产出低于其充分就业水平的情况下,即经济周期性波动产生的失业;(3)结构性失业,指现有劳动力的教育程度、技能水平等不能适应社会经济结构性变化而产生的失业,即劳动力与市场需求不匹配而引发的失业;(4)非自愿性失业,因存在总需求不足,愿意接受市场现行工资,却找不到工作的合格劳动力,即有就业需求的人在就业市场不能被满足而引起的失业;(5)技术性失业,指因厂商为了节省劳动投入的成本,通过引进新的技术、生产方法或经营管理手段等导致的失业;(6)季节性失业,指因季节性的劳动力需求波动引致的失业。因此,对就业理论进行梳理,有助于加深对就业含义、统计口径及需求驱动就业的理解,为下文研究流动人口的就业效应提供重要的理论基础。

四、经济增长理论

流动人口作为促进中国经济持续增长过程中不可忽视的重要力量,深入量化流动人口在经济发展中的重要作用,对继续挖掘流动人口助力经济增长的潜力与改善其自身发展环境具有双重的现实意义。为进一步厘清流动人口的经济效应,本书尝试梳理经济增长理论与相关研究成果,旨在寻求流动人口促进经济增长的经济理论支撑(见表2-1)。根据经济理论发展的时间轴,本书借鉴虞晓红(2005)①的研究将经济增长理论的发展历程主要划分为五个阶段,分别为古典经济理论发展时期、边际效用理论与经济增长时期、人口论与经济增长时期、新古典经济增长理论时期、新经济增长理论时期。

---

① 虞晓红:《经济增长理论演进与经济增长模型浅析》,《生产力研究》2005 年第 2 期。

表 2-1　经济增长理论发展历程及其核心思想

经济增长理论	代表性经济学家	发展时期	代表作	核心经济思想
古典经济增长理论（约 1700—1890 年）	大卫·休谟	1752 年	《论贸易平衡》《论利息》	贸易有利于制造业发展及就业；低利率有利于经济繁荣；经济产出主要受劳动力、土地和制造业的影响
	亚当·斯密	1776 年	《国富论》	劳动力、土地、生产效率和资本有助于经济增长
	托马斯·罗伯特·马尔萨斯	1798 年	《人口原理》	人口增长、资本形成、土地及自然资源等因素促进经济增长，但人口增加会引发"马尔萨斯陷阱"
	大卫·李嘉图	1817 年	《政治经济学及赋税原理》	经济增长受人口、资本、劳动生产率、利益分配机制等因素影响
	约翰·斯图亚特·穆勒	1848 年	《政治经济学原理》	劳动力、资本、土地、生产效率、教育、所有权制度、分配制度、习俗等多种因素综合影响经济增长
	卡尔·海因里希·马克思	1867—1894 年	《资本论》	劳动力、技术、生产率、社会制度、分配制度等多种因素影响经济增长
边际效用理论与经济增长（约 1840—1930 年）	赫尔曼·海因里希·戈森	1854 年	《人类交换规律与人类行为准则的发展》	边际效用递减规律与边际效用均等原理
	卡尔·门格尔	1871 年	《国民经济学原理》	生产活动以满足需求为前提；土地、劳动力、资本等要素具有价值，且生产资料的价值由产品价值决定
	弗里德里希·冯·维塞尔	1884 年、1914 年	《经济价值的起源及主要规律》《自然价值》《社会经济理论》	将"最小效用"称为"边际效用"，并提出边际理论以"均衡"为价值取向
人口论与经济增长理论（约 1870—1940 年）	约翰·梅纳德·凯恩斯	1936 年、1937 年	《就业、利息和货币通论》《人口下降的一些经济学推论》	有效需求不足理论；保持其他条件不变时，人口增长有助于扩大资本需求
	布赖恩·雷德韦	1939 年	《一种缩减人口的经济学》	投资水平随着人口增长率下降而减少
	卡尔·冈纳·阿尔娃·缪达尔	1930 年、1934 年	《经济理论发展中的政治因素》《人口问题的危机》	人口下降对储蓄、投资、失业和贫困具有不利影响

续表

经济增长理论	代表性经济学家	发展时期	代表作	核心经济思想
人口论与经济增长理论(约1870—1940年)	科林·克拉克	1940年	《经济进步的条件》	长期发展中,人口数量随收入增长而缓慢增长
	古斯塔夫·卡塞尔	1919年	《社会经济学理论》	在给定流动资本、固定资本的条件下,构建了一个人口增长有助于增加储蓄率的动态发展体系
新古典经济增长理论(约1940—1960年)	罗伯特·默顿·索洛	1956年、1957年	《对经济增长理论的一个贡献》《技术变化与总生产函数》	经济增长由资本、劳动增长率及边际生产力决定,后通过增加劳动量、人均资本存量、技术进步因素修正经济增长模型
新经济增长理论(约1945—1990年)	罗伊·福布斯·哈罗德、埃弗塞·多马	1948年	《动态经济学导论》	经济增长由全社会投资水平的储蓄率和反映生产效率的资本产出比所决定
	肯尼斯·约瑟夫·阿罗	1962年	《边干边学的经济含义》	"干中学"会导致人力资本水平提高,进而促使技术进步内生化,最终促进经济增长
	保罗·罗默	1986年、1990年	《收益递增与长期增长》《内生技术进步》	知识外溢长期增长模式;提出有形资本、人力资本和技术水平、非熟练劳动力四种要素促进经济增长的模型
	罗伯特·卢卡斯	1988年	《论经济发展机制》	用人力资本解释了长期经济增长

注:笔者根据文献资料整理得到。

　　最早,大卫·休谟(David Hume)在早期重商主义的影响之下,提出自由贸易促使一国经济繁荣的见解,同时认为经济产出主要由劳动力、土地和制造业决定。亚当·斯密(Adam Smith)在休谟思想的基础上进行了扩展,认为生产效率和资本也有助于经济增长。此后,人口学家马尔萨斯(Malthus,1798)将人口因素纳入经济增长的分析范畴,认为人口增长、资本形成、土地及自然资源等因素能够促进经济增长;大卫·李嘉图(David Ricardo)提出劳动生产率、利益分配机制也是影响经济增长的重要因素;穆勒(Mill)增加了教育、所有权制度、分配制度、习俗等影响因素;马克思(Marx)将经济增长扩大到了人的全面发展范畴,认为除以上主要因素外,社会制度、分配制度也对经济增长产生重要影响。可以看出,早期经济理论发展经历了单一因素到多因素综合影响经济增长的过程,且工业化社会发展进程对经济增长理论的影响较为深刻。

关于边际效用理论与经济增长,最初由戈森(Gossen)提出边际效用递减规律与边际效用均等原理。门格尔(Menger)提出边际效用价值论,即土地、劳动力、资本等要素具有价值,且生产资料的价值由产品价值决定。维塞尔(Wieser)继承并发展了门格尔的价值论学说,并提出边际效用理论。边际效用不仅是微观经济学的主要内容,更是宏观经济理论的发展基础。因此,在宏观层面将边际效应理论可以解释为社会总需求的变化通过影响消费、投资等来影响经济增长。

凯恩斯作为继马尔萨斯之后研究人口发展影响经济增长的代表性人物,其发表的经济增长方程指出,人口增长有助于通过积极预期鼓励投资,进而扩大资本需求,最终促进经济增长。此后的雷德韦、克拉克、卡塞尔等经济学家就人口对经济增长作用进行了广泛讨论,其主要观点大致分为两类:第一类以马尔萨斯的核心论点展开,即人口增长会造成大量资源消耗,从而制约经济发展;第二类以凯恩斯的人口理论展开,认为人口增长有助于刺激经济增长,即"人口红利"。

20世纪40年代,以索洛(Solow)为代表的新古典学派提出"外生经济增长模型",旨在揭示经济增长的内涵,其基本思想是当经济发展中不存在技术进步时,经济发展最终将陷入停滞状态(梁中堂和翟胜明,2004)①;而当经济发展中存在外生技术进步时,则采取哈罗德中性形式。然而,新古典经济理论一经提出,便很快取代了哈罗德—多马模型,是后凯恩斯主义经济学派的重要组成内容(梁中堂和翟胜明,2004)。尽管新古典经济增长理论认识到技术进

---

① 梁中堂、翟胜明:《经济增长理论史研究(上)》,《经济问题》2004年第3期。

步对经济增长具有决定性作用,但将技术进步当作外生变量,无法解释"索洛技术进步的余数"。20 世纪 80 年代中后期,以罗默(Romer)、卢卡斯(Lucas)等为代表的经济学家尝试将"索洛余数"内生化,即从技术变化、人力资本积累等视角提出新经济增长模型。该模型旨在说明经济增长的原因是知识积累,知识积累同时也是经济增长的结果,二者之间呈现循环互动、相互影响的关系(虞晓红,2005)。可以发现,新经济增长理论侧重于知识、人口等在经济增长中的重要作用,该理论正处于一个不断演化发展的过程中。

梳理经济增长理论的变迁与发展,厘清人口影响经济增长的机制是本书研究流动人口经济效应的重要基础。流动人口作为重要的人口组成部分,其消费活动产生的货物与服务需求,对生产系统扩大生产规模、增加资本需求具有重要的推动作用,该过程是一个由需求促进生产的过程,也是一个由需求引发生产、生产创造增加值的过程(梁文泉,2018①;陆铭,2018)。此外,流动人口经济活动的知识外溢性、消费外部性也对经济增长具有一定的拉动能力(陆铭,2017)。

五、环境外部性理论

20 世纪初,马歇尔和庇古最先提出外部性概念,指"在缺乏任何经济交易信息的条件下,由一个当事人向另一个当事人提供的物品束"。环境的外部性是经济学家基于公共物品的"搭便车""偏好显示不真实"的特征而被提出,并对产生环境外部性的根源问题进行了讨论(李寿德和柯大钢,2000)②。

经济学中的外部性指一种行为的影响无法完全体现在市场价格上。一般外部性分为正外部性和负外部性。其中正外部性指生产或消费行为给他人带

---

① 梁文泉:《不安居,则不消费:为什么排斥外来人口不利于提高本地人口的收入?》,《管理世界》2018 年第 4 期。

② 李寿德、柯大钢:《环境外部性起源理论研究述评》,《经济理论与经济管理》2000 年第 5 期。

来收益而受益者不必为此提供有偿支付的现象;而负外部性指生产或消费行为给他人带来损害,导致受损者需支付额外成本费用的行为。在环境研究领域中,环境外部性通常是社会经济活动对环境带来有益的影响,但这种效益的价值并未通过市场实现,使私人收益少于社会收益,从而对良性经济活动产生抑制作用。同时,环境外部性也存在正、负之分,其中正外部性指行为人实施的行为对他人或公共环境具有积极或溢出的影响;而负外部性指行为人的行为对他人或公共环境产生的不利或减损影响。

现实经济活动中,生产者或消费者通常对环境产生的影响是环境负外部性,如经济活动不可避免地产生废弃物,这些废弃物要么直接排入环境,要么经过无害化处理以后排放到环境中。由于经济活动者一般受利润最大化和成本最小化动机的驱使,一般会选择将废弃物直接排入环境,产生环境污染,对他人造成损害,这一过程尽管一定程度上"节省"了经济活动者的成本,但其产生的社会经济成本往往大于经济活动者节省的成本,最终造成经济活动的低效率。本书是基于环境负的外部性理论,分析流动人口消费活动对环境产生的影响。

第三节　核算基础

一、人口核算

人口核算在制订经济发展规划、认识社会发展现状、剖析社会发展功能、预测未来发展前景等方面发挥着关键作用(王勇,2016)[①]。一直以来,政府、研究机构及相关人员致力于收集人口统计信息和参与相关核算的工作,其中最具代表性的是以查理·斯通教授为首的联合国专家组,主要工作内容是系

[①]　王勇:《对社会与人口核算的再认识——基于 SSDS 与 SNA 的比较研究》,《统计研究》2016 年第 7 期。

统收集、整理人口核算资料,并尝试建立社会与人口统计体系,最初形成的报告(*An Integrated System of Demographic, Manpower and Social Statistics and its Links with the System of National Economic Accounts*)在日内瓦召开的专家组会议中被发布,并最终被 1970 年举办的联合国统计委员会第十六届会议采纳。随即联合国统计委员会于 1971 年初草拟了 *A System of Demographic, Manpower and Social Statistics: Series, Classifications and Social Indicators*,其不仅扩充了原始报告的内容,还增加了该体系的相关资料、分类和社会指标。此后,联合国第十七届统计委员会(1972 年)、专家组第二次工作会议(1973 年)分别讨论了斯通教授关于建立社会与人口统计体系的工作报告及修订版本。联合国统计委员会通过参考各方意见,最终于 1975 年正式发布了 *System of Social Demographic Statistics, SSDS*[①]。

　　社会与人口核算体系作为人口核算理论的纲领性文献,被认为是人口核算理论创新与实践发展的指南(王勇,2016)。较国民账户体系而言,社会与人口核算体系中的人口核算着重强调人口及其社会活动,重点以人口、家庭或住户、社会等级的理论逻辑展开,考察相应的社会经济统计特征、社会福利等;而国民账户体系以中心账户作为核心框架、以卫星账户作为拓展,是一整套偏向于经济活动及其成果的宏观经济账户体系,其中的第 19 章界定了人口和劳动力投入的定义及其相关的概念,并讨论了人口核算的调查范围与数据来源情况(联合国等国际组织,2012)[②]。社会与人口核算体系侧重人的社会性,重点对人的发展特征及社会经济活动进行考量与测度,整个体系以人为中心,以人的社会经济活动为主线,形成逻辑清晰、结构严密的社会人口核算体系,而国民账户体系建立于生产概念的基础上,旨在解释与 GDP 相关的概念与核心指标。尽管国民账户体系与社会与人口核算体系的理论侧重点有所不同,但

---

　　① 通常认为国民账户体系、社会与人口核算体系和环境——经济核算体系为联合国的三大核算体系。
　　② 联合国等国际组织:《国民账户体系(2008)》,中国统计出版社 2012 年版。

083

均为人口核算的相关研究提供了重要的基础性资料。

社会与人口核算体系与国民账户体系为人口核算的研究奠定了理论基础与核算思路,是本书研究流动人口基础问题的重要参考依据。国民账户体系指出,一切社会经济行为产生的本质是人类行为,并将一国的人口定义为"该国所有的常住居民",并表明"年度人口估计是由频率较低的人口普查推算所得"(联合国等国际组织,2012),同时明确指出两次普查之间的年份,可通过出生率、死亡率与净移民数等统计数据来更新一国的人口数量信息。此外,国民账户体系对常住性的详细解释,旨在识别就业人口的基本界限,并将部分特定情况的就业人口划分范畴进行剖析与明确。由于国民账户体系是国际通行的国民核算体系,且其主要规范经济成果核算标准,故并未对人口迁移、人口流动问题作出详细的界定。而社会与人口核算体系不仅为宏观层面的人口分析提供一个核算模式(国家人口存量流量核算表的编制),也为微观层面(单位)的人口统计编制存量流量核算表。可见,社会与人口核算体系中关于人口核算最基础、最核心的数据属性为人口的存量与流量核算,从而能够体现人口活动在不同时期、不同时点的变化,即通过流量、存量变化来描绘人的基本社会经济活动。需要说明的是,社会与人口核算体系提出运用随机过程方法测度人口迁移过程中的变化特征。具体而言,可通过随机过程方法得到 t 时期后人口处于各种状态的可能性、新进入某系统的人口将来占有各状态的平均时间、离开某系统的人口过去在各状态的平均逗留时间等(蒋萍和王勇,2016[①];王勇,2016)。

综上所述,本书借助国民账户体系和社会与人口核算体系关于人口核算的内容,通过系统梳理人口核算的理论逻辑、相关概念界定、核算内容等构建流动人口的核算思路。具体主要从概念界定、统计标准、核算方法等内容入手,可参照人口流量、存量核算表的编制来构建中国人口流动矩阵,以此讨论

---

① 蒋萍、王勇:《社会与人口核算教程》,中国统计出版社 2016 年版。

中国流动人口核算的问题。

二、消费核算

消费作为人类最基本的活动之一,对人民生活和社会经济发展具有重要意义(邱东,2011)①。在国民经济核算中,通常所说的消费指最终消费,即满足居民个人生活或社会成员需要而对货物和服务的使用。与生产系统中的中间消耗不同,最终消费不是出于生产目的而使用的货物和服务;与资本形成也不同,最终消费是为了满足即期生活需求或公共需要,不是为了增加所持有的资产(邱东,2011)。需要说明的是,金融公司和非金融公司没有消费功能,其所购置的货物和服务被看作中间投入或劳动者的实物报酬,而不是当成消费来进行核算。因此,最终消费的对象是货物和服务(消费品和消费服务),对应的主体是住户、政府以及为住户提供服务的非营利机构。

关于消费核算,国民账户体系(2008)主要在收入使用账户(第 9 章)中进行讨论。收入使用账户主要是反映住户、政府和非营利机构如何将可支配收入在最终消费和储蓄之间进行分配,并着重强调机构单位(尤其是住户)所获得并使用的消费性货物和服务(联合国等国际组织,2012)。国民账户体系将最终消费划分为个人(指住户)消费性货物服务和公共消费性货物服务,并将消费性货物服务定义为"住户、非营利机构和政府部门用于直接满足自身需求或社会成员公共需求(无须在国民账户体系生产范畴下进一步加工)的货物和服务"(联合国等国际组织,2012)。因此,国民账户体系中的收入使用核算主要是对最终消费的核算。

三、就业核算

在计算生产率时需要劳动投入指标,国民账户体系中关于劳动投入的测

---

① 邱东:《国民经济统计学》,高等教育出版社 2011 年版。

度标准主要有四种(联合国等国际组织,2012)。(1)以全职当量为基础的就业人数(Full-Time Equivalent,FTE)指所有雇员的实际工作时间之和除以一个全职职位的实际平均工作时长,但国民账户体系并没有介绍全时等值就业如何核算,在实际中使用者通常根据全时等值就业的定义进行计算,通常可能会将兼职当作部分全职来进行计算,进而造成一定的误差,需要指出的是国民账户体系并不推荐运用全时等值就业来估算劳动投入。(2)工作时间主要指为从事国民账户体系生产范畴内的货物服务生产活动所花费的时间,该核算方法是国民账户体系和国际劳动组织(International Labour Organization,ILO)最为推荐的,在生产率估算中也比较倾向于使用工作时间,尤其是实际工作时间,但该方法对数据的完备性要求很高,在实际的应用核算中往往因数据难以满足而受限。(3)经质量调整的劳动投入要求每一工作时间具有相同的质量,即所雇用劳动力之间的熟练程度和技术水平无差异。在测算时通过构建劳动投入质量指数来实现,即将不同等级雇员(教育程度等)工作质量指数作为权重,设计一种经质量调整的劳动投入度量方法,但计算经质量调整的劳动投入指标时需要大量的数据资料,在统计实践中通常难以实现。(4)不变报酬的雇员劳动投入是按照现价或物量视角进行衡量,即按照基期价格或报酬水平对雇员劳动投入进行重估价。前两种劳动投入的度量指标属于实物度量指标,在国民核算中实物度量指标因缺乏一般经济意义而较少被使用,在实际的核算过程中需要根据数据资料确定核算方法。

《中国国民经济核算体系2016》指出,劳动投入可用就业人数进行粗略估算。但更准确地反映劳动投入是根据不同劳动投入的特点进行标准化测度,即根据分行业就业人数和人均实际工作时间对劳动投入计算实际工作总时间(国家统计局,2017)①。这与国民账户体系(2008)的提倡是一致的,即实际工作时间是当前衡量劳动投入的最优核算指标,但在统计实践中往往因数据

---

① 国家统计局:《中国国民经济核算体系2016》,中国统计出版社2017年版。

资料难以满足而选用其他方法。根据现有统计资料,本书在核算分地区分行业的劳动投入时最终选择用全时等值就业进行衡量。

四、增加值核算

增加值核算作为国内生产总值核算的基石,不仅能够体现不同行业对国民经济的贡献,还可以揭示各利益主体之间所形成的分配关系(高敏雪等,2016)[①]。国民账户体系定义的增加值是各生产单位从总产出价值中减去中间货物和服务消耗价值之后的差额,代表该生产单位利用各种生产要素进行生产时所新创造的价值(联合国等国际组织,2012)。需要说明的是,增加值与来自其他生产过程的中间投入(中间消耗)不同,增加值在产品价值中属于首次出现,在一定情形下也代表了劳动力、资本、自然资源等初始投入要素(高敏雪等,2016)。就总产出而言,增加值在微观层面不受生产过程中所消耗货物和服务价值多少的影响,能够反映各生产单位运用各类生产要素所获得生产活动的净成果。同时,增加值在宏观层面不存在重复计算,其汇总结果体现了一个经济体整个国民经济生产的总成果。

准确测算各部门的总产出及其对应的中间消耗,二者的差额为各部门的增加值,进一步将所有部门的增加值求和,则可得到 GDP。可见,增加值能够从生产者视角考察经济流量,是生产法 GDP 计算思想最直接的体现。需要说明的是,对于非营利机构的增加值而言,一般将其分为政府服务机构和社会服务机构,对应的总产出和中间消耗则根据一般的业务活动支出进行确定,此时该机构的增加值可能较小,甚至为零(联合国等国际组织,2012)。这种特殊处理的原因是非营利机构所提供的服务大多属于公共产品,无法将其计入使用者的中间消耗部分,仅能假定非营利机构自身购买了该服务,从而形成其自身的中间消耗,这一处理过程会导致非营利机构的增加值变小,但整个经济系

[①]　高敏雪、李静萍、许健:《国民经济核算原理与中国实践》,中国人民大学出版社 2016年版。

统的增加值总量不会发生改变。

一个经济体在做大"蛋糕"的同时,也需要对"蛋糕"进行合理分配,这引出了从收入视角理解增加值。收入法增加值的核心是生产单位所拥有的生产要素(如劳动力、资本及政府服务等)在生产活动中所得的市场价格收入,这些生产要素对应的收入所得在国民核算体系中分别指劳动者报酬、生产税净额、固定资产折旧、营业盈余四个部分(联合国等国际组织,2012)。因此,增加值主要从生产、分配两个视角进行核算,国民账户体系中对增加值内涵的解释为本书核算增加值提供了重要的理论基础。

五、环境压力核算

随着工业经济快速发展和人口"爆炸式"增长,经济生产从环境中获取的资源远超过环境系统资源的再生能力,造成资源环境的枯竭与退化,同时经济生产和人口增长产生并排放到环境中的废弃物远超过环境自身的容量,造成生态环境的严重破坏和污染,从而进一步影响经济和人类的可持续发展。早期,美国生物学家和生态学家康芒纳(Commoner,1971)[1]提出"技术决定论",认为工业技术是导致环境恶化的罪魁祸首,同时美国的人口学和能源学教授埃利希和霍尔德伦(Ehrlich 和 Holdren,1972)[2]提出"人口增长论",即认为最明智的管理技术也无法避免人口过多对环境造成的压力,强调人口增长是环境恶化问题最重要的驱动力,并将人口增长对环境影响加以概念化,提出环境压力模型(IPAT 模型)。环境压力模型将人口驱动力与环境问题的核心因素结合成一个统一的分析框架,即环境压力框架。

具体而言,环境压力模型是以人口、经济、技术作为核心变量研究三者对

---

[1] Commoner,B., *The Closing Circle: Nature, Man, and Technology*, New York: Bantam Books Inc.,1971.

[2] Ehrlich, P., Holdren, J., *Impact of Population Growth in Population, Resources and the Environment*, Washington: US Government Printing Office, 1972.

环境的影响,将环境影响视为人口、富裕程度和技术的函数,其方程式为 I = P×A×T,其中 I(Environmental Impact)表示环境影响,如碳排放、污染物浓度等,P(Population)、A(Affluence)、T(Technology)分别是人口规模、富裕水平、技术水平。环境压力模型的实质是衡量人类活动对环境造成的影响或压力,其隐含的线性假设是将各因素变量对环境的影响视为均等,而事实上各地区或国家间人口、富裕程度和技术对环境产生的影响存在差异,大量学者集中讨论三种因素对环境的影响程度,却忽视了不同情景下人类活动对环境影响的复杂性(Commoner,1972)[1]。

近年来,学者不断纳入除人口、富裕程度因素以外的其他因素,对环境压力模型的环境影响进行拓展。瓦格纳和奥苏贝尔(Waggoner 和 Ausubel,2002)[2]基于环境压力模型扩展了 ImPACT 分析框架,从而更清晰地呈现经济系统中生产、消费对环境的影响。后期学者均在环境压力模型的基础上不断尝试进行改造,如修正或扩展影响因素(Schulze,2002)[3]、将模型由线性扩展到非线性(Rosa 和 Dietz,1998)[4]等。随机影响回归模型因其能够较好地克服环境压力模型中影响因素的同比例线性变化的局限而被提出(Rosa 和 Dietz,1998),基本模型形式为:

$$I = aP^b A^c T^d e \tag{2-1}$$

式(2-1)两边取对数得到:

$$\ln(I) = \ln(a) + b\ln(P) + c\ln(a) + d\ln(T) + \mu \tag{2-2}$$

式(2-2)中的 I、P、A、T 与 IPAT 中的表示内容一致,a 是模型的系数,b、

①　Commoner,B.,The Closing Circle' Response,*Bulletin of the Atomic Scientists*,Vol. 28,No.5,1972.

②　Waggoner,P. E.,Ausubel,J. H.,A Framework for Sustainability Science:A Renovated Ipat Identity,*Proceedings of the National Academy of Sciences*,Vol. 99,No.12,2002.

③　Schulze,P. C.,I = Pbat,*Ecological Economics*,Vol. 40,No.2,2002.

④　Rosa,E. A.,Dietz,T.,Climate Change and Society - Speculation,Construction and Scientific Investigation,*International Sociology*,Vol. 13,No.4,1998.

c、d 为各驱动因素的弹性,μ 为误差项,该模型引入指数以分析各种因素对环境的非线性影响。目前,随机影响回归模型已经被广泛应用于估计相关因素对二氧化碳排放和其他污染物排放的影响研究之中。本书基于环境压力核算框架,全面讨论流动人口消费活动可能产生的碳排放问题。

第四节   统计标准

一、居民最终消费支出核算标准

国民账户体系将住户部门的最终消费支出定义为:由常住住户承担的消费性货物服务支出(联合国等国际组织,2012)。此处的"住户部门"是所有常住住户(居民)的集合。最终消费支出除了消费性货物服务支出,还包括以实物形式收到的货物服务虚拟支出、易货交易(用一篮子货物服务与另一篮子不同的货物服务进行交易,即未发生货币支付)的虚拟支出以及住户自产自用货物服务的虚拟支出三个部分,但不包括住宅等固定资产或贵重物品支出。

在《中国国民经济核算体系 2016》中运用支出法核算国内生产总值时,最终消费的定义是"为了满足个人和公共需要而使用货物和服务的行为"(国家统计局,2017)。该体系对住户与住户部门也进行了甄别,其中住户指共享同一生活设施,共同使用部分或全部收入和财产,共同消费住房、食品及其他消费货物与服务的常住个人或群体(国家统计局,2017)。而住户部门由所有住户组成,它不仅是生产者,也是消费者和投资者,作为生产者,住户部门包括所有农户和个体经营户,以及住户自给性服务的提供者(国家统计局,2017)。该体系将居民最终消费支出划分为城镇居民消费支出与农村居民消费支出两部分,并采用《居民消费支出分类》进行细分。其中居民消费支出指"常住住户用于个人消费的货物和服务支出"(国家统计局,2017),不仅包括直接使用货币购买的货物和服务消费支出,也包括以其他方式获取货物和服务的消费支出(虚拟支出)。需要说明的是,虚拟支出主要包括四部分:(1)员工从单位获得的货物和服务(报酬);(2)住户自产自用的货物(如自产自用的农产品)和纳入生产核算范围并用于自身消费的服务(如住户的自有住房服务);(3)金融机构提供的金融中介服务(隐含在利息中);(4)保险机构提供的保险服务(隐含在保费中)。

与国民账户体系相比,《中国国民经济核算体系2016》立足统计调查实践,因易货交易的部分在实际中难以核算,故不包括易货交易的部分,但增加了金融中介服务支出和保险服务支出两个部分。中国国家统计局界定的居民消费支出核算范围更加详细、具体,能够更好地指导统计部门和学界的统计工作和应用。此外,《中国国民经济核算体系2016》规定居民消费支出以购买者价格进行计算,其中货物消费支出的记录与所有权改变保持一致,服务消费支出的记录与服务提供保持一致(国家统计局,2017),这与国民账户体系保持一致,但国民账户体系明确了非货币交易的核算标准是在相关货物可供住户使用时进行记录(联合国等国际组织,2012)。因此,本书在确定流动人口的最终消费时,以中国国民核算体系为基准进行讨论。

二、社会环境卫星账户

如果将卫星账户全部纳入国民账户体系的中心核算体系当中,会造成核算体系负担过重,并且会分散对账户主体的注意力,故卫星账户是国民账户体系重视灵活性的一种体现(蒋萍等,2013)①。卫星账户重点是以体系构建为主开展的,目的是形成相对独立的账户体系。相较于国民账户体系的中心框架,卫星账户主要有四个方面的特点(蒋萍等,2013):(1)为了保证行业或领域统计的全面性,将某一行业或某一领域视为整体;(2)为了保证国民账户体

---

① 蒋萍、刘丹丹、王勇:《SNA研究的最新进展:中心框架、卫星账户和扩展研究》,《统计研究》2013年第3期。

系的中心框架生产范围的一致性,卫星账户的生产范围在中心框架的基础上进行扩展;(3)为了使国民账户体系的中心框架更具完整性,卫星账户利用中观层面或某一领域问题的分析对国民账户体系的中心框架进行补充;(4)卫星账户重点是测算生产,即将度量单位从"价值指标"扩展到"实物指标"。从国民账户体系(1993)到国民账户体系(2008),最大的变化之一是卫星账户的扩展与补充,国民账户体系(2008)增加了环境核算、旅游卫星账户、卫生卫星账户等,以不断完善和发展国民核算体系。

《中国国民经济核算体系2016》已经修订了卫生核算(卫生卫星账户)、旅游核算(旅游卫星账户)以及新兴经济核算(国际上尚未形成)对中心核算框架进行补充(国家统计局,2017)。因卫星账户不仅有助于保证国民经济核算的特定需要,也不对中心框架的国际可比性产生影响,所以在社会实践中发展较快,如统计部门或学界通常构建卫星账户分析生产、消费活动等对社会环境的影响,尤其是借助投入产出核算框架,构建相关社会、环境卫星账户的分析更为广泛(Malik 等,2019[①];Wang 和 Liang,2013[②])。本书也通过构建社会、环境卫星账户,用于分析流动人口对社会、经济和环境的影响。

三、增加值核算统计标准

衡量经济增长的统计指标相对较多,其中总增加值(GDP)指标的应用范围最广。国民账户体系(2008)对 GDP 的概念内涵、核算范围、统计方法等进行了详细的界定,并对在 GDP 核算过程中的注意事项也做了明确规定。对于 GDP 而言,在价值构成上指一国范围内各个生产单位当期增加值的总和;在实物构成上指一定时期内一国范围内各生产单位所生产的全部最终产品价

---

① Malik, A., Mcbain, D., Wiedmann, T. O., et al., Advancements in Input-Output Models and Indicators for Consumption-Based Accounting, *Journal of Industrial Ecology*, Vol. 23, No.2, 2019.

② Wang, Y., Liang, S., Carbon Dioxide Mitigation Target of China in 2020 and Key Economic Sectors, *Energy Policy*, Vol. 58, 2013.

值,其中的最终产品指最终消费、资本形成和出口的产品(联合国等国际组织,2012)。根据增加值的核算方法可以将 GDP 的核算方法也确定为生产法和收入法,另外,可根据最终产品的使用去向计算 GDP,即支出法。因此,GDP 的核算方法有三种。在实践中,若统计条件较为完备,则采用不同 GDP 核算方法的结果是一致的,即"GDP 核算的三方等价原则",这样不仅可以交叉验证核算结果,也为研究不同问题需要不同核算概念下的数据提供重要资料。

根据定义,增加值合计的 GDP 在数量上应与最终产品总价值的 GDP 相等。将三大核算方法合并起来,可以发现尽管 GDP 反映的是当期生产的总量指标,但也仅能够反映生产环节的情况。若将一个经济体理解为包含生产、分配、流通、消费、积累等诸多环节的循环过程,则生产的成果在实物上必然要进行使用、在价值上必然要进行分配(邱东,2011)。因此,可以在整个经济系统内的不同环节上计量生产成果。GDP 的内涵及其三种核算方法分别体现了生产环节、初次分配环节与产品消费积累适用阶段的计算思路。本书遵照此统计核算标准,在对增加值统计指标含义及核算方法深入理解的基础上,对后文流动人口消费引致的经济效应进行测算与分析。

四、SEEA——综合环境与经济核算体系

综合环境与经济核算体系(System of Integrated Environmental and Economic Accounting,SEEA)是将各种资源环境统计信息纳入该体系进行统一核算以全面反映经济与环境之间的关系。综合环境与经济核算体系无疑是卫星账户方式下的灵活应用,不仅遵循国民账户体系核算框架实现环境核算,也突破了国民账户体系的部分核算规则。具体而言,综合环境与经济核算体系主要是为了协助实现以下六大目标而产生的(联合国等国际组织,2012):(1)鼓励环境统计采用标准分类,从而扩大现有环境信息的相关性和价值;(2)运用经济核算连接流量与存量,为环境统计提供一个新维度;(3)是传统

经济核算所含经济信息联系的纽带;(4)通过识别使用权和所有权以明确所承担的环境责任;(5)促进跨期数据库的开发与应用;(6)便于国际比较。综合环境与经济核算体系通过提供记录管理的功能,为可持续发展指标的测度奠定了基础,同时还可用于开发新指标,如经质量调整的宏观经济总量指标,这些指标无法通过其他方式得到。综合环境与经济核算体系通过将实物流量账户、环境资产账户、环境活动账户及相关流量加以综合,以实现上述多重目标。本书基于综合环境与经济核算体系构建相关的环境卫星账户,并进一步在此框架下分析流动人口的环境影响。

第五节　流动人口消费效应的
核算框架构建思路

　　基于构建的流动人口三重底线理论框架,通过系统梳理该理论框架对应的经济理论、核算基础、统计标准等内容,借助投入产出分析方法的优越性,尝试构建中国流动人口消费投入产出核算的研究框架。其中主要从供给使用表与投入产出表、投入产出分析与流动人口两大方面探讨将流动人口纳入投入产出核算的基本思路,据此引申出流动人口三重底线测算的基本内容。

一、流动人口消费投入产出核算的基本思路

　　国民账户体系(2008)在其固有核算原则的基础上,允许在核算实施过程中具有一定的灵活性,其中能够体现来源与使用的矩阵框架是分析经济流量、存量的有力分析工具。供给使用表作为国民账户体系中不可或缺的组成部分,是确保各类经济数据来源之间一致性的重要方式。出于多维研究目标和统计实践的需要,将两张供给使用表转化为一张行和与列和相等的对称投入产出表,对厘清经济系统错综复杂的数量关系大有助益。另外,社会与人口核算体系中的人口核算内容为本书讨论中国流动人口核算问题提供了重要的研

究范式,故本书在国民账户体系、社会与人口核算体系和综合环境与经济核算体系的指导之下,尝试构建中国流动人口消费投入产出核算的研究思路。具体流动人口消费投入产出的核算思路是识别流动人口群体在国民账户体系中的重要作用,构建满足特定研究需求的投入产出表,建立流动人口与投入产出表之间的理论与数量关系,以扩展、充实流动人口与投入产出分析的研究范围和研究内容。

（一）供给使用表与投入产出表

（1）供给使用表与投入产出表之间存在紧密联系。在一定假设条件下,可通过供给使用表推导出投入产出表,也可运用供给表与投入产出表推导出使用表(国家统计局,2017)。具体而言:(1)供给表由 n 个产品部门 × m 个产业部门表构成(见表 2-2)。行向反映某一产品部门的货物和服务由哪些产业部门所生产,行和为该产品部门货物和服务的总产出。总产出加上进出口税(除增值税),则得到生产者价格下的总供给,在此基础上加上各类产品中的不可抵扣增值税和商业运输费,则得到购买者价格下的总供给。列向反映了某一产业部门生产的各产品部门货物和服务数量,合计为该产业部门总产出。在供给表中,行向产品部门总产出等于列向的产业部门总供给。

表 2-2　供给表的一般样式

产出部门／产品部门	部门1	部门2	…	部门m	产品部门总产出(生产者价格)	进口(到岸价格)	进口税	总供给	不可抵扣增值税	商业毛利和运输费用	总供给(购买者价格)
产品1											
产品2											
…											
产品n											
产出合计											

注:笔者根据 SNA(2008)中供给表的样式绘制所得。

（2）使用表具有3个象限（见表2-3），其中第一象限是 n 个产品部门 $\times m$ 个产业部门的形式，行向表示产品部门生产并被各产业部门使用的货物和服务数量；列向表示产业部门进行生产活动时所消耗产品部门的货物和服务数量；第二象限是第一象限的行向延伸，其主栏与第一象限主栏保持一致，即为 n 个产品部门，其宾栏由最终消费、资本形成、出口等最终使用构成，反映产品部门生产的货物和服务进入到最终使用的数量；第三象限是第一象限的列向延伸，其主栏由劳动者报酬、生产税净额、固定资产折旧、营业盈余等构成，其宾栏与第一象限宾栏相同，为 m 个产业部门，能够反映产业部门生产者价格下的增加值构成情况。

表2-3 使用表的一般样式

产出部门 / 产品部门		中间使用				最终使用										最终使用合计	总使用
		部门1	部门2	…	部门n	中间使用合计	最终消费				资本形成				出口		
							居民消费	非营利机构消费	政府消费	合计	固定资本形成	存货变动	贵重物品获得减处置	合计			
中间投入	部门1			第Ⅰ象限						第Ⅱ象限							
	部门2																
	…																
	部门n																
初始投入	劳动者报酬			第Ⅲ象限													
	生产税净额																
	固定资产折旧																
	营业盈余																
总投入（生产者价格）																	

注：笔者根据SNA（2008）中使用表的样式绘制所得。

从使用表的表式可以看出,与投入产出表的表式更为接近,故而可通过使用表推导得到投入产出表,即要么将使用表的第一、第三象限列向的产业部门替换为产品部门,要么将使用表的第一、第二象限行向的产品部门替换为产业部门,则由此得到产品 × 产品或产业 × 产业的投入产出表(行和等于列和的对称矩阵)。需要说明的是,供给使用表能够解决不同数据集的一致性问题,即在对进口货物保险费和运费及货物在其加工单位并非法定所有者的处理方面具有优势。

因投入产出表具有优良的线性代数性质,被认为特别适合于分析社会、经济和环境问题(Wiedmann 和 Minx,2010)[1]。尤其体现在量化价格发生变化产生的影响,生产水平变动对劳动力、资本产生的影响以及需求模式转变之后产生的影响等方面。此外,投入产出分析扩展表更是为探讨特定具体问题提供了广阔思路,促使投入产出研究的包容性、适用性更强。因此,本书首先尝试编制研究所需的供给使用表,进而利用供给使用表推导投入产出表,以此作为本书研究的基础内容。

(二)投入产出分析与流动人口

因投入产出分析不仅能够清晰揭示部门间的经济技术结构与数量关系(Leontief,1951)[2],还能够充分结合宏观、微观数据资料和统计指标分析不同维度的社会、经济和环境问题(Ivanova 和 Wood,2020)[3],被认为是考察整个生产系统中错综复杂关系的有效手段(高敏雪等,2016)。结合当前流动人口的发展现状及其消费属性对社会、经济和环境的影响,尝试借助投入产出分析的优越性深入剖析流动人口消费变化所产生的系列影响。具体思路如下:

---

① Wiedmann,T.,Minx,J.,A Definition of "Carbon Footprint",*Ecological Economics Research Trends*,Vol. 2,2010.

② Leontief,W. W.,Input-Output Economics,*Scientific American*,Vol. 185,No.4,1951.

③ Ivanova,D.,Wood,R.,The Unequal Distribution of Household Carbon Footprints in Europe and its Link to Sustainability,*Global Sustainability*,Vol. 3,2020.

(1)充分借助现有的宏观、微观数据资料,采用恰当合理的国民核算方法,估算不同维度下流动人口的消费规模;(2)将能够揭示流动人口消费特征的数据与投入产出表对接起来;(3)在国民账户体系、综合环境与经济核算体系理论的指导之下,构建能够衡量社会、经济和环境发展指标的卫星账户,并将卫星账户与投入产出表匹配起来;(4)选择恰当的投入产出模型量化流动人口的社会、经济和环境效应,以验证流动人口三重底线的理论框架。

综上所述,在梳理供给使用表与投入产出表之间关系的基础上,结合流动人口的发展现状及自身的消费属性,建立投入产出分析与流动人口的研究框架,进而构建流动人口消费投入产出核算的研究思路,以期全面衡量流动人口在社会、经济和环境发展中的具体影响。

二、流动人口三重底线的测算思路

流动人口效应的测算思路以流动人口的消费活动为出发点,在搭建的流动人口三重底线理论框架和投入产出基本模型框架之下,借助基于宏观、微观数据资料建立的卫星账户分别构建社会、经济和环境指标扩展的投入产出模型(见图2-2)。由图2-2可以看出,本书将从流动人口可持续消费的三重底线理论框架出发,运用流动人口消费投入产出核算的方法全面量化流动人口消费引致的社会、经济和环境效应。其中社会效应通过流动人口消费拉动的就业指标来衡量;经济效应以流动人口消费活动创造的增加值来体现;在中国节能减排压力日益增大的背景之下,选择采用碳排放来表示流动人口消费对环境产生的影响。

流动人口社会、经济和环境效应测算的首要任务是准确估算流动人口的消费规模。本书通过对中国现有宏观、微观统计资料进行系统调研的基础上,选择最具代表性的微观调查基础数据库,并借助相关统计年鉴数据进行总量控制,在国民核算原则的规范之下,计算得到流动人口的消费数据。其次,确立能够充分体现社会、经济和环境效应的统计指标。本书借鉴阿尔萨马等

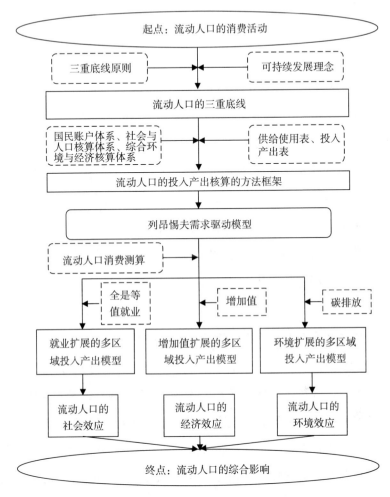

图 2-2　流动人口三重底线的测算思路

注：笔者绘制所得。

（Alsamawi 等，2014）和西马斯等（Simas 等，2014）①的研究，选择用全时等值
就业指标来体现流动人口的社会效应，据此建立与投入产出表相匹配的就业
数据库，继而构造就业扩展的投入产出模型量化流动人口的社会效应，以衡量

---

　　① Simas，M. S.，Golsteijn，L.，Huijbregts，M.，et al.，The "Bad Labor" Footprint：Quantifying the Social Impacts of Globalization，*Sustainability*，Vol. 6，No.11，2014.

流动人口可持续发展的社会底线;增加值是体现经济效应最直观、最具代表性的指标,故而本书采用供给使用表中推算所得的增加值数据作为卫星账户,构建扩展的投入产出模型测算流动人口的经济效应,以期验证流动人口消费的经济底线;在政府间气候变化专门委员会(Intergovernmental Panel on Climate Change,IPCC)碳排放清单核算标准的指导之下,本书通过尝试测算分省分行业能源消费所产生的碳排放和工业产品生产过程排放的温室气体,进而得到一个更加完整的碳排放清单,据此通过构建环境扩展的投入产出模型量化流动人口消费的环境效应,以揭示流动人口消费活动对环境底线产生的压力和挑战(IPCC,2006)①。最终,综合评判流动人口的消费活动对整个社会、经济和环境系统的综合影响,对准确衡量流动人口自身发展及其社会、经济和环境影响具有重要作用。

　　本章首先从流动人口的消费活动出发,借助可持续消费理念和三重底线原则,将流动人口及其社会、经济和环境影响纳入同一研究框架,据此专门创建了流动人口三重底线的理论框架。继而通过系统梳理流动人口消费投入产出核算及应用研究所需的经济理论、核算基础、统计标准,整理出一套完备的流动人口消费投入产出核算框架思路。具体而言,根据流动人口可持续消费活动及其所驱动社会、经济和环境效应的研究目标,依据三重底线理论,构建流动人口三重底线理论框架,进而对总需求、有效需求不足、就业理论、经济增长理论以及环境外部性等基本理论进行梳理与总结,为本书研究寻找基本的经济理论支撑;其次,借助国民账户体系(2008)、社会与人口核算体系、综合环境与经济核算体系(2012)等核算理论基础,整理本书研究所需的人口核算、消费核算、就业核算、增加值核算以及环境压力核算的基本内容;再次,对居民最终消费支出核算、社会环境卫星账户、增加值及环境核算的定义、统计

① IPCC,"2006 Ipcc Guidelines for National Greenhouse Gas Inventories",2006.

口径、计算范围等内容进行剖析,为本章流动人口核算框架的构建提供了完整的统计遵循准则;最后,立足流动人口消费活动,在流动人口三重底线理论的支撑下,对经济理论、核算基础、统计标准等信息进行深入挖掘,提出流动人口消费投入产出核算的框架思路,并进行详细阐释。

第三章　流动人口消费效应的
核算方法构建

第一节　流动人口消费效应的
核算方法体系

在第二章关于流动人口消费投入产出核算框架构建的基础上,本章节进一步对其研究框架对应的方法体系进行系统梳理(见图3-1)。因研究流动人口可持续消费问题,不仅要准确估算其不同维度的消费规模,也要对其消费活动产生的社会、经济和环境效应进行全面分析,故而完成上述研究目标就需要借助恰当的方法进行实现。根据流动人口消费投入产出核算思路,首先需要对流动人口的消费规模及特征进行系统测算;其次量化流动人口消费引致的社会、经济和环境效应,这一过程要求整合投入产出分析法、劳动投入核算法和情景模拟分析(Scenario Simulation Analysis,SSA)等科学方法为研究目标服务。

投入产出分析是本书研究的主导方法,列昂惕夫需求驱动模型是全面讨论研究对象消费引致社会、经济和环境效应的科学工具(Leontief,1951),它被学者广泛推崇并用于探讨消费活动引发的系列问题与影响(Vita 等,2019[①];

① Vita, G., Lundström, J. R., Hertwich, E. G., et al., The Environmental Impact of Green Consumption and Sufficiency Lifestyles Scenarios in Europe: Connecting Local Sustainability Visions to Global Consequences, *Ecological Economics*, Vol. 164, 2019.

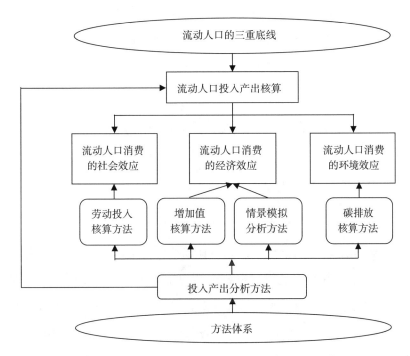

图 3-1　流动人口消费的投入产出核算方法体系

注:笔者绘制所得。

Wiedmann,2018)。本书以列昂惕夫需求驱动模型为核心,通过构建扩展的多区域投入产出模型系统量化流动人口消费拉动的社会、经济和环境效应,旨在深入探究流动人口的可持续消费及其全面发展问题。为构建扩展的多区域投入产出模型,本书需要创建系列衡量社会、经济和环境变化的统计指标。具体包括:(1)通过运用劳动投入核算方法建立省级层面分部门的就业数据库,将其作为就业扩展的多区域投入产出模型的卫星账户,以全面量化流动人口消费拉动的社会效应;(2)采用增加值核算方法建立省级层面分部门的增加值数据库,以此作为扩展的多区域投入产出模型的卫星账户,从而系统测算流动人口消费活动创造的增加值;(3)借助《IPCC2006 年国家温室气体清单指南》中的碳排放核算方法,选择采用排放因子法建立省级层面分部门碳排放数据库,将其作为环境扩展的投入产出模型的卫星账户,以期全面测算流动人口消费引致的碳排放。此外,考虑到未来流动人口发展趋势及消费模式的转变,本书在研究流动人口的经济效应时,借助情景分析方法的优越性,深入挖掘未来流动人口消费可能创造的增加值。

第二节　投入产出分析方法

一、投入产出分析基础

投入产出分析方法与其他数理经济模型相似,是经济理论与数理模型的有机结合(刘起运,2007),其思想渊源为瓦尔拉斯的全部均衡理论、马克思的社会再生产理论及其相应的模型分析方法(Leontief,1936、1951)。由于新古典经济学派的全部均衡理论的核心是考察经济活动在数量上的相互作用与影响,即能够将任何局部经济变动扩展到整个经济系统。列昂惕夫(1951)正是基于这一模型形式及优势,对经济系统内错综复杂的数量依存关系进行经验研究,从而发展了投入产出分析方法。列昂惕夫主要通过改造全部均衡理论模型的研究任务、表现形式、分析技术三个方面,形成了以分析产品(部门)结构和联系为核心,且数学模型简化、可操作性强的投入产出分析方法(刘起运,2007)。

因列昂惕夫于20世纪初参与过国民经济平衡表的设计工作,后人认为投入产出分析的创建与社会再生产理论、计划平衡表方法之间的渊源颇深(Miller和Blair,2009;刘起运,2007)。社会总产品理论作为再生产理论的主要内容,投入产出分析的总体设计借鉴了该理论的基本框架。社会总产品理论指出,社会产品产出应包括生产过程所消耗的生产资料,而这在投入产出分析中被称为中间产品,是构成投入产出模型的重要组成部分。马克思指出,社会总产品可按照其使用价值划分为生产资料、消费资料两大部类,投入产出分析依据此划分标准将其统一在一张投入产出表中(见表3-1)。其中投入产出表中的行向体现了产品的使用价值(分别为中间使用、最终需求);列向反映产品的价值构成(分别为中间投入、初始投入)。简言之,投入产出表按照马克思关于商品二重性的原理,其行向产品的使用价值判定反映了产品的实物运动过程;列向通过区分不同价值的形成过程以体现产品的价值运动过程。需要说明的是,马克思两部类再生产模型等价于两部门投入产出模型(刘起运,2007)。

表3-1　投入产出表的一般样式

		中间使用				最终需求				总产出
		部门1	部门2	…	部门 n	最终消费	资本形成	存货增加	出口	
中间投入	部门1	第Ⅰ象限				第Ⅱ象限				
	部门2									
	…									
	部门 n									
初始投入	劳动者报酬	第Ⅲ象限								
	生产税净额									
	固定资产折旧									
	营业盈余									
	进口									
	总投入									

注:笔者根据 SNA(2008)投入产出表的样式绘制所得。

投入产出分析作为一种被广泛使用的系统科学方法,也受系统论方法的影响。投入产出分析受系统论的影响主要体现在以下四个方面:(1)投入产出分析将国民经济看作一个完整的系统,其投入产出表与数学模型通过借助总投入、总产出等概念体现了国民经济的整体性,同时消费、投资、生产等内容基本囊括了国民经济的全部活动。数学模型对进口、出口的界定,体现了经济系统内与系统外之间的贸易往来关系;(2)投入产出模型与投入产出表对产品、部门、消费、投资、地区结构及经济比例具有较强的表现力,体现了投入产出分析的结构性特征;(3)投入产出分析对经济系统内各生产要素间相互作用、系统内与系统外依存关系的刻画,充分展现了投入产出分析的相互依存性;(4)投入产出表在国家、省级、城市等不同行政区划层面的编制及其相应模型在不同层面的建立,均体现了投入产出分析的多级可分性,是处理局部与整体关系的重要分析手段。可见,投入产出分析与系统论之间存在紧密的联系,二者的结合不仅有助于投入产出分析的发展,也提高了经济学的科学性(刘起运,2007)。

综上所述,通过梳理投入产出分析的思想渊源、理论基础、方法论框架内容,体现了投入产出分析方法的科学性及分析国民经济运行过程的优越性。因此,本书通过深入挖掘投入产出分析方法的基础内涵,为下文全面介绍单区域投入产出模型、多区域投入产出模型、扩展的多区域投入产出模型做铺垫。

二、单区域投入产出模型

由于投入产出分析为解决经济部门间相互依存的数量关系而建立,投入产出表与数学模型的对应更是为研究经济问题提供了重要的分析范式。初始的投入产出模型是在国家层面上发展而来的,后来随着区域概念的发展,引发了学者对多区域投入产出模型的开发(Miller 和 Blair,2009)。就单个国家或地区的经济系统而言,各部门是组成经济系统的核心要素,可用表格形式体现经济部门间的投入产出关系(见表3-2)。其中,行向表示产品的分配使用去向,产品行向合计为总产出;列向表示各种初始投入要素的来源,即劳动者报酬、固定资产折旧等要素,各类中间投入与初始投入要素的列向合计为总投入。

表 3-2　单区域投入产出模型

分配使用（产出） 投入来源（投入）		中间使用				最终需求						总产出
		部门1	部门2	...	部门 n	农村居民	城镇居民	政府	资本形成	存货增加	出口	
中间投入	部门1	z_{11}	z_{12}	...	z_{1n}	r_1	u_1	g_1	f_1	s_1	ex_1	x_1
	部门2	z_{21}	z_{22}	...	z_{2n}	r_2	u_2	g_2	f_2	s_2	ex_2	x_2
	...	$\vdots$	$\vdots$	$\ddots$	$\vdots$	$\vdots$	$\vdots$	$\vdots$	$\vdots$	$\vdots$	$\vdots$	$\vdots$
	部门 n	z_{n1}	z_{n2}	...	z_{nn}	r_n	u_n	g_n	f_n	s_n	ex_n	x_n
初始投入	劳动者报酬 la	la_1	la_2	...	la_n							
	生产税净额 p	p_1	p_2	...	p_n							
	固定资产折旧 d	d_1	d_2	...	d_n							
	营业盈余 m	m_1	m_2	...	m_n							
总投入		x_1	x_2	...	x_n							

注：笔者根据国家统计局发布的国家表绘制所得。

单区域投入产出表的行向数量关系为中间使用与最终需求之和等于总产出，可用公式表示为：

$$z_{11} + z_{12} + \cdots + z_{1n} + r_1 + u_1 + g_1 + f_1 + s_1 + ex_1 = x_1$$
$$z_{21} + z_{22} + \cdots + z_{2n} + r_2 + u_2 + g_2 + f_2 + s_2 + ex_2 = x_2$$
$$\vdots$$
$$z_{n1} + z_{n2} + \cdots + z_{nn} + r_n + u_n + g_n + f_n + s_n + ex_n = x_n$$

$$(3-1)$$

式（3-1）可简写为 $\sum_{j=1}^{n} z_{ij} + y_i = x_i$ $(i = 1, 2, \cdots, n)$，其中 $y_i = r_i + u_i + g_i + f_i + s_i + ex_i$，为最终需求，进一步采用矩阵形式可表示为：

$$Ze + y = x \qquad\qquad (3-2)$$

列向的数量关系为中间投入与初始投入的合计等于总投入，其中 e 为元素全部为1的 $n×1$ 维的列向量可用公式表示为：

$$z_{11} + z_{21} + \cdots + z_{n1} + la_1 + p_1 + d_1 + m_1 = x_1$$

$$z_{12} + z_{22} + \cdots + z_{n2} + la_2 + p_2 + d_2 + m_2 = x_2$$

$$\vdots$$

$$z_{1n} + z_{2n} + \cdots + z_{nn} + la_n + p_n + d_n + m_n = x_n$$

(3-3)

式(3-3)可简写为 $\sum_{i=1}^{n} z_{ij} + v_j = x_j$ $(j = 1, 2, \cdots, n)$,其中 $v_j = la_j + p_j + d_j + m_j$,为增加值,用矩阵可表示为:

$$Ze + v = x$$

(3-4)

从式(3-2)和式(3-4)可以看出总产出等价于总投入,且第 Ⅱ 象限的最终需求合计与第 Ⅲ 象限的初始投入合计相等,体现了支出法 GDP、收入法 GDP 的两种核算方式。式(3-2)和式(3-4)只是简单的投入产出表数量关系,无法全面呈现整个经济系统各部门错综复杂的技术联系。因此,引入直接消耗系数和直接分配系数,进一步通过数量模型深入揭示经济系统各组成部分之间的经济技术关系。直接消耗系数和直接分配系数作为投入产出分析中最重要的基本概念,其经济意义分别是某部门生产单位产品对相关部门的直接消耗、某部门生产的单位产品分配给相关部门的数量,具体定义的数学表达为:

$$a_{ij} = \frac{z_{ij}}{x_j}$$

(3-5)

$$b_{ij} = \frac{z_{ij}}{x_i}$$

(3-6)

式(3-5)中的 z_{ij} 表示 j 部门进行生产时所需消耗 i 部门产品的数量; x_j 为 j 部门的总产出; a_{ij} 为直接消耗系数,表示 j 部门生产单位产品所需消耗 i 部门产品的数量,反映了一定技术水平下 j 部门与 i 部门之间的经济技术联系,故而直接消耗系数又称投入系数或技术系数,故而可将 $\sum_{j=1}^{n} z_{ij} + y_i = x_i$ 改写为 $\sum_{j=1}^{n} a_{ij} x_j + y_i = x_i$。式(3-6)中的 x_i 为 i 部门的总产出; b_{ij} 为直接分配系数,表

示 i 部门生产的单位产品分配给 j 部门进行生产活动的数量,反映了 i 部门的单位产品中 j 部门所能分配到的产品份额,故而直接分配系数又称产出系数,进一步可将 $\sum_{j=1}^{n} z_{ij} + v_j = x_j$ 改写为 $\sum_{j=1}^{n} b_{ij} x_i + v_j = x_j$。因此,直接消耗系数是从投入产出表列向描述了经济部门间的数量关系,并给出各部门单位产出的中间消耗结构;而直接分配系数从投入产出表行向刻画了各经济部门间产品的分配情况。进一步将 n 个部门的直接消耗系数、直接分配系数用矩阵形式进行表示:

$$A = \begin{bmatrix} a_{11} & a_{12} & \cdots & a_{1n} \\ a_{21} & a_{22} & & a_{2n} \\ & \vdots & \ddots & \vdots \\ a_{n1} & a_{n2} & \cdots & a_{nn} \end{bmatrix}$$

$$B = \begin{bmatrix} b_{11} & b_{12} & \cdots & b_{1n} \\ b_{21} & b_{22} & & b_{2n} \\ & \vdots & \ddots & \vdots \\ b_{n1} & b_{n2} & \cdots & b_{nn} \end{bmatrix}$$

A 为直接消耗系数矩阵; B 为直接分配系数矩阵。继续将 $\sum_{j=1}^{n} a_{ij} x_j + y_i = x_i$ 与 $\sum_{j=1}^{n} b_{ij} x_i + v_j = x_j$ 分别改写成矩阵形式为:

$$Ax + y = x \tag{3-7}$$

$$xB + v = x \tag{3-8}$$

式(3-7)中 y、x 分别为最终需求矩阵、总产出列向量;式(3-8)中 v、x 分别为增加值矩阵、总投入行向量。进一步将式(3-7)、式(3-8)分别进行变形处理,可以得到:

$$x = (I - A)^{-1} y = Ly \tag{3-9}$$

$$x = v(I - B)^{-1} = vG \tag{3-10}$$

式(3-9)为列昂惕夫需求驱动模型,是投入产出分析技术中最为核心的数学模型,它反映了最终需求与总产出之间的数量关系。其中 I 为单位阵, $(I-A)^{-1}=L$ 为著名的列昂惕夫逆矩阵,又称为完全需求系数矩阵, L 能够全面揭示经济系统中各部门之间错综复杂的经济数量关系,其元素 l_{ij} 反映为满足单位最终需求所消耗总产出的全部(包括直接消耗和间接消耗)数量(Leontief,1951)。因列昂惕夫需求驱动模型能够度量研究对象消费活动变化所拉动的社会、经济和环境改变,是目前应用最为广泛的投入产出分析模型。

式(3-10)为高希模型,其利用直接分配系数反映初始投入与总产出之间的经济联系。其中 $(I-B)^{-1}=G$ 为高希逆矩阵,又称为完全分配系数矩阵, G 能够描绘出经济系统内各部门初始投入增加所引发总产出增加的变化过程,其元素 g_{ij} 表示为生产单位最终需求产品所需要生产总产出的全部数量(Miller 和 Blair,2009)。高希模型考虑了某部门初始投入进入生产系统后所带来的下游产业部门的产出,即不仅促进了本部门的产出,也推动了其他部门的产出。

三、多区域投入产出模型

考虑到单区域投入产出模型仅关注单个经济系统内各部门之间的技术联系,无法满足揭示现实经济系统中国家间、地区间各部门经济贸易关系的需要,故而在单区域投入产出模型的基础上,学者纳入地区因素,将单区域投入产出模型扩展为多区域投入产出模型(Moses,1955)[1]。因多区域投入产出模型能够系统全面地反映各地区部门间的部门结构和技术差异及相互依存的数量关系,而被广泛应用于社会、经济和环境等研究领域(Wiedmann,2009)[2]。较单区域投入产出表而言(见表3-2),多区域投入产出表将不同地区的部门间经济贸易活动精细化(见表3-3),是深入探究供应链相关议题的基础性资

---

[1] Moses, L. N., The Stability of Interregional Trading Patterns and Input-Output Analysis, *The American Economic Review*, Vol. 45, No. 5, 1955.

[2] Wiedmann, T., A Review of Recent Multi-Region Input-Output Models Used for Consumption-Based Emission and Resource Accounting, *Ecological Economics*, Vol. 69, No. 2, 2009.

表3-3　多区域投入产出模型

分配使用（产出）＼投入来源（投入）	中间使用				最终需求				总产出
	地区1 部门1…部门n	地区2 部门1…部门n	…	地区m 部门1…部门n	地区1 农村 城镇 政府 资本形成 存货增加	地区2 农村 城镇 政府 资本形成 存货增加	…	地区m 农村 城镇 政府 资本形成 存货增加	ROW	
中间投入 地区1 部门1…部门n	Z^{11}	Z^{12}	…	Z^{1m}	y^1					x^1
地区2 部门1…部门n	Z^{21}	Z^{22}	…	Z^{2m}	y^2					x^2
…	…	…	$\ddots$	…	…	…	…	…		…
地区m 部门1…部门n	Z^{m1}	Z^{m2}	…	Z^{mm}	y^m					x^m

续表

分配使用（产出）		中间使用				最终需求						ROW	总产出
投入来源（投入）		地区1 部门1…部门n	地区2 部门1…部门n	…	地区m 部门1…部门n	地区1 农村 城镇 政府 资本形成 存货增加	地区2 农村 城镇 政府 资本形成 存货增加	…	地区m 农村 城镇 政府 资本形成 存货增加				
初始投入	地区1 固定资产折旧 劳动者报酬 生产税净额 营业盈余	v^{11}	v^{12}	…	v^{1m}								
	地区2 固定资产折旧 劳动者报酬 生产税净额 营业盈余	v^{21}	v^{22}	…	v^{2m}								
	…	…	…	⋱	…								
	地区m 固定资产折旧 劳动者报酬 生产税净额 营业盈余	v^{m1}	v^{m2}	…	v^{mm}								
ROW													
总投入		x^1	x^2	…	x^m								

注：笔者根据主流多区域投入产出表样式绘制所得。表中的 ROW（Rest of World）代表经济系统边界之外的地区。

料。考虑到本书基于列昂惕夫需求驱动模型来讨论流动人口消费活动驱动的社会、经济和环境效应，且多区域投入产出模型与单区域投入产出模型的基本内容相似，故本书仅对多区域投入产出模型中的列昂惕夫需求驱动模型进行全面阐述。而对于多区域投入产出模型中的高希模型，本书不再对其模型形式与技术框架展开详细赘述。

本书以中国经济系统作为边界，利用中国产业生态学虚拟实验室构建的"中国多区域投入产出数据库"，以中国省级层面多区域投入产出表为例对多区域投入产出模型进行全面阐释（见表3-3）。对于一个包含 m 个地区的经济系统而言，假定每个地区包括 n 个部门，则可将式（3-2）改写为：

$$Ze + ye = x \qquad\qquad (3-11)$$

式（3-11）中部门间产品交易矩阵 $Z = \begin{bmatrix} Z_{11} & Z_{12} & \cdots & Z_{1m} \\ Z_{21} & Z_{22} & \cdots & Z_{2m} \\ \vdots & \vdots & \ddots & \vdots \\ Z_{m1} & Z_{m2} & \cdots & Z_{mm} \end{bmatrix}$ （包含 $m \times$

m 个子矩阵，每个子块矩阵的下标表示地区），其中非对角线子矩阵表示不同地区之间各部门之间产品贸易流动的数量关系，对角线子矩阵刻画了地区内各部门之间的中间产品贸易流动。Z 中每个 $n \times n$ 维子矩阵 Z^{rs} 的元素是 z_{ij}^{rs}，其中当 $r \neq s$ 时，z_{ij}^{rs} 表示 s 地区 j 部门对 r 地区 i 部门产出的直接消耗数量（i，$j = 1,2,\cdots,n$；$r,s = 1,2,\cdots,m$）；当 $r = s$ 时，z_{ij}^{rr} 表示 r 地区内 j 部门对 i 部门产出的直接消耗数量。最终需求 $y = \begin{bmatrix} y_1 \\ y_2 \\ \vdots \\ y_m \end{bmatrix}$，代表不同地区最终需求的分配情况。具体 y 包括 $m \times 1$ 个子矩阵，每个 $n \times 5m$ 维子矩阵 y^r 的元素 y_{ik}^{rs} 表示 r 地

区 i 部门为满足 s 地区第 k 类消费主体的最终需求而进行生产的数量 $(k = 1,$ $2, \cdots, 5)$，其中 k 指代农村居民最终消费、城镇居民最终消费、政府最终消费、

资本形成、存货增加。总产出矩阵 $x = \begin{bmatrix} x_1 \\ x_2 \\ \vdots \\ x_m \end{bmatrix}$，$x$ 也包括 m 个子矩阵，每个 $n \times 1$

维子矩阵 x^r 的元素 x_i^r 表示 r 地区 i 部门的总产出。此外，e 为所有元素均为 1 的列向量。

若令 $a_{ij}^{rs} = z_{ij}^{rs} / x_j^s$ 为 s 地区 j 部门对 r 地区 i 部门的直接消耗系数，反映在一定技术水平下 s 地区第 j 部门与 r 地区第 i 部门间的经济技术联系。将直

接消耗系数表示为矩阵，则 $A = \begin{bmatrix} A^{11} & A^{12} & \cdots & A^{1m} \\ A^{21} & A^{22} & \cdots & A^{2m} \\ \vdots & \vdots & \ddots & \vdots \\ A^{m1} & A^{m2} & \cdots & A^{mm} \end{bmatrix}$，矩阵 A 包括 $m \times m$ 个

子矩阵，A 的对角线元素 a_{ii}^{rr} 表示 r 地区 i 部门为满足本部门单位产出所直接消耗本部门产出的数量；对于非对角线的元素 a_{ij}^{rs} 而言，当 $r \neq s$ 时表示 s 地区 j 部门生产单位产出所需 r 地区 i 部门的直接投入量，当 $r = s$ 时表示 r 地区 j 部门生产单位产出所需本地区 i 部门的直接投入量，可见 A 衡量了地区层面部门间的经济技术联系。当 $Z = Ax$ 时，式（3-11）等价于式（3-7），即：

$$x = Ax + y \tag{3-12}$$

式（3-12）反映了整个经济活动中地区间各部门生产过程的技术联系，可将式（3-12）进一步改写为多区域投入产出模型中的列昂惕夫需求驱动模型：

$$x = (I - A)^{-1} y = Ly \tag{3-13}$$

式（3-13）中 L 为 $m \times m$ 个子矩阵构成的列昂惕夫逆矩阵，该矩阵全面揭

示了各地区各部门间错综复杂的经济联系(Leontief,1951)。其中当 $r \neq s$ 时,L 矩阵非对角线元素 l_{ij}^{rs} 表示为满足 s 地区 j 部门单位最终需求所需要消耗 r 地区 i 部门产品的全部数量;当 $r = s$ 时,L 矩阵对角线元素 l_{ij}^{rr} 表示为满足 r 地区 j 部门的单位最终需求所需要本地区 i 部门产出的投入数量。因此,式(3-13)全面刻画了为满足消费主体的最终需求而进行生产的全部总产出,其中包括直接的最终消费产品和整个生产供应链上的所有间接消耗产品。

四、扩展的多区域投入产出模型

因单纯的投入产出模型仅能简单地揭示经济系统内部门间的结构与技术联系以及投入产出表三大象限之间的数量关系,即便是纳入地区维度信息的多区域投入产出模型也无法刻画投入产出表内容以外的社会、经济和环境现象(Wiedmann 等,2007)①。因此,社会、经济和环境问题研究的迫切需要促使投入产出模型的扩展应用不断深入。目前,主流的投入产出模型可扩展为以下三类(Miller 和 Blair,2009):(1)将投入产出模型中各要素进行改造,如对中间产品交易矩阵、最终需求矩阵、初始投入矩阵的改造;(2)将投入产出分析与可计算一般均衡模型进行结合,对政策效果进行评估或模拟;(3)通过建立与投入产出表相匹配的,且能够反映社会、经济和环境相关研究需要的卫星账户,构建社会、经济和环境扩展的投入产出模型分析框架。本书基于第一类与第三类投入产出模型扩展方式,对流动人口消费驱动的社会、经济和环境效应进行量化研究。因此,本节重点阐释扩展的多区域投入产出模型的一般范式(见表3-4)。

---

① Wiedmann,T.,Lenzen,M.,Turner,K.,et al.,Examining the Global Environmental Impact of Regional Consumption Activities — Part 2:Review of Input-Output Models for the Assessment of Environmental Impacts Embodied in Trade,*Ecological Economics*,Vol.61,No.1,2007.

表3-4　扩展的多区域投入产出模型简表

	中间使用	最终需求
中间投入	第Ⅰ象限	第Ⅱ象限
初始投入	第Ⅲ象限	

卫星账户

注:笔者绘制所得,表中阴影部分表示多区域投入产出模型改造的区域。

　　改造投入产出表中的各要素内容、将构造的卫星账户和投入产出模型进行结合是投入产出分析扩展的两种主要形式。据此,本书首先根据流动人口消费活动现状,结合基础数据资料并遵循国民经济核算规则,构建出省级层面流动人口的消费数据库。将流动人口的消费活动数据与投入产出表进行匹配,从而生成一个新的最终需求,将其纳入列昂惕夫需求驱动模型框架;其次通过选取全时等值就业、增加值、碳排放作为衡量社会、经济和环境的统计指标,构造出与投入产出表能够匹配的卫星账户矩阵。将卫星账户中的各类统计指标作为经济系统之外的投入要素或经济生产活动的副产品等,纳入投入产出分析框架之中构建卫星账户扩展的投入产出模型,从而全面分析地区、部门生产活动相关的社会、经济和环境影响。

　　将全时等值就业、增加值、碳排放卫星账户指标与流动人口的消费需求一并纳入列昂惕夫需求驱动模型框架,进而构建出扩展的投入产出模型。具体而言,若定义 Q 为卫星账户指标,则一单位产出所需要的投入要素或所产生的副产品 q 可表示为:

$$q = Q\hat{x}^{-1} \tag{3-14}$$

式(3-14)中卫星账户强度指标 q 的元素 q_i^r 代表 r 地区 i 部门生产一单位货物和服务产品所需要的投入要素或所产生的副产品;总产出矩阵 x 对应的元素 x_i^r 代表 r 地区 i 部门的产出。进一步将式(3-14)代入式(3-13),得到卫星账户扩展的多区域投入产出模型:

$$Q = q (I - A)^{-1} y^* = qLy^* \tag{3-15}$$

式(3-15)中 y^* 指流动人口的最终需求; $q (I - A)^{-1} = qL$ 表示卫星账户乘子,反映了为生产一单位流动人口消费所需的货物和服务促使生产系统所要投入的就业或所创造的增加值或所释放的碳排放。此处所指的就业、增加值、碳排放分别是整个生产供应链上所需要的全部劳动投入或所创造的全部增加值或所产生的全部碳排放,包括直接的劳动投入、增加值、碳排放和间接的劳动投入、增加值、碳排放,这一过程充分反映了经济生产系统内各部门之间错综复杂的数量技术关系。简言之,式(3-15)主要聚焦流动人口的消费活动,能够从整个生产链出发追踪所有地区最终消费产品所诱发的全部卫星账户指标数量。

第三节　劳动投入核算方法

一、劳动投入核算基础

就业作为衡量生产过程中劳动要素投入的重要指标,选择一种接近真实估计就业的方法是研究流动人口消费拉动社会效应的关键。《国民账户体系(2008)》的第 19 章给出了劳动力的定义、内涵与劳动投入的测算标准。其中劳动力的概念是"在任何特定核算期都积极地准备提供劳动以生产国民账户体系产出核算范畴里的货物或服务的人群",并指出劳动力由四类人员组成,分别是在常住机构单位里做雇员的常住者、在非常住单位里做雇员的常住者、未被雇用的常住者和自雇者(联合国等国际组织,2012)。然而,对于就业而言,指"所有从事国民账户体系所定义生产范畴之内的、由某个常住机构单位实施生产活动的人,即包括雇员和自雇者"(联合国等国际组织,2012)。

国际劳动组织于2013年通过的《关于工作、就业和不充分就业统计的决议》也对劳动力进行了定义,具体指当前为生产产品和提供服务以换取工资或收益而进行工作的劳动者(ILO,2013)①。然而,就就业的概念而言,指"在某一短期参照期内,为获取工资或利润而从事任何生产产品或提供服务活动的工作年龄段的人员,包括在岗的雇佣人员(在某一岗位上工作至少一小时的人员)和不在岗的雇佣人员(暂时缺勤或另有工作安排,如轮班、弹性工作和加班补休的人员)"(ILO,2013)。

《国民账户体系(2008)》与经济合作与发展组织也提出了较为详细的劳动投入核算方法。其中国民账户体系指出,劳动投入的标准化测度指标分别为全时等值就业、工作时间、经质量调整的劳动投入、不变报酬的雇员劳动投入四种,并对每种方法核算标准、注意事项作出详细阐述(联合国等国际组织,2012)。然而,欧盟在测算生产率时对劳动投入的测算方法主要划分为两种,即根据工时数进行测算与根据劳动报酬进行测算(OECD,2001)②。需要说明的是,尽管经济合作与发展组织提出的劳动投入的测算方法能够保证计算结果的全面性,但对劳动力调查具有较高要求,即对调查数据质量、调查深度的要求较高(刘丹丹和吕文婧,2004)③。以上国民账户体系、国际劳动组织、经济合作与发展组织中关于劳动力、就业的明确界定及核算方法的提出,为本书构建省级层面分部门的就业卫星账户提供了重要的核算基础。因此,本书基于国民账户体系、国际劳动组织、经济合作与发展组织对劳动投入测算

① ILO, "Resolution Concerning Statistics of Work, Employment and Labour Underutilization", 2013.

② OECD, *Measuring Productivity: Measurement of Aggregate and Industry - Level Productivity Growth*, Paris: OECD Publishing, 2001.

③ 刘丹丹、吕文婧:《劳动投入法在国民经济核算中的应用》,《统计教育》2004年第1期。

的理论、方法基础,尝试选取恰当的就业指标,构建流动人口社会效应研究的卫星账户。

二、劳动投入核算方法比较

根据基础数据资料,选用适用性较强的劳动核算方法是提高劳动投入度量准确性的关键一步。《国民账户体系(2008)》已经给出了劳动投入测算的常规方法,且国际劳动组织、经济合作与发展组织中推崇的劳动投入核算方法也基本遵循了《国民账户体系(2008)》的方法框架。因此,通过比较主流的劳动投入核算方法,以确定本书构建就业卫星账户的方法(见表 3-5)。

表 3-5 常见的劳动投入核算方法比较

核算方法	基本概念	优势	劣势	应用现状
就业人数	参与生产活动的劳动力数量	对统计数据要求较低,易获取	估计结果粗糙	应用范围最广
全时等值就业	所有雇员的实际工作时间之和除以一个全职职位的实际平均工作时间	有利于与其他使用全时等值就业的国家进行比较	易受年休假、公共假日等影响	应用范围较少
工作时间	从事国民账户体系生产范畴内的货物服务生产活动所花费的时间	是一种相对精确的劳动投入度量指标	需要借助带薪休假等信息来调整估计	国际劳动组织建议的首选方法
经质量调整的劳动投入	以不同层级工人工作质量指数作为权重来计算劳动投入	劳动者的技能水平无差别	数据质量要求较高,核算成本较大	应用较广
不变报酬的雇员劳动投入	通过缩减雇员劳动投入价值的现价价值进行估算	具有广泛适用性;结果准确性较好	无法在自我雇佣职位上的劳动投入以不变报酬的形式来计量	应用较少

注:笔者根据 SNA(2008)中的相关内容整理得到。

（一）就业人数

尽管就业人数在实践中最易获得,但往往存在诸多不足(王亚菲等,2021)①。具体而言,首先是对劳动者的同质性假定,忽视了劳动者劳动能力、工作经验的差异,如年龄、职业、教育程度、技能水平的不同会促使劳动者的劳动生产率存在差异(王亚菲等,2021);其次劳动者工作时长存在不一致性,实际中劳动者按工作时长可分为全时就业人员和非全时就业人员。因此,采用就业人数反映劳动投入时,直接隐含了劳动者之间技能水平、工作经验、工作时间存在无差异的假定,导致测算结果无法准确反映实际情况。

（二）全时等值就业（FTE）

《国民账户体系(2008)》对全时等值就业的概念进行了详细界定,但没有给出全时等值就业的具体估算方法。采用全时等值就业衡量劳动投入的适用条件是数据足够完备,从而能够估算出劳动者实际工作的时间(王亚菲等,2020)。另外,全时等值就业与国民经济核算数据的整合有利于与其他使用全时等值就业的国家进行比较。然而,全时等值就业也存在不足,如全职工作时数会受年休假期、公共假日等影响而减少,即实际工作时间较少,但全时等值就业可能依旧保持不变或发生较小的变化。因此,采用全时等值就业时,应根据核算期的节假日数等作出相应调整。未来随着就业时间获取难度上升,全时等值就业方法可能会逐渐被淘汰。

（三）工作时间

因实际工作时间能够较准确地衡量劳动投入,被国际组织(ILO,2012)②和学者广泛推崇,故而在测算生产率时更倾向于采用实际工作时间来衡量劳

---

① 王亚菲、贾雪梅、王春云:《中国行业层面就业核算研究》,《统计研究》2021 年第 12 期。
② ILO,"Measuring the Economically Active in Population Censuses:A Handbook",2012.

动投入(蔡跃洲和付一夫,2017)[1]。2008年,第十八届国际劳工统计学家会议对工作时间的测算给出了七种定义,分别为实际工作时间、付薪时间、正常工作时间、协议工作时间、通常工作时间、加班加点时间、离职时间(ILO,2008)[2],并建议采用实际工作时间作为衡量劳动投入的首选方法。然而,在实际测算过程中,因基层单位调查记录的是付薪时间而非工作时间,故而需借助带薪休假等信息进行调整估计(ILO,2008)。此外,采用工作时间测算劳动投入时假定不同劳动者在一定时间内的工作质量一致,即熟练程度和技能水平无差别。

(四)经质量调整的劳动投入

经质量调整的劳动投入方法以不同层级劳动者工作质量指数作为权重来计算劳动投入(Schwerdt 和 Turunen,2007[3];贾雪梅,2018[4])。该方法的应用前提是劳动力边际价格已知,且等于从其生产中预期可得的边际收入。这种方法需要大量的数据,只有那些统计系统高度完备的经济体才可能满足其所需的统计资料,故而实际应用范围较窄(李展和崔雪,2021)[5]。

(五)不变报酬的雇员劳动投入

因统计资料多按照行业进行统计,劳动者素质的统计资料存在不足,同时对不同劳动者工作时间的汇总难以全面反映劳动者的多种特征。从现实的可操作性出发,可将分行业劳动者分为雇员和自我雇佣两种,进而根据其收入报

---

① 蔡跃洲、付一夫:《全要素生产率增长中的技术效应与结构效应——基于中国宏观和产业数据的测算及分解》,《经济研究》2017年第1期。

② ILO,"Report Ⅱ:Measurement of Working Time",2008.

③ Schwerdt, G., Turunen, J., Growth in Euro Area Labor Quality, *The Review of Income and Wealth*, Vol. 53, No.4, 2007.

④ 贾雪梅:《中国行业层面劳动投入测算》,《经济统计学(季刊)》2018年第2期。

⑤ 李展、崔雪:《要素投入质量改善对中国 TFP 增长率的影响》,《华东经济管理》2021年第4期。

酬衡量劳动投入。由于产出可同时按照从现价和从物量的角度进行衡量,故而对劳动投入也可按照现价和不变价的处理方式进行计算,据此,国民账户体系将雇员的劳动投入按不变报酬进行估算。

(六)其他劳动投入测算方法

除以上提到的劳动投入测算方法以外,劳动投入指数也成为一种重要的测算方式(陈梦根和侯园园,2021)①。乔根森等(Jorgenson 等,2016)②通过消除合成过程中产生的测量误差,在计算劳动投入指数时,分别对每个类别的工时价格进行计算,以衡量劳动质量。为了使劳动投入不仅能够体现劳动数量,还可解释随时间变化的劳动质量变化部分,乔根森基于生产函数构建了劳动投入指数,并将劳动投入指数分解为劳动数量变化与劳动质量变化两部分(Jorgenson,1991)③。可见,劳动投入指数是一种反映劳动投入的综合性指标,尽管其反映的劳动投入各个维度内容相对较多,但是各部分内容对应的权重设定存在一定的主观性,导致测算结果可能不具有可比性。

综上所述,由于全时等值就业、实际工作时间都属于劳动投入实物度量方法,这些实物指标缺乏一般经济意义,只有当不同种类劳动力的结构在不同国家或不同时点上基本相同时,进行劳动投入的实物度量才是有效的。而经质量调整的劳动投入在中国很难实现。在当前的统计数据条件下,可尽量克服各种缺陷,通过对各类统计数据进行协调整合能够满足全时等值就业的计算需求。因此,根据现有可获取的统计资料以及计算方式的可操作性,本书选取全时等值就业方法构建就业卫星账户指标。

---

① 陈梦根、侯园园:《中国行业劳动投入和劳动生产率:2000—2018》,《经济研究》2021 年第 5 期。

② Jorgenson,D. W.,Fukao,K.,Timmer,M. P.,*The World Economy: Growth Or Stagnation?* Cambridge:Cambridge University Press,2016.

③ Jorgenson,D. W.,*Productivity and Economic Growth*,Chicago:University of Chicago Press,1991.

三、扩展的全时等值就业法

根据以上关于劳动投入核算方法的对比,结合现有统计资料的翔实程度,本书采用全时等值就业核算方法对省级层面分部门的劳动投入进行测算。通常将全时等值就业等价于全日制等值职位数,即某一经济领域内的总工时数除以其对应的全日制职位年均工作时数(周国富,2002)①。在基础统计资料不完备的情形下,尤其是工作时间数据缺乏时,周国富(2002)提出在职位总数基础上,可将全部职位中的非全时等值就业数简单地按照全时等值就业数的一半进行折算,以实现对劳动投入的粗略估算,但对非全时等值就业的粗暴处理可能会导致测算的劳动投入数据存在较大误差。若有详细的工作时间数据,会促使测算结果更加接近于工作时间总数,否则所得全时等值就业数对于劳动投入的度量结果只能介于职位总数与工作时间总数之间。

国民账户体系、国际劳动组织、经济合作与发展组织均建议优先使用工作时间来测算劳动投入,《国民账户体系(2008)》同时也指出运用全时等值就业测算的劳动投入更易于进行国际比较。尽管部分国家不具备对工作时间的统计能力,但却能够对全日制等值职位数进行粗略估算。此外,随着时间推移,某类职位的年均全日制工作时间会发生变动,即全时等值就业能够传递出一些与工作时间完全不同的信息(周国富,2002)。因此,全时等值就业是一个精确度相对较高又较易于实现的劳动投入指标。

《国民账户体系(2008)》提出了全时等值就业的定义及内涵,但对具体估算方法并未作出详细说明,故而本书参照全时等值就业的定义及内涵与以往研究对全时等值就业的理解(周国富,2002),确定全时等值就业的测算步骤。考虑到国务院关于职工工作时间的规定,本书以每周工作40小时为一个标准的全时等值(1人/年)。具体测算流程如下:

---

① 周国富:《如何更准确地统计劳动投入总量——试析 SNA 关于劳动投入核算的若干指导性意见》,《统计教育》2002 年第 1 期。

第一,确定分行业工作时间数。将一个标准的全时等值按照工作区间确定不同的非全时等值,按照分行业就业人员周平均工作时间划分的非全时工作时间段,分别是1—8时、9—19时、20—39时、40时、41—48时及48时以上。继而以不同行业各时间段的一半占标准工作时间的比值来折算全时等值,得到分行业年平均全时等值数。

第二,确定分行业职位数。根据官方统计资料——《中国劳动统计年鉴》,确定各省分行业的就业人员数,此处隐含的假定是就业人员数等价于职位数。

第三,计算全时等值就业。基于以上对分行业工作时间数与就业人数的确定,计算全时等值就业。具体 i 行业在第 t 时间段的全时等值就业数可以确定为:

$$E = T \times R \tag{3-16}$$

式(3-16)中, T 为第 t 时段平均工作时间占标准工作时间的比; R 为 i 行的总就业人数,以此类推,得到某行业各个时间段的全时等值就业数,进一步汇总得到全部行业的全时等值就业数。

第四节　增加值核算方法

一、增加值核算基础

《国民账户体系(2008)》将增加值划分为总增加值和净增加值两种,其中总增加值指总产出扣除中间消耗价值的余额,而净增加值指在总增加值的基础上进一步减去固定资本消耗。理论上,因减去了总产出中所包含的全部转移价值,即不存在任何重复计算,故而净增加值更加符合增加值的概念。然而,在统计实践中,总增加值的应用最为广泛。一般情况下,若不加以特别强调,增加值均指总增加值,且将不同部门的总增加值进行汇总则可得到 GDP。

增加值能够从形成、分配两个角度进行核算,即生产法增加值与收入法增加值(联合国等国际组织,2012)①。具体而言,生产法增加值的核算思路是总产出扣除中间消耗的余值,其中总产出指各生产单位在一定时期内所生产的全部货物和服务的合计,中间消耗指"常住单位在生产过程中所消耗的所有非固定资产货物和服务的价值"(联合国等国际组织,2012)。收入法增加值的核算思路是由参与生产活动构成主体的初始收入加总得到,包括体现劳动投入所获的劳动者报酬、反映政府管理所得的生产税净额、表示资本投入所获的营业盈余以及反映原来资本投入回收的固定资本消耗四部分。以上两种核算方法所得的增加值在理论上是相等的,但实际中往往因基础核算数据资料和口径范围的差异,导致测算结果存在一定程度的差异。因此,本书基于增加值的理论核算方法和应用研究需求,对省级层面分部门的增加值进行测算。

二、增加值核算方法比较

根据《国民账户体系(2008)》中关于增加值核算思路作出的明确规定,分别对生产法、收入法的核算过程进行梳理。其中生产法核算过程为:

$$生产法增加值 = 总产出 - 中间投入 \tag{3-17}$$

式(3-17)中的总产出不仅包括新增价值,也包括被消耗的货物和服务以及固定资产的转移价值,该指标反映的是单位生产活动的总规模(高敏雪等,2016)。对收入法核算增加值的过程而言,计算公式如下:

$$收入法增加值 = 劳动者报酬 + 生产税净额 + 固定资产折旧 + 营业盈余 \tag{3-18}$$

式(3-18)中劳动报酬指参与生产过程的劳动人员因从事生产活动而获得的全部劳动报酬,包括各种形式(货币形式和实物形式)的工资、奖金、津贴及社会保障等。生产税净额指生产税扣除生产补贴的余值,其中生产税指营

---

① 联合国等国际组织:《国民账户体系(2008)》,中国统计出版社 2012 年版。

业利润前需要缴纳的各种税,生产补贴包括政策性亏损补贴、价格补贴等。固定资产折旧指在生产核算期内为弥补固定资产损耗而按照一定折旧率提取的固定资产折旧价值,反映的是固定资产在生产使用过程中的磨损价值。营业盈余指生产单位的总产出减去劳动者报酬、生产税净额和固定资产折旧以后的余额,在形式上相当于企业营业利润加生产补贴,但需从利润中扣除劳动者奖金。以上两种增加值核算思路为本书在部门层面核算增加值提供了重要的理论基础。一般而言,在核算单位界限划分清晰、基础资料比较完善、核算原则(尤其库存计价)一致的条件下,生产法与收入法核算结果差异较小或基本一致。考虑省级层面分部门增加值的计算是一个任务量巨大的工程,故本书尝试借助现有的统计资料进行整合得到省级层面分行业的增加值数据。

三、基于供给使用表的增加值核算

考虑到投入产出表中的第三象限表示增加值,且恰好满足省级层面分部门的研究需求,可作为增加值卫星账户的直接数据。因本书所采用的多区域投入产出表由中国"产业生态学虚拟实验室"生成,其所生成的投入产出表遵循欧盟统计局和联合国发布的"供给使用"框架标准(Wang,2017),由此可以借助该数据平台生成的供给使用表来推导得出分省分部门的增加值数据。

基于已知的供给使用表,可运用相应的数学方法推导得到对称型投入产出表(OECD,2008)①,此处包含两个假定,分别是产品工艺假定(一种产品不论由哪个产业进行生产,都具有相同的投入结构)与产业部门工艺假定(一个产业不论生产哪种产品,其都具有相同的投入结构)。因此,本书以中国"产业生态学虚拟实验室"生成的供给使用表为基础,借助《国民账户体系(2008)》和经济合作与发展组织(2008)中关于供给使用表推导产品×产品投

---

① OECD,"Eurostat Manual of Supply, Use and Input-Output Tables, Luxembourg: Office for Official Publications of the European Communities",2008.

入产出表的理论基础,推导多区域投入产出表。梳理《国民账户体系(2008)》和经济合作与发展组织(2008)中关于供给使用表转换投入产出表的四大模型,因第二个模型(基于产业部门工艺假定)所得结果非负,且满足投入产出表的一般假定,故本书以该模型作为供给使用表转投入产出表的基本模型。

具体可将供给使用表和产品×产品投入产出表中包含的信息运用矩阵形式进行简化表达(见图3-2),其中大写字母表示矩阵,小写字母表示向量,转置的矩阵或向量右上标会带有 T。首先根据供给使用表中的矩阵信息分别计算使用表中的投入系数[式(3-19)、式(3-20)]和供给表中的市场份额系数。其中使用表中的投入系数计算公式如下:

$$Z = U \times \hat{g}^{-1} \tag{3-19}$$

$$L = W \times \hat{g}^{-1} \tag{3-20}$$

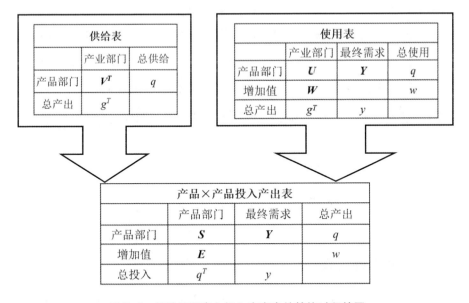

图3-2　供给使用表向投入产出表的转换过程简图

注:笔者根据 OECD(2008)手册绘制所得,供给表中 V^T 为供给矩阵(产品×产业); q 为产品总产出的列向量; g^T 为产业总产出的列向量。使用表中 U 为表示中间交易的使用矩阵(产品×产业); Y 为最终需求矩阵(按产品分类); W 为增加值矩阵(按产业分类的各初始投入部分); w 为增加值向量; y 为最终需求向量。产品×产品投入产出表中 S 为中间交易矩阵(产品×产品); E 为增加值矩阵,是满足同质产品假定的初始投入矩阵。

式(3-19)中，Z 为中间投入系数矩阵，其元素表示某产业生产一单位产出所需的中间投入数量；$\hat{g}^{-1}$ 为对角化后总产出的逆矩阵。式(3-20)中，L 为初始投入矩阵，其元素表示某产业生产一单位产出所需的初始投入数量（初始投入，又称增加值）。对于供给表中的市场份额系数，对应表达式为：

$$C = V^T \times \hat{g}^{-1} \qquad\qquad (3\text{-}21)$$

$$D = V \times \hat{g}^{-1} \qquad\qquad (3\text{-}22)$$

式(3-21)中，C 为生产混合矩阵，其元素表示一个产业的产出中每种产品所占的比重。式(3-22)中，D 为市场份额矩阵，其元素表示一种产品产出在每个产业中所占的份额。因此，可以根据供给使用表中各组成部分推导得到投入产出表中对应的增加值矩阵 E：

$$E = L \times D \times \hat{q} = (W \times \hat{g}^{-1}) \times (V \times \hat{g}^{-1}) \times \hat{q} \qquad (3\text{-}23)$$

式(3-23)中，E 为满足产品同质性假定的产品×产品投入产出表中的增加值矩阵，即为本书研究所需的增加值矩阵；$\hat{q}$ 表示产品产出列向量的对角矩阵。因此，本书基于供给使用表，通过计算使用表投入系数和供给表的市场份额系数，进一步按照经济合作与发展组织（2008）中的推导过程式(3-23)，计算省级层面分部门的增加值数据。

第五节　碳排放核算方法

一、碳排放核算基础

中国国家发展改革委气候司联合多位气候专家在参照《IPCC 2006 年国家温室气体清单指南》中碳排放核算理论与方法的基础上，编制了《省级温室气体清单编制指南》（以下简称《省级指南》），旨在为各省级温室气体清单的编制工作提供一个科学、规范、统一的标准（国家气候战略中心，2011）①。该指南将碳排放来源划分为能源活动、工业和生产过程、农业、土地利用变化和林业、废弃物处理五大部类，并对每一部类产生碳排放活动的范围界定、核算方法、数据来源等作出了详细的说明与规定。此外，《省级指南》详细阐述了不确定性方法及质量保证和质量控制的内容。较《IPCC 2006 年国家温室气体清单指南》而言，因《省级指南》中的碳排放因子更加契合中国能源消耗结构，给定的排放因子数据与核算方法步骤也更符合中国国情（化石燃料在不同部门具有不同的氧化率），故而更加适用于中国省级温室气体清单的编制工作。

行业企业层面的温室气体核算指南为碳排放核算提供了重要的核算基础。自 2013 年起，国家发展改革委连续出台三批共计 24 个"行业企业温室气体排放核算方法与报告指南"（以下简称"行业指南"）的文件，旨在完善行业企业层面的温室气体统计核算制度。"行业指南"涉及详细的采矿业、制造业、能源、建筑等工业企业温室气体核算指南，对明确企业温室气体排放报告制度、完善温室气体排放统计核算体系等相关工作提供了重要的参考标准。该系列指南适用于不同行业的企业，明确规定企业需要核算和报告其所有生产场所和设施产生的温室气体排放，并对每个行业都给出相应的适用范围与注意事项说明（国家发展改革委，2013）②。因此，系列"行业指南"是专门针对中国国内行业企业的温室气体核算指南。

准确核算碳排放的首要前提是确定适用范围与核算边界。以上《省级指南》和系列"行业指南"为中国碳排放核算研究提供了重要的基础数据资料和核算标准，也是本书分省分行业碳排放核算的主要参照依据。具体而言，本书首先，充分挖掘《省级指南》和"行业指南"中详细的排放因子数据；其次，按照

---

① 国家气候战略中心：《省级温室气体清单编制指南》，见 http://www.edcmep.org.cn/tzh/ptfb/zcbz/，2024。2011 年版。
② 国家发展改委：《中国行业企业温室气体排放核算方法与报告指南》，2013 年版。

五大部门的清单编制方法,确定不同排放源的核算方法;再次,参考"行业指南"中关于各大行业碳排放核算的适用范围、核算边界、核算方法等内容,对不同行业的碳排放核算过程作出判断;最后,基于现有的宏观、微观统计资料,确定本书的碳排放核算范围、口径、方法等。

二、碳排放核算方法比较

按照碳排放核算思路,通常将碳排放核算方法划分为宏观、中观和微观三大类(见图3-3)。其中宏观估算模型在全球、国家层面给出碳排放核算的基本概念与方法;中观估算模型在城市、居住区层面上建立碳排放核算范式与方法;微观估算模型直接依据不同排放源设立相应的核算方法。当前主流的碳排放核算方法主要是排放因子法、质量平衡法和实测法三种(刘明达等,2014)[①],

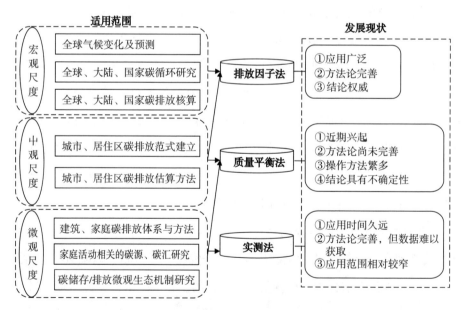

图3-3 碳排放核算方法概览

注:笔者根据文献资料整理得到。

---

① 刘明达、蒙吉军、刘碧寒:《国内外碳排放核算方法研究进展》,《热带地理》2014年第2期。

但在具体估算某些行业的碳排放时,会采用适用性强的专门方法。以下就碳排放核算的三种方法进行详细介绍与对比分析。

(一)排放因子法

排放因子法是《IPCC 2006 年国家温室气体清单指南》推荐的第一种方法,是目前应用范围最广的碳排放核算方法。其核算碳排放的基本流程是按照碳排放清单,收集每种排放源(能源、工业过程和产品使用、农业、林业和其他土地利用、废弃物等)及相应排放因子的数据,将排放源活动数据与排放因子相乘则可估算得到该排放源的碳排放数据值(IPCC,2006),具体碳排放量 E 可用公式表示为:

$$E = AD \times EF \tag{3-24}$$

式(3-24)中的 AD 为活动数据,即某个排放源与碳排放之间相关的使用或投入数量;EF 为排放因子,即某排放源单位使用或投入量所排放的温室气体数量(刘明达等,2014)。排放因子法通过估算得到排放源的碳排放数据,因其计算过程相对简单、统计数据的详尽程度要求较低,故该方法适用性强。然而,因不同地区的生产、生活方式存在较大差异,运用该方法估算得到的碳排放数据可能存在一定的不确定性,但随着现有技术手段的不断提升,不同地区公布的排放源排放因子数据越发详细和准确,这一不足将会逐步得到改善。

(二)质量平衡法

质量平衡法是对生产过程中所使用物料情况进行定量分析的方法(郝千婷等,2011)①。其核心思想基于质量守恒定律(生产系统中投入的物料质量等于该系统产出物质的质量),将工业生产过程中的原材料投入、生产工艺和管理、排放物处理等一系列过程整合起来,是一种系统测算整个生产系统排放

---

① 郝千婷、黄明祥、包刚:《碳排放核算方法概述与比较研究》,《中国环境管理》2011 年第4 期。

物的科学方法(国家环境保护总局规划与财务司,2001)①。这种方法属于理论估算方法,比较适用于估算无法进行实测排放源排放量的情况,且该方法的测算成本相对较少。但运用质量平衡法时,必须获取工业企业生产工艺、管理水平、污染治理等整个生产流程的详细数据。质量平衡法的核算公式如下:

$$\sum S_{input} = \sum S_{output} + \sum S_{emission} \qquad (3-25)$$

式(3-25)中,S_{input} 为投入物料总和;S_{output} 为生产产出合计;$S_{emission}$ 为废弃物与排放物的合计。该方法不仅适用于整个生产过程的总物料平衡估算,也适用于某一局部生产过程的质量平衡核算(张德英和张丽霞,2005)②。质量平衡法不仅能够反映排放源的实际排放量,也可区分出不同生产环节、生产设备之间的排放差异,是获取多数碳源碳排放估算值和基础数据的重要方法。由于该方法以完备的基础数据记录为根本的核算方法,往往在现实环境统计实践中难以实施。

(三)实测法

实测法指在排放源所在地进行现场实测基础数据并通过汇总得到碳排放量的过程,即通过测量排放源排放气体的流速、流量、浓度等指标来计算其排放总量(刘明达等,2014)。一般而言,实测法的基础数据主要取自环境监测站,故而实测结果的可信度较高。但对采集气体样品的代表性、测定精度要求较高,否则实测结果可靠度不高。实测法的具体计算公式为:

$$E = K \times Q \times C \qquad (3-26)$$

式(3-26)中,E 为排放量;K 为换算系数;Q 为介质(空气)流量;C 为介质中排放的气体浓度。由于运用实测法需要采集多个样品进行测量,通常在

---

① 国家环境保护总局规划与财务司:《环境统计概论》,中国环境科学出版社 2001 年版,第15 页。
② 张德英、张丽霞:《碳源排碳量估算办法研究进展》,《内蒙古林业科技》2005 年第 1 期。

计算时流量取算数平均数、浓度取加权平均值,仍需将测算结果与其他方法所得结果进行对比验证,故而采用该方法获取数据的难度相对较大,同时数据采集的成本相对较高(郝千婷等,2011)。目前,实测法在中国还未展开广泛应用。

综上所述,以上三种碳排放核算方法各具特色,结合本书基础数据的可获得性和测算方法的可操作性,选择运用排放因子法构建流动人口环境效应研究所需的碳排放数据库。

三、扩展的碳排放因子法

基于以上碳排放核算理论梳理、碳排放方法比较的基础上,本书基于国际公认的《IPCC 2006 年国家温室气体清单指南》、《省级指南》、"行业指南"中关于碳排放清单的核算准则,运用碳排放因子法来系统测算分省分部门的碳排放数据。该方法利用不同能源品种消费量或者不同工业品生产量乘以相应碳排放系数,再进行汇总整理得到各地区的碳排放量,其优点是能够充分利用宏观统计数据和微观调查数据直接测算研究对象的碳排放量。

本书以《IPCC 2006 年国家温室气体清单指南》和蔡博峰(2009)[1]的研究为参照,借助《省级指南》与"行业指南"的碳排放核算步骤,计算能源消耗(CE_{EC})与工业过程和产品使用(CE_{Ip})的碳排放。具体能源消耗产生的碳排放测算公式为:

$$CE_{EC} = M \times V \times C \times O \qquad\qquad (3-27)$$

式(3-27)中,M 为能源消耗量,V、C 和 O 分别为净热值、碳含量和氧化速率,而工业过程和产品使用产生的碳排放计算方法为:

$$CE_{Ip} = F \times G \qquad\qquad (3-28)$$

式(3-28)中,G 为工业产品的产量,F 为工业产品的碳排放因子。本书

---

① 蔡博峰:《城市温室气体清单研究》,化学工业出版社 2009 年版。

所采用的碳排放因子法在《省级指南》、"行业指南"的基础上对《IPCC 2006年国家温室气体清单指南》提出的第一种方法进行了扩展,即在测算碳排放时,在采用《省级指南》中关于中国特定排放源界定、排放因子基础数据采集、计算步骤注意事项等准则的基础上,系统全面测算能源消费的碳排放和工业产品生产过程发生化学反应所排放的温室气体。

第六节 情景模拟分析法

一、情景模拟分析基础

赫尔曼和威纳(Herman 和 Wiener,1967)[1]最早系统地解释了作为预测方法的"Scenario",其认为情景是尝试描绘一些事件假定发展的过程,该过程有利于针对未来可能的变化采取一定的积极措施。具体而言,一个事件的几种潜在结果都可能在未来实现,且通向未来对应结果的路径并不唯一,对未来可能出现的结果及实现可能结果的途径进行描述的过程可构成一个情景。联合国环境规划署(United Nations Environment Programme,UNEP)将情景定义为"描述未来诸多可能的过程,即通过不同假设反映事物当前趋势在未来如何推进,并分析核心不确定因素如何影响未来结果、是否存在新因素及其作用又如何"。联合国环境规划署也明确指出情景不等同于预测,前者重点刻画关于未来事物可能的图景,并探讨基于假定变化后可能产生的结果(UNEP,2007)[2]。另外,辛西娅(Selin,2006)[3]也对情景进行了界定,认为情景并不是发现未来的事实,而是通过系统全面地分析有关未来事物发展的确定性和不

---

① Herman, K., Wiener, A. J., *The Year* 2000: *a Framework for Speculation On the Next Thirty-Three Years*, New York: The Macmillan Company, 1967.

② UNEP, "Scenario Development and Analysis, Geo Resource Book – a Training Manual On Integrated Environmental Assessment and Reporting", 2007.

③ Selin, C., Trust and the Illusive Force of Scenarios, *Futures*, Vol. 38, No. 1, 2006.

确定性,从而为战略计划、决策分析等提供有益参考。后续研究人员也对情景的内涵进行了讨论,但基本都在以上三类定义的范围之内(Fahey,2009[①];Godet,2000[②])。

通过梳理情景模拟分析的定义,可归纳出以下情景模拟分析方法的典型特征:(1)讨论将来事物;(2)属于描述性过程;(3)能够提供一个可选择且多样化的未来;(4)需要系统性的过程。本书根据以上情景模拟分析的定义与特征,认为情景模拟分析方法是一种通过假设、预测、模拟等手段生成未来可能的情景,并分析未来可能情景对目标产生影响的方法。广义上,情景模拟分析方法属于预测方法,但其不仅仅是预测,而是描述未来多种可能结果的一种方法(娄伟,2012[③])。情景模拟分析因其能够分析未来的不确定情形,且具有非量化和能够解决数据缺乏的特征,而被广泛应用于诸多研究领域(Huang等,2020)。情景模拟分析方法的实质是揭示已完成事件在未来所有可能发生的情景,其内容涉及三大块,分别是未来所有可能情景的确认、各种情景的特征和发生的可能性以及各种情景的发展路径分析。

参考以往研究(Huang 等,2020;Fahey,2009;娄伟,2012)可以总结出情景模拟分析方法主要有两大优势,分别是自身优势和应对不确定性的优势,具体如下:(1)能够把单一的未来结果转变成可选择且多样化的结果;(2)通过展示未来可选择的结果来改变当前战略的思维方式;(3)通过识别不连续信息来发现偶尔发生的不确定情况;(4)重视定量分析与定性分析相结合;(5)在处理不确定性方面,具有来源、内容、方法论、传播、描述等可靠、结果可信度强等特征。当然,尽管情景模拟分析方法优点众多,但也不乏存在缺点,例如,易受数据、目标和结果预期的影响;发展情景太多而无明确线路等(娄伟,

---

①　Fahey,R.,*Learning From the Future:Competitive Foresight Scenarios*,New York:John Wiley & Sons,2009.

②　Godet,M.,The Art of Scenarios and Strategic Planning:Tools and Pitfalls,*Technological Forecasting & Social Change*,Vol.65,No.1,2000.

③　娄伟:《情景分析理论与方法》,社会科学文献出版社 2012 年版。

2012)。

本书在对情景模拟分析方法概念、特征及优缺点进行全面梳理的基础上，充分重视其缺点，通过设置恰当的情景路径探讨流动人口未来的经济效应。

二、情景模拟分析法比较

以往学者将情景模拟分析方法划分为两大类，即定性分析法与定量分析法(娄伟，2012)，其中定性分析法一般采用可视化图表、照片等进行描述，用语言叙述刻画对象的关键词、大纲、情景路径等，该方法的优点在于观点易于理解、代表性强，且能够将复杂的内容用语言表达出来；而缺点则是主观性强、不够严谨、情景路径依赖于假定条件设置，同时缺乏数据信息。对于情景模拟分析方法中的定量分析方法而言，通常基于数字化信息，运用数量模型计算得到事件在未来可能呈现的结果，其优点在于因结果由模型计算所得，包含了广泛的数据信息、论证相对严谨。当然，缺点也是存在的，例如，对于一个相对复杂的事物而言，数量模型通常难以全面描述；计算过程通常不透明，可能会造成分析结果的误判；同时难以在现实世界中描绘价值观念，以及生产、生活方式及社会、经济和环境系统结构的快速转变。可见，情景模拟分析方法的两大类方法各有所长，在应用过程中可根据研究对象的特征及数据、模型支撑条件选择相对较优的表达方式，必要条件下可以采用定性、定量结合的方式来描述未来的不确定结果。

据此，在对情景模拟分析方法进行比较的基础上，结合课题的数据特征、模型基础以及政策目标等条件，本书尝试采用情景模拟分析中定性、定量相结合的方法来对未来流动人口的经济效应进行讨论。

三、基于投入产出模型的情景模拟分析

为讨论未来流动人口规模和消费活动变动引起的增加值变化，本书进一步将扩展的多区域投入产出模型和情景模拟分析方法进行结合，对流动人口

的经济影响进行情景分析。具体而言,在式(3-15)的基础上,主要通过改造 y^* 和 q 来模拟流动人口在未来可能带来的经济变化,用公式可表示为:

$$Q' = q'(I - A)^{-1}y' = q'Ly' \tag{3-29}$$

式(3-29)隐含了经济结构短期内不发生变化的界定,故而 L 保持不变。其中的 q' 指增加值强度指标,会随时间的变化而发生变动;y' 表示流动人口的消费规模,会根据流动人口未来发展状况(如市民化、城镇化政策等)而作出相应地转变。因此,本书充分借助现有研究与政策目标,通过设立相应的经济增长模式及流动人口发展情景等,以探索未来流动人口发展可能带来的种种影响,从而为人口、经济发展政策的制定提供科学的参考依据。

　　本章为流动人口消费投入产出核算的方法体系构建部分,首先,基于第二章,流动人口消费投入产出核算框架的构建思路,确定相应的研究方法,通过将这些方法进行整合,形成一套完整的方法体系。该方法体系以投入产出分析中的投入产出模型为出发点,借助量化流动人口消费驱动社会、经济和环境效应分析所需的各类卫星账户指标构建方法和对未来情境进行描述的情景模拟分析方法,以对流动人口消费投入产出核算进行全面应用研究。其中重点讨论了投入产出分析、劳动投入核算、增加值核算、碳排放核算及情景模拟分析的理论基础、核算方法,通过对各类方法框架下的子方法进行对比分析,最终选择出本书研究采用的核算方法及情景模拟分析方法,从而为第四章数据库的建立提供重要的方法基础。

第四章　流动人口消费效应的
数据库构建

第一节　流动人口消费效应的
数据库系统

　　基于可持续消费视角,探讨流动人口消费特征及其社会、经济和环境效应的前提之一,是建立一套完备的能够体现流动人口消费特征并衡量社会、经济和环境发展的数据库系统。基于第二章、第三章关于流动人口消费投入产出核算的框架思路、方法体系,整理一套对应的数据库系统是研究流动人口可持续消费问题的重要基础(见图4-1)。然而,探讨流动人口可持续消费问题的首要任务就是了解流动人口的消费特征。目前,中国统计机构并未对流动人口的消费活动展开专门的调查,而是将其视为城镇居民或农村居民进行统计,最终公布的汇总数据也仅是城镇居民或农村居民的消费特征数据。将流动人口与城镇、农村居民混为一谈,不仅无法准确测算城镇、农村居民的消费规模与结构,也不能对流动人口这一庞大群体的消费特征进行刻画。因此,对流动人口的消费现状进行详细描绘是研究流动人口消费活动及其相关问题的必经之路。然而,现有统计资料缺乏对流动人口消费特征进行全面考察,故本书尝试基于现有的宏观、微观统计数据,借助国民经济核算方法,构建能够系统全面刻画流动人口消费特征的数据库,为探究流动人口的社会、经济和环境效应提供重要的数据基础。

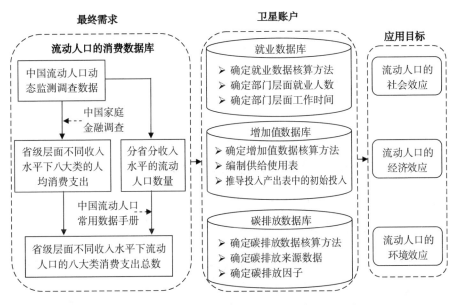

图 4-1　流动人口消费的投入产出核算数据库系统

注:笔者整理绘制所得。

构造准确衡量流动人口消费引致社会、经济和环境效应的基础数据库是本书研究的重要支撑。前文已经交代了选取就业、增加值、碳排放分别作为衡量流动人口消费的社会、经济和环境效应的统计指标。考虑到本书研究均建立在投入产出核算框架之下,故要求相应的统计指标须与投入产出表相匹配。然而,目前缺乏与各区域投入产出表直接匹配的省级分部门就业、增加值、碳排放数据。因此,构建与多区域投入产出表相匹配的就业、增加值、碳排放数据库势在必行,也可为研究相关的社会、经济和环境问题提供扎实的数据基础。

综上所述,本书需要在深入调研现有关于流动人口消费的宏观、微观数据资料基础上,充分利用互联网数据平台、统计机构公布的数据资料,选择恰当的微观数据库作为核心数据基础,组成数据库构建的基本架构,尝试借助国家统计局及各省(自治区、直辖市)地方统计局公布的宏观统计数据作为总量控制,按照《国民账户体系(2008)》中关于微观数据在宏观经济核算中的运用指导原则,最终整理汇总为一套完整的流动人口消费数据库。继而遵从《国民账户体系(2008)》、综合环境与经济核算体系2012年核算理论标准,构建能够与多区域投入产出表匹配的社会、经济和环境卫星账户数据库,具体包括省级层面分部门的就业数据库、增加值数据库和碳排放数据库。

第二节　流动人口消费数据库

一、消费数据调研

当前针对流动人口消费状况的系统调查相对欠缺。在宏观层面,国家统计局每年发布的《国民经济和社会发展统计公报》均会汇总当年全国的流动人口总量数据,部分省(自治区、直辖市)也会公布当地的流动人口规模数据(如北京市、上海市等)。近年来,《中国人口和就业统计年鉴》也公布了国家层面的人户分离数量和流动人口总量数据,但缺乏详细的省级层面流动人口数据。最近的省级层面流动人口规模数据主要是各省在实施"2015年全国1%人口抽样调查"时,对当地流动人口的数量进行统计,并在发布当地1%人口抽样调查主要数据公报时公布流动人口总量数据,但部分省(自治区、直辖市)仍未公布,故需进一步调查相关的微观数据库以寻找流动人口的信息。

通过调研国内各权威机构的微观调查数据库发现(见表4-1),由国家卫生健康委在全国范围内进行大规模流动人口抽样调查数据——《中国流动人口动态监测调查数据》(China Migrants Dynamic Survey,CMDS)最具有代表性(每年样本量约15万人以上),该数据库覆盖的调查时间轴是2009—2018年,调查频次为一年,基本覆盖了中国大陆地区所有的省(自治区、直辖市),

内容涉及流动人口及家庭成员的基本信息、流动范围和趋向、就业和社会保障、收支和居住等信息,但该数据重点调查了流动人口在食品、居住方面的消费状况,缺乏对教育、医疗、耐用品等其他消费内容的考察。中国收入分配研究院发布的《中国家庭收入调查》(Chinese Household Income Project Series, CHIPS)有专门针对流动人口收支状况的调查,具体的消费调查项目包括食品、衣着、居住、家庭设备用品及服务、医疗保健、交通和通信、娱乐教育文化服务、杂项商品和服务八大类(不包括用于赠送的商品或服务),并以按月计算的家庭支出为调查对象,尽管该数据库涵盖了流动人口详细的消费分类数据,但该调查数据库的覆盖面相对较窄、调查年份较少(该数据仅在2002年、2007年、2013年进行了详细的调查,之后年份并未进行更新)。2002年重点关注的是从农村流向城市的流动人口,共2000个样本,涉及12个省(自治区、直辖市);2007年共5006个样本,涉及9个省(自治区、直辖市);2013年共760个样本,涉及14个省(自治区、直辖市)。

表4-1　流动人口相关微观数据库的调研

名称	调查年份	是否包含流动人口的调查	8大消费类型的调查状况、样本量及调查范围
中国流动人口动态监测调查数据(CMDS)	2009年、2010年、2011年、2012年、2013年、2014年、2015年、2016年、2017年、2018年	专门针对流动人口的抽样调查	仅调查了食品、居住方面的消费状况;除2009年,每年的样本量均在15万人以上,涉及31个省(自治区、直辖市)和新疆生产建设兵团
中国家庭收入调查(CHIPS)	1988年、1995年、1999年(城镇)、2002年、2007年、2008年、2013年	2002年、2007年、2013年有专门针对流动人口的调查	均7000多个样本,涉及9个省(自治区、直辖市)
中国家庭追踪调查(CFPS)	2010年、2012年、2014年、2016年、2018年	调查问题涉及户籍所在地,据此判断是否包含流动人口,但涉及流动人口的样本相对较少	调查家庭的消费八大类;每年约有12000个样本,涉及25个省(自治区、直辖市)

名称	调查年份	是否包含流动人口的调查	8 大消费类型的调查状况、样本量及调查范围
中国家庭金融调查（CHFS）	2011 年、2013 年、2015 年、2017 年	调查问题涉及户籍所在地,据此判断是否包含流动人口,但涉及流动人口的样本相对较少	调查家庭的消费八大类;约有 37000 个样本,涉及 29 个省(自治区、直辖市)
中国劳动力动态调查（CLDS）	2012 年、2014 年、2016 年	调查问题涉及户籍所在地,据此判断是否包含流动人口,但涉及流动人口的样本相对较少	调查家庭的消费七大类(不包括衣着支出);每年约有 7000 个样本,涉及 29 个省份

注:笔者根据上述数据库官网信息整理得到。

此外,部分不针对流动人口调查的其他数据库也涉及一定量的流动人口调查,如《中国家庭追踪调查》(China Family Panel Studies,CFPS)、《中国家庭金融调查》(China Household Finance Survey,CHFS)、《中国劳动力动态调查》(China Labor-force Dynamic Survey,CLDS)等数据库,这 3 个数据库尽管没有专门设置针对流动人口的调查,但可根据户籍、常住地及其居住时长等信息识别出具有流动人口特征的样本,但是能够界定出的流动人口样本量较少,占总样本的比重也相对不足,故仅能为流动人口相关研究做辅助工作。

鉴于现有单一微观数据库针对流动人口消费的调查存在一定的限制,本书尝试以中国流动人口动态监测调查数据的食品、居住消费为基础对流动人口的消费现状进行讨论,但因中国流动人口动态监测调查数据缺乏详细的流动人口消费分类数据,本书尝试运用中国家庭金融调查中详细的消费分类数据进行类比。通过匹配衔接来构建流动人口的消费数据库,最终得到 2013 年、2015 年和 2017 年中国 31 个省(自治区、直辖市)不同收入水平下流动人口的八大类消费数据。

二、消费数据库构建过程

基于流动人口消费数据库的统计资料,对现有流动人口宏观、微观数据进行汇总整理,参照《国民账户体系(2008)》中对微观数据在宏观经济核算中的运用准则,最终得到观测期内不同收入水平下流动人口的消费分类数据,具体操作步骤如下:

(一)流动人口收入区间的确定

考虑到同一地区流动人口之间收入、消费水平差异较大,且消费水平主要由收入水平来决定,故本书首先确定各省(自治区、直辖市)对应流动人口的收入区间。将中国流动人口动态监测调查数据中 31 个省(自治区、直辖市)的流动人口样本进行筛选,以"每月收入""食品支出""居住支出""月支出"等为主要研究变量,剔除此类变量缺失的样本。其次将中国流动人口动态监测调查数据中每个地区流动人口样本数据对应的"每月收入"变量按照升序进行排序,并剔除收入为负值的样本,进而剔除重复值。在划分流动人口的收入水平时删除前 5% 和后 5% 的样本,然后分别以 10%、30%、50%、70%、90% 为分位点进行取值,得到各省(自治区、直辖市)流动人口对应的六组收入区间(见表4-2)。

表4-2　流动人口收入区间的划分标准

收入分组	按照收入分位数划分的收入区间
较低收入组	[0,10%)
中等偏低收入组	[10%,30%)
中等收入组	[30%,50%)
中等偏高收入组	[50%,70%)
较高收入组	[70%,90%)
最高收入组	[90%,1]

注:笔者整理得到。

（二）中国流动人口动态监测调查数据与中国家庭金融调查数据进行对接

因中国家庭金融调查数据收集了非常详细的关于中国微观住户层面的金融信息，内容包括居民的收入与消费、社会保障与保险、人口特征与就业以及支付习惯等相关信息，为学术研究和政府决策提供了高质量的微观住户金融数据，全面细致地刻画了户主经济活动、金融行为。因此，本书将该数据库与中国流动人口动态监测调查数据进行对接，假定同一收入水平下流动人口除食品和居住，还在其他六大类消费方面的支出结构与常住居民保持一致。具体在处理中国家庭金融调查数据时按照流动人口的收入水平进行划分，然后根据国家统计局公布的《居民消费支出分类（2013）》（见表4-3）对样本的八大消费类型进行汇总合并，最终核算出分省（自治区、直辖市）不同收入水平下常住居民家庭八大类消费的年均数据。

表4-3　流动人口消费分类标准

编号	消费类型	消费内容
1	食品烟酒	指购买食品、饮料（不含酒精）、烟酒及饮食服务的所有支出
2	衣着	指购买衣类、鞋类的所有支出
3	居住	指花费在租赁房房租，住房保养、维修及管理，水、电、燃料及其他以及自有住房折算租金方面的所有支出
4	生活用品及服务	指购买家具及室内装饰品、家用器具、家用纺织品、家庭日用杂品、个人护理用品以及家庭服务的所有支出
5	交通和通信	指花费在交通（如交通工具、交通工具用燃料等、交通工具使用和维修、交通费）和通信（如通信工具、电信服务、邮递服务）两方面的所有支出
6	教育、文化和娱乐	指花费在教育、文化和娱乐方面的所有支出
7	医疗保健	指购买医疗器具及药品、医疗服务的所有支出

续表

编号	消费类型	消费内容
8	其他用品和服务	指花费在其他用品(如首饰、手表,未列明的其他用品)和其他服务(如旅馆住宿,美容、美发和洗浴,社会保护,保险,金融,未列明的其他服务)的所有支出

注:以上消费分类按照国家统计局发布的《居民消费支出分类(2013)》进行整理得到;编号 1—3 属于
必需型消费;4—8 属于非必需型消费。

(三)流动人口消费分类的确定

在中国家庭金融调查数据库中筛选出各地区城镇居民的样本,按照流动
人口的六组收入区间,将这些样本划分为相应的六个组,分别计算各组六大消
费类型的家庭年均消费支出,以此得到各组六大类的消费结构。运用流动人
口各组家庭年均消费总支出减去相应的年均食品和年均居住支出,继而将余
数乘以各组六大类的消费结构,得到各地区六个收入水平下八大消费类型的
年均消费支出数据。中国家庭金融调查未调查的部分地区,其消费结构运用
相邻地区的消费结构进行类比,最终得到观测期内 31 个省(自治区、直辖市)
不同收入水平下流动人口家庭在八大消费类型方面的年均消费数据。

(四)各地区不同收入水平下流动人口数量的确定

各地区流动人口的数量主要来源于相应的统计公报或国家统计局公布的
《2015 年全国 1% 人口抽样调查主要数据公报》。部分缺失地区的流动人口数
据,本书根据国家卫生健康委编著的《中国流动人口常用数据手册》及其中的
全国各地区流动人口总量数据进行整理,并按照国家统计局公布的全国流动
人口总数进行总量控制和调整,最终得到历年各省(自治区、直辖市)的流动
人口总数。最后,将各地区各收入组对应样本量的结构乘以相应的总人数,得
到了不同收入水平下的流动人口总数。

（五）各地区不同收入水平下流动人口在八大类消费方面的人均年支出

将中国家庭金融调查数据库中的年均消费除以相应的家庭总人数，进而计算不同收入水平下居民在八大消费类型方面的人均消费支出，运用该消费结构类比流动人口其余六大类的人均消费支出。不同收入水平下流动人口的人均总消费支出减去其在食品、居住方面的消费，将所得余数乘以其余六大类的消费结构，进而得到不同收入水平下流动人口在八大类消费方面的人均消费支出数据。此处暗含的假定是流动人口除了食品、居住支出，还在其他六大消费类型方面的消费结构与城镇居民保持一致。此外，部分数据结果出现奇异结果，本书进一步运用《中国住户调查年鉴》中城镇居民的八大类人均消费支出结构进行调整，最终整理得到 31 个省（自治区、直辖市）六个收入水平下流动人口在八大消费类型方面的年均消费数据。

三、消费数据库测算结果

流动人口的消费数据作为研究其社会、经济和环境影响的基础，准确衡量流动人口的消费支出特征至关重要。根据现有流动人口消费类型的数据资料，严格遵从统计数据处理时应掌握的科学性和有效性，对流动人口的消费数据进行筛选和计算，最终得到 2013 年、2015 年和 2017 年 31 个省（自治区、直辖市）不同收入水平下流动人口在八大消费类型方面的人均消费数据，形成一个基础的流动人口消费数据库，为研究流动人口消费相关问题提供优良的数据支撑。

对流动人口消费数据库的汇总发现，中国各地区流动人口的消费支出分布具有一个显著的相似特征：(1)流动人口随其收入水平的上升，消费规模呈上升趋势；(2)流动人口的消费支出主要集中于食品、居住两大基本生存型消费方面，而在生活用品及服务、教育、医疗等享受型、发展型消费类型的支出存在不足;(3)各省(自治区、直辖市)流动人口花费在医疗保健和其他用品服务方面的支出均较少;(4)流动人口的收入水平和消费结构存在空间异质性。一般而言,流动人口在东部沿海经济发达地区的收入、消费水平相对较高,而越是西部欠发达地区流动人口的收入水平和消费能力也逐渐减弱。整体上,可以发现本书构建的流动人口的消费数据库结果与以往文献的研究结果基本一致,即流动人口的消费支出主要集中于必需性消费方面,对非必需性消费产品的消费有限(李晓壮,2018;朱铭来和史晓晨,2017)①,但本书构建的流动人口消费数据库的覆盖范围更广,指标维度划分更细。

四、消费数据库与投入产出表的对接

因流动人口消费类型划分依据是国家统计局《居民消费支出分类(2013)》,包括食品烟酒、衣着、居住、生活用品及服务、交通和通信、教育文化和娱乐、医疗保健、其他用品和服务八个大类。然而,多区域投入产出表中的部门分类是按照《中国2012年投入产出表编制方法》中的部门分类进行编制,包括农林牧渔产品和服务、煤炭采选产品、石油和天然气开采产品等42个部门。由于微观调查数据的消费类型按照消费目的分类进行编制,而投入产出表中的部门分类按照产品生产分类进行编制,为避免流动人口消费数据与投入产出表对接过程中可能发生的经济结构体系变化问题,本书借鉴以往研究(Steen-Olsen等,2016)②,通过构建二元"协调矩阵"将二者进行匹配,最终将流动人口的消费数据库与投入产出表对接起来。

由于二元协调矩阵仅将流动人口的消费活动与投入产出表的部门分类对应起来,却无法展示流动人口的消费分类数据在部门间的具体分布情况,故无

① 朱铭来、史晓晨:《医疗风险、医疗保险与流动人口消费》,《江西财经大学学报》2017年第4期。

② Steen-Olsen, K., Wood, R., Hertwich, E. G., The Carbon Footprint of Norwegian Household Consumption 1999-2012, *Journal of Industrial Ecology*, Vol. 20, No.3, 2016.

法进行具体的数值计算。为了解决该问题,本书借鉴宋(Song 等,2019)①的做法,尝试以投入产出表中的总产出作为中间替代变量,按照总产出的部门分布比例情况,最终将流动人口的消费数据嵌入到投入产出表的部门分类之中。据此,得到与投入产出表部门分类一致的流动人口最终消费数据。

第三节　就业数据库

一、就业数据调研

通常而言,就业数据的来源主要有三大块:(1)住户调查;(2)基层单位调查;(3)行政记录(联合国等国际组织,2012)。目前中国通过住户调查得到就业数据的方式有两种:(1)专门为搜集就业数据所进行的劳动力调查,主要对调查样本及其家庭成员的就业信息进行统计,如中山大学每两年进行一次的劳动力调查,部分学术机构专门针对特定人群进行的就业调查(流动人口的就业调查等)(宋健,2010)②,这类调查涉及范围相对有限,调查频次较低;(2)大规模的人口普查或抽样调查通过设计就业的问题以获取调查对象的就业信息,这类就业统计涉及范围广,但所得就业信息较粗糙,不能反映详细的就业状况。在中国,就调查基层单位获得就业数据的方式而言,主要是统计局对城镇单位进行调查所统计的就业数据,如通过建立劳动工资统计报表制度,对城镇单位的从业人员数、从业类型、性别、职业类型及工资等进行统计,《中国人口与就业统计年鉴》中的数据主要是通过这种方式获得。就行政记录获取就业数据而言,主要是行政部门通过商业登记、税收等行为统计相关城镇私

① Song,K.,Qu,S.,Taiebat,M.,et al.,Scale,Distribution and Variations of Global Greenhouse Gas Emissions Driven by U.S. Households,*Environment International*,Vol. 133,Part A,2019.

② 宋健:《中国流动人口的就业特征及其影响因素——与留守人口的比较研究》,《人口研究》2010 年第 6 期。

营企业和个体经营者就业数据,该类就业数据覆盖范围有限,且受限于保密要求,不具有公开性(周南南和孙绪换,2020)①。

关于中国就业核算的研究也相对较丰富,大致可以归纳为两大类:一是单纯核算某一研究对象(地区、行业、特定人口群体)的就业状况(宋健,2010;周南南和孙绪换,2020);二是根据投入产出表的结构构建就业卫星账户,继而对某一行业的就业吸纳能力(雷明和敬晓清,2004;张钟文等,2017)或最终需求部门的就业效应(王亚菲等,2020;张志明等,2016)进行探究。然而,现有研究均未系统全面地核算时间、空间和行业三个维度的就业数据,就业核算的研究对象、行业分类、时间跨度参差不齐,不能较好地为后续研究提供丰富的数据资料。

在系统分析流动人口的就业效应之前,首先需构建省级层面分部门的就业卫星账户,以全面衡量流动人口消费行为对中国就业市场的影响。中国的各级统计部门以就业人数作为就业指标核算了国家层面、地区层面的就业数据,尽管其也对分省部门层面的就业量进行了核算,但分省部门层面就业数据相对粗糙,即主要是对 20 个行业大类(GB/T 4754—2011)的就业情况进行粗略划分,而不存在与省级层面投入产出表 42 个部门对应的就业数据。鉴于此,本书尝试基于现有的统计年鉴、微观调查等多元数据资料,结合中国投入产出表的部门分类标准,对各省(自治区、直辖市)部门层面的就业数据进行计算与调整,最终核算出能够与投入产出表对接的就业卫星账户,该数据库能够为后续就业相关研究提供重要的数据资料。

二、就业数据库构建过程

(一)就业卫星账户行业的确定

本书参照《中国 2012 年投入产出表编制方法》中附件 3——中国 2012 年

---

① 周南南、孙绪换:《分享经济就业核算理论与方法探讨》,《统计与决策》2020 年第 7 期。

投入产出部门分类名称及代码来确定就业卫星账户的部门。因本书使用的投入产出表来自中国"产业生态学虚拟实验室",该表是以《中国 2012 年投入产出表编制方法》的部门分类作为标准,故本书遵循投入产出表的编制原则确定就业卫星账户的部门分类。

分部门就业数据核算过程。在 42 个部门的分类中,农林牧渔产品和服务业被归为一类,即农业部门就业人数。因现有官方数据对各省(自治区、直辖市)采矿业、制造业详细部门的就业数据统计不完全,本书以各省(自治区、直辖市)对应统计年鉴中分行业规模以上工业企业经济指标中年末从业人员数为依据,将其进行合并拆分计算细分行业的就业人数占比,进而根据采矿业、制造业的就业总量数据进行类比,最终得到各省(自治区、直辖市)采矿业、制造业细分行业的就业数据。部分省(自治区、直辖市)未公布规模以上工业企业经济指标中的年末从业人员数据,则用其公布的本年度应付职工薪酬代替年末从业人员数进行计算。

(二)全时等值就业的估计方法

2008 年《国民账户体系(2008)》中对劳动投入的标准化测度方法主要有:全时等值就业、工作时间、经质量调整的劳动投入、不变报酬的雇员劳动投入(联合国等国际组织,2012)。其中后三种方法在实际测算时,因缺乏翔实的基础数据无法满足其核算要求,故本书选取全时等值就业作为衡量劳动投入的估计方法。因此,某部门当年的全时等值就业=(1—8 小时对应某部门就业人数比)×某部门总人数×(4/40)+(9—19 小时对应某部门就业人数比)×某部门总人数×(14/40)+(20—39 小时对应某部门就业人数比)×某部门总人数×(29.5/40)+(40 小时对应某部门就业人数比×某部门总人数)×(40/40)×(41—48 小时对应某部门就业人数比)×某部门总人数×(44.5/40)+(48 小时以上某部门就业人数比)×某部门总人数×(48/40)。运用公式将 r 地区 i 部门的全时等值就业表述为:

$$F_i^r = \sum_{\theta=1}^{k} T_\theta \times J_\theta \times R_\theta \qquad (4-1)$$

式（4-1）中，T_θ、J_θ（$k=6$）分别为 r 地区 i 部门各时间段对应的就业人数比和总就业人数，具体时间段分别是 1—8 时、9—19 时、20—39 时、40 时、41—48 时及 48 时以上，共 6 个时间段；R_θ 为各时段平均工作时间占标准工作时间的比。

（三）数据说明

就业数据主要是分行业的就业人数和平均实际工作时间，数据来源于 31 个省（自治区、直辖市）相应的经济年鉴、统计年鉴以及《中国人口和就业统计年鉴》《中国劳动统计年鉴》。由于年末分行业城镇单位就业人员数是一个时点数，不能准确衡量某一年份的平均就业情况，故采用本年度与上一年年末分行业就业人员数的算术平均数作为当年的年中就业人数。此外，将计算的全时等值就业与投入产出表对接，根据《中国 2012 年投入产出表编制方法》中附件 3——中国 2012 年投入产出部门分类名称及代码进行整合得到 42 个部门的全时等值就业。个别地区的缺失数据根据当地统计局公布的统计公报数据进行填补，若统计局没有公布相关的内容，则采用插值法进行填补。

三、就业数据库测算结果

基于以上数据资料和核算方法，最终核算出 2011—2018 年 31 个省（自治区、直辖市）42 个部门的全时等值就业数。对中国地区层面、部门层面的就业状况进行分析后发现：（1）2011—2018 年，中国就业人员主要聚集的是第一梯队广东省、江苏省、山东省、河南省、浙江省等制造业大省，第二梯队是北京市、上海市等服务业较发达的省（自治区、直辖市），而中西部欠发达地区（如甘肃省、内蒙古自治区、宁夏回族自治区、青海省等地）的就业规模较小，这符合中国经济发展的现状。（2）部门层面，核算期内中国吸纳就业最大的 3 个部门依次是建筑、教育和公共管理、社会保障和社会组织,这三大部门均属于劳动密集型行业。一直以来,建筑部门的进入门槛相对较低,吸引了大量的农村剩余劳动力参与其中,对解决中国农村剩余劳动力就业具有举足轻重的作用。

此外,服务业已经成为吸纳中国就业的第一大产业,并且这种吸纳作用在持续增强。随着城镇化建设的不断推进,大量农业转移人口和新增劳动力进入服务业市场,服务业就业人员呈现出连年增长的趋势。其中住宿和餐饮、批发和零售等行业吸纳就业的能力较为强劲,这可能与当前大力促进实现国内大循环的系列政策息息相关。整体上,地区层面的中国就业分布并未呈现出较大的变化,部门层面的就业正在从制造业转向服务业,这与当前的经济结构转型相一致,这说明本书测算的就业数据库是可靠的,该数据库为后期从地区层面、部门层面研究劳动投入、测算生产率等提供了重要的数据资料。

第四节　增加值数据库

一、增加值数据调研

根据上文 GDP 的核算范围与方法可知,国家统计局将 GDP 核算的基本分类划分为行业和支出项目两大分类。就第一类而言,2013 年第三次全国经济普查以后,GDP 生产核算采取两种分类标准:其一是行业分类,第一级分类为 19 个门类(不含国际组织)(GB/T4754—2002)的行业划分,第二级采用国民经济行业分类(GB/T4754—2011)中的大类进行划分,共分为 95 类;其二是三次产业分类,按照《三次产业划分规定》(2012 年修订版),国家统计局将国民经济划分为第一、第二、第三产业。但需要说明的是,第一产业不包括农、林、牧、渔服务业;第二产业不包括采矿业中的开采辅助活动,以及制造业中的金属制品、机械和设备修理业;第三产业不包括国际组织(国家统计局,

2017）。然而,GDP 核算的支出项目划分为最终消费支出、资本形成总额、货物和服务净出口三部分。其中居民消费支出可依据《居民消费支出分类》进一步细分;资本形成总额按属性划分为固定资本形成总额和存货变动,且前者按资产类型进一步细分;货物和服务净出口分别按货物、服务的出口和进口进行分类(国家统计局,2017)。简言之,增加值数据的核算过程是在以上两种分类标准下展开的。

增加值核算在经济普查年份与常规年份略有不同。在经济普查年度,国家统计局会对不同形式的单位设计相应的增加值核算方案;而在常规年份,国家统计局根据基础资料的具体情况制订不同的核算方案,对于一些基础资料完备、规模较大的企业和行政事业单位,采取与普查年份一致的调查方案(直接核算方法),而对于基础资料难以获取的小规模企业、个体经营户等单位,则主要利用普查年份中 GDP 核算的比例推算得到。可以看出,中国的增加值数据主要由官方统计机构进行核算得到,并由国家统计局与各地方统计局进行发布。

通过梳理现有官方统计机构发布的增加值数据发现,增加值数据可按照时间划分为年度数据和季度数据,也可按照行政区划分为国家、省(自治区、直辖市)、地级市、县级市区。国家统计局在每年公布年度、季度 GDP 时,也会发布国家层面三大产业和行业大类的(少于 19 个门类,并将服务业部门进行合并)增加值数据,其中年度 GDP 数据包括运用支出法进行核算的结果。关于省(自治区、直辖市)、地级市、县级市区的增加值公布情况,均是参照国家统计局范式进行发布,甚至更为粗略,但整体上,行业层面的增加值数据是比较欠缺的。此外,国家统计局和省(自治区、直辖市)地方统计局定期公布的 42 个部门分类的投入产出表中含有部门层面增加值内容,即投入产出表中第二象限、第三象限分别提供了支出法、收入法的行业增加值数据,该数据源所提供的行业增加值较为细致,但也存在一定的时滞性,如投入产出表是每隔 5 年发布一次,意味着 42 个部门的行业增加值每 5 年才能有一套国家、省级层面的数据,无法满足其他非投入产出表发布年份对行业增加值的需求。因此,通过建立连续时间序列的投入产出表来获取详细部门增加值的数据势在必行。

二、增加值数据库构建过程

本书以第三章第四节关于多区域投入产出表推导过程为基础(见表4-4),推导出省级层面分部门的增加值数据。因模型 A 和模型 C 在重新分配次要产品的过程中会使计算矩阵的元素出现负值,不符合投入产出表元素为正的基本假定,故而将其排除在外。考虑到要确保投入产出表与价格指数严格保持一致,《国民账户体系(2008)》推荐使用模型 B 编制产品×产品投入产出表。因此,本书最终选择可行性强、结果非负的模型 B 作为本书转换投入产出表的基本模型。具体推导步骤如下:

第一,编制以基本价格表示的供给使用表。中国"产业生态学虚拟实验室"借助全球多区域投入产出数据库的编制环境,编制了基本价格估算的供给使用表,该系列表包含 31 个省(自治区、直辖市)的供给使用信息,这是截至目前国内最为详细的全套供给使用表。

第二,推导投入产出表中初始投入。根据经济合作与发展组织(2008)提供的供给使用表转化为投入产出表的详细方法,进一步利用供给使用表中的各部分矩阵信息,推导出以基本价格表示的对称型投入产出表。具体推导流程为:首先推导变换矩阵,进而计算使用表投入系数和供给表的市场份额系数,最后根据已知信息推导对称型投入产出表中各部分对应的矩阵信息。其中计算初始投入矩阵的推导公式在第三章第四节进行了详细说明,此处不再赘述。

第三,计算增加值。根据转换得到的投入产出表中初始投入矩阵进一步整理出各省(自治区、直辖市)42 个部门对应的劳动者报酬、生产税净额、固定资产折旧、营业盈余数据,进而对相应省(自治区、直辖市)的 4 类初始投入进行求和,最终得到省级层面分部门的增加值数据。

表4-4　供给使用表转换为投入产出表的基本模型及相关假定

模型	模型 A	模型 B	模型 C	模型 D
假定条件	产品技术假定	产业技术假定	固定产业销售结构假定	固定产品销售结构假定
生成的投入产出表	产品×产品投入产出表	产品×产品投入产出表	产业×产业投入产出表	产业×产业投入产出表
投入产出表是否为负	存在负数	不存在负数	存在负数	不存在负数
变换矩阵	$T = (V^T)^{-1} \times \hat{q}$	$T = (\hat{g})^{-1} \times V$	$T = \hat{g} \times (V^T)^{-1}$	$T = V \times (\hat{q})^{-1}$
中间投入系数	$A = U \times T \times (\hat{q})^{-1}$	$A = U \times T \times (\hat{q})^{-1}$	$A = T \times U \times (\hat{g})^{-1}$	$A = T \times U \times (\hat{g})^{-1}$
中间产品矩阵	$S = U \times T$	$S = U \times T$	$B = T \times U$	$B = T \times U$
增加值	$E = W \times T$	$E = W \times T$	$W = W$	$W = W$
最终需求	$Y = Y$	$Y = Y$	$F = T \times Y$	$F = T \times Y$
总产出	$q = (I - A)^{-1} \times y$	$q = (I - A)^{-1} \times y$	$g = (I - A)^{-1} \times y$	$g = (I - A)^{-1} \times y$

注:本表由经济合作与发展组织(2008)中规定的供给使用表转投入产出表的转换方法整理得到。其中 V 为供应矩阵的转置(产业×产品);V^T 供给矩阵(产品×产业);U 为中间使用矩阵(产品×产业);Y 为最终需求矩阵(按产品分类);F 为最终需求矩阵(按产业分类);S 为中间矩阵(产品×产品);B 为中间矩阵(产业×产业);E 为增加值矩阵(由满足产品同质性假定的各初始投入构成);W 为增加值(按行业增加值构成);y 为最终需求向量;w 为增加值向量;I 为单位阵;q 为产品产出的列向量;q^T 为产品产出的行向量;g 为产业产出的列向量;g^T 为产业产出的行向量。

第五节　碳排放数据库

一、碳排放数据调研

《〈联合国气候变化框架公约〉京都议定书》(以下简称《京都议定书》)生效以来,各个国家、研究机构、学者等首先致力于碳排放核算的研究。政府间气候变化专门委员会于1992年发布纲领性文件——《联合国气候变化框架公约》,以应对全球气候变暖对社会、经济和环境产生的不利影响。《IPCC 2006

年国家温室气体清单指南》提出碳排放量核算的基本范式与主要框架,并定期(每年)发布全球气候变化报告、出版温室气体排放源的指导性清单(附带计算方法)。政府间气候变化专门委员会提供的碳排放核算理论与方法多被社会各界普遍接受(刘明达等,2014)。应联合国要求,中国政府于2001年开始针对5大部门的碳排放清单进行研究,并分别形成最终的排放清单,其中包括能源相关部门、工业生产、农业活动、城市废弃物处置处理、土地利用变化与林业5个部门。此外,各类研究机构、学者也对中国不同尺度的碳排放展开核算工作,如确定研究所需的碳排放清单、设计具有针对性的核算方法、在不同尺度层面展开实践研究等(刘明达等,2014)。

目前中国已形成多个具有影响力的大规模碳排放数据库,其侧重点和覆盖范围各有特色,故而本书进一步梳理中国现有的碳排放清单数据库(见表4-5),以对后续研究流动人口的碳排放问题提供数据支撑。具体如下:(1)时间、地区覆盖范围最广的是中国碳核算数据库(China Emission Accountsand Datasets,CEADs),该数据库在国内外官方及研究机构的共同支持之下,编制了中国多尺度的碳核算清单(Shan等,2018;Zheng等,2020)[①]。中国碳核算数据库已经发布了1997—2019年国家层面、省级层面分部门的碳排放清单;2000—2014年华中18个城市的碳排放清单、2010年中国24个城市的碳排放清单、2010年182个城市的碳排放清单;1997—2017年中国县级尺度的碳排放清单。中国碳核算数据库作为国家碳排放数据的重要补充和支持,其采用最新方法编制格式、口径、部门统一、可比较的碳排放数据库。(2)中国多尺度排放清单模型(Multi-resolution Emission Inventory for China,MEIC)由清华大学主导开发,采用多尺度数据耦合方法创建,目前已发布1990—2015年中国31个省(自治区、直辖市)的温室气体排放清单(Qi和Li,

---

[①] Shan,Y. L.,Guan,D. B.,Zheng,H. R.,et al.,Data Descriptor:China Co₂ Emission Accounts 1997-2015,*Scientific Data*,Vol. 5,2018.

2020)。(3)中国高空间分辨率排放网格数据库(China High Resolution Emission Gridded Data,CHRED)由中国科学院蔡博峰团队发起建立,自 2005 年起,已发布 2005 年、2007 年、2012 年和 2015 年城市层面的碳排放清单,是国内较为彻底的、自下而上的排放网格数据库(蔡博峰等,2017)[1]。(4)中国高分辨率排放清单(Multiresolution Emission Inventory for China - High Resolution,MEIC-HR)由中国多尺度排放清单模型团队进行开发,已发布 1990—2020 年中国省级、县级的高分辨率排放清单,覆盖电力、钢铁、水泥、焦化、平板玻璃、有色金属等主要行业(Zheng 等,2017)[2]。

　　通过对上述四大碳排放数据库进行梳理,发现无论是碳排放核算方法还是核算结果均存在一定差异,且缺乏直接对接省级多区域投入产出表的碳排放数据库。尽管中国碳核算数据库基于统计资料中的化石能源消费数据,采用政府间气候变化专门委员会公布的排放因子法计算得到省级层面连续年份的碳排放数据,但并未将省级层面的碳排放数据匹配到行业层面,同时直接运用国家清单的核算模型计算省级层面的碳排放会忽视省级清单与国家清单之间的区别(徐丽笑,2019)[3]。中国多尺度排放清单模型基于技术和动态过程的排放源表征方法,开发多尺度高分辨率排放源模式,即通过采用开发的系统模型将年排放清单转化成模型需要的排放数据(Wei 等,2022)[4],中国高分辨率排放清单沿用了该方法获得省级的碳排放清单。中国高空间分辨率排放网格数据以工业企业点源数据为主、公开的统计资料为辅(用于校验),采用精

　　①　蔡博峰、王金南、杨姝影等:《中国城市 CO₂ 排放数据集研究——基于中国高空间分辨率网格数据》,《中国人口·资源与环境》2017 年第 2 期。

　　②　Zheng,B.,Zhang,Q.,Tong,D.,et al.,Resolution Dependence of Uncertainties in Gridded Emission Inventories:A Case Study in Hebei,China,*Atmospheric Chemistry and Physics*,Vol. 17,No.2,2017.

　　③　徐丽笑:《中国城市碳排放核算方法及应用研究——以京津冀城市群为例》,北京师范大学 2019 年博士学位论文。

　　④　Wei,J.,Li,Z.,Li,K.,et al.,Full‑Coverage Mapping and Spatiotemporal Variations of Ground‑Level Ozone (O₃) Pollution From 2013 to 2020 Across China,*Remote Sensing of Environment*,Vol. 270,2022.

细化的评估和统计模型,建立高空间分辨率的排放网格数据库(Wang 和 Cai, 2017)①。总体上,中国高空间分辨率排放网格数据库在碳排放核算过程的控制方面较为严格,但因数据的公开性不强,应用范围相对较窄。反观中国碳核算数据库因其数据的公开性、核算方法的简单易操作而被广泛使用。中国多尺度排放清单模型是基于排放数据估算得到不同尺度的排放清单,其中基础排放数据通过技术方法估算得到,故而在省级层面的排放数据具有一定不确定性。可见,现有碳排放数据库不足以支撑本书研究省级层面分行业(42 个部门)的碳排放需求,故而建立一个连续年份分省分部门的碳排放数据库是必要的。

表 4-5　中国现有碳排放数据清单的调研

数据库名称	涉及尺度	时间范围	排放部门	数据可得性
中国碳排放数据库(CEADs)	国家、省级、城市、县级	1997—2019 年	17 种化石燃料、46 个经济部门和 14 种工业产品排放过程	免费获取
中国多尺度排放清单模型(MEIC)	国家、省级	1990—2015 年	农业、电力工业、居民消费、交通	申请可得
中国高空间分辨率排放网格数据(CHRED)	城市	2005 年、2007 年、2012 年、2015 年	工业能源、工业过程、农业、服务业、城镇生活、农村生活、交通	申请可得
中国高分辨率排放清单(MEIC-HR)	省级、县级	1990—2020 年	电力、工业、民用、交通、农业	申请可得

注:由笔者整理得到。

对碳排放量的准确核算是中国制定有效减排政策的第一步。当前中国官方部门对国家层面、地区层面的碳排放量没有进行系统核算,也未发布详细的年度排放报告,仅公布了 1994 年、2005 年和 2012 年国家层面的碳排放清单。

---

① Wang, M., Cai, B., A Two-Level Comparison of CO_2 Emission Data in China: Evidence From Three Gridded Data Sources, *Journal of Cleaner Production*, Vol. 148, 2017.

学者和研究机构以能源消耗产生的二氧化碳为侧重点对中国的碳排放量进行了核算(Shan 等,2018),但忽视工业产品生产过程排放的二氧化碳,这可能会造成中国碳排放量的低估。中国作为工业发展大国,工业产品产量在世界上占据举足轻重的地位,在 2018 年更是有 220 多种工业产品的产量占据全球第一。可见,中国工业产品生产过程排放的二氧化碳不能被忽视,尤其是对钢铁、玻璃、水泥等主要工业品。对中国不同维度上的碳排放进行准确核算,不仅有助于各级政府识别排放大户,也为制定具体的减排政策提供重要的参考依据。因此,本书尝试全面系统地测算中国省级层面分部门的碳排放,为后续量化流动人口消费引致碳排放问题提供重要的数据资料。

二、碳排放数据库构建过程

(一)碳排放的定义及范围

《京都议定书》中规定了 6 种主要的温室气体,其中二氧化碳是最主要的温室气体,温室气体产生途径主要有以下几种:(1)有机物(包括动植物)在分解、发酵、腐烂、变质的过程中释放的温室气体;(2)石油、石蜡、煤炭、天然气等燃料燃烧过程中释放的温室气体;(3)石油、煤炭在生产化工产品过程中释放的温室气体;(4)所有粪便、腐植物在发酵、熟化过程释放的温室气体;(5)所有动物在呼吸过程中排放出的温室气体。由于大量开采使用矿物燃料是近年来温室气体增加的主要原因,故本书关注的重点是(2)和(3)所产生的温室气体。

由于人类的大多数生产、消费活动都会产生温室气体,大多数科学家、政府现已承认温室气体已经并将继续给地球和人类带来灾难,所以"减少排放""低碳生活"等词语容易被大众所理解、接受,并采取相应的行动以减少碳排放。所谓的碳排放其实是"温室气体排放"的简称,由于在温室气体的产生源中,(2)和(3)是造成工业化以后温室气体增加的主要原因,同时也是能够控制或减少碳排放的重要途径。因此,本书在此处讨论的碳排放范围主要是生产过程中的直接排放。具体而言,直接排放主要指锅炉等固定设备中化石燃料燃烧产生的排放、车辆等移动源中化石燃料燃烧产生的排放以及工艺过程排放和逸散排放。

(二)碳排放的核算方法

由于直接排放和间接排放途径存在差异,相应的核算方法也各自有别。当前国内外核算直接碳排放的主流方法是碳排放因子法。具体而言,目前碳排放因子法主要通过 3 种方式实现碳排放的核算。(1)采用科技部《公民节能减排手册》、国家发展改革委《工业其他行业企业温室气体排放核算方法与报告指南》并辅之其他研究机构的数据。杨选梅等(2010)[1]以《公民节能减排手册》作为参考,减排手册中未涉及的计算内容则根据地域相近性选用中国台湾能源部门公布的排放系数,再次应用来自保护国家的飞行系数。徐丽笑(2019)基于《工业其他行业企业温室气体排放核算方法与报告指南》和《2015 区域电网基准线排放因子》测算京津冀 14 个城市的生产端碳排放。(2)采用政府间气候变化专门委员会温室气体排放计算指南中相关的能源消费碳排放系数,多数研究测算能源消费的碳排放时用该系数。赵敏等(2009)[2]利用政府间气候变化专门委员会温室气体排放计算指南中关于交通能源消费碳排放量的计算方法,探讨 2002—2006 年上海市居民出行选择的不同交通方式对二氧化碳排放的影响。蔡等(Cai 等,2018)[3]运用政府间气候变化专门委员会温室气体排放计算指南中的系数核算了 2012 年中国 286 个地级市的碳排放。(3)将不同类型的能源使用量折算为标准煤总量,再根据标

---

① 杨选梅、葛幼松、曾红鹰:《基于个体消费行为的家庭碳排放研究》,《中国人口·资源与环境》2010 年第 5 期。

② 赵敏、张卫国、俞立中:《上海市居民出行方式与城市交通 CO_2 排放及减排对策》,《环境科学研究》2009 年第 6 期。

③ Cai, B., Guo, H., Cao, L., et al., Local Strategies for China's Carbon Mitigation: An Investigation of Chinese City-Level CO_2 Emissions, *Journal of Cleaner Production*, Vol. 178, 2018.

准煤的碳排放系数估算碳排放情况。杜威和樊胜岳(2016)①将居民生活能源消费折算成标准煤消费量,折算系数选自政府间气候变化专门委员会标准,再根据各年份标准煤的碳折算系数计算居民生活用能的碳排放量。但因不同国家、地区的技术条件、能源结构存在差异,以及不同能源的燃烧效率和燃烧方式不同,可能会使测算结果具有一定的误差。

(三)碳排放核算过程

由于运用投入产出方法测算流动人口消费碳排放的前提之一是需要构建一个代表环境压力的指标——各地区各部门的碳排放值,本书参照以往研究,运用排放因子法构建历年各地区 42 个部门的碳排放数据库。

本书基于国际公认的国家排放清单指南 IPCC、《省级指南》,采用碳排放因子法来核算 2012—2018 年中国省级层面的碳排放。本书计算了 30 个省(自治区、直辖市)2012—2018 年的能源消耗(CE_{EC})和工业过程和产品使用(CE_{Ip})的碳排放。第 i 行业的能源消耗计算公式如下:

$$CE_{EC} = \sum_{i=1}^{42} (M_i \times v_i \times c_i \times o_i \times 44/12) \tag{4-2}$$

式(4-2)计算能源消耗的碳排放量中, M_i 为 i 部门的能源消耗量,该值由 2013—2019 年《中国能源统计年鉴》中各地区能源综合平衡表得到。 i 部门的净热值 v_i、碳含量 c_i 和氧化速率 o_i 数据均来自 Liu 等(2012)②的论文和"行动指南"。进一步地,工业过程和产品使用碳排放的计算方法为:

$$CE_{Ip} = f_k \times g_k \tag{4-3}$$

式(4-3)为工业过程和产品使用的碳排放,其中 g_k 为第 k 种产品的产量。

---

① 杜威、樊胜岳:《城镇化进程中居民生活碳排放动态特征分析》,《生态经济》2016 年第 5 期。
② Liu, Z., Geng, Y., Lindner, S., et al., Uncovering China's Greenhouse Gas Emission From Regional and Sectoral Perspectives, *Energy*, Vol. 45, No.1, 2012.

f_k 为第 k 种产品的碳排放因子,具体包括钢、水泥、平板玻璃和焦炭 4 种工业产品。其中 f_k 的数值来自"行动指南"与《IPCC 2006 年国家温室气体清单指南》、蔡博峰(2009)的研究;主要工业产品产量的数据来自 2013—2019 年《中国工业统计年鉴》和《中国钢铁年鉴》。

三、碳排放数据库测算结果

运用排放因子法核算了中国 2012—2018 年 30 个省(自治区、直辖市)(受能源消费数据和工业产品产量数据的限制,不包括西藏自治区、台湾、香港和澳门)42 个部门的碳排放量。表 4-6 是历年各地区的碳排放总量数据,因为本书核算的碳排放不仅包括能源消费所产生的碳排放,还包括工业产品生产过程中发生化学反应所排放的碳排放,故而略大于现有研究的碳排放核算结果(王小鸽,2019)①。河北省、山东省每年的碳排放量均超过了 10 亿吨,这与其作为重要的工业、制造业大省息息相关。河北省、山东省两省制造业产值一直位于全国前列,较大的工业发展规模使该地区的能源消费较大,进而使其碳排放量最大。近年来,为了实现低碳减排的目标,这两个地区正在不断加快产业转型升级、调整能源消费结构,如其正在通过重点实施清洁采暖"煤改电"、燃煤锅炉"煤改电"、电动汽车发展等领域典型的示范项目,加快能源消费领域的清洁化替代和动能转换,以减少碳排放。

表 4-6　2012—2016 年省级层面碳排放总量　（单位:万吨）

地区	2012 年	2013 年	2014 年	2015 年	2016 年
北京市	8608.2	8917.2	8022.7	7906.6	7835.7
天津市	18734.0	20106.1	20569.7	19557.4	18672.9
河北省	129096.3	129363.3	128160.3	125606.1	127875.9

① 王小鸽:《中国不同尺度能源消费二氧化碳排放时空演变分析》,西北农林科技大学,2019 年博士学位论文。

续表

地区	2012 年	2013 年	2014 年	2015 年	2016 年
山西省	72953. 1	79804. 2	76966. 8	70504. 2	72117. 8
内蒙古自治区	68974. 7	71123. 0	74639. 2	75931. 7	76834. 2
辽宁省	55483. 8	60358. 8	60124. 6	56778. 4	55395. 8
吉林省	25769. 0	24834. 1	25835. 7	22607. 1	22216. 3
黑龙江省	30357. 4	28353. 7	29944. 0	29644. 7	30080. 0
上海市	24678. 7	26968. 9	24471. 2	24706. 0	24906. 6
江苏省	88228. 6	95005. 7	96142. 4	96506. 1	97193. 6
浙江省	43854. 4	44736. 4	45324. 7	46406. 3	45488. 2
安徽省	39116. 2	43298. 0	43265. 1	42929. 3	45536. 0
福建省	29758. 3	30658. 7	33505. 5	29942. 1	29162. 6
江西省	21049. 4	24965. 0	25659. 5	26174. 8	26014. 7
山东省	114741. 7	113152. 7	115307. 6	117396. 9	117509. 2
河南省	58635. 8	64527. 5	66434. 7	65660. 6	62146. 9
湖北省	54206. 5	49283. 7	51137. 7	49905. 1	50180. 4
湖南省	33444. 6	31802. 7	31908. 2	33545. 4	35604. 7
广东省	60733. 5	62656. 3	61635. 9	60956. 0	64255. 2
广西壮族自治区	25079. 2	27142. 4	26419. 6	25355. 0	26860. 9
海南省	5067. 4	5118. 3	5254. 6	5420. 8	5309. 8
重庆市	18584. 2	18567. 7	19627. 2	19693. 1	18673. 2
四川省	44541. 7	46603. 1	45595. 1	44811. 1	40729. 5
贵州省	28083. 6	28188. 9	28657. 0	28946. 5	31142. 0
云南省	28531. 2	29272. 4	37620. 1	24443. 0	24515. 7
陕西省	37736. 1	42054. 5	45152. 7	44147. 2	44284. 0
甘肃省	17195. 7	18516. 1	19495. 0	18038. 2	17619. 9
青海省	5807. 5	6780. 9	6649. 3	6107. 9	6909. 9
宁夏回族自治区	15873. 3	17911. 0	18571. 4	19165. 8	18961. 7
新疆维吾尔自治区	30297. 4	35920. 1	40749. 4	40765. 2	42492. 5

注:笔者运用排放因子法计算得到,本表仅展示 2012—2016 年的碳排放测算结果。

　　碳排放量相对较大的省份还有江苏省、山西省、内蒙古自治区、河南省和广东省,这些地区的历年碳排放量均在 6 亿吨以上,而海南省、青海省、北京市三个地区的历年碳排放量低于 1 亿吨,这充分说明能源资源大省和工业发达省份在生产层面减排行动中承担着更艰巨的减排责任。为了尽早实现中国在联合国气候大会上作出的 2030 年、2060 年减排承诺,中国在"十三五""十四五"期间也制定了全国总的减排目标,进而将该目标分解到 31 个省(自治区、直辖市),每个地区根据自身发展状况也制定了减排目标。整体来看,东部省份节能减排指标更高,而西部省份因高耗能产业比重高、完成难度大,减排指标相对较低。未来,随着中国产业结构、能源消费结构的进一步升级、低碳技术逐步发展成熟及居民低碳减排意识的不断增强,中国的碳排放量将呈下降趋势,如当前北京市、吉林省的碳排放下降较为明显。

　　基于第三章流动人口消费投入产出核算框架对应的方法体系,本章重点阐述本书研究所需数据库的构建过程。第一节总述了各个数据库之间的逻辑关系及重要性;第二节至第五节分别详细阐述各个数据库的构建过程及基本情况。具体而言,对于流动人口的消费数据库,首先通过全面系统地调研现有的宏微观数据资料,以查找出可用的基础数据;进而在国民核算方法的指导下构建流动人口消费的数据库,并对基本核算结果进行简要分析。考虑到流动人口消费数据与投入产出表存在不一致性,进一步详细阐明二者之间的衔接处理过程。关于就业数据库、增加值数据库和碳排放数据库,也是在对现有数据资料进行充分调研的基础上,对各个数据库的构建过程进行详细阐述,并对相应的结果进行简要描述。本章系列数据库的构建为第五章、第六章和第七章流动人口社会、经济和环境效应研究准备了关键的数据基础。

第五章　流动人口消费的
就业效应核算

第一节　流动人口消费及就业效应现状

　　流动人口作为中国就业需求创造的重要群体,其在流入地所形成的市场容量、消费潜力对中国经济增长的支撑作用正不断显现(国家卫生健康委员会,2018)。但受户籍制度的制约,流动人口无法与城市居民享有同等的就业机会、社会保障、子女教育等公共服务(李通屏和成金华,2005)[①],使得流动人口普遍存在较强的预防性储蓄动机和较低的边际消费倾向,抑制了其充分释放可观的消费需求(陈斌开等,2010)[②]。根据凯恩斯有效需求理论,消费不足会造成生产缩减甚至停滞,进而引发失业。尽管流动人口个体的消费倾向较低,但在加总层面上的消费规模依然可观,其消费活动拉动的就业效应更是不容忽视。近年来随着流动人口结构的转变,新生代流动人口比重不断增加,其在受教育程度、收入水平、消费观念等方面与城市当地人口之间的差异逐步缩小(国家卫生健康委员会,2018),促使流动人口消费需求带来的就业效应被进一步放大。此外,当前流动人口的流入地以城镇为主、流出地以农村为主,

---

　　①　李通屏、成金华:《城市化驱动投资与消费效应研究》,《中国人口科学》2005 年第 5 期。
　　②　陈斌开、陆铭、钟宁桦:《户籍制约下的居民消费》,《经济研究》2010 年第 S1 期。

而流动人口的总消费水平低于城镇常住人口,略高于农村常住人口(朱铭来和史晓晨,2017),故其在流入地增加消费需求的同时,会造成流出地消费需求的减少。因此,在当前中国就业压力不减、结构性矛盾突出的背景下,在全面系统衡量流动人口在流入地的就业效应时,不能忽视其在流出地减少的就业,这不仅能够更好地发挥流动人口消费潜力对解决就业的积极作用,同时能保障城镇劳动力就业,也为农村剩余劳动力转移腾出空间。

北京市作为中国流动人口最为集中的典型地区之一,自 2010 年起流动人口一直约占其总人口的 1/3(洪小良等,2018)[1]。随着北京市生态环境、基础设施及人口管理等发展难题的凸显,流动人口增加被认为是造成这一现状的始作俑者,北京市政府相继出台迁移低端有形市场、依靠产业升级发展"高精尖"等政策进行人口疏解,但这些政策忽视了不同人群之间相互依存的"生产链"关系和大城市的刚性需求能力,可能对当地未来的可持续发展带来风险(尹德挺,2016)。因此,准确量化流动人口消费的就业效应能够为流入地制定合理的人口管理政策提供参考依据,也为京津冀协同发展战略的实现和北京非首都功能疏解提供一定的政策建议。

当前针对流动人口与就业的研究,主要局限于城镇化与就业关系、流动人口对城市劳动力市场影响等方面的讨论(王世平等,2015)[2],这些研究均立足于生产端视角量化分析流动人口对就业的影响。生产端是基于生产要素供给视角所进行的研究,如某部门生产一定数量产品直接需要投入的劳动和资本,仅从生产端研究会忽视流动人口消费过程中对就业的间接影响。为了解决这一问题,本章充分利用多区域投入产出模型,以流入地北京市为重点,测算其流动人口消费驱动的直接和间接就业效应。

---

① 洪小良、尹德挺、马小红:《北京人口蓝皮书:北京人口发展研究报告(2018)》,社会科学文献出版社 2018 年版。

② 王世平、毛海涛、钱学锋:《城市规模、流动成本与异质性就业》,《中南财经政法大学学报》2015 年第 4 期。

第二节　流动人口就业效应的研究进展

　　一方面,流动人口为城市建设生产提供了充裕的劳动力,对资源的有效配置、生产率的提升具有重要的推动作用(梁文泉,2018);另一方面,流动人口作为重要的消费群体,在其消费产品和服务的过程中能够促进流入地的就业水平(Bodvarsson 等,2008)[①]。因数据和方法的限制,当前研究仅考虑了流动人口在流入地的直接需求效应(梁文泉,2018),忽视了流动人口在消费过程中对其他地区的直接和间接影响。此外,就业人数(夏怡然,2010)[②]、劳动时间(黄祖辉等,2012)[③]、就业质量指数(王立军等,2015)[④]等通常是衡量劳动投入的测算指标,而这类核算指标均忽视了生产、消费过程中所产生的间接就业,单纯测量生产端所需的直接劳动投入无法全面揭示整个国民经济运行所需的全部劳动投入(周申和李春梅,2006)[⑤],故而需要寻找新的就业核算指标来全面测算劳动投入。

　　就业足迹作为衡量全球生产链各个环节对就业需求的重要指标,为全面核算劳动投入提供了一种可能,同时对保障地方就业和确定其经济增长路径具有重要意义(Sakai 等,2017)[⑥]。具体指为满足最终需求所需投入的全部劳动力,不仅包括一地区最终需求直接对产出产生影响,即直接劳动投入量;还

---

　　① Bodvarsson,Ö. B.,Van den Berg,H. F.,Lewer,J. J.,Measuring Immigration's Effects On Labor Demand:A Reexamination of the Mariel Boatlift,*Labour Economics*,Vol. 15,No.4,2008.

　　② 夏怡然:《低工资水平下城市农民工的劳动供给模型》,《中国人口科学》2010 年第 3 期。

　　③ 黄祖辉、杨进、彭超等:《中国农户家庭的劳动供给演变:人口、土地和工资》,《中国人口科学》2012 年第 6 期。

　　④ 王立军、胡耀岭、马文秀:《中国劳动质量与投入测算:1982~2050——基于偏好惯性视角的四维测算方法》,《中国人口科学》2015 年第 3 期。

　　⑤ 周申、李春梅:《工业贸易结构变化对我国就业的影响》,《数量经济技术经济研究》2006 年第 7 期。

　　⑥ Sakai,M.,Owen,A.,Barrett,J.,The Uk's Emissions and Employment Footprints:Exploring the Trade-Offs,*Sustainability*,Vol. 9,No.7,2017.

包括最终产品的生产过程需要其他产品作为中间投入时所需要的劳动力,称为间接劳动投入。斯塔德勒等(Stadler 等,2014)[1]运用改进的全球多区域投入产出表测算了全球各国通过贸易驱动的就业足迹;萨凯等(Sakai 等,2017)对英国的排放足迹和就业足迹也进行了测算。对于中国消费与就业的问题,王(Wang,2017)通过开发"中国产业生态学虚拟实验室"生成京津冀 14 个城市的多区域投入产出表,测算了相应城市的就业足迹,但该研究从全局视角分析就业足迹以解读京津冀协同发展政策实施的依据,忽视了北京市疏解非首都功能的重要影响主体是流动人口。

    针对就业足迹相关问题的研究主要是基于消费视角测算研究对象的最终需求活动所累计(包括直接和间接)产生的劳动投入,其中投入产出方法是研究就业足迹问题的主流工具。与传统足迹核算方法相比,投入产出模型的优点在于能够清晰揭示各行业间和区域间直接或间接的生产技术联系(梁赛等,2016),并具有优良的支出数据可用性,使足迹能够在空间、时间和社会经济方面得到精确细分(Wiedmann 和 Barrett,2010)[2]。此外,由于多区域投入产出模型可通过产业间联系、国际供应链和地区贸易流动来追踪其原产地的优势(Wiedmann 和 Barrett,2010),故本章采用该方法测算就业足迹,并创新性地用包含 31 个省(自治区、直辖市)、14 个京津冀城市[3]的嵌套多区域投入产出模型来研究北京市流动人口的就业足迹。

    鉴于上述运用投入产出模型测算就业足迹的研究中,缺乏使用省(自治

---

① Stadler, K., Steen-Olsen, K., Wood, R., The 'Rest of the World'-Estimating the Economic Structure of Missing Regions in Global Multi - Regional Input - Output Tables, *Economic Systems Research*, Vol. 26, No.3, 2014.

② Wiedmann, T., Barrett, J., A Review of the Ecological Footprint Indicator—Perceptions and Methods, *Sustainability*, Vol. 2, No.6, 2010.

③ 北京市、天津市、石家庄市、保定市、唐山市、廊坊市、秦皇岛市、张家口市、承德市、沧州市、衡水市、邢台市、邯郸市、德州市。

区、直辖市)级层面多区域投入产出表测算特定研究对象的就业足迹,同时当前对流动人口的研究多停留在微观个体层面,缺乏探究这一群体在宏观经济层面带来的效应研究。此外,由于流动人口多集聚于京津冀、长三角、珠三角等主要城市群的热点城市,且流动人口主要来源于与流入地地理位置邻近的省(自治区、直辖市)或劳动力输出大省(国家卫生健康委员会,2018),这使得流动人口在流入地创造大量消费需求拉动当地经济增长的同时可能会在一定程度上削弱其对流出地经济发展的贡献,如造成流出地人才流失严重、消费规模萎缩等。因此,从区域协调发展战略的角度出发,有必要对流动人口在流入地、流出地的就业效应进行对比分析,以更完整地衡量流动人口变动的总体影响。

本章基于2015年流动人口的消费数据库和省级层面分行业的就业数据库,借助多区域投入产出模型,以流入地北京市的流动人口为例,从流入地、流出地两个方面测算流动人口的就业足迹,重点分析了流动人口在流入地消费引致的就业特征,以准确衡量流动人口对就业和北京非首都功能疏解的重要意义。

第三节 流动人口消费的就业
效应研究框架设计

一、理论机制

凯恩斯的有效需求理论已经证明消费与就业之间的相互影响机制。就流动人口而言,一方面,其在流入地通过知识溢出效应提升劳动技能,进而获得更高的收入水平,同时受流入地城市居民生活水平和质量的影响,流动人口会不断优化消费结构,使其消费水平逐渐趋同于城市居民(陆铭,2017),促使生产部门扩大生产规模、增加就业需求;另一方面,流动人口的直接消费由流出地转移到流入地,流出地消费需求的减少,不仅造成当地生产部门生产规模的缩小,同时劳动力资源的减少进一步加剧了流出地企业的就业萎缩,进而人口流出对流出地总体的就业和经济增长具有负向影响。因此,流动人口消费需求引致的就业效应不仅包括流入地增加的部分,同时在流出地减少的部分也不能忽视。

流动人口消费主要从两个方面对流入地、流出地就业产生影响:一是消费活动直接影响本地和其他区域最终产品的生产部门。流入地最终生产部门扩大生产规模、增加研发投入进而创造更多就业岗位;而流出地则相反,因人口流出使最终生产部门萎缩,进而就业需求减少。这一过程在流入地、流出地产生的是直接就业效应;二是通过中间生产部门间接影响就业。在产品生产过程中,一种最终产品的消费需求会增加中间产品的投入进而增加生产要素投入,即中间生产部门通过向最终生产部门提供生产投入,促使中间投入部门扩大生产规模,增加劳动投入;反之亦然,此过程产生间接的就业效应(周申和李春梅,2006)。流动人口分别在流入地、流出地消费的总就业效应是直接与间接就业效应的和。具体研究框架见图5-1。

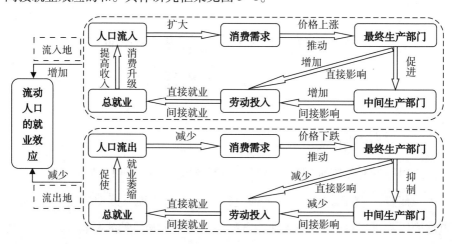

图5-1 流动人口消费的就业作用机制

注:笔者绘制所得。

二、流动人口就业足迹的概念界定

本章以中国经济系统为研究边界,仅考虑存在于各地区内及地区间进行的经济交易。就某地区(流入地或者流出地)的流动人口而言,假设流动人口仅在当地进行消费,消费的产品包括当地生产的最终产品和从外地调入用于直接消费的最终产品。相应地,这部分最终消费品直接拉动的本地和外地就业为直接就业效应。

流动人口在某地区消费的最终产品生产需要大量中间产品投入,这些中间投入的生产过程中还需要其他产品的投入,这是一个错综复杂的生产链过程,每个中间生产环节都需要劳动投入。中间产品生产导致的间接就业既包括来自本地中间产品生产的间接就业,也包括来自其他地区中间产品生产的间接就业。

因此,本章界定流动人口的就业足迹指:为了满足流动人口的产品消费,生产这些产品所引致的直接就业(某地区和外地)和间接就业(某地区和外地)之和,即生产最终产品和相应的中间产品所需雇用本地和外地的全时等值就业数量(单位:万人/年)。

三、研究方法与数据说明

(一)就业扩展的多区域投入产出模型

投入产出分析方法由美国经济学家列昂惕夫于 1936 年提出(Leontief,1936)。该方法是一种需求驱动的宏观经济系统模型,可以捕捉最终需求在生产过程中所需要的全部(直接与间接)生产要素(Mille 和 Blair,2009)。与运用统计数据(只包括直接劳动投入)刻画最终需求直接对就业的拉动效果相比,该方法作为一种经济系统分析工具能够对消费产生的直接和间接就业效应进行全面测度与分析。本章基于第三章第二节的式(3-15),以各地区各部门的全时等值就业作为投入产出表的卫星账户,构建就业扩展的多区域投入产出模型。定义向量 Q 为各地区各部门的全时等值就业,则直接的部门就业强度 q 为:

$$q = Q/x \tag{5-1}$$

式(5-1)表示单位产出所需要的直接就业投入,因而就业扩展的多区域投入产出模型可表示为:

$$Q = q(I - A)^{-1}y \tag{5-2}$$

式(5-2)中 $q(I - A)^{-1}$ 是就业乘子,表示为了满足流动人口单位最终消费所需投入的直接和间接就业数量,既包括直接就业效应,也包括间接的、整个经济部门间复杂供应链的就业效应。

由于不同收入水平下居民的消费结构存在差异(唐琦等,2018)[①],进一步在就业扩展的多区域投入产出模型中将 y 区分为不同收入水平、不同消费类型的流动人口消费数据,测算不同维度下流动人口在流入地的就业效应。收入等级划分标准参考国家统计局按照家庭年收入数据由低到高进行依次划分。消费类型划分的依据是国家统计局《居民消费支出分类(2013)》,包括食品烟酒、衣着、居住等八大类。

(二)全时等值就业的估计方法

根据《国民账户体系(2008)》中规定的劳动投入标准化测度指标,选择全时等值就业作为本章研究的就业卫星账户指标。因工作时间、经质量调整的劳动投入、不变报酬的雇员劳动投入的数据核算要求在实际测算中难以满足,故本章选取全时等值就业作为衡量劳动投入的估计方法。因全时等值就业指所有雇员的实际工作时间之和除以一个全时职位的实际平均工作时间,故而本章根据此定义,以每周工作40小时为1个标准的全时等值就业(1人/年),

① 唐琦、夏庆杰、李实:《中国城市居民家庭的消费结构分析:1995—2013》,《经济研究》2018 年第 2 期。

具体测算公式与本书第四章第三节一致。需要说明的是,京津冀 14 个城市层面分部门的全时等值就业计算方式与第五章其他省(自治区、直辖市)的就业核算保持一致。

(三)数据说明

流动人口在流入地的消费支出数据来源于中国流动人口动态监测调查数据。因该数据集缺乏详细的流动人口消费分类数据,故本章尝试运用中国家庭金融调查数据库中详细的消费分类数据进行类比,即在同一收入水平下,除了食品、居住消费,还与流动人口、城镇常住人口的消费结构保持一致,以得到不同收入水平下流动人口的消费分类数据。

多区域投入产出表在中国"产业生态学虚拟实验室"编制的"中国多区域投入产出数据库"基础上,参考《中国统计年鉴 2017》和《京津冀协同发展规划纲要》的行政区划,本章专门构建了包含城市与省级层面共 42 个区域的嵌套多区域投入产出表,具体包括京津冀 14 个城市和其他 28 个省(自治区、直辖市)(除香港、澳门、台湾,其中山东省不包括德州市)(Wang,2017)。该表根据欧盟统计局和联合国统计署公布的供给使用标准框架进行编制,选用基本价格估价(单位为万元人民币),每个区域包括 42 个经济部门,部门分类采用《中国投入产出表——2012》的分类标准。

第四节　流动人口消费的就业效应测算结果分析

一、流动人口在流入地、流出地消费对就业的总体影响

流动人口在北京市共创造了 210 万人/年的就业量,约占全国当年总就业的 1.1%,重点拉动当地的就业为 150.5 万人/年,其中直接就业、间接就业分别为 136.3 万人/年、14.2 万人/年,同时拉动其他地区直接就业、间接就业分

别为 7.5 万人/年、51.8 万人/年。而这部分流动人口对应的流出地共损失了 73.3 万人/年的就业量,其中河北、河南、山东损失量均大于 9 万人/年。行业层面,在流入地消费引致服务业行业的就业足迹最大,达 118.6 万人/年,而农业(4.9 万人/年)、工业(85.7 万人/年)、建筑业(0.7 万人/年)的就业足迹相对较低,而对于流出地而言,主要减少了工业(38.7 万人/年)、服务业(32.3 万人/年)的就业,其次是农业(1.8 万人/年)和建筑业(0.2 万人/年)。可见总体上流动人口在流入地创造的就业量高于流出地减少的就业,差值为 136.7 万人/年。

(一)流动人口消费拉动各地区的就业效应

表 5-1 是 2015 年流动人口在全国 42 个地区的就业足迹。流动人口在流入地消费对北京市当地的就业影响最大,约占当地居民消费拉动总就业的 40.5%,其中解决自身的就业为 57 万人/年,拉动当地居民就业 93.5 万人/年。作为与北京市地理位置邻近的省份和劳动力输出大省的河北省、河南省、山东省、安徽省、黑龙江省的就业减少量相对较大,约占流出地就业减少总量的 61.5%。就流入地、流出地与其他地区通过地区间贸易产生的就业足迹而言,重点影响了东南沿海地区的就业,而在中西部地区的就业驱动能力较弱。流入地就业足迹较靠前的广东省、江苏省和山东省 3 个地区的就业足迹均在 3.5 万人/年以上,而低于 1.0 万人/年的西部经济欠发达地区就业足迹之和占比不足 1.7%,表明流动人口消费间接推动了与流入地进行经济贸易活动地区的就业。由于流入地的就业效应为正而流出地为负,通过计算流动人口消费的净就业效应(流入地增加的就业+流出地损失的就业),发现流动人口在河北省、河南省、山东省等 10 个省份的净就业效应为负,而大多数西部地区的净就业效应为正,这说明流动人口在北京市创造的就业效应一定程度上挤占了其周边人口流动大省的就业贡献,但总量层面上流动人口在流入地创造的就业量仍大于流出地。

表 5-1 2015 年流动人口在各省(自治区、直辖市)的就业足迹

(单位:万人/年)

京津冀 14个城市	流入地	流出地	排名靠前的地区	流入地	流出地	排名靠后的地区	流入地	流出地
北京市	150.5	0.0	广东省	8.4	-0.7	安徽省	1.5	-4.3
天津市	1.1	-0.7	江苏省	4.7	-1.6	湖南省	1.4	-1.2
石家庄市	0.6	-1.2	山东省	3.8	-9.3	内蒙古自治区	1.4	-2.2
唐山市	0.6	-0.4	河南省	3.2	-13.1	吉林省	1.3	-1.9
秦皇岛市	0.2	-0.5	浙江省	3.1	-1.6	江西省	1.3	-1.1
邯郸市	0.3	-1.4	上海市	3.0	-0.1	云南省	1.1	-0.3
邢台市	0.2	-1.0	黑龙江省	2.5	-3.5	重庆市	1.0	-0.7
保定市	0.3	-2.8	辽宁省	2.5	-1.9	广西壮族自治区	1.0	-0.2
张家口市	0.2	-1.5	山西省	2.2	-2.6	贵州省	0.8	-0.2
承德市	0.1	-1.4	福建省	2.2	-1.5	甘肃省	0.7	-1.6
沧州市	0.3	-0.7	湖北省	1.9	-3.1	海南省	0.4	-0.1
廊坊市	0.2	-1.4	陕西省	1.6	-1.6	宁夏回族自治区	0.3	-0.2
衡水市	0.1	-2.6	新疆维吾尔自治区	1.6	-0.2	青海省	0.2	-0.1
德州省	0.3	-0.1	四川省	1.6	-2.7	西藏自治区	0.1	0.0

注:笔者根据就业扩展的多区域投入产出模型计算所得,其中流入地为北京市,负值表示流出地的就业损失。

京津冀城市群是中国打造以北京市为核心的世界级城市群的,详细分析京津冀地区的就业足迹对疏解北京非首都核心功能、解决北京"大城市病"的规划实施具有重要的参考意义(见表 5-1)。北京市流动人口在京津冀其余 13 个城市产生的就业足迹之和仅为 4.5 万人/年,其中天津市为 1.1 万人/年,其次是石家庄市、唐山市,这几座城市是重要的物流集散地和工业重地,这些地区为北京市日常的生产、消费提供了货物和服务保障。然而除了天津市、唐山市、德州市三个城市,其他京津冀城市流动人口的净就业效应均小于 0,这意味着北京市与周边城市存在一定关系的"虹吸效应",表明京津冀其余 13

个城市与北京市之间产业关联、优势互补的局面还未形成,周边城市未来就业发展空间可随着京津冀协同发展战略的实施而扩大。

流动人口在流入地消费对当地及发达的东南沿海地区的就业影响较大、对西部地区影响较小。可能的原因是经济发展水平高的地区,靠近大港口,开放程度、产业集聚度较高,拥有较为完整的产业链,这些地区能够为北京市提供生产和服务,故流动人口消费对这些地区的就业影响较大。而中西部地区,多属于经济欠发达地区或处于经济发展起步阶段,同时受气候、资源、地理位置等先天条件的制约,其产业结构问题突出,服务业发展相对滞后,交通运输条件普遍弱于东南沿海地区,故对北京市生产、消费的支撑作用不足,使得流动人口消费对该地区的就业拉动作用有限。就流动人口在流出地的就业效应而言,流动人口来源规模较大省(自治区、直辖市)的就业受其消费影响较大,可能是因北京市强大的经济地位优势吸引着周边省(自治区、直辖市)的人力资源要素,在一定程度上削弱了这部分流动人口在其户籍所在地的就业贡献。

(二)流动人口拉动的行业就业效应

第一,流入地行业层面的就业分析。表5-2是按照降序排列的行业层面就业足迹。流动人口在流入地的消费对房地产就业的影响最大,为32.3万人/年,其次是食品和烟草、卫生和社会工作、教育,就业足迹分别是32.2万人/年、15.6万人/年和13.5万人/年,说明北京市流动人口在居住、食品和医疗方面的消费对就业的拉动能力最为强劲。通过对其他行业考察发现,流动人口消费对教育,交通运输、仓储和邮政,租赁和商务服务,金融,信息传输、软件和信息技术服务等服务业就业具有重要影响,同时也推动着化学产品、农林牧渔产品和服务等为代表的制造业和农业就业。除居民服务、修理和其他服务与公共管理、社会保障和社会组织两个行业,其他服务业行业的就业足迹占比均大于2%,显著高于农业、绝大部分工业行业的就业足迹,表明流动人口消费对中国服务业就业增长的贡献最大。此外,流动人口在其他制造产品,金属制品、机械和设备修理服务及废品废料等资金密集型、技术密集型行业产生的就业足迹均为 0.2 万人/年以下,几乎可以忽略不计。

表 5-2 2015 年按照降序排列的行业层面就业足迹（单位:万人/年）

行业	流入地	流出地	行业	流入地	流出地
房地产	32.3	-2.5	电气机械和器材	2.5	-1.2
食品和烟草	32.2	-8.1	金属冶炼和压延加工品	1.8	-1.0
卫生和社会工作	15.6	-4.7	居民服务、修理和其他服务	1.7	-0.2
教育	13.5	-11.5	金属制品	1.3	-0.6
交通运输、仓储和邮政	11.4	-4.1	水的生产和供应	1.2	-0.6
租赁和商务服务	9.4	-1.3	通用设备	1.1	-0.6
电力、热力的生产和供应	8.8	-4.4	燃气生产和供应	1.1	-0.3
金融	8.1	-2.0	非金属矿物制品	1.1	-0.6
信息传输、软件和信息技术服务	7.2	-1.0	纺织品	1.0	-1.3
化学产品	6.7	-3.4	仪器仪表	0.9	-0.3
文化、体育和娱乐	6.0	-1.0	水利、环境和公共设施管理	0.9	-0.4
批发和零售	5.4	-1.9	建筑	0.7	-0.2
农林牧渔产品和服务	4.9	-1.8	石油和天然气开采产品	0.7	-0.4
专用设备	4.7	-1.5	石油、炼焦产品和核燃料加工品	0.6	-0.3
煤炭采选产品	4.6	-2.7	木材加工品和家具	0.4	-0.2
造纸印刷和文教体育用品	4.2	-2.4	金属矿采选产品	0.3	-0.2
住宿和餐饮	3.8	-0.5	非金属矿和其他矿采选产品	0.2	-0.1
IT	3.5	-2.2	其他制造产品	0.1	0.0
交通运输设备	3.4	-2.1	公共管理、社会保障和社会组织	0.1	-0.1
科学研究和技术服务	3.2	-1.1	金属制品、机械和设备修理服务	0.1	0.0

续表

行业	流入地	流出地	行业	流入地	流出地
纺织服装鞋帽皮革羽绒及其制品	3.1	-4.2	废品废料	0.1	0.0

注:笔者根据就业扩展的多区域投入产出模型计算所得,IT 为"信息传输、软件和信息技术服务",下同。

第二,流出地行业层面的就业效应。在流出地,教育行业的就业损失量最大,为11.5万人/年,其次是食品和烟草、卫生和社会工作行业,就业量分别减少8.1万人/年、4.7万人/年。除了纺织服装鞋帽皮革羽绒及其制品、纺织品行业,其余各行业的净就业效应均大于零,说明流动人口从流出地到流入地其在衣着方面的消费受到了抑制,而在其他方面的消费总体上促进了各行业的就业,尤其体现在劳动密集型服务业、制造业行业的就业。

可见,流动人口无论是在流入地还是流出地,其消费行为均主要影响了劳动密集型服务业、制造业的就业,对农业、建筑业就业的影响有限。

第三,部分地区重点行业的就业效应分析。为了突出反映流动人口消费在主要地区重点行业的就业效应,以流入地消费为例,选择前3个就业足迹较大的地区展开详细分析(见表5-3),发现流动人口消费在北京市、江苏省、广东省3个地区的行业就业足迹差异较大。具体来看:

表5-3　2015年部分地区重点行业的就业足迹

地区	行业	就业足迹（万人/年）	占该行业总就业足迹的比重（%）
北京市	房地产	31.7	98.3
	食品和烟草	27.6	85.7
	卫生和社会工作	15.3	97.9
	教育	13.0	96.3
	交通运输、仓储和邮政	7.6	66.8

地区	行业	就业足迹 （万人/年）	占该行业总就业 足迹的比重（%）
广东省	通信设备、计算机和其他电子设备	1.2	34.1
	造纸印刷和文教体育用品	1.0	23.8
	电气机械和器材	0.9	36.0
	化学产品	0.8	12.3
	批发和零售	0.4	7.9
江苏省	化学产品	0.6	9.5
	通信设备、计算机和其他电子设备	0.5	14.6
	电气机械和器材	0.3	11.3
	批发和零售	0.2	4.5
	交通运输、仓储和邮政	0.2	2.0

注:笔者根据就业扩展的多区域投入产出模型计算所得。

流动人口在居住、食品、医疗保健、教育及交通出行五个方面的消费对北京市相关行业的就业影响较大,各行业就业足迹占相应行业总就业足迹的比均在65%以上。因北京市高房价和购房政策限制的影响,81.7%的流动人口以租房形式居住,极大地激发了北京市房地产市场的活跃度,增加了对从事房地产市场服务工作人员的需求。同时流动人口的流入对北京市政府财政投入和公共服务提出更高的要求,医疗保健、教育、交通等相关行业需大力发展才能有效满足流动人口的消费诉求。与农业、工业相比,北京市流动人口消费活动对当地服务业就业的贡献最强,而服务业占比高的城市往往拥有比较优越的城市规模,其发展更是依赖城市人口规模产生的知识、技术外溢性,因此,流动人口在流入地的集聚,对当地服务业的发展具有重要推动作用。

通信设备、计算机和其他电子设备及化学产品行业均作为广东省、江苏省经济增长的支柱性(优势)产业,其就业足迹相对较大。此外,拉动广东省造纸印刷和文教体育用品业,江苏省交通运输、仓储和邮政业的就业分别为1.0万人/年、0.2万人/年,也对广东省、江苏省的电气机械和器材、批发和零售行业的就业具有一定的驱动作用。表明北京市流动人口的消费活动在各地区的就业拉动能力存在一定程度的行业异质性,主要拉动了各地区优势产业的就业。

二、流入地流动人口分收入水平、分消费类型的就业效应

进一步以收入水平、消费类型为切入点,分别测算各收入分组下流动人口在流入地的就业足迹及其在八大消费类型上对就业的拉动,以深入分析不同维度下流动人口消费对就业的影响。

(一)不同收入水平下流动人口的就业效应

不同收入水平下的流动人口就业足迹存在较大差异(见表5-4)。最高收入组的人均就业足迹最大,为1.2人/年,即处于最高收入组的流动人口每人年均消费可以带动1.2人/年的就业,但因该组的流动人口规模较小,总体就业足迹只有19.1万人/年。其他各组随收入水平的提升,人均就业足迹呈递增趋势,处于0.1—0.6人/年,意味着收入水平是决定流动人口消费能力的关键因素。而较低收入组所拉动的就业量仅约5.4万人/年,这可能与当前北京市实施积分落户政策择优选择高技能劳动力而限制低技能劳动力有关,同时这部分流动人口的收入水平较低,约束了消费能力,使其对就业的影响很小。

(二)不同消费类型中流动人口的就业效应

流动人口的消费类型对就业拉动存在差异(见表5-4),其中在食品烟酒、居住消费方面的就业促进作用较强,分别拉动58.6万人/年、56.2

万人/年的就业量;其次为医疗保健、教育文化娱乐,分别为 26.9 万人/年、24.5 万人/年;交通通信、其他用品及服务消费方面产生的就业足迹相对较低,分别为 18.5 万人/年、15.1 万人/年;而在衣着、生活用品及服务方面的就业足迹均在 10 万人/年以下,说明当前流动人口以生存型消费为主要生活方式,享受型消费需求存在不足。随着流动人口规模的扩大,其有效需求不足将严重制约中国消费市场的扩大和升级(周明海和金樟峰,2017)①。因此,政府应在后续一段时间内正确引导流动人口提高消费结构、提升消费质量,通过释放流动人口的消费潜力为中国经济高质量发展助力。

表5-4 展示了各消费类型所拉动就业量位列前 5 位的行业。具体而言,食品消费主要拉动了食品和烟草制造的就业,占该消费类型总就业足迹的 53.5%,且主要来自北京市、山东省、河南省等地区供应。食品消费对农林牧渔产品和服务,交通运输、仓储和邮政,批发和零售及化学产品 4 个行业的就业也具有一定的推动作用。流动人口的居住需求极大地促进了北京市房地产就业,为 31.7 万人/年,居住活动也影响着与其相匹配的电力、热力的生产和供应,煤炭采选产品,金融,租赁和商务服务 4 个行业的就业,分别占该消费类型拉动总就业足迹的 12.4%、4.7%、3.5% 和 2.2%,且主要由北京市、广东省、山东省等地区供应。此外,流动人口在医疗保健方面的消费拉动卫生和社会工作、专用设备 2 个行业的就业,教育文化娱乐方面的消费拉动教育,文化、体育和娱乐 2 个行业的就业,其就业足迹分别为 12.9 万人/年、5.2 万人/年。而其他消费类型对各行业的就业拉动相对较弱。

---

① 周明海、金樟峰:《长期居住意愿对流动人口消费行为的影响》,《中国人口科学》2017 年第 5 期。

表 5-4　2015 年不同消费类型所拉动重点行业的就业足迹

（单位:万人/年）

消费类型	行业	就业足迹	消费类型	行业	就业足迹
食品烟酒	食品和烟草	31.7	衣着	纺织服装鞋帽皮革羽绒及其制品	1.9
	农林牧渔产品和服务	4.4		纺织品	0.4
	交通运输、仓储和邮政	3.2		化学产品	0.2
	批发和零售	2.8		交通运输、仓储和邮政	0.1
	化学产品	2.3		批发和零售	0.1
居住	房地产	31.4	生活用品及服务	化学产品	1.4
	电力、热力的生产和供应	7.0		居民服务、修理和其他服务	0.6
	煤炭采选产品	2.7		电气机械和器材	0.5
	金融	2.0		非金属矿物制品	0.4
	租赁和商务服务	1.2		金属制品	0.4
交通通信	信息传输、软件和信息技术服务	5.8	教育、文化和娱乐	教育	12.9
	交通运输、仓储和邮政	5.6		文化、体育和娱乐	5.2
	交通运输设备	1.9		造纸印刷和文教体育用品	1.8
	通信设备、计算机和其他电子设备	1.8		交通运输、仓储和邮政	0.4
	金融	0.4		化学产品	0.4
医疗保健	卫生和社会工作	15.2	其他用品及服务	租赁和商务服务	4.9
	专用设备	4.1		金融	3.1
	化学产品	1.3		住宿和餐饮	2.0
	批发和零售	0.7		居民服务、修理和其他服务	0.6
	交通运输、仓储和邮政	0.5		造纸印刷和文教体育用品	0.5

注:笔者根据就业扩展的多区域投入产出模型计算所得。

(三)在不同收入水平下流动人口各消费类型的就业效应

从表 5-5 可以看出,不同收入水平下流动人口消费结构对就业的拉动能力有所差异,但多以食品烟酒、居住的就业足迹为主;随着收入水平的上升,食品烟酒、居住、医疗保健等必需型消费拉动就业的比重呈下降趋势,而教育、文化、娱乐和交通通信等非必需型产品消费的就业足迹有所扩大。而生活用品及服务消费的就业足迹占比较小,可能的原因是流动人口出于预防性储蓄动机和流动性的考虑,缺乏对耐用品的消费。近年来,随着新生代流动人口在受教育程度、收入水平、生活品质等方面的不断提升(陈明星等,2018)[①],未来流动人口消费具有后发优势,是后续一段时间内通过消费扩大就业的主要力量之一。

表 5-5 2015 年不同收入水平下流动人口的就业
足迹及其消费结构拉动就业的比重 (单位:%)

消费类型	较低收入	中低收入	中等收入	中高收入	较高收入	最高收入
总就业足迹(万人/年)	5.4	31.7	50.2	56.2	47.5	19.1
人均就业足迹(人年)	0.1	0.1	0.2	0.3	0.6	1.2
食品烟酒	33.4	32.2	31.8	28.5	24.3	16.3
衣着	1.6	1.2	1.4	1.5	2.3	3.4
居住	24.8	24.6	27.9	29.8	28.2	15.3
生活用品及服务	2.9	1.9	3.0	3.1	3.6	4.0
交通通信	5.6	7.0	8.7	4.7	11.5	18.3
教育、文化和娱乐	8.9	6.4	5.4	10.9	14.5	32.6
医疗保健	15.9	20.6	14.2	14.4	7.9	2.9
其他用品及服务	6.8	6.1	7.5	7.1	7.6	7.2

注:笔者根据就业扩展的多区域投入产出模型计算所得。

---

① 陈明星、郭莎莎、陆大道:《新型城镇化背景下京津冀城市群流动人口特征与格局》,《地理科学进展》2018 年第 3 期。

目前中国经济增长速度放缓,激发国内消费市场活力助推经济持续增长已成为必然选择,流动人口则是国内消费市场的重要组成之一。本章将流动人口消费数据库、就业数据库与表征宏观经济的多区域投入产出表进行衔接,形成一个专门针对特定流动人口居民消费与宏观经济匹配的数据模型,以就业足迹作为量化直接和间接就业效应的指标,运用列昂惕夫需求驱动模型重点测算2015年北京市流动人口在当地及其流出地的就业足迹,从地区层面、行业层面、消费类别、收入水平等多个维度量化了流动人口的就业效应,为地方稳定就业和促进经济高质量发展提供了实质性支撑。主要研究发现:

(1)流动人口在流入地消费对就业的影响远大于流出地。总体上,北京市流动人口消费在流入地增加的就业量为210万人/年,重点拉动当地的就业拉动150.5万人/年(71.7%),约占北京当地居民消费拉动总就业的40.5%,而对京津冀其他13个城市的拉动作用有限(4.5万人/年,2.1%),表明流动人口重点促进了流入地的就业。对其他省份而言,流动人口消费主要拉动了东南沿海地区的就业,对广东省、江苏省就业拉动之和占总就业足迹的6.2%,而整个西北五省的就业足迹均不到2%。然而,流出地减少的就业量为73.3万人/年,与流入地地理位置邻近省(自治区、直辖市)和劳动力输出大省的就业损失量较大。

(2)流动人口消费的行业就业足迹差异较大。流动人口无论是在流入地还是流出地消费都主要影响了劳动密集型行业的就业,尤其体现在服务业和食品制造业方面,而对农业、建筑业的影响相对较小。除了流动人口在流入地消费对房地产行业的就业影响最大(32.3万人/年),流动人口在流入地、流出地消费对各行业就业的影响存在相似性,均对食品烟草、卫生和社会工作及教育3个行业的影响较大,而对仪器仪表、采矿业等技术密集型、资金密集型行业的就业拉动不够敏感。此外,流动人口在不同地区的就业足迹存在行业异质性,重点拉动了各地区优势行业的就业。

(3)流动人口以生存型消费就业足迹为主,其收入水平影响消费的就业效应。流动人口在食品、居住等生存型方面的消费对就业的拉动作用较强,说明其收入中的较大部分主要用于生存型消费支出,而其他生活用品及服务等享受型消费支出还存在上升的强大势能,后者是引导流动人口优化消费结构、促进就业的主要方向,也是促进制造业、服务业拉动就业最具潜力的因素。此外,不同收入水平下流动人口的人均就业足迹存在显著差异,其中最高收入组最大为 1.2 人/年;而较低收入组仅约为 0.1 人/年,说明流动人口的收入越高,其消费结构更趋于优化,对就业的拉动能力也逐步增强。因此,收入水平是影响流动人口消费结构、消费模式的关键因素,提升流动人口的收入水平有助于将消费模式由生存型转变为享受型,从而增大消费的就业效应。

当前中国流动人口的基数仍然很大,上述结论不仅从释放流动人口有效需求的新视角给予中国扩大就业重要政策启示,而且对于北京非首都功能疏解及京津冀都市圈发展具有重要的政策含义。

第一,充分利用流动人口在流入地的就业效应,疏解北京市流动人口就业密集型产业。北京市流动人口消费创造的就业中 70% 以上发生在当地,占当地居民消费就业足迹的 40% 以上。这充分证明疏解非首都功能的重点之一是实施引导流动人口合理流向京津冀其他区域的政策措施。根据京津冀协同发展战略和国家更加有效地建立区域协调发展新机制的要求,结合本章结论,流动人口的直接就业效应主要集中于服务业和食品制造业等劳动密集型行业,重点可以关注食品制造、教育、医疗卫生、交通运输和仓储等具体行业向天津市、河北省等 12 个城市转移,通过"人随产业走",将北京市流动人口消费在其他地区有限的间接就业效应转变为以流动人口流入地为主的直接就业效应。以流动人口居住消费就业足迹最大的"房地产"行业为例,服务业和食品行业的转移带动流动人口随行业的迁移,流动人口的居住需求相应地从北京转移到其他地区,居住需求的转移带动了其他地区房屋、基础设施建设等的开发,以及转让房地产开发项目后进行的销售、出租房屋等活动;相应地带动物业管理、房地产中介服务、居住的租赁以及各种与居住相关的辅助性服务活动的发展和相应的就业。

第二,发挥中等收入和高收入流动人口消费足迹优势,充分释放流动人口有效需求。通过全面放开京津冀其他地区的户籍制度、突破户籍与公共服务挂钩的限制、社会保障等方面的工作,出台一系列吸引人口流入的政策,有利于吸引流动人口向京津冀其他区域移动,尤其是吸引中低收入、中等收入、中高收入等对居住、教育、医疗等具有强烈需求的流动人口。这样不仅可以充分发挥流动人口在食品、居住等生存型消费对就业的强劲拉动作用,为当地消费和就业市场注入新的活力;各个城市还可以积极调整产业结构、大力培育服务业发展新动能以适应流动人口消费需求的变化,进而充分发挥流动人口消费的就业效应,即利用地区产业转型和引进先进的技术,推动产业聚集,进一步提高流动人口等优秀人才的收入水平,扩大流动人口对教育、医疗、旅游等享受型服务产品的需求,进而优化流动人口的消费结构,激发相应的制造业和服务就业的直接与间接等有效需求潜力。

此外,当前流动人口主要以食品、居住等生存型消费为主,而在生活用品及服务、其他用品及服务等享受型消费相对不足,对流动人口的健康发展和解决流入地充分就业极为不利。因此,京津冀各地区还应该创造有利条件增加公共产品和服务供给,如将流动人口纳入当地公租房、医疗卫生服务、养老、子女教育等保障范围,对降低流动人口预防性动机、优化消费结构、释放消费潜力具有重要作用,也是保障京津冀其他地区就业的关键所在,同时在一定程度上支撑了北京非首都功能的疏解。

综合来看,从流动人口有效需求角度来考虑北京非首都功能疏解和京津冀城市群的发展,不仅可以直接缓解北京交通拥堵、居住困难、环境恶化、物价过高、资源紧张等"大城市病"症状;还可以通过重点行业向其他城市的聚集,输出北京市先进的技术和人才优势,带动京津冀其他地区优先发展这些行业,再辅助相关的配套设施和基础设施建设,促进产业支撑,进而形成良好的市场机制,进一步带动城市全方位建设,提升城市发展水平,缩小京津冀地区发展不平衡的问题,真正形成以北京市和天津市为核心、打造京津冀城市群成为国家新的增长极,满足国家京津冀协同发展战略和更加有效地建立区域协调发展新机制的要求。

第六章 流动人口消费的
经济效应核算

第一节 大规模流动人口消费的经济意义

　　增强居民消费需求是构建国内经济大循环、促进经济增长的主要抓手。一直以来,我国居民消费需求偏低是内需不足的重要原因,尽管近年来呈现回升态势,但受新冠疫情的影响,居民可支配收入受到明显冲击、消费意愿下降成为制约经济可持续增长的重要因素。我国政府也相继出台一系列复苏消费的政策举措,旨在盘活生产活力、稳定国民经济大盘,但在引导居民充分释放消费潜力方面仍面临诸多困难。2021 年占中国居民 27.1%的流动人口作为我国居民消费主体的重要组成部分,对扩大内需政策的高效实施、打通经济循环堵点等至关重要。通常城镇居民和农村居民的消费模式较为稳定,而流动人口在从农村流入城市、从欠发达城市流入发达城市的过程中,其收入水平、消费模式等均会发生改变。那么在当前通过大力提振消费促进经济增长的关键时期,释放流动人口消费潜力的难点和痛点是什么? 其消费活动如何影响经济增长? 这些都是扩大内需政策实施过程中亟待解决的问题。然而,破解上述问题的关键在于准确认识流动人口的消费现状,深挖其消费活动对经济产生影响的主要特征,并寻求其释放消费潜力的可能路径。鉴于此,本章聚焦流动人口消费,探究其消费活动对经济的驱动作用,以期为增强有效需求和畅通内循环各环节建言献策。

第二节 流动人口消费问题的研究进展

关于流动人口消费相关问题的研究,按照研究视角可划分为微观和宏观两大类。其中微观层面讨论流动人口的消费特征及其影响因素是现有研究的主要方向,流动人口个体消费主要呈现出消费弹性较低(梁文泉,2018)、消费结构不合理(Chen 等,2015)和消费意愿不足(Chen,2018)的特征。研究表明,收入水平是影响流动人口消费的关键因素(王韬和毛建新,2015)[1],同时提升流动人口在医疗保险(郝演苏等,2022)[2]、社会保障(张华初和刘胜蓝,2015)等公共服务方面的可获得性有助于释放其消费潜力。此外,长期居留意愿(周明海和金樟峰,2017)对流动人口消费水平具有显著影响,提高公共服务质量能够促进流动人口的定居意愿,进而拉动消费并促进经济增长(李伟,2022)[3]。与此相反,尹志超等(2020)[4]认为,收入波动、失业风险、医疗健康等不确定性不会影响流动人口消费。

宏观视角探讨流动人口消费问题的研究尚处于起步阶段。国务院发展研究中心课题组等(2010)[5]表明农民工市民化有助于扩大居民消费,从而促进

---

[1] 王韬、毛建新:《流动人口家庭与城镇家庭的消费差异——基于分位数回归的分析》,《人口与经济》2015 年第 4 期。

[2] 郝演苏、周佳璇、张建伟:《医疗保险、市民化与农业转移人口消费》,《经济社会体制比较》2022 年第 1 期。

[3] 李伟:《公共服务获得与居民消费——基于流动人口微观视角的分析》,《山西财经大学学报》2022 年第 7 期。

[4] 尹志超、刘泰星、张诚:《农村劳动力流动对家庭储蓄率的影响》,《中国工业经济》2020 年第 1 期。

[5] 国务院发展研究中心课题组、刘世锦、陈昌盛等:《农民工市民化对扩大内需和经济增长的影响》,《经济研究》2010 年第 6 期。

经济增长,这与雷潇雨和龚六堂(2014)[①]研究东部城市提升农民工福利水平能够促进消费的结论一致。此外,程杰和尹熙(2020)[②]通过模拟流动人口消费弹性变化估算了未来市民化政策带来的直接消费规模,但其忽视了生产系统各部门为满足流动人口消费活动进行生产时所引致的间接经济影响,可能会低估流动人口消费活动创造的经济贡献。可见,微观视角讨论流动人口消费问题的局限是无法对日趋复杂的消费活动进行概括,并易受样本选择偏差的影响,研究结论易出现不一致性,同时现有宏观视角的研究未能呈现流动人口消费活动影响经济的可能路径和确切数目,这不利于顶层设计实施扩大内需政策的精准判断。为此,本书重点关注宏观层面流动人口的消费活动,试图运用恰当的量化工具寻找流动人口消费潜力释放的突破点。

投入产出分析为准确量化流动人口消费的经济贡献提供了科学方法。流动人口消费所需的货物和服务不仅影响生产系统中的最终生产部门,也对参与货物和服务生产过程的中间部门具有重要影响(王亚菲等,2020),这是一个由流动人口最终消费活动诱发生产部门在利益最大化条件下创造直接新增价值和间接新增价值的复杂过程。然而,投入产出分析中的列昂惕夫需求驱动模型恰好能够测算为满足研究对象所需货物和服务生产过程创造的直接和间接增加值(Leontief,1936),故本书尝试运用该模型从多个维度系统测算流动人口消费对经济增长的驱动作用。

为弥补上述不足,本书基于有效需求理论,厘清流动人口消费需求促进经济增长的理论机制,充分发挥最新的第七次全国人口普查(以下简称"七普")数据和反映流动人口消费、购买活动的微观调查数据优势,借助多区域投入产出模型在省级、部门层面能够清晰刻画研究对象消费活动拉动经济增长的优

① 雷潇雨、龚六堂:《城镇化对于居民消费率的影响:理论模型与实证分析》,《经济研究》2014 年第 6 期。

② 程杰、尹熙:《流动人口市民化的消费潜力有多大? ——基于新时期中国流动人口消费弹性估算》,《城市与环境研究》2020 年第 1 期。

良性质(Malik 等,2019),对 2020 年各省流动人口消费拉动的增加值进行全面量化。继而,为寻求"十四五"时期释放流动人口消费潜力的可能路径,基于"十四五"时期城镇化、市民化和主要经济增长目标设置了三种情景路径,评估了 2021—2025 年流动人口的消费规模及经济效应。

第三节 流动人口消费驱动经济增长的研究框架设计

一、理论机制

供给创造需求,需求牵引供给,有效需求理论为探讨流动人口消费的经济效应提供了理论支撑。流动人口主要通过消费总量、消费结构变化作用于生产系统,进而影响经济增长。其中流动人口需求总量扩张促使生产部门的非计划库存呈现下降,推动生产部门增加人力、物力投入以扩大生产规模,最终引起总产出增加的变动过程;反之,则相反。此外,在流动人口的消费过程中,因收入水平、消费环境等因素的变化促使其所消费货物和服务的比例发生改变,最终引致生产部门生产结构和规模发生变动,该过程是由流动人口消费类型变动引发生产系统的连锁反应。如较高层次消费需求引起生产部门之间连锁传导的有效需求链较长,对整个社会生产的促进作用较强,即消费支出的乘数效应愈发强劲,最终引致经济增长的变动也越大(谢伏瞻等,2021)①。因此,流动人口消费总量或消费结构变化引发的生产连锁反应,均可归结于最终需求引致生产部门通过一系列中间生产环节对经济增长产生拉动或抑制的错综复杂的传导过程。

流动人口消费创造增加值的过程主要体现在两个方面:(1)为满足流动

---

① 谢伏瞻、马建堂、洪银兴等:《中国共产党与中国特色社会主义政治经济学——庆祝中国共产党成立一百周年笔谈》,《经济研究》2021 年第 6 期。

人口的最终消费需求,最终消费品生产部门需扩大生产规模、增加初始投入和中间投入以扩充产出,该生产过程创造的新增价值为直接增加值;(2)最终消费品的生产过程需要大量中间投入,中间产品投入增加要求其他中间生产部门扩大生产规模,加大劳动力、资金和原材料的投入数量,这是一个错综复杂的经济产出累加过程,该过程会创造更多的新增价值,称为间接增加值。因此,流动人口消费活动拉动的经济效应是直接增加值与间接增加值的合计,这是一个由流动人口消费需求驱动生产部门、生产过程创造增加值的复杂过程。

二、测度框架

(一)流动人口消费规模的测算

一是人均消费水平。以本书第四章第二节构建的流动人口消费数据库为基础,测算流动人口的人均消费水平。具体步骤为:(1)将2018年中国流动人口动态监测调查数据中每个地区样本的总收入进行升序排列,继而按照收入分位点得到各省流动人口的六组收入区间;(2)参照《居民消费支出分类(2013)》计算中国家庭金融调查数据库中各省六大收入区间下八大消费类型的人均消费支出,继而将流动人口的总支出扣除食品、居住的余数与运用中国家庭金融调查计算得到的其余六类消费结构进行类比,最终得到各省六大收入水平下流动人口的八大类人均消费支出。

二是消费总量。考虑到"第七次人口普查"数据采用系列新技术方法加强了整个调查全过程的质量控制,漏登率大幅降低,能够真实反映中国人口的数量和结构。本书利用"第七次人口普查"调查对流动人口规模、分布结构等信息准确刻画的优越性,对2020年流动人口消费的经济效应进行测算。因缺乏2020年的中国流动人口动态监测调查数据,本书尝试分别对2018年和2020年各省居民人均消费结构、消费总量及其驱动的增加值进行了全面测算,对比分析发现,不论是人均层面的消费结构还是总量层面的人口分布特征,2018 年和 2020 年的数值结果均较为接近。因此,本书假定 2018 年与 2020 年同一地区同一收入水平的流动人口分布在短期内保持稳定,其在八大消费类型方面的消费结构也基本不变。具体步骤为:(1)采用各省份流动人口的收入水平作为拆分基准,将 2020 年各省"第七次人口普查"公报中的流动人口规模数据进行拆分,得到各省份不同收入水平的流动人口总量数据;(2)借助 2018—2020 年相应省份居民在八大消费类型方面的人均消费支出增长率,乘以流动人口人均消费支出数据,继而与 2020 年各省六大收入水平下的流动人口数据相乘,最终得到各省 2020 年六大收入水平下流动人口在八大消费类型方面的消费支出总数。

(二)扩展的多区域投入产出模型

因投入产出分析能够捕获经济系统内各部门产品间复杂的相互依赖关系,是分析经济结构变动的科学方法(Leontief,1970)①。其中列昂惕夫需求驱动模型是分析研究对象消费活动拉动经济增长的有效工具,能够反映某一地区或某一部门最终需求拉动上游生产累积创造的全部新增价值(Leontief,1951)。考虑到多区域投入产出表不仅能够体现不同地区、不同部门之间复杂的贸易联系,还能够区分来自不同地区进口产品的生产技术差异,有助于提高地区间贸易引致经济效应的分析精度(Malik 等,2019)。因此,本书将各省各部门增加值作为多区域投入产出表的卫星账户,以流动人口的消费活动作为研究对象,构建扩展的多区域投入产出模型分析流动人口最终消费需求引致的叠加经济效应,以期探讨未来流动人口发展、扩大内需政策的实施要点。

利用各省各部门的增加值作为卫星账户,可获得相应部门单位产出直接创造的增加值 v:

---

① Leontief,W., Environmental Repercussions and the Economic Structure:An Input – Output Approach,*The Review of Economics and Statistics*,Vol. 52,No.3,1970.

$$v = \frac{V}{X} \tag{6-1}$$

式（6-1）中，v 又称增加值率；V 包括多区域投入产出表各省各部门初始投入中固定资产折旧、劳动者报酬、生产税净额和营业盈余四部分的合计；X 为总产出。继而根据列昂惕夫需求驱动模型 $[\ X = (I - A)^{-1} Y = LY\ ]$ 构建扩展的多区域投入产出模型：

$$V = v\,(I - A)^{-1}Y = vLY = mY \tag{6-2}$$

式（6-2）中，$m = vL = v\,(I - A)^{-1}$ 为增加值乘子，表示为生产单位最终需求而创造的全部增加值（直接增加值、间接增加值之和），表征为生产单位最终消费品，整个经济系统中复杂供应链的增加值分布情况；I 为单位阵；A 为直接消耗系数矩；L 为列昂惕夫逆矩阵；此处 Y 专门指流动人口的消费矩阵。因流动人口消费类型是依据《居民消费支出分类（2013）》中的消费目的进行的分类，包括食品和烟酒、衣着等八个大类，而多区域投入产出表中的经济部门按照产品生产分类而编制，包括农林牧渔产品和服务、煤炭采选产品等 42 个部门。为了将 Y 矩阵与多区域投入产出表匹配起来，本书借鉴斯蒂恩—奥尔森等（Steen-Olsen 等，2016）的做法，以多区域投入产出表中原有的最终需求矩阵为参照，通过构建能够实现分类转化的"二元协调矩阵"将流动人口的消费矩阵与多区域投入产出表建立联系，并按照最终需求矩阵中居民消费的部门分布比例将流动人口的消费数据与多区域投入产出表的经济部门衔接起来（Song 等，2019）。本书所使用的多区域投入产出表源于"中国多区域投入产出数据库"，其参考 2017 年《中国统计年鉴》的行政区划构建包含 31 个省份（除香港、澳门和台湾地区）的多区域投入产出表（Wang 等，2017）。

（三）情景模拟设计

为寻求"十四五"时期释放流动人口消费潜力、促进经济增长的突破口，本书充分利用现有丰富的数据资料，全面考察 2021—2025 年流动人口数量规模变化、城镇化进程推动的影响,以及流动人口发展政策三个主要方面,设定基准情景、城镇化情景和市民化情景,借助扩展的多区域投入产出模型估算不同情景下流动人口的消费潜力及其拉动的增加值。

关于流动人口数量和消费水平在不同情景中的参数设定,本书借鉴各省(自治区、直辖市)"十四五"时期主要发展目标和相关研究成果(方福前,2021)①。具体而言:(1)基准情景中,2021—2025年的流动人口数量以"第六次人口普查""第七次人口普查"数据中流动人口数量的年均增长率推算得到,同时流动人口消费水平与2020年持平。(2)城镇化情景中,假定流动人口增长率与相应年份的城镇化增长率一致,以城镇化率将在2025年达到65%为目标,进而采用2005—2020年城镇化率趋势外推得到2021—2025年的城镇化率,而消费水平以2018—2020年各省居民人均消费增长率的平均值进行估算。(3)市民化情景中,流动人口数据以"第六次人口普查""第七次人口普查"数据中流动人口规模的年均增长率进行推算,并根据《流动人口发展报告(2018)》中每年2000万人的速度设计了流动人口实现市民化的规模;流动人口消费增长率以2018—2020年各省居民人均消费增长率的平均值进行估算,同时利用2018—2020年各省城镇居民人均消费水平及其增长率的平均值估算出流动人口市民化后的消费水平。此外,考虑到"十四五"时期经济增长和产业结构会发生变化,本书进一步根据各地区制定的"十四五"时期经济增长和产业发展目标数据,对产业结构和增加值增长率进行了调整。其中2021年各省(自治区、直辖市)对应部门的增加值采用国家和地区统计局公布的实际数值,2022—2025年增加值增长率根据各省(自治区、直辖市)制定的2022年地区生产总值增长目标和"十四五"经济发展目标进行设定。

---

① 方福前:《中国居民消费潜力及增长点分析——基于2035年基本实现社会主义现代化的目标》,《经济学动态》2021年第2期。

第四节　流动人口消费的经济
效应测算结果分析

一、2020 年流动人口消费的经济效应

本书基于"第七次人口普查"、中国流动人口动态监测调查数据和中国家庭金融调查数据,通过构建扩展的多区域投入产出模型,对 2020 年 31 个省(自治区、直辖市)流动人口消费拉动的增加值进行了量化评估。结果表明,2020 年流动人口的消费体量达 9.7 万亿元(占全国居民消费总量的 25.0%),其拉动的增加值超过 8.3 万亿元(占 GDP 比重为 8.2%),可见流动人口对扩大内需、构建内循环经济发展模式至关重要。

(一)分省、分部门的经济效应

一是省级层面经济效应。经济发展水平越高或人口规模较大省(自治区、直辖市)的流动人口消费对当地经济的贡献更突出(见表 6-1)。广东省的经济效应最大(近 1.4 万亿元)。广东省拥有全国规模最大的流动人口(5202.6 万人,占流动人口总量的 13.9%),大规模跨省人口流入极大地为当地消费市场扩张注入新的活力,同时广东省整体偏高的收入水平也为流动人口消费潜力的释放提供了基础保障。其次是增加值均高于 0.4 万亿元的浙江省、江苏省、山东省、河南省和四川省。其中浙江省、江苏省属于东南沿海经济发展最具代表性的省份,其高度发达的民营经济为流动人口提供了充沛的就业岗位和较高的工资性收入,吸引大量中西部地区和邻近省份人口的跨省流入,是推动当地经济持续增长的重要引擎。而山东省、河南省、四川省属于人口大省,省内人口向经济中心城市集聚是推动当地城镇化和经济增长的主要原因。

表 6-1　2020 年省级层面流动人口消费拉动的增加值及其比重

地区	增加值（亿元）	比重（%）	地区	增加值（亿元）	比重（%）
北京市	2270.1	2.7	湖北省	3024.5	3.6
天津市	673.9	0.8	湖南省	2685.8	3.2
河北省	2764.7	3.3	广东省	13562.9	16.3
山西省	1632.3	2.0	广西壮族自治区	1730.4	2.1
内蒙古自治区	1707.8	2.0	海南省	571.7	0.7
辽宁省	2155.6	2.6	重庆市	1222.3	1.5
吉林省	1570.0	1.9	四川省	4682.6	5.6
黑龙江省	1831.0	2.2	贵州省	1726.1	2.1
上海市	3051.5	3.7	云南省	2107.8	2.5
江苏省	5238.0	6.3	西藏自治区	57.8	0.1
浙江省	5634.0	6.8	陕西省	2034.1	2.4
安徽省	3306.6	4.0	甘肃省	1084.1	1.3
福建省	3449.7	4.1	青海省	323.6	0.4
江西省	2054.0	2.5	宁夏回族自治区	479.4	0.6
山东省	4760.3	5.7	新疆维吾尔自治区	1555.8	1.9
河南省	4420.6	5.3	合计	83369.1	100

注:笔者根据扩展的多区域投入产出模型计算所得。表中"比重"指各省(自治区、直辖市)流动人口消费拉动的增加值占所拉动全部增加值的比重。

　　另外,上海市、安徽省、福建省、湖北省的增加值也呈现一定规模(介于 0.3 万亿—0.4 万亿元),意味着流动人口在当地发挥消费的基础性作用和形成较大市场规模过程中扮演着举足轻重的角色。而对于大多数西部省份和部分中部经济欠发达省份,流动人口消费并未对当地经济发展产生较大影响,可能是受限于当地就业需求、薪资待遇等因素的影响,流动人口规模较小,导致其对当地消费扩容提质的贡献有限。总体上,因地区间产业结构、就业环境和收入水平等存在较大差异,各省流动人口消费的经济效应具有较大的空间异质性,使人口流动引致经济效应的地区不平衡现状突出。

二是部门层面经济效应。流动人口的消费活动为服务业大力发展孕育了新动能(见表6-2)。流动人口消费对批发和零售部门影响最大,共创造 2.3 万亿元(28.0%)的增加值,占该部门增加值总量的 24.4%。批发和零售部门作为支撑社会消费品零售的中流砥柱,覆盖了所有货物和服务的流通活动,流动人口全部的消费活动与该部门密切关联。住宿和餐饮(0.4 万亿元)、金融(0.3 万亿元)两部门的增加值也具有一定规模,表明流动人口食、住支出比例较大,是未来流动人口政策实施的主要靶点,解决好流动人口的居住问题等同于解决了高质量城镇化建设的核心问题;在大规模流动人口消费推动生产、流通部门快速发展的过程中,伴随的资金流规模也相应地扩大,极大地增加了金融系统储蓄和资产业务的体量。随着近年来流动人口就业环境、社会保障体系的不断完善,同时在新兴消费模式发展、共享经济快速推广的作用之下,未来流动人口消费将继续促使服务业快速扩张。

表6-2 2020 年部门层面流动人口消费拉动的增加值及其比重

行　业	增加值 (亿元)	比重 (%)	行　业	增加值 (亿元)	比重 (%)
1. 农林牧渔产品和服务	9104.2	10.9	22. 其他制造产品	34.1	0.0
2. 煤炭采选产品	992.9	1.2	23. 废品废料	491.2	0.6
3. 石油和天然气开采产品	641.5	0.8	24. 金属制品、机械和设备修理服务	545.2	0.7
4. 金属矿采选产品	428.0	0.5	25. 电力、热力的生产和供应	2920.5	3.5
5. 非金属矿和其他矿采选产品	463.8	0.6	26. 燃气生产和供应	98.0	0.1
6. 食品和烟草	8520.4	10.2	27. 水的生产和供应	139.1	0.2

行　业	增加值（亿元）	比重（%）	行　业	增加值（亿元）	比重（%）
7. 纺织品	1641.5	2.0	28. 批发和零售	23323.2	28.0
8. 纺织服装鞋帽皮革羽绒及其制品	967.3	1.2	29. 交通运输、仓储和邮政	1365.0	1.6
9. 木材加工品和家具	251.3	0.3	30. 住宿和餐饮	4040.7	4.8
10. 造纸印刷和文教体育用品	2258.5	2.7	31. 信息传输、软件和信息技术服务	549.5	0.7
11. 石油、炼焦产品和核燃料加工品	2120.9	2.5	32. 金融	3040.6	3.6
12. 化学产品	1098.1	1.3	33. 房地产	1958.9	2.3
13. 非金属矿物制品	526.2	0.6	34. 租赁和商务服务	1606.7	1.9
14. 金属冶炼和压延加工品	4771.0	5.7	35. 科学研究和技术服务	145.5	0.2
15. 金属制品	359.9	0.4	36. 水利、环境和公共设施管理	71.8	0.1
16. 通用设备	1924.4	2.3	37. 居民服务、修理和其他服务	501.8	0.6
17. 专用设备	782.1	0.9	38. 教育	1665.9	2.0
18. 交通运输设备	651.4	0.8	39. 卫生和社会工作	1073.9	1.3
19. 电气机械和器材	489.6	0.6	40. 文化、体育和娱乐	419.3	0.5
20. 通信设备、计算机和其他电子设备	830.9	1.0	41. 公共管理、社会保障和社会组织	513.6	0.6
21. 仪器仪表	40.5	0.0			

注：笔者根据扩展的多区域投入产出模型计算所得。

其次，流动人口消费为激发制造业活力创造了新机遇。流动人口消费拉动的制造业增加值（2.8 万亿元）（34.0%）占该部门当年增加值总量的 10.6%，意味着流动人口的消费活动对制造业的大力发展具有重要的促进作用。其中消费重点拉动的食品和烟草、金属冶炼和压延加工品部门的增加值分别为0.9万亿元(10.2%)、0.5万亿元(5.7%),拉动其余制造部门增加值合计为1.4万亿元。制造业相关部门在整个国民经济产业链上处于核心位置,是满足流动人口日常消费活动的关键部门。总体上,流动人口作为劳动力主体参与制造业相关生产活动的同时,其天然的消费属性亦成为流入地制造业扩张的重要驱动力。

流动人口消费对能源系统发展(3.8%)和其他服务业部门(2.7%)的拉动作用相对有限。前者可能与能源部门的刚性生产供给有关,后者主要是流动人口的消费结构中对非必需型服务的需求存在不足。在大多数地区,受管理制度的限制,流动人口无法享受流入地的子女教育、社会保障等公共服务,在一定程度上抑制了其消费潜力的释放,不利于通过发挥消费扩大国内需求市场、加速构建内循环的基础性作用。未来随着流动人口消费结构的优化升级和公共服务体系的逐步健全,服务型消费将成为驱动经济发展的主要增量来源,也是助推现代服务业高质量发展的强有力支撑。此外,流动人口拉动农林牧渔产品和服务部门的增加值为0.9万亿元(10.9%),表明当前流动人口的消费层次具有较大的提升空间。

(二)分收入水平和消费类型的经济效应

壮大中、高收入群体规模,提升创收能力是充分发挥流动人口消费潜力和实现共同富裕目标的根本途径(见表6-3)。较高收入组流动人口消费拉动的增加值最大(占比为28.5%),中高收入组(27.5%)和中等收入组(23.6%)次之。其中,后两组流动人口规模大于较高收入组,通常更易于通过刺激消费、扩大内需等政策增强其经济效应,但目前受收入水平的限制,其消费活动对经济的拉动作用弱于前者。总体上看,处于这三组收入水平的流动人口是共同富裕"基本盘"的主要组成部分,具有较强的消费意愿和较稳定的收入来源,其消费活动所产生的经济效应也更具有可持续性,是增强社会有效需求重要力量。

表6-3　2020年不同收入水平下流动人口的经济效应及其消费结构拉动的增加值

(单位:亿元)

消费类型	较低收入	中低收入	中等收入	中高收入	较高收入	最高收入
增加值总量	639.1	7263.8	19694.0	22957.0	23725.8	9089.4
人均增加值(元/人)	8344.1	11868.8	16951.4	22564.0	33202.5	50934.5
食品和烟酒	267.5	2971.9	7893.8	8196.6	7348.6	2503.1
衣着	28.7	338.1	986.2	1174.3	1290.2	561.1
居住	164.6	1890.2	4935.1	5961.0	6148.3	2065.0
生活用品及服务	34.3	364.2	1040.7	1235.6	1529.7	708.2
交通和通信	43.5	477.1	1240.2	1771.6	1972.0	875.9
教育、文化和娱乐	44.2	561.6	1677.8	2208.4	2298.8	979.3
医疗保健	31.7	363.3	1033.5	1337.6	1754.7	702.2
其他用品及服务	24.5	297.4	886.8	1071.8	1383.4	694.5

注:笔者根据扩展的多区域投入产出模型计算所得。

人均增加值印证了收入水平越高,消费对经济拉动的基础性作用越强的结论。最高收入组人均增加值最大(5.1万元),分别是其他从低到高收入组的6.1倍、4.3倍、3.0倍、2.3倍和1.5倍,尽管该组流动人口数量占比仅为4.7%,但其拉动的增加值占比高达10.9%。表明收入水平越高的流动人口,其消费活动越发不受制度壁垒的牵制,个体层面的消费总量往往较大。较低收入组流动人口对经济的贡献微乎其微(0.8%),尽管其具有强烈的消费意愿,但因支付能力有限,难以形成大规模的有效需求。因此,社会各界应该重视流动人口内部收入差距过大可能制约消费倾向提升和限制改善低收入群体收入水平、消费能力的不良影响。

生存型消费对经济的拉动作用占据主导地位。所有收入组中流动人口在食、住方面的消费对经济的拉动能力最强,但随着收入水平的不断上升,这两大类型消费拉动的增加值之和占相应组别全部增加值的比重从67.6%下降至50.3%,表明集中于生存型消费需求的经济效应随收入的增加逐渐分散到其他消费类型方面。未来随着供给侧结构性改革的不断深化与需求侧管理、收入分配改革和流动人口市民化政策的逐步推进,流动人口消费结构将逐渐优化,这不仅有助于提升流动人口的生活质量,也为优化产业结构提供持续的动力源泉。

二、"十四五"时期流动人口消费潜力及经济效应

(一)总体经济效应

流动人口的市民化情景是构建以内需主导国内经济大循环的最优路径(见表6-4)。2025年,市民化情景下流动人口消费拉动的增加值最大(10.4万亿元),比2020年高于25.1%,远超过城镇化情景(22.3%)和基准情景(18.1%),其他年份也呈现出相似的特点。可见,若"十四五"时期依旧保持每年2000万流动人口实现市民化,并实施一系列促使流动人口消费水平逐渐接近于城镇居民的政策,是释放流动人口消费潜力、促进经济增长的有效路径。因此,实施流动人口在城镇地区安居乐业、真正融入流入地的政策,不仅有助于改善流动人口的生活状况,提高社会总体福利水平,也是畅通城乡、供需循环体系各环节的重要驱动力。

表6-4 不同情景下部分年份流动人口消费拉动的增加值规模及增长情况

类型	基准情景	城镇化情景	市民化情景
2021年(万亿元)	9.4	9.8	10.0
较2020年增长(%)	12.9	17.3	19.4
占2021年GDP比重(%)	8.3	8.6	8.8
2025年(万亿元)	9.8	10.2	10.4
较2020年增长(%)	18.1	22.3	25.1
占2021年GDP比重(%)	8.7	9.0	9.2

注:笔者根据扩展的投入产出模型计算所得。

各情景下东部地区流动人口消费对经济的拉动作用最为强劲(见表6-5)。在三大情景下,2025年东部地区流动人口消费拉动的增加值占比均超过54%,在市民化情景下甚至达到5.7万亿元,比2020年增长29.3%,表明东部沿海地区在采取包容性市民化政策应对人口流入引致资源紧缺问题的情形下,对激发流动人口助力当地生产部门和消费系统高质量发展大有裨益。中部地区、西部地区流动人口消费总量及增加值规模较为接近,仅在市民化情景下,中部地区、西部地区差距有扩大趋势。未来随着部分流动人口回流至流入地城镇地区,将可能增加中部地区、西部省会城市或户籍所在地就近城镇地区的消费规模,这要求中部地区、西部地区提前规划相关服务配套工作以应对人口回流所需的生产、消费环境。

表6-5　2025年三大经济区在不同情景下流动人口拉动的增加值

区域	流动人口消费拉动的增加值(万亿元)			较2020年增加值的增长率(%)		
	基准情景	城镇化情景	市民化情景	基准情景	城镇化情景	市民化情景
东部地区	5.4	5.6	5.7	22.0	26.4	29.3
中部地区	2.3	2.4	2.5	14.2	18.4	21.0
西部地区	2.1	2.2	2.2	13.0	17.1	19.7

注:笔者根据扩展的多区域投入产出模型计算所得。根据2019年国家统计局划分标准将31个省份划分为东部地区:北京市、天津市、河北省、辽宁省、上海市、江苏省、浙江省、福建省、山东省、广东省、海南省11个省份;中部地区:山西省、吉林省、黑龙江省、安徽省、江西省、河南省、湖北省、湖南省8个省份;西部地区:内蒙古自治区、广西壮族自治区、重庆市、四川省、贵州省、云南省、西藏自治区、陕西省、甘肃省、青海省、宁夏回族自治区、新疆维吾尔自治区12个省份。

(二)不同消费结构的经济效应

促进流动人口尽早实现市民化,是优化消费结构、缩小生活水平差距和推动全民共同富裕的重要实现路径(见表6-6)。"十四五"时期,三大情景下流动人口八大消费类型所拉动的增加值分布情况与2020年相似。以2025为例,在基准情景和城镇化情景中,食品烟酒、居住消费拉动的增加值占比分别为 33.2%、26.9%,而在市民化情景下(分别为 31.7%、25.4%)略有下降,且其对应的教育、文化和娱乐(0.8 万亿元)、医疗保健(0.6 万亿元)、交通和通信(0.9 万亿元)的经济效应增加幅度较大。表明加速推进市民化有助于流动人口消费结构优化升级、释放消费潜力,是国民经济平稳增长过程中一股不容小觑的推动力量。

在市民化情景下流动人口的消费需求转变对加快产业转型升级有一定作用(见表 6-6)。三大情景下,食品烟酒消费拉动的农林牧渔产品和服务、食品和烟草与批发和零售部门增加值之和约占 29%;居住行为对金属冶炼和压延加工品(高于 6.8%),批发和零售(高于 4.2%),电力、热力的生产和供应(高于 3.6%)影响较大。而在市民化情景下流动人口花费在交通和通信、教育文化和娱乐、医疗保健方面的支出对制造业、服务业相关部门的拉动作用显著增加,尤其体现在金融(2.6%),交通运输、仓储和邮政(1.6%),造纸印刷和文教体育用品(2.5%)等部门,表明市民化政策促使流动人口消费更加多样化,能够起到扩大内需"倍增器"的作用。总体上,不同情景下流动人口消费结构对各部门的驱动情况有所不同,可能是因市民化减少了人口的跨地区流动,而伴随流动人口消费结构优化驱动的经济流由地区间转变为行业间,这给内循环背景下提升产业链、供应链的完整性带来了新契机。

表 6-6 2025 年不同情景下八大消费类型拉动重点部门的增加值

部门	基准情景	城镇化情景	市民化情景	部门	基准情景	城镇化情景	市民化情景
食品烟酒				衣着			
1	9935.9	10297.1	10527.7	28	2438.4	2527.0	2583.6
6	9901.0	10260.9	10490.7	7	1418.6	1470.2	1503.2
28	8753.6	9071.9	9275.1	8	1151.9	1193.8	1220.5

续表

部门	基准情景	城镇化情景	市民化情景	部门	基准情景	城镇化情景	市民化情景
居住				生活用品及服务			
14	6717.3	6961.5	7117.4	12	1458.5	1511.6	1545.4
28	4109.5	4258.9	4354.3	28	936.5	970.5	992.2
25	3499.6	3626.8	3708.1	13	709.8	735.6	752.1
交通和通信				教育、文化和娱乐			
29	1613.0	1671.7	1709.1	28	4154.7	4305.7	4402.2
28	1548.1	1604.3	1640.3	10	2424.0	2512.1	2568.4
20	1533.8	1589.6	1625.2	38	1860.6	1928.3	1971.5
医疗保健				其他用品和服务			
28	2439.5	2528.2	2584.8	28	1098.8	1138.7	1164.2
32	1556.9	1613.5	1649.7	24	786.9	815.5	833.8
17	1084.1	1123.6	1148.7	32	691.1	716.3	732.3

注:笔者根据扩展的多区域投入产出模型计算所得。仅选择八大消费类型拉动各部门增加值排名位
　　列前三的部门,部门序号同表6-2。

三、评估方法与测算结果的校验分析

为验证本书结果的准确性,探究评估方法对研究结论的影响,本书选择
"2015年全国1%人口抽样调查"、《中国住户调查年鉴》及相关研究的代表性
成果对评估方法和测算结果进行校验分析。通过使用与2020年相同的测算
方法估计了2015年流动人口消费规模及其拉动的增加值,并采用居民消费者
价格指数将2015年结果折算为2020年的可比价。

一是观测期流动人口消费支出的比较。从2015年到2020年,各省(自治
区、直辖市)流动人口人均消费支出均有所增加,但基本的空间分布结构较为
一致,其中东南沿海经济发达地区增加较为明显,而中部地区、西部地区的数
值相对较低。继而将2015年与2020年流动人口人均消费支出的增长率与相
应年份国家统计局公布的该地区全体居民人均消费支出增长率进行了比较

（见表6-7）。整体上,经济发达地区流动人口的人均消费增长率高于其居民人均消费增长率,这与当地近5年房屋租赁价格大幅上涨有关,促使流动人口的居住支出陡增;中部省(自治区、直辖市)流动人口的消费增长率与相应地区居民人均水平基本持平,且前者数值略大于后者,而多数西部地区则相反。可见,不论是基于不同数据资料估计的流动人口消费数据结构还是流动人口消费数据变化趋势与官方机构公布数据的比较,均呈现出较好的一致性,且测算结果与现实情况较为相符,能够印证本章估计方法的合理性。

表6-7　2015—2020年流动人口人均消费支出
增长率与地区居民人均消费增长率　　　（单位:%）

地区	流动人口人均消费支出增长率	地区居民人均消费支出增长率	地区	流动人口人均消费支出增长率	地区居民人均消费支出增长率
北京市	14.1	4.4	湖北省	22.0	20.1
天津市	10.1	5.8	湖南省	35.2	32.7
河北省	24.0	24.5	广东省	24.5	20.7
山西省	23.3	22.0	广西壮族自治区	30.1	27.4
内蒙古自治区	6.7	5.4	海南省	19.0	22.0
辽宁省	8.5	8.5	重庆市	26.5	30.0
吉林省	16.2	13.3	四川省	26.8	29.7
黑龙江省	16.6	15.4	贵州省	31.1	30.5
上海市	22.8	10.0	云南省	30.9	38.1
江苏省	19.4	13.4	西藏自治区	49.5	44.8
浙江省	21.9	15.8	陕西省	26.0	20.1
安徽省	34.5	32.6	甘肃省	29.9	35.1
福建省	30.2	21.7	青海省	19.4	20.6
江西省	24.2	29.1	宁夏回族自治区	13.0	15.9
山东省	28.5	27.5	新疆维吾尔自治区	17.3	17.4
河南省	23.2	21.9			

注:笔者根据扩展的多区域投入产出模型计算所得。

为验证本书估计结果的准确性,进一步比较了本书流动人口消费规模与程杰等(2020)的研究结果。发现本书 2020 年流动人口的消费规模比程杰等(2020)测算的结果(6.7 万亿人)高出 44.8%,可能是因本书所采用 2020 年"第七次人口普查"数据公布的流动人口规模(3.76 亿人)远高于以往年份官方机构推算的结果。为此,利用"第七次人口普查"数据将程杰等(2020)估算的 2020 年结果进行更新,重估后的流动人口消费规模(10.3 万亿元)仅比本书结果高 6.2%;同时市民化情景下模拟的 2025 年流动人口消费规模与程杰等(2020)在较高消费弹性设置下的结果非常接近(仅差 2.5%),这充分表明了本书流动人口消费结果的准确性。

二是观测期流动人口人均消费拉动增加值的比较(见表 6-8)。2015 年流动人口消费驱动的增加值总量为 4.4 万亿元(占 GDP 总量的 6.3%),这与当年流动人口数量规模较小、消费水平较低的实际情况较为符合。继而对观测期流动人口人均消费拉动增加值的结果进行比较,整体上 2020 年流动人口的人均经济效应高于 2015 年,但分布结构与 2020 年比较接近,进一步说明了本书估计方法的稳健性。

表 6-8　2015 年和 2020 年流动人口消费拉动的人均增加值

(单位:万元/人)

地区	2015 年	2020 年	地区	2015 年	2020 年
北京市	2.0	3.0	湖北省	1.8	2.7
天津市	1.4	2.1	湖南省	1.7	2.6
河北省	1.4	2.0	广东省	1.9	2.9
山西省	1.4	1.9	广西壮族自治区	1.4	2.0
内蒙古自治区	1.6	2.1	海南省	2.0	2.5
辽宁省	1.6	2.4	重庆市	2.0	2.8
吉林省	1.8	2.2	四川省	1.8	2.5
黑龙江省	1.4	1.7	贵州省	1.6	2.0

续表

地区	2015 年	2020 年	地区	2015 年	2020 年
上海市	2.2	3.2	云南省	1.8	2.2
江苏省	1.7	2.5	西藏自治区	1.4	1.6
浙江省	1.8	2.5	陕西省	1.7	2.4
安徽省	1.8	2.6	甘肃省	1.6	2.2
福建省	2.0	2.8	青海省	1.5	2.2
江西省	1.7	2.3	宁夏回族自治区	1.7	2.1
山东省	1.9	2.6	新疆维吾尔自治区	1.7	2.1
河南省	1.5	2.3			

注:笔者根据扩展的多区域投入产出模型计算所得。

三是多区域投入产出模型的稳健性检验。本章以 2020 年流动人口的消费数据为基础,通过设计流动人口的消费规模和消费结构发生变动来考察估计结果的波动情况(见表6-9)。可以看出,流动人口消费拉动的增加值变动趋势与其消费规模、消费结构的初始变动一致,且整体测算结果的波动幅度均小于设定的消费总量、消费规模变动,故本书所采用的扩展的多区域投入产出模型具有较好的稳健性。

表6-9　流动人口消费规模和消费结构变动及其驱动的增加值变动情况

变动类型	变动数值(%)	增加值变动结果(%)
消费总量	↓5	↓4.9
食品和烟草	↓2	↓0.7
衣着	↑3	↑0.2
居住	↓3	↓0.8
生活用品及服务	↑5	↑0.3
交通和通信	↑2	↑0.2

续表

变动类型	变动数值(%)	增加值变动结果(%)
教育、文化和娱乐	↑3	↑0.3
医疗保健	↑1	↑0.1
其他用品及服务	↑2	↑0.1

注:笔者计算所得。"↓"表示下降;"↑"表示上升。

　　本章通过构建扩展的列昂惕夫需求驱动模型系统测算了2020年31个省份流动人口消费驱动的增加值规模,并结合"十四五"时期城镇化、市民化及主要经济发展目标,设定3种情景路径对2021—2025年流动人口消费创造的增加值进行估算。研究表明:(1)流动人口是中长期扩大内需不可或缺的基础和拉动经济增长的动力源泉。2020年流动人口消费创造的增加值占比达8.2%,其中经济发展水平较高或人口规模较大省(自治区、直辖市)的经济驱动作用更为明显。(2)中等收入流动人口是增强社会有效需求、支撑经济增长的主要发力点。处于中间收入水平的流动人口消费拉动增加值占比约60%,故政府制定需求侧管理政策时应重点关注该群体。(3)优化流动人口消费结构是加速内循环建设的必然选择。当前流动人口的食、住消费对经济增长的拉动作用较强(60%以上),而其他体现高质量生活的消费类型未能对经济增长发挥较明显的拉动作用。(4)加速推进流动人口市民化是内循环主导的经济增长模式转变和共同富裕取得实质性进展的最优路径。在2025年,市民化情景中流动人口对经济增长的累积拉动作用最强(10.4万亿元),是通过开拓新的市场潜力为国内经济大循环发展持续供能的最有效途径。

　　以上研究结论不仅对流动人口充分释放消费潜力及其发挥经济驱动作用提供了政策启示,也为"十四五"时期加快流动人口市民化、提升流动人口福利水平提出以下政策建议。

第一，重视流动人口巨大的消费增长空间。东南沿海等经济发达地区在关注流动人口生产属性助力其制造业、服务业发展的同时，重视流动人口在流入地长期稳定的消费生活也是实现其内部供需循环的核心任务。如通过解决好流动人口长期的就业、居住问题，不仅化解这类地区"招工难""用工荒"的矛盾，也是利用大规模流动人口产生的消费量级优势形成内部供需循环的重要前提。而对于中部地区、西部地区人口向中心城市集聚的现象而言，做大做强省会城市，吸引区域内人口持续流入中心城市，是充分发挥流动人口消费乘数效应的关键。

第二，多渠道提升流动人口的收入水平。扩大流动人口消费规模的首要任务是"稳就业、增收入"，政府和企业应加大多渠道灵活就业的扶持力度。如开展免费职业技能培训以帮助流动人口适应新就业形态，扫清影响灵活就业的规章制度等，通过提升流动人口的就业能力来保障其收入的可持续性，促使流动人口实现纵向流动。此外，借助收入分配手段，加大对低收入群体就业、创业的补贴力度，并积极鼓励高收入群体通过捐赠、募集和资助等公益方式为低收入流动人口增收创造条件。

第三，促进流动人口消费结构的提质升级。政府和企业应联合实施对流动人口购买家电、交通工具等耐用品给予补贴的政策，并利用数字经济优势推动金融保险、医疗保健和教育文化娱乐等优质服务向流动人口逐步拓展。这不仅提升了流动人口的生活质量，也通过影响生产系统提高了流入地产业链的完整性。此外，流入地政府应逐步完善住房保障和租房市场管理体系，增加保障房供应，稳定房屋租赁价格，降低流动人口的居住成本是促进流动人口消费升级的重要保障。

第四，加快推进流动人口实现市民化。除户籍制度方面的改革外，健全教育、医疗和社会保障等社会公共服务向流动人口的全方位覆盖，是确保流动人口无后顾之忧、充分释放其消费潜力的基本前提。这不仅能够提高流动人口及全社会整体的福利水平，也有助于激发流动人口在流入地释放更大的内需潜力和经济驱动力。因此,各级政府应着力健全市民化配套体系,加快推动流动人口全面融入流入地,即通过提升流动人口在流动入地稳定生产生活的预期和能力,来释放流动人口的内需潜力。

第七章 流动人口消费的
碳排放效应核算

第一节 流动人口碳排放问题的研究背景

在充分发挥内需潜力助推经济高质量增长的背景下,中国流动人口消费引致的碳排放对减排目标的实现形成严峻挑战。习近平总书记在第十九届联合国大会一般性辩论上的讲话强调,中国正积极采取更加强有力的措施和政策,二氧化碳排放量争取在 2030 年之前达峰,并在 2060 年前实现碳中和,这一承诺意味着中国未来发展道路的减排任务之艰巨。中国作为全球能源消费、碳排放最大的国家(UNEP,2019)[①],在有限时间内推进目标导向下紧迫的低碳转型,是新时期现代化建设的重要目标和生态文明建设的核心内容。当前中国正致力于推动内循环为主体、国内国际双循环相互促进的新发展格局,而构建内循环的关键之举是促进区域内劳动力和生产资料的多样化组合,以形成更为强健、稳定和顺畅的劳动力循环、供需经济循环和城乡经济循环。流动人口作为新时期促进内循环的劳动力保障和内需源泉,不仅是社会经济发展的助推器,也被认为是造成生态环境变化的始作俑者(Liu 和 Yu,2020)。

[①] UNEP,"Emissions Gap Report 2019",2019.

绝大多数流动人口是从农村地区流向城市地区的"农民工",仅一小部分流动人口从欠发达的中小城市流向繁华的大城市(吕昭河,2012)[1]。在人口流动过程中,因不同地区能源消费结构(Shi 等,2020)、人均排放水平(Zhang 等,2015)[2]存在较大差异,导致人口流出地与流入地之间发生碳排放的净转移(Qi 和 Li,2020)。在新时期,释放流动人口的消费潜力、提高其收入水平、继续鼓励农村人口向城镇地区转移是加速实现劳动力循环、供需循环及城乡经济循环等内部自我循环的必经之路。然而,流动人口收入水平上升导致其消费产生碳排放的大幅增加(Zhang 等,2016)[3],无疑对中国提前实现碳达峰碳中和目标形成巨大的冲击与挑战。

现有研究缺乏针对流动人口消费活动引致碳排放增加和转移问题的系统分析。打通内循环各环节的关键要求之一是挖掘流动人口的内需潜力,而为满足流动人口消费潜力完全释放所需货物和服务的要求是生产部门扩大生产规模并增加生产资料投入,此过程产生的碳排放将成为未来碳排放来源的重要增长点。因此,对流动人口消费活动引致的碳排放进行系统测算有助于"双碳"目标导向下各省各部门减排压力的判断,进而倒逼相应的低碳发展路径。因"足迹"是专门刻画研究对象消费活动引致的资源消耗(Chen 等,2019)[4]、环境压力(Mi 等,2020)及经济影响(王亚菲等,2020)的概念,被广泛应用于研究住户消费的碳排放问题(Mi 等,2020),故本章据此将流动人口在流入地消费引致的碳排放定义为"流动后碳足迹";将流动人口在流出地消费引致的碳排放定义为"流动前碳足迹",进而将二者的差额定义为"净碳足

---

① 吕昭河:《人口流动的政治经济学含义》,《经济学动态》2012 年第 8 期。

② Zhang, Y., Yi, W., Li, B., The Impact of Urbanization On Carbon Emission: Empirical Evidence in Beijing, *Energy Procedia*, Vol. 75, 2015.

③ Zhang, C., Cao, X., Ramaswami, A., A Novel Analysis of Consumption – Based Carbon Footprints in China: Unpacking the Effects of Urban Settlement and Rural-to-Urban Migration, *Global Environmental Change*, Vol. 39, 2016.

④ Chen, G., Shan, Y., Hu, Y., et al., Review On City-Level Carbon Accounting, *Environmental Science & Technology*, Vol. 53, No. 10, 2019.

迹"。流动人口流入城镇的主要动机是实现就业并获取更高的劳动报酬(刘欢,2019)[1],该过程伴随的消费活动促使地区间货物和服务发生贸易流动并造成大量的碳排放增加和转移,最终导致省内、省际间碳排放分布格局发生重塑。然而,现有研究仅在国家层面关注流动人口的碳排放问题(Zhang 等,2016),且多以讨论流动人口与碳排放的因果关系为主(Ahmed,2016;Zhang 等,2016)[2],缺乏在省级、部门层面量化流动人口消费产生的碳排放及相应特征对比分析的研究。忽视人口流动引致碳排放在地区、部门间的重新分配,会造成各级政府在减排责任划分和制定减排策略时产生误判,不利于国家层面总体减排目标的实现。因此,准确量化人口流动前后的碳足迹及净碳足迹,有助于深刻认识城镇化过程中人口结构改变对气候变化的影响,为中国内循环发展战略的加速推进和"双碳"目标的实现路径提供双重参考依据,同时也有助于引发全球人口流动对全球气候变化影响的关注。

本章可能的创新包括:(1)在经济内循环和减排目标导向的双重背景下,基于相对收入消费、比较优势等经济理论,厘清流动人口作为劳动力资源和消费主体对实现内循环、减排目标的重要作用,建立流动人口消费引致碳排放的理论机制;(2)运用大规模多区域投入产出表、流动人口消费数据库和列昂惕夫需求驱动模型构建流动人口碳排放测算的方法框架;(3)通过对省级、部门层面流动人口碳排放特征的分析,解析内循环、"双碳"目标导向下各省、各部门的减排模式,并提出相应的政策建议。

---

① 刘欢:《户籍管制、基本公共服务供给与城市化——基于城市特征与流动人口监测数据的经验分析》,《经济理论与经济管理》2019 年第 8 期。

② Ahmed, K., The Sheer Scale of China's Urban Renewal and Co$_2$ Emissions: Multiple Structural Breaks, Long - Run Relationship, and Short - Run Dynamics, *Environmental Science and Pollution Research International*, Vol. 23, No.16, 2016.

第二节　流动人口碳排放的研究进展

人口流动前后的碳排放存在显著差异,通常认为加大了流入地的减排压力。研究表明,城乡住户的能源使用方式具有较大差异,农村住户主要消耗低效率、高污染的生物质能(秸秆、薪柴等)、煤炭等能源品种,城市住户则主要消费电力、天然气等高能效、相对清洁的能源产品(Cai 和 Jiang,2008)[1]。考虑到一直以来从农村流入城市的"农民工"占据流动人口总量的50%以上(国家卫生健康委员会,2018),这使得人口流动前后的能源消费结构发生了较大转变(Fan 等,2016)[2]。通常认为,流动人口流入城市伴随着收入水平、消费能力的上升,其消费模式也愈加接近于城市当地住户,使得其消费产生的碳排放也随之增加(Qi 和 Li,2020)。

以往关于流动人口对气候变化影响的研究多集中于城镇化对碳排放的影响方面,重点将流动人口作为解释变量讨论城市人口增长是造成碳排放增加的主要原因(Khan 等,2020)[3]。弗兰科(Franco 等,2017)[4]认为城市化过程在促进经济增长、提高住户生活质量的同时,也增加了能源消耗和碳排放,与张腾飞等(2016)[5]在最优化框架下推导城镇化、人力资本积累、清洁生产和碳

---

　①　Cai,J.,Jiang,Z.,Changing of Energy Consumption Patterns From Rural Households to Urban Households in China:An Example From Shaanxi Province,China,*Renewable & Sustainable Energy Reviews*,Vol. 12,No.6,2008.

　②　Fan,J.,Liao,H.,Tang,B.,et al.,The Impacts of Migrant Workers Consumption On Energy Use and CO_2 Emissions in China,*Natural Hazards*,Vol. 81,No.2,2016.

　③　Khan,K.,Su,C.,Tao,R.,et al.,Urbanization and Carbon Emission:Causality Evidence From the New Industrialized Economies,*Environment,Development and Sustainability*,Vol. 22,No.8,2020.

　④　Franco,S.,Mandla,V. R.,Ram Mohan Rao,K.,Urbanization,Energy Consumption and Emissions in the Indian Context a Review,*Renewable & Sustainable Energy Reviews*,Vol. 71,2017.

　⑤　张腾飞、杨俊、盛鹏飞:《城镇化对中国碳排放的影响及作用渠道》,《中国人口·资源与环境》2016 年第 2 期。

排放之间作用机制的结论一致。然而,Yao 等(2018)[①]认为城市化对人均碳排放没有影响;斯里达尔(Sridhar,2018)[②]表明城市化可以促进碳排放规模、人均碳排放量和碳强度的下降。可见,因研究对象、研究方法的不同,城镇化对碳排放影响的结论并未能达成一致。考虑到计量方法无法量化人口流动前后产生碳排放的确切数量和部门结构,故需在明晰流动人口产生碳排放来源的基础上,寻找最适合的量化方法对人口流动的碳排放问题进行深入探讨。

基于投入产出分析方法讨论人口流动的碳排放问题大多局限于国家层面,或针对某一地区进行分析,缺乏省级、行业间的系统研究。流动人口主要通过消费活动产生碳排放(Shi 等,2020),齐和李(Qi 和 Li,2020)运用碳排放因子法估算了人口流动过程中产生的跨省碳排放,但其忽视了流动人口在消费过程中产生的间接排放,即满足流动人口消费的最终非能源产品在生产过程投入中间能源消费品所产生的碳排放。随着环境卫星账户和投入产出表的不断丰富和细化,环境扩展的投入产出模型作为一种以消费为基础的核算方法被广泛应用,且被证明是宏观层面计算碳排放的科学方法(Wiedmann 和 Minx,2010)。基于此方法,张(Zhang 等,2016)在国家层面计算了城市化过程中产生的碳排放;陈(Chen 等,2019)对 1996—2011 年北京市农村居民转为城市居民时消费产生的碳排放进行了量化。但这两类研究均基于单区域投入产出表进行测算。考虑到单区域投入产出模型无法区分进口产品,在计算进口品排放量时假定进口货物和服务的碳强度与研究区域的碳强度保持一致,这与不同地区之间实际的生产效率、能源结构存在较大差异相悖,故基于单区域投入产出模型估算的碳排放会产生较大误差。为弥补这一缺陷,单区域投入产出模型被扩展为多区域投入产出模型,该模型因其充分考虑了不同地区的

---

① Yao, X., Kou, D., Shao, S., et al., Can Urbanization Process and Carbon Emission Abatement be Harmonious? New Evidence From China, *Environmental Impact Assessment Review*, Vol. 71, 2018.

② Sridhar, K. S., Urbanization and Carbon Emissions in India and China, *Environment and Urbanization Asia*, Vol. 9, No. 2, 2018.

技术和经济结构,能够全面刻画各地区各部门之间完整的生产链关系,被认为是核算消费活动产生碳排放最有效的方法(Wiedmann,2009)。然而,囿于多区域投入产出表的缺乏,运用多区域投入产出方法对流动人口的研究还处于起步阶段,故本章尝试借助多区域投入产出模型的优良性质对中国流动人口的碳排放进行量化。

尽管投入产出分析能够描绘研究主体消费行为在地区、部门层面的细节特征(王雪松等,2016)①,但仅依靠投入产出分析估算完整的流动人口碳排放仍存在挑战。单纯的投入产出分析无法对流动人口的消费、购买活动进行刻画,而微观住户调查数据库在个体层面提供了翔实的消费数据资料,是研究消费个体碳排放行为的重要数据基础。斯蒂恩—奥尔森等将微观住户调查数据与投入产出分析进行结合,评估了欧盟住户消费的碳排放(Ivanova 和 Wood,2020),中国学者也研究了住户层面的碳排放问题(Song 等,2019)。因此,本章尝试借助流动人口微观调查数据库,运用环境扩展的多区域投入产出模型对 2013 年、2015 年、2017 年中国 30 个省(自治区、直辖市)流动人口的碳排放进行测算,在重点突出流动人口在减缓气候变化行动中处于关键地位的同时,通过对比分析其流动前后碳足迹的分布特征,对省级、部门层面制定科学有效的减排策略展开讨论。

第三节　流动人口消费引致碳排放的研究框架设计

一、理论机制

消费规模越大意味着消耗生产资料、能源资源越多,对气候变化的负面影

---

① 王雪松、任胜钢、袁宝龙等:《城镇化、城乡消费比例和结构对居民消费间接 CO_2 排放的影响》,《经济理论与经济管理》2016 年第 8 期。

响也愈加剧烈。货物、服务消费品在研发、生产、加工、运输、零售、使用等整个生命周期过程都会消耗能源并产生碳排放。通常流动人口在流入地的收入水平高于流出地(王亚菲等,2020),受"相对收入理论"和城市住户"示范效应"的影响,其在流入地的消费能力、消费弹性均有一定程度的提升。尤其是在新时期,随着人口流动模式发生转变,举家搬迁比例提高,流动人口收入的绝大部分直接在流入地消费(胡霞和丁浩,2016)①,这将导致流入地碳排放规模的大幅增加。

考虑到绝大多数流动人口来自农村地区,而农村人口消费多以"衣、食"支出为主,流入城镇地区以后会逐渐向注重"住、行、乐"的消费模式转变(程杰和尹熙,2020),与之关联的能源消费、碳排放相应发生变化,且总体呈增加趋势(Qi 和 Li,2020)。因此,流动人口在流入地收入水平的上升、消费结构的逐步转变是扩大其消费规模的主要原因,进而造成流入地的碳排放总量大幅增加。

人口流动在造成地区间经济格局发生转变的同时,其消费空间的错位会导致碳排放的跨地区转移。流动人口将其人力价值注入流入地生产市场的同时,其天然的消费属性也为当地消费市场的扩张提供了重要驱动力(王亚菲等,2020)。大规模人口从一个地方转移到另一个地方时,其经济价值伴随着地区间货物和服务贸易进行转移,而作为流动人口消费产生的副产品——碳排放也会随之转移。因整个产业链上不同生产环节的中间投入和技术水平存在差异,进而对环境产生不同影响(彭水军和张文城,2013)②。基于资源比较优势原则,成本最小化、利润最大化的经济目标促使生产供应链的各环节分布在不同地区,通过不同环节的分工协作最终完全打通生产、分配、流通和消费

---

① 胡霞、丁浩:《子女随迁政策对农民工家庭消费的影响机制研究》,《经济学动态》2016 年第 10 期。

② 彭水军、张文城:《中国居民消费的碳排放趋势及其影响因素的经验分析》,《世界经济》2013 年第 3 期。

的闭环(罗胜,2016)①。因此,人口在地区间的转移流动,促使生产和消费的空间发生错位,进而形成货物和服务跨地区流动格局,该过程背后隐藏着消费品隐含碳排放的跨地区转移,即流动人口消费货物和服务贸易的转变导致相应的碳排放在不同地区、部门和消费品之间发生重新分配。

流动人口消费变化造成的碳排放空间分布改变通过直接、间接两种途径实现:(1)流动人口消费的货物和服务存在地理分割,消费驱动的产品生产直接导致碳排放的跨地区转移;(2)因各地区在整个产业链不同生产环节的分工差异,流动人口消费品在生产过程中的中间产品投入会发生跨地区贸易,这一生产、流通过程的转变间接导致中间品生产的碳排放地区分布发生变动。可见,流动人口消费引致的碳排放会在地区间、产业间等发生错综复杂的流动,而多区域投入产出模型是捕捉此类信息的优良工具,故本章运用该方法刻画人口流动引致碳排放的变化特征。

具体就人口流入地、流出地而言,人口流动前后的消费活动主要从两个方面产生碳排放:(1)流动人口直接消费能源用品产生的碳排放,如炊事、取暖、私人交通等消费行为直接消耗能源用品排放的二氧化碳;(2)流动人口通过消费非能源用品引致的碳排放,由于非能源消费品在其生产加工过程中需要其他能源产品的投入,如在加工处理、运输等过程中需要能源消费品作为中间投入和工业产品生产过程中发生化学反应所产生的碳排放,这是间接产生碳排放的过程,故流动人口消费引致的碳排放是直接与间接的总和(罗胜,2016),即碳足迹。考虑到人口流动前后的消费行为存在地理空间的异质性,并受"相对收入消费理论"的影响,流动人口往往在流入地的消费支出高于流出地。据此,本章假定在流出地,人口流出会直接减少能源用品消耗和其他最终消费品,进而总体上减少碳排放;反之在流入地因人口的集聚会扩大当地能源和其他消费市场的规模,从而导致碳排放的增加,这是一个人口单向流动的

①　罗胜:《中国省域碳排放核算与责任分摊研究》,《上海经济研究》2016 年第 4 期。

过程(见图7-1)。而现实情况是,一个地区既属于流入地也属于流出地,当地碳排放总量变化是二者综合作用的结果,故需要全面讨论当地人口流入、流出引起的净碳排放状况。

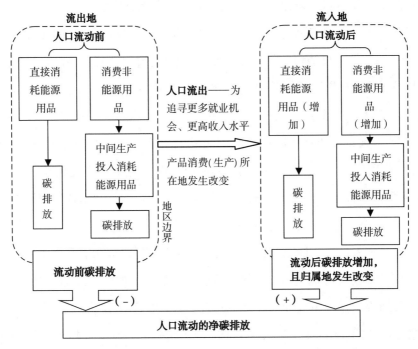

图7-1 人口流动的碳排放变化机制

注:笔者绘制所得。

二、测算思路与方法设计

本章立足投入产出模型的优良性质,借助充分刻画流动人口消费活动的消费数据库和省级层面门层面的碳排放数据库,构建一个系统测算流动人口碳排放的方法框架。具体测算框架基于环境扩展的多区域投入产出模型展开,通过与省级多区域投入产出表相匹配的省级层面分行业碳排放数据库、人口流动矩阵及流动人口消费数据库,以形成一套完备的流动人口碳排放测算体系(见图7-2)。

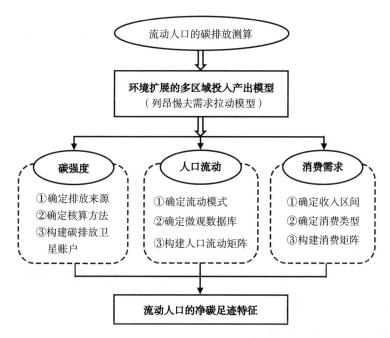

图 7-2 流动人口碳排放测算的方法框架

注:笔者绘制所得。

(一)环境扩展的多区域投入产出模型

投入产出分析能够全面反映经济系统内的产业链累积效应,是评估环境压力的最恰当工具(梁赛等,2016)。基于列昂惕夫需求驱动模型的消费端环境压力核算反映了某一部门或某一地区最终需求拉动上游生产所产生的(直接和间接)环境压力,能够从需求角度反映该部门或地区引致经济系统环境影响的重要性(周平和王黎明,2011)①。考虑到多区域投入产出表不仅能够体现不同地区、不同部门之间复杂的贸易联系,还能够区分来自不同地区进口产品的生产技术差异,有助于提高地区间贸易隐含环境压力核算的精度(Wang 等,2017),多被用于探讨地区间碳排放核算及相应的减排责任分担问

---

① 周平、王黎明:《中国居民最终需求的碳排放测算》,《统计研究》2011 年第 7 期。

题（Wiedmann，2009）。因此，本章将省级层面分部门碳排放量作为多区域投入产出表的卫星账户，构建环境扩展的多区域投入产出模型，以流动人口的消费活动作为研究对象，分析由于人口流动导致的最终消费需求变化所引起的碳排放变化问题，以讨论人口流动对中国碳排放的贡献，探究潜在的关键减排环节和可能的减排政策工具实施要点。

若将表示环境压力指标的碳排放作为多区域投入产出表的卫星账户，可定义向量 Q 为省级层面分部门的碳排放，则直接的部门碳排放强度 q 可表示为：

$$q = \frac{Q}{y} \tag{7-1}$$

式（7-1），表示单位产出的直接碳排放，即碳强度进一步借助第三章第二节式（3-15）构建环境扩展的多区域投入产出模型：

$$Q = q \, (I - A)^{-1} y = qLy \tag{7-2}$$

式（7-2）中，qL 是碳排放乘子，表示生产单位最终消费品产生的直接和间接碳排放量，既包括直接碳排放，也包括间接的、整个经济部门间复杂供应链的碳排放；此处 y 采用人口流动前后的消费总量；碳排放卫星账户源于第四章构建的省级层面分部门碳排放数据库。其中，$L = (I - A)^{-1}$ 和 x 利用多区域投入产出表计算所得。

（二）人口流动矩阵与流动人口消费矩阵构建

1.人口流动矩阵

测算人口流动前后碳足迹要求厘清各省（自治区、直辖市）流动人口来源地的分布状况。本章尝试构建 2013 年、2015 年、2017 年的人口流动矩阵，以刻画中国省级层面的人口迁移情形。理论上，人口流动分为城镇—城镇、农村—城镇、城镇—农村、农村—农村四类形式，因后两类流动模式在中国的规模相对较小（Shi 等，2019），故本章仅讨论前两类。流动人口的定义与划分依据是户籍所在地,因此本章按照流动人口流出地的户籍特征构造城镇—城镇流动矩阵 M^c 和农村—城镇流动矩阵 M^n,其中元素 M^c_{rs} 表示 r 地区的城镇人口流动到 s 地区城镇的人口数量;M^n_{rs} 表示 r 地区农村人口流动到 s 地区城镇的人口数量。此外,在 M^c 和 M^n 中,行和表示某地区的城镇或农村流出人口合计(某地区流出人口的合计);列和表示某地区来自其他地区城镇或农村的流动人口合计(某地区流入人口合计);对角线元素表示省内跨地区流动人口的数量。

具体而言,某地区的流动矩阵 M^c 和 M^n 可分别表述为:

$$M^c = S^c T^c \tag{7-3}$$

$$M^n = S^n T^n \tag{7-4}$$

式(7-3)、式(7-4)中 T^c、T^n 分别是 30×30 维的城镇—流动人口(从城镇流出的人口)、农村—流动人口(从农村流出的人口)矩阵,对角线元素 $T^c_r (T^n_r)$ 为 r 地区的城镇(农村)流动人口总数,非对角元素全部为 0;S^c、S^n 分别是 30×30 维的城镇—城镇、农村—城镇人口流动样本结构矩阵,其元素 S^c_{rs}(S^n_{rs})为从 r 地区的城镇人口(农村人口)流入到 s 地区的样本量占 s 地区流动人口样本总量的比例,矩阵中每列元素之和为 1。

本章利用中国流动人口动态监测调查数据和《中国流动人口常用数据手册》两个主要数据源建立省级人口流动矩阵。中国流动人口动态监测调查数据是一项专门针对流动人口进行的最具代表性的调查,提供了包括流动人口及家庭成员人口基本信息、流动范围和趋向、收支和居住等的详细信息,该数据库具有调查范围广(涉及 31 个省、自治区、直辖市和新疆生产建设兵团)、时间连续性强(2009—2018 年)、样本量大(每年近 20 万户)等优势。因此,本章基于中国流动人口动态监测调查数据中调查地点、户籍所在地和城乡属性信息,识别流动人口的流出地和流入地信息,并依据样本数量结构构建样本流动矩阵,继而借助分省流动人口总量数据——来源于 2013 年、2015 年、2017 年《中国流动人口常用数据手册》,按照样本流动矩阵的结构进行拆分,最终建立省级层面的人口流动矩阵。

2.流动人口消费矩阵

运用环境扩展的多区域投入产出模型测算人口流动前后碳足迹的关键是准确评估相应的最终消费规模。选择用第五章构建的流动人口消费数据库辅助构建流动人口的消费矩阵。流动人口消费矩阵构建步骤主要是确定收入区间、消费类型、不同收入水平下的流动人口数量等。具体步骤为:(1)确定收入区间。将中国流动人口动态监测调查数据中分省的调查样本进行筛选,按照流入地收入水平确定样本。将每一地区的"月收入"变量升序排列,删除前5%和后5%的异常值并去除重复值,然后分别以10%、30%、50%、70%、90%为分位点进行取值,得到流动人口的六组收入区间。(2)确定消费类型。从中国家庭金融调查数据中筛选出分省城镇住户的样本,按照对应省份流动人口的六组收入区间将样本划分为六组,分别计算各组除食品和居住外的其他六大消费类型的人均消费支出,以此得到各组六大消费类型的消费结构。运用流动人口除食品、居住外的各组人均消费总支出余数拆解各组六大类的消费结构,最终得到各组流动人口在八大类消费类型方面的人均消费支出数据。(3)确定不同收入水平下的流动人口规模。运用各收入组对应样本量的结构与总人数的乘积得到。具体而言,r 地区六组收入水平下流动人口在八大类消费类型方面的消费支出总量 C 可表示为:

$$C = N \times D \tag{7-5}$$

式(7-5)矩阵 D 为 6×8 维的人均消费矩阵,其元素 D_l^k 为第 $k(k=1,\cdots,6)$ 组收入水平下流动人口人均花费在第 $l(l=1,\cdots,8)$ 类消费方面的支出;N 为 6×8 维的流动人口数量矩阵,其对角线元素 N^k 为第 k 收入水平下流动人口规模,非对角线元素全部为 0。此外,流动人口消费矩阵与投入产出表的衔接问题,处理步骤与第五、六章保持一致,此处不再进行赘述。

第四节 流动人口碳排放测算结果分析

流动人口在流入地消费引致的碳排放量大幅增加。观测期内,中国流动人口每年消费引致的碳排放超过 5.6 亿吨,约占中国碳排放总量的 6% 以上,其中人口流动行为造成的净碳排放增加约 3 亿吨。人均净碳足迹也呈逐年递增趋势,但受能源结构调整、产业低碳转型等减排政策的影响,近期该值增速有所放缓。说明尽早实施优化能源消费结构,扶持新能源及其相关产业的政策措施,不仅有助于减排目标的实现,同时可再生能源及相关产业大力发展能够创造更多的就业机会,进而形成低碳、劳动力循环双赢发展的新格局。

一、人口流动前后的碳足迹

流动前碳足迹主要分布于农村地区,而人口集聚大省的流动后碳足迹较高。除北京市、天津市、上海市三地区外,其余地区人口在农村消费产生的流动前碳足迹比城镇地区的 1.5 倍还高,与流动人口的内部结构、数量特征相吻合。而广东省、江苏省、浙江省、安徽省等流动人口集聚大省的流动后碳足迹规模均高于 3000 万吨,是承接人口流动导致净碳足迹增加的主要责任主体。

(一)碳足迹的省际比较

人口输出大省的流动前碳足迹总量较高(见表 7-1)。河南省、安徽省、四川省、山东省、湖北省、湖南省六个人口基数大的省其流动前碳足迹均超过1800 万吨。由于这些省份具有一城独大的省会城市,导致省内经济发展不平衡现象突出,促使大量寻求更好就业机会、更高收入水平的人口流出,也意味着大规模碳排放的转出。其次,江苏省、重庆市、内蒙古自治区、江西省、广东省的流动前碳足迹介于 1000 万—1500 万吨,由于这些地区要么属于能源资源禀赋富裕、以高能耗工业品生产为主要经济增长模式的地区,要么是经济规模较大的东南沿海省(自治区、直辖市),使得相应地区碳排放转出量较大。然而,北京市、天津市、上海市、海南省和青海省五个地区的碳排放转出量不足100万吨,其中前三个经济较发达的地区作为重要的人口流入集聚地,其人口流出规模有限;后两个地区人口基数较小,相应的人口外流数量更是量小力微。因此,流动前碳足迹主要集中于人口流出大省和能源密集型地区,且农村地区占据主要方面,进一步印证了以往"碳随人走"的碳转移结论(Qi 和 Li,2020)。

表 7-1　省级层面人口流动前后的碳足迹总量 　　　(单位:万吨)

序号	省份	流动前碳足迹总量			流动后碳足迹总量		
		2013 年	2015 年	2017 年	2013 年	2015 年	2017 年
1	北京市	27.1	33.1	44.1	2034.5	2286.9	2107.3
2	天津市	39.8	59.8	96.9	1060.7	1339.2	1445.5
3	河北省	876.5	971.6	1104.4	1506.7	1606.1	1864.5
4	山西省	855.4	987.2	1210.2	1481.6	2157.5	1925.1
5	内蒙古自治区	1113.1	1252.1	1344.8	1821.4	2016.3	2042.6
6	辽宁省	685.2	961.1	932.3	2066.6	2507.6	2688.0
7	吉林省	847.0	950.7	1007.5	1522.6	1800.7	1788.1
8	黑龙江省	961.5	1116.5	1377.9	598.6	680.2	816.8
9	上海市	31.0	41.6	40.2	2203.3	2481.5	3128.7
10	江苏省	1214.6	1302.8	1386.8	3093.0	3378.6	3748.8
11	浙江省	848.5	911.0	883.4	2991.7	3618.7	4189.9
12	安徽省	2321.8	2798.4	3553.6	3512.3	3812.4	3246.6
13	福建省	708.6	1105.2	1109.8	1984.6	2314.3	2161.0
14	江西省	1141.7	1256.1	1388.6	944.9	1140.6	919.8
15	山东省	2153.5	2310.6	2615.3	3454.8	3846.1	3819.9
16	河南省	2852.8	3329.5	3863.3	3174.4	4475.7	4264.6
17	湖北省	1992.8	2219.4	1925.0	3304.7	3152.2	3345.3
18	湖南省	1856.8	2057.7	2342.1	1727.0	1932.2	2079.7
19	广东省	1030.8	1063.6	1467.5	4903.0	5460.6	5982.0

续表

序号	省份	流动前碳足迹总量			流动后碳足迹总量		
		2013 年	2015 年	2017 年	2013 年	2015 年	2017 年
20	广西壮族自治区	625.2	956.2	1070.6	1123.5	1727.5	1884.8
21	海南省	49.3	71.4	77.8	183.3	270.3	225.3
22	重庆市	1188.1	1291.5	1312.4	2007.4	1889.4	1777.1
23	四川省	2338.1	2274.1	2422.1	2884.1	2451.2	3062.9
24	贵州省	657.7	788.1	841.1	1223.4	1441.4	1551.6
25	云南省	314.8	391.9	544.6	1389.4	1410.7	1503.0
26	陕西省	495.1	565.1	562.9	1378.6	1469.4	1273.6
27	甘肃省	307.5	349.6	354.5	752.4	771.2	768.4
29	青海省	58.0	81.8	85.6	252.1	280.6	362.0
28	宁夏回族自治区	130.3	144.5	142.0	417.0	463.8	476.4
30	新疆维吾尔自治区	217.9	244.5	37.9	1095.5	1281.9	1199.3

注:笔者根据环境扩展的多区域投入产出模型计算所得。

流动后碳足迹主要分布于珠三角、长三角、京津冀等人口集聚区和部分中部人口大省。广东省作为人口流入最具代表性的地区,拥有规模最大的流动人口(超过 3000 万人),因其高度发达的制造业和服务业能够提供大量的就业岗位,外加当地开放包容的地方文化特色和户籍政策,吸引了相当规模的跨省人口流入。观测期内,广东省流动后碳足迹从 4903.0 万吨增长至 5982.0 万吨,表明该省是承接碳排放转移的主要阵地。其次,安徽省、山东省、湖北省、河南省、江苏省五个地区的流动后碳足迹总量均高于 3000 万吨,较大规模由农村流向城市的省内流动人口是造成流动后碳足迹增加的主要原因。而海南省、甘肃省、青海省、宁夏回族自治区四个地区的流动后碳足迹均小于 800 万吨,可能受限于当地经济发展水平、地理位置等影响,人口流入规模较小,外加当地的收入、消费水平偏低,最终造成这类经济欠发达地区的流动后碳足迹增加有限。

能源依赖度强、经济发展水平高地区的人均排放水平较高。内蒙古自治区人均流动前碳足迹(城镇:4.1—4.5 吨;农村:1.5—1.7 吨)、流动后碳足迹(3.3—3.8 吨)最高,与以往测算结果一致(Mi 等,2020)①。内蒙古自治区作为煤电供应的主要地区之一,其碳强度相对较高,同时受地理位置、气候环境等自然因素的影响,当地住户生活用能消费规模较大。其次,山西省、东北三省的人均流动前碳足迹(城镇:高于 3.2 吨;农村:高于 1.1 吨)、流动后碳足迹(3.0 吨以上)也保持较高水平。此外,降低天津市、北京市、上海市和部分中部地区(湖北省、安徽省等地)的人均排放水平亦刻不容缓,前三个地区发达的经济水平和完善的公共服务体系促使流动人口生活质量稳步提升、人均能源消费量居高不下;中部地区多依靠发展高能耗工业产业为主,导致当地生产的消费品具有较高碳强度。值得注意的是,所有省(自治区、直辖市)城镇的人均流动前碳足迹基本是农村的 2 倍,其中经济发达、以消耗清洁能源为主要生产、消费模式的江苏省、浙江省、福建省、广东省等地,人均流动前、后碳足迹较低,因其以水电作为主要能耗模式,并重点发展低碳服务业,促使相应地区碳强度较低。总之,地区间能源资源结构、气候环境、产业结构等的不同促使相应省(自治区、直辖市)人均排放水平存在明显差异。

(二)碳足迹的部门分布

人口流动前后的碳足迹主要分布于能源密集型部门和食品制造业相关部门(见表7-2)。观测期内,能源生产供应业的流动前、后碳足迹最大,分别占总足迹的 17%、23% 以上。资源加工业次之,相应碳足迹分别高于 5300(16.5%)万吨、10000 万吨(16.9%),意味着流动人口在流入地的能源消费需求显著增加,对当地能源供应系统和减排行动产生较大压力。此外,批发和零售、食品和烟草、农业的碳足迹具有相当规模,其碳足迹之和占比基本每年在35%以上,其中批发和零售部门几乎与全部消费品紧密相关,随着流动人口购

---

① Mi,Z.,Zheng,J.,Meng,J.,et al.,Economic Development and Converging Household Carbon Footprints in China,*Nature Sustainability*,Vol. 3,No.7,2020.

买能力的提升,导致该部门碳足迹逐年上升;而食品和烟草、农业的流动前、后碳足迹均较高,表明流动人口消费层次较低,其食品消费支出比重较大。而其他服务业部门流动前、后碳足迹占比均不足 5%,可能因服务业行业碳强度较低,同时流动人口受收入水平、消费环境限制,高品质消费能力不足。值得一提的是,省级层面流动人口碳足迹的部门分布特征与国家层面基本一致。

表 7-2　流动人口流动前后的碳足迹部门分布　　（单位:万吨）

部门	流动前碳足迹总量			流动后碳足迹总量		
	2013 年	2015 年	2017 年	2013 年	2015 年	2017 年
1.农业	2588.0	3040.6	2888.6	5142.9	5828.3	6004.7
2.采矿	918.6	1252.8	1533.8	2069.2	2418.0	2397.0
3.食品和烟草	3717.1	3634.1	3300.7	8192.1	8073.0	8522.0
4.轻纺工业	1593.0	1610.1	1597.4	1747.6	2217.7	2359.1
5.资源加工	6080.9	5342.4	5987.6	13248.0	10810.9	11095.5
6.机械、电子制造业	1792.0	2048.2	2178.3	2662.9	3667.4	3940.7
7.其他制造业	28.0	46.9	45.4	72.5	112.4	119.0
8.能源生产供应业	4841.7	7466.7	8615.2	12805.2	16606.4	16784.4
9.批发和零售	4366.0	5481.8	6045.4	7348.7	9680.7	10198.5
10.交通运输、仓储和邮政	1118.1	1267.2	1561.6	913.6	1516.1	1562.2
11.其他服务业	896.8	1261.1	1391.6	1890.6	2534.0	2665.3

注:笔者根据环境扩展的多区域投入产出模型计算所得。为便于分析,将 41 个部门(建筑部门除外)合并为 11 个部门①,下同。

---

①　1.农业:农林牧渔产品和服务。2.采矿:煤炭采选产品,石油和天然气开采产品,金属矿采选产品,非金属矿和其他矿采选产品。3.食品和烟草。4.轻纺工业:纺织品,纺织服装鞋帽皮革羽绒及其制品,木材加工品和家具,造纸印刷和文教体育用品。5.资源加工:石油、炼焦产品和核燃料加工品,化学产品,非金属矿物制品,金属冶炼和压延加工品,金属制品。6.机械、电子制造业:通用设备,专用设备,交通运输设备,电气机械和器材,通信设备、计算机和其他电子设备,仪器仪表,金属制品、机械和设备修理服务。7.其他制造业:其他制造产品,废品废料。8.能源生产供应业:电力、热力的生产和供应,燃气生产和供应,水的生产和供应。9.批发和零售:批发和零售。10. 交通运输、仓储和邮政:交通运输、仓储和邮政。11.其他服务业:住宿和餐饮,信息传输、软件和信息技术服务(IT),金融,房地产,租赁和商务服务,科学研究和技术服务,水利、环境和公共设施管理,居民服务、修理和其他服务,教育,卫生和社会工作,文化、体育和娱乐,公共管理、社会保障和社会组织。

观测期的流动前、后碳足迹的部门分布结构略有变化。能源生产供应业流动后碳足迹份额（三个年份的平均份额24.9%）明显高于流动前（21.6%），意味着流动人口的能源需求显著增加了。而资源加工业流动前、后碳足迹份额均呈下降趋势，可能与钢铁、煤炭、水泥等生产部门去产能、降能耗有关，导致相关部门碳强度和能源消耗规模有所下降。特别地，批发和零售部门的流动后碳足迹增长最为突出（从13.1%增长至15.5%），说明流动人口的消费结构正逐渐多样化，开始注重于生活质量的提升，增加了耐用品和各种文化生活服务的费用。随着流动人口举家搬迁比重提高，将促使其稳定地在城镇就业、生活，其收入的较大部分越来越直接地在城市消费，且消费模式逐渐接近于流入地城镇住户（程杰和尹熙，2020），这将阻碍中国城镇化进程中"双碳"目标的实现。

二、流动人口的净碳足迹

为凸显流动人口对中国提前实现"双碳"目标的重要性，继而分析流动人口的净碳足迹特征（见表7-3）。国家层面，流动人口增加了中国实现碳达峰碳中和的难度；流动人口致使省级层面的碳排放转移格局存在空间异质性，农村地区是碳排放转出和增加的主要来源；净碳足迹的增加量主要分布于能源密集型部门。

表 7-3　流动人口的净碳足迹增加量　　　（单位：万吨）

省份	2013年	2015年	2017年	省份	2013年	2015年	2017年
北京市	2007.5	2253.7	2063.2	湖北省	1312.0	932.8	1420.2
天津市	1020.9	1279.4	1348.6	湖南省	-129.7	-125.5	-262.3
河北省	630.2	634.6	760.1	广东省	3872.2	4397.0	4514.4
山西省	626.2	1170.3	714.8	广西壮族自治区	498.4	771.3	814.2
内蒙古自治区	708.3	764.2	697.8	海南省	133.9	198.9	147.4

省份	2013 年	2015 年	2017 年	省份	2013 年	2015 年	2017 年
辽宁省	1381.4	1546.5	1755.7	重庆市	819.3	597.9	464.7
吉林省	675.6	850.0	780.5	四川省	545.9	177.0	640.8
黑龙江省	-362.9	-436.3	-561.1	贵州省	565.7	653.3	710.4
上海市	2172.3	2439.8	3088.5	云南省	1074.6	1018.8	958.3
江苏省	1878.4	2075.8	2362.0	陕西省	883.5	904.3	710.7
浙江省	2143.2	2707.6	3306.5	甘肃省	444.9	421.5	413.9
安徽省	1190.5	1014.0	-307.0	青海省	194.1	198.8	276.3
福建省	1276.1	1209.1	1051.2	宁夏回族自治区	286.7	319.3	334.3
江西省	-196.8	-115.4	-468.8	新疆维吾尔自治区	877.7	1037.4	1161.5
山东省	1301.2	1535.5	1204.6	合计	28152.8	31577.7	30502.7
河南省	321.6	1146.2	401.3				

注:笔者根据环境扩展的多区域投入产出模型计算所得。

(一)净碳足迹的省际比较

全国人口流动每年共造成近 3 亿吨碳排放的净增加,多数省(自治区、直辖市)的净碳足迹为正(见表 7-3)。省际人口流动所引发的碳排放转移数量较大,且该净值呈增加态势,意味着受人口流动消费的影响,货物、服务消费地和生产地的分离是致使各省(自治区、直辖市)所承担减排责任不对等的主要因素。尤其是当农村人口流动到城镇地区,相应的能源消费结构、消费能力等促使其碳排放明显增加。尽管城镇地区能源使用品种繁多,但流动人口受收入、就业水平等的限制,其仍以消费低廉高污染的煤炭等化石燃料为主(Qi 和 Li,2020);同时受流入地城镇住户示范效应的影响,最终导致流动人口在流入地的碳排放量增加。

黑龙江省、江西省、湖南省属于碳排放净转出省份,其余省(自治区、直辖市)均属于净转入省份。黑龙江省净转出量最大(350 万吨以上),并呈逐年递增的趋势,与当地近年来人口流动趋势基本吻合。因黑龙江经济发展动能乏力、就业环境后劲不足,并受气候环境、地理位置的影响,当地人口外流规模远大于流入数量,其碳足迹也呈现净流出状态。与此相似,江西省、湖南省两地的流入人口并未对当地减排压力造成负担,可能因当地碳强度较低和净流入人口规模较小,最终促使其他高碳强度地区人口的流入未能明显增加其减排压力。

广东省、浙江省、上海市和北京市的净碳足迹量较大,均高于 2000 万吨,多呈逐年上升趋势(除北京)。其中广东省净碳足迹量最大,介于 3872.2 万—4514.4 万吨,与当地流动人口规模较大且逐年增加有关。大规模跨省人口的流入为广东省经济发展提供了重要的人力资源保障、扩大当地消费市场为经济持续增长助力的同时,流动人口造成减排压力、难度和成本陡增的问题也不可小觑。此外,天津市、辽宁省、江苏省、安徽省、福建省、山东省和云南省的净碳足迹均在 1000 万—2500 万吨,这些地区流动人口具有相当规模,人口流入对其减排目标的完成造成一定程度的威胁。因此,碳排放净增加省(自治区、直辖市)应充分考虑人口流入造成的减排压力,从总量、人均两个视角制定科学合理的减排政策和目标。

(二)省际碳足迹转移模式

多数流入地碳足迹的增加主要由省内农村人口流动造成(见表 7-4)。观测期内,北京市、天津市、上海市内部碳排放转移相对较少,较高城镇化率使其农村人口向城市集聚的规模有限。这三地作为中国城镇化发展的"龙头",是跨省流动人口较为集中的地区,其高度发达的服务业为流动人口提供了充足的就业机会和高额的收入报酬。其中河北省、黑龙江省、河南省、山东省等地人口流入北京市、天津市,江苏省、浙江省、安徽省等地人口集聚于上海,是造成后者减排压力增加的主要原因。对于净碳足迹最大的广东省,在 2017 年农村人口流入促使当地足迹增加占比为 73.2%,其中省内农村人口流动增加的碳排放规模最大,占总足迹比重为 23.2%,其次为湖南省、广西壮族自治区、四川省、湖北省等地人口流入增加了广东省碳排放。对于西北地区等流动人口规模较小的省份,省内人口流动产生的碳排放占据主要位置,周边省份人口流入产生的碳排放次之,但总体规模较小。西北地区人口基数小、经济发展较落后,且当地人口主要流出至中东部经济较发达地区,使其省内人口流动产生的碳排放增加有限。可见,省际人口流动引发的碳排放交互转移致使各地区碳排放分布格局发生转变,通常经济发达的地区凭借其完备的产业结构和优越的工资福利,承接了大规模跨省人口流入引致的碳排放转入量,特别是经济越发达、人口发展政策越宽容的地区,碳排放转入量越大。

表 7-4　2017 年部分省份流动人口净碳足迹的省际间流入量占比

（单位:%）

地区	城镇地区流入	城镇地区流入占比	农村地区流入	农村地区流入占比
广东省	广东省	11.0	广东省	23.2
	湖南省	3.4	湖南省	13.8
	湖北省	2.1	广西壮族自治区	8.3
	广西壮族自治区	2.1	四川省	5.3
	四川省	1.4	湖北省	4.9
河南省	河南省	12.8	河南省	71.8
	湖北省	0.4	安徽省	1.4
	山东省	0.3	浙江省	1.3
	河北省	0.3	湖北省	1.1
	陕西省	0.3	山东省	1.0
浙江省	浙江省	5.2	安徽省	14.4
	安徽省	4.1	浙江省	9.0
	河南省	4.1	河南省	8.8
	四川省	2.5	江西省	8.5
	江西省	1.7	贵州省	6.2

地区	城镇地区流入	城镇地区流入占比	农村地区流入	农村地区流入占比
北京市	河北省	12.7	河北省	9.8
	黑龙江省	6.3	河南省	9.2
	山东省	4.7	山东省	4.9
	辽宁省	3.6	安徽省	3.3
	河南省	3.5	山西省	2.4
上海市	江苏省	11.2	安徽省	15.7
	安徽省	9.0	江苏省	7.4
	浙江省	4.3	河南省	5.7
	河南省	3.1	四川省	2.6
	山东省	3.1	浙江省	2.3

注:笔者根据环境扩展的多区域投入产出模型计算所得。本表仅展示部分净碳足迹规模较大省(自治区、直辖市)的主要来源省份结果。

人口流动造成地区间碳排放转移特征呈现欠发达地区流向发达地区。农业转移人口是构成流动人口的主体,其在选择流入地时往往采取"就近"原则,同时受生活习性、语言等因素影响选择自身利益最大化的城市,通常当地省会城市或者是经济综合实力较强的城市吸引了大量周边地区农村人口的流入。而对于碳排放转移规模较大的省(自治区、直辖市),省内碳排放责任分摊的错配会加剧省内地区间的不平衡发展。因此,政府在制定省级层面的减排目标时,在明晰省内、省际碳排放转移特征的基础上,重视人口流动对流入地造成的减排压力和难度。

(三)净碳足迹的部门特征

除交通运输、仓储和邮政,流动人口在其余部门产生的净碳足迹均有所增加(见表7-5)。能源生产供应业的净碳足迹增加最为明显,各年净碳足迹均高于 6100 万吨,人均净增加量在 0.3—0.4 吨,表明流动人口在流入地的能源需求明显增强。资源加工的净碳足迹规模也相对较大,但呈逐年递减趋势,可能与近年来流动人口在家电等耐用品消费方面的逐渐饱和及相关部门提高能源效率、降低排放有关。而各年流动人口对食品和烟草、农业碳排放的拉动趋势基本趋于稳定,意味着人口流动后食品消费增加量相对稳定,基本符合马斯洛需求理论。交通运输、仓储和邮政部门的净碳足迹具有一定程度的波动,在 2013 年、2017 年的净碳足迹为负,可能是因人口流入发达地区,当地完备、高效的公共交通系统,促使人口在流动后的交通消费支出有所减少,同时发达地区的公共交通系统更具规模效应,促使该部门的碳排放规模缩减。但 2015 年的结果为正,可能与人口流动模式的地区分布变化有关,地区间能源消费结构、公共交通系统等因素的差异综合导致该部门碳足迹呈现短暂波动,后续需进一步验证。此外,观测期内采矿、批发和零售部门的净碳足迹总量和人均水平均呈先上升后下降的趋势,这可能与近年来实施相关的减排政策有关,促使对应部门的碳强度呈下降趋势。

表 7-5　流动人口净碳足迹的部门分布

部门	净碳足迹总量(万吨)			人均净碳足迹(吨)		
	2013 年	2015 年	2017 年	2013 年	2015 年	2017 年
农业	2555.0	2787.6	2439.8	0.1	0.1	0.1
采矿业	1150.6	1165.2	499.2	0.0	0.0	0.0
食品和烟草	4475.0	4438.9	4452.9	0.2	0.2	0.2
轻纺工业	154.5	607.6	398.7	0.0	0.0	0.0
资源加工业	7167.2	5468.5	3703.5	0.3	0.2	0.2
机械、电子制造业	870.9	1619.1	1258.8	0.0	0.1	0.1
其他制造业	44.4	65.5	63.1	0.0	0.0	0.0
能源生产供应业	7963.5	9139.6	6142.9	0.3	0.4	0.3
批发和零售业	2982.6	4198.9	2737.4	0.1	0.2	0.1

部门	净碳足迹总量(万吨)			人均净碳足迹(吨)		
	2013 年	2015 年	2017 年	2013 年	2015 年	2017 年
交通运输、仓储和邮政	−204.5	248.9	−366.9	0.0	0.0	0.0
其他服务业	993.8	1273.0	947.3	0.0	0.1	0.0

注:笔者根据环境扩展的多区域投入产出模型计算所得。

三、不同维度的减排模式

基于人口流动前、后碳足迹在省际层面的分布特征,本章将 30 个省(自治区、直辖市)划分为四大类型,以解析不同省(自治区、直辖市)推动国内大循环和实现"双碳"目标导向下的减排模式。进一步地,根据部门层面的净碳排放特征,针对关键生产部门提供相应的减排策略。

(一)省际层面的减排模式

将观测期内 30 个省(自治区、直辖市)的净碳足迹总量、人均净碳足迹进行聚类分析,最终划分为四类不同的减排模式。具体如下:

A 类,省内省外净输入型:广东省。作为全国人口流入规模最大的省份,大规模人口流入势必对当地能源供应能力形成挑战,继而在当前减排形势较严峻的状况下,流动人口的碳排放对其减排目标的完成造成巨大压力。考虑到越早应对低碳转型,成本代价越小,广东省作为全国第一经济大省在这方面具有得天独厚的优势,其经济结构中低碳行业占比较大,促使其实现碳达峰碳中和的难度相对较小。但若不施加任何消费侧的干预措施,随着流动人口数量增加和生活质量的提升,相应的碳排放总量将继续增长,仅依靠单一的生产端减排路径将无法实现既定的减排目标。因此,广东省应充分考虑流动人口规模,在提升减排技术效率降低当地生产部门能耗强度的同时,应通过教育培训等提高流动人口对低碳消费的认知,从生产、消费两个维度制定减排策略对碳排放进行控制。

B类,省外净输入型:北京市、江苏省、上海市、浙江省、天津市。这类地区净碳足迹增加量较大主要是周边省(自治区、直辖市)人口流入所引致。其流动人口在市民身份获得、社会福利、公共服务等方面受限较多,同时高昂的租房支出占据流动人口全部支出的绝大部分,而与居住相关的部门多属于高能耗行业。降低居住相关部门的碳强度是这些地区减排的首要任务,如通过采用新型环保材料为流动人口建造保障房、廉租房等,不仅有助于控制碳排放的增加,也为当地劳动力资源的持续注入提供保障。此外,这些地区具有资本丰厚、技术创新能力强等优势,可借助数字化发展平台加大低碳技术的研发与创新,对推动中国低碳产业发展具有重要的先导作用。

C类,省内净输入型:福建省、云南省、新疆维吾尔自治区、湖北省、辽宁省、河北省、贵州省、广西壮族自治区、内蒙古自治区、吉林省、陕西省、重庆市、山西省、河南省、海南省、青海省、甘肃省、宁夏回族自治区、四川省、安徽省、山东省。这类地区净碳足迹增加主要由省内农村人口流入城市所致,造成省内地市间碳排放格局发生重构,将农村地区的减排压力转移到城镇地区,即当地城镇化的发展过程导致城镇地区碳排放陡增,故这些地区可通过节能减排技术、培育碳交易市场、引导流动人口低碳消费等多种举措,努力降低城镇化发展所带来的减排压力。具体而言,对于内蒙古自治区、山西省、新疆维吾尔自治区、河北省等依赖传统能源资源地区,降低煤炭及高碳排放原材料加工部门的碳强度是当地实现低碳转型的关键,同时其经济增长的可持续性面临的中长期挑战亦不容忽视;对于福建省、海南省、云南省、广西壮族自治区等能源资源匮乏地区,低碳发展为其提供了降低传统能源依赖度、发展可再生能源产业的契机;对于湖北省、河南省、安徽省、山东省、四川省等制造业发达地区,加大在新型能源产业链等制造行业的投资力度,基于已有的领先技术和市场培育,在未来的低碳发展大潮中有望占据优势地位。

D类,净输出型:黑龙江省、江西省、湖南省。人口流动并未对黑龙江省产生减排压力,但人口净流出对当地经济持续增长具有不利影响,如何保持人口输入、输出平衡是当地发展的首要任务。对于江西省、湖南省两地,能够为其他地区应对人口流入制定减排政策起到示范作用,因当地生产部门碳强度较低,流动人口消费引致的碳足迹增量有限。因此,在减排目标导向下,江西省、湖南省两地既要利用新能源发展绿色产业,同时也时刻关注流动人口规模的变化,以防后续人口持续流出可能造成的经济衰退问题。

(二)部门层面的减排模式

将各部门流动人口的净碳足迹总量划分为五大类(见表7-6)。具体而言:(1)降低电力、热力的生产和供应业的碳强度是当务之急,为实现"双碳"目标,短期内应当优先扶持能源相关部门低碳转型,加速推进电力供应结构调整,加大核电、风电、光伏发电和生物发电技术的引进与创新投入,减少该部门对化石能源的依赖度,促使电力部门早日实现零排放。(2)农林牧渔产品和服务、批发和零售部门也是减排策略实施的重点,提高农业生产的规模效应,如集约化生产不仅提高生产效率,也可降低单位产出的碳排放。批发和零售处于生产供应链的末端,与终端消费者紧密相连,该部门可通过收益分享、成本分摊策略对供应链上游部门的绿色生产产生作用,同时构建消费品的征税标准和奖励机制引导消费主体进行低碳消费。(3)食品和烟草部门的低碳生产是"健康中国行动"建设的必经之路,相关企业应加大低碳技术的投入和生产设备的升级换代,以期降低能耗,同时减少食品生产过程的废弃物、提高低值农产品的利用率。金属冶炼和压延加工品部门是减排任务的重中之重,作为高度依赖一次能源消耗部门,可通过提升生产技术、改进工艺流程、采用新材料等方式提高能源消耗效率和降低碳强度。(4)煤炭采选产品,化学产品,石油、炼焦产品和核燃料加工品,通用设备,住宿和餐饮五个部门的碳足迹也具有相当规模,未来随流动人口生活品质的提升,将可能导致这类碳足迹规模继续扩大,加大节能生产设备的研发、改造低碳生产线等措施能够有效减少前四个部门的碳强度。而对于住宿和餐饮部门,应从企业、消费者两个主体入手,企业降低能源消费量、采用新型节能技术及能源管理方式减少碳排放,同时消费者应被灌输低碳理念,如减少使用一次性消费品、养成节约用电(水)的环保习惯也至关重要。(5)对于其他净碳足迹相对较小的部门,尽早实施低碳策略,防止碳排放反弹也势在必行。随着未来流动人口消费潜力的释放,对高端产品和服务的消费增加必将引致这类部门碳排放的大幅增加。因此,这类部门应尽早采取相应的减排措施,借助新技术手段,加快相关企业数字化转型,对防止其碳排放增加和中国减排目标的实现具有举足轻重的作用。

表 7-6　部门层面的减排模式分类

分类	部　门
1	电力、热力的生产和供应业
2	农林牧渔产品和服务,批发和零售
3	食品和烟草,金属冶炼和压延加工品
4	煤炭采选产品,化学产品,石油、炼焦产品和核燃料加工品,通用设备,住宿和餐饮
5	石油和天然气开采产品,造纸印刷和文教体育用品,非金属矿物制品,金属矿采选产品,租赁和商务服务,电器机械和器材,通信设备、计算机和其他电子设备,非金属矿和其他矿采选产品,金属制品,房地产,废品废料,金属制品、机械和设备修理服务,纺织服装鞋帽皮革羽绒及其制品,木材加工品和家具,燃气生产和供应,仪器仪表,居民服务、修理和其他服务,公共管理、社会保障和社会组织,其他制造产品,科学研究和技术服务,水利、环境和公共设施管理,文化、体育和娱乐,水的生产和供应业,信息传输、软件和信息技术服务,卫生和社会工作,教育,专用设备,金融,纺织品,交通运输设备,交通运输,仓储和邮政

注:笔者根据分行业净碳排放进行聚类分析整理所得。

在加速推进内循环为主体经济发展新格局和努力克服目标时间节点上强大减排压力的双重背景下,流动人口作为畅通劳动力循环、城乡经济循环,构建生态文明建设与绿色发展生态体系的关键主体,准确测算其消费引致的环境问题不仅能够全方位认识该群体在促进内循环过程中所扮演的角色,也有助于阐释"碳随人走"现象中明确"双碳"目标下省际、部门层面减排责任的重要作用。本章基于流动人口的消费数据库,借助列昂惕夫需求驱动模型构建了流动人口消费引致碳排放的环境扩展的多区域投入产出模型,系统测算了2013年、2015年和2017年中国30个省(自治区、直辖市)流动人口流动前、后的碳足迹及净碳足迹,继而详细讨论相应碳足迹的转移特征和省级、部门层面的减排模式。最终得出以下几点结论:

(1)中国人口流动造成的碳排放净增加量较大,农村转移人口是导致流入地碳排放增加的主要原因。流动人口造成中国每年碳排放净增加近3亿吨,人均排放水平也呈逐年递增的趋势,其中农村转移人口引致的碳排放净增加占比超过60%。(2)流动人口集聚地的减排任务异常艰巨,跨省流动人口是其碳排放转入的主要原因。广东省、北京市、上海市、江苏省、浙江省等经济发达地区流动人口的碳排放量规模较大,其中跨省流动人口的碳排放高达65%以上。(3)流动人口消费重点拉动了高能耗部门的碳排放,降低相应部门碳强度是实施减排举措的重要抓手。高能耗部门的碳排放占比高于46%,意味着各省通过优化生产方式、提高能源利用效率降低能源强度,对省级层面完成总量控制和阶段性减排目标要求具有重要意义。

针对以上分析,提出以下政策建议:(1)政府应重视流动人口在加速内循环建设和实现减排目标过程中的双重作用和地位。流动人口不仅是内循环建设的重要劳动力保障,更是释放内需潜力提振经济增长的重要载体,但其消费引致的净碳排放增加对按时实现艰巨的减排目标造成巨大压力。因此,政府首先应综合考虑流动人口作为构建劳动力、城乡经济循环的关键主体作用,重视该群体引致的净碳排放增加对中国实现提前碳达峰碳中和目标形成的挑战。其次,通过优化人口流动模式加速形成流入、流出地之间的内循环建设纽带,积极构建地区、部门间的碳排放责任分摊机制,以期实现劳动力循环带动内需循环的经济发展模式和建设碳排放转移区域的经济、生态共生发展体系。

(2)选择公平、有效的碳排放分配原则分摊人口流动造成的碳排放责任。按照人口流出地进行减排责任分摊容易造成欠发达地区向发达地区碳转移过程中的碳泄漏,而按照人口流入地进行责任分摊会加重当地减排负担,挫败其承接人口转移的接纳度和积极性,进而造成总体层面经济发展和减排责任分摊的低效率。因此,净碳排放增加大且经济条件好的省(自治区、直辖市)应承担更多的减排责任,如广东省、上海市、北京市等地应该为其他地区的高排放提供资金和技术支持,同时这些地区因承担其他地区本应该承担的减排责任,可在减排目标分配时给予相应的生态补偿。

(3)挖掘传统产业的低碳发展空间并形成绿色消费模式导向以遏制碳排放量的增加。一是加大传统高能耗、资源型产业实现低碳转型所需技术、资金、人才等要素的支持,培育新型低碳产业发展,以期实现低碳发展的同时为流动人口创造更多的新增就业岗位,打造一个低碳产业优化促进清洁生产和经济循环共生的发展体系,实现"以产育人、以人促产"的内循环发展新格局。二是通过科普、创意、互动一体的方式增强流动人口绿色、低碳的生活理念,引导其在可选择的条件下,首选环保、低碳的消费模式。

下篇

就业核算研究

人类的产生和发展就是人类劳动的发展史。劳动在经济增长中的作用已被经济学界所公认。经济增长理论经历了三个阶段,第一个阶段是 20 世纪 40 年代末的哈罗德—多马经济增长理论,第二个阶段是 60 年代的新古典经济增长理论,第三个阶段是 80 年代的新增长理论。经济学家对劳动与经济增长关系的研究起源于新古典经济增长理论,研究产生的理论模型有索洛模型、罗默的内生技术进步增长模型和卢卡斯的人力资本积累增长模型。1988 年,卢卡斯基于宇泽弘文的技术进步方程提出人力资本增长模型,模型直观地展示出人力资本积累是对经济增长的关键性因素(Lucas,1988)[1]。

中国现有统计资料还远不能满足研究人员利用概念正确、估算充分的劳动数据进行实证研究的需要。就业人员具有异质性,不同的就业人员具有不同的劳动价值,建立多个维度的就业人数矩阵是构建中国标准化劳动投入数据库及其相关应用的基础。但是一些统计问题严重阻碍了中国行业就业人数统计,也是建立全维标准化劳动投入数据库的难点和重点。这些原因导致中国目前尚无统一、连续的多维度分类就业人数。这导致在经济增长与生产率等研究中劳动核算数据需求存在重大缺口,也无法有效地从多个维度与其他国家或地区的就业结构、劳动质量及全要素生产率水平进行比较。

---

[1] Lucas, R. E., On the Mechanics of Economic Development, *Journal of Monetary Economics*, Vol. 22, No.1, 1988.

　　"行业"是区分就业人员价值的一个重要维度（Jorgenson 和 Schreyer，2013）[1]，但是目前中国对于行业标准化劳动投入的测算尚不充分，多数研究仅停留在学历、年龄和性别等维度。近些年，贸易开放政策（刘睿雯等，2020）[2]、去产能政策（唐聪聪等，2020）[3]、人口政策（郭凯明等，2013）[4]及产业升级转型战略（李天成和孟繁邨，2020）[5]等多种因素使我国就业结构产生了巨大的变化，行业的就业统计在许多重要的经济分析领域中都是不可缺少的，如探索经济增长的源泉（白重恩和张琼，2015）[6]、劳动力结构的影响效应（袁志刚和解栋栋，2011）[7]及对特定行业就业人员的研究（杨汝岱，2015）[8]。然而，与对数据急迫需求相悖的是行业就业数据的匮乏。

　　劳动在人类的历史进程中举足轻重。从农耕时代到工业化时代，再到数字化时代，人类劳动的形式愈发丰富。本书对中国数字化转型时代下的行业劳动投入核算方法展开研究，具有重要的理论意义、应用价值和实践意义，可以从以下几方面体现：

　　第一，摸清底数，精准施策，本书有助于认清我国真实劳动投入水平。人是生产的主体，同时也是消费的主体，这两重作用相辅相成，脉脉相通。作为承担经济活动的重要资源，人是社会生产活动的主体；作为使用者，人是消费的主体（邱东，2011）。因此，劳动力资源的统计兹事体大。虽然我国有十年

---

①　Jorgenson, D. W., Schreyer, P., Industry - Level Productivity Measurement and the 2008 System of National Accounts, *The Review of Income and Wealth*, Vol. 59, No. 2, 2013.

②　刘睿雯、徐舒、张川川：《贸易开放、就业结构变迁与生产率增长》，《中国工业经济》2020年第6期。

③　唐聪聪、杨伟国、王非：《中国去产能政策的就业效应研究》，《宏观经济研究》2020年第6期。

④　郭凯明、余靖雯、龚六堂：《人口政策、劳动力结构与经济增长》，《世界经济》2013年第11期。

⑤　李天成、孟繁邨：《产业升级背景下农民工就业结构变化及影响因素研究》，《经济经纬》2020年第4期。

⑥　白重恩、张琼：《中国生产率估计及其波动分解》，《世界经济》2015年第12期。

⑦　袁志刚、解栋栋：《中国劳动力错配对TFP的影响分析》，《经济研究》2011年第7期。

⑧　杨汝岱：《中国制造业企业全要素生产率研究》，《经济研究》2015年第2期。

一次的全国人口普查,每年一次的人口变动情况抽样调查和月度劳动力调查等,但是对于行业分类的统计有待完善。本书通过对行业就业人数、劳动报酬、标准化劳动投入和劳动生产率进行测算,更加全面地掌握我国劳动力资源的结构,对劳动力和就业分布不均衡的行业精准定位,有助于评估现阶段中国劳动力市场的发展现状,为各领域的研究提供丰富的数据支持。

第二,健全的制度是统计工作的保障,本书有助于完善中国行业劳动投入核算基础理论制度。中国行业劳动力数据不甚充分的原因之一是没有一套统一的就业核算制度。后疫情时代下,我国经济的恢复面临方方面面的问题。疫情带给劳动力市场冲击的同时也带来了新技术革命,新业态如雨后春笋般层见叠出,传统产业积极推动数字化转型。如何掌握日新月异的劳动力市场的发展动向,如何及时对劳动力市场异象进行预警和管理,如何测算出一套统一且可更新的行业劳动投入数据,这就亟须一套中国行业劳动投入测度的基础理论制度。统计制度是政府和科研统计工作的有力保障,本书的基础核算制度对完善中国核算体系具有一定的理论意义。

第三,与世界相交,与时代相通,本书有助于推动国际 KLEMS[①] 项目的比较进程。KLEMS 中 K 代表资本投入,L 代表劳动投入,E 代表能源投入,M 代表中间投入,S 代表服务投入,KLEMS 项目是利用各种投入和产出的数据,建立行业层面数据库。构建的数据库用于分析世界各国行业及加总层面经济增长的来源。目前,中国行业的就业人数和标准化劳动投入数据库仅更新到 2010 年,且行业分类不够详尽(Wu 等,2015)[②]。本书能够测算出中国 1990—2018 年 97 个行业大类的就业人数、劳动报酬和标准化劳动投入,并在此基础上可以进行劳动生产率和全要素生产率的测算,为国际比较提供了丰富的数据,畅通了与世界各国多维度交流的途径。中国 KLEMS 中劳动力要素数据

---

① 数据库网址为 http://ww.worldklems.net/data.htm。

② Wu, H., Yue, X., Zhang, G. G., "Constructing Annual Employment and Compensation Matrices and Measuring Labor Input in China",2015.

库的缺口使得本书劳动力核算的研究具有一定的现实意义。

第四,理论是实践的升华,本书有助于实现新发展格局下高水平动态平衡。新发展格局以扩大内需为战略基点,扩大内需要与供给侧的提升相适配,才能保证经济平稳发展。因此,深化供给侧结构性改革,提高供给侧的生产水平是构建新发展格局的坚实基础。劳动力供给是供给侧的重要部分之一。面对日益变化的内部和外部环境,如何将劳动领域的新变化上升到理论层面进行研究和探索,是及时了解新发展格局下劳动力市场的直观且有效的方法。本书聚焦劳动力市场的前沿变化,通过对 97 个行业大类的劳动力进行核算和数据应用,为劳动领域和经济领域提供具有洞察力的思考,及时以鲜活的研究回应现实问题,有助于畅通国内大循环,促进国家就业政策的制定、实施和更新。

第八章　就业核算研究进展

第一节　就业相关概念界定

一、就业人员的概念

总人口指我国核算期末的所有常住人口(国家统计局,2017)。劳动力资源指在一个国家或地区内,一定劳动年龄以上具有劳动能力的人口。中国的劳动力资源定义为:16岁及以上劳动年龄人口的总和(国家统计局,2017)。

劳动力资源包括经济活动人口和非经济活动人口(见图8-1)。根据国

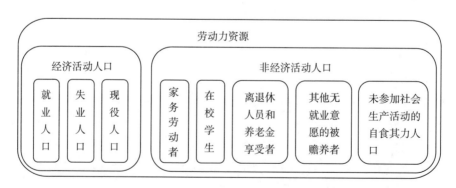

图 8-1　劳动力资源的分类

注:笔者整理所得。

际劳工组织、联合国的《社会和人口统计体系》和《国民经济核算体系(2008)》,经济活动人口指具有经济活动能力的人口;非经济活动人口指 16 岁及以上但没有参加社会经济活动的人口(邱东,2011)。经济活动人口和非经济活动人口包含的人员类别如图 8-1 所示。

二、劳动投入和标准化劳动投入的概念

人力资源和人力资本。"人力资源"由戴夫·乌里奇(Dave Urich)提出,指能够从事生产活动的体力和脑力劳动者,就是把"人"看作一种资源,能够创造财富;现代人力资本理论创始人舒尔茨(Schultz)对"人力资本"的解释是,人力资本是通过对人力资源进行投资所形成的一种资本,体现在劳动者后天获得的知识、技能、智能及体能等因素上(邱东,2011)。每个人都是人力资源,每个人都拥有不同的人力资本。

劳动力资源和劳动投入。劳动力指在任何特定核算期都积极地准备提供劳动以生产国民账户体系产出核算范畴里的货物或服务的人群(联合国等国际组织,2012)。中国的劳动力资源指 16 岁及以上劳动年龄人口的总和(国家统计局,2017)。劳动投入是经济生产重要的投入要素之一。

"劳动投入"测度来源于《国民账户体系(2008)》《人口和劳动投入》一章,依照该章中"就业人数—劳动投入的标准化测度—劳动生产率"这一逻辑链条,是对中国劳动投入进行系统的测度。

"标准化劳动投入"源于《国民账户体系(2008)》中《人口和劳动投入》一章中对劳动投入的标准化进行了测度。《国民账户体系(2008)》介绍了四种劳动投入的标准化测度方法:全职当量、实际工作总时间、经质量调整的劳动投入和不变报酬的雇员劳动投入。本书将使用上述四种方法测度的劳动投入称为"标准化劳动投入"。根据中国统计数据现状,本书的"标准化劳动投入"为经质量调整的劳动投入。

三、本书所用概念的界定

本书使用的"就业人员"遵循国家统计局的定义,指所有年龄在 16 岁及以上,在一定时期内从事一定社会劳动并取得劳动报酬或经营收入的人口。本书的"标准化劳动投入"指经质量调整的劳动投入。本书的"劳动投入"测度指对就业人数、标准化劳动投入和劳动生产率的系统测度。

第二节　就业人数测度

一、不同国家就业人数统计研究

发达国家对就业人数统计非常重视。美国的就业统计由劳工统计局①负责,就业现状月度调查(Current Employment Statistics,CES)与人口现状月度调查(Current Population Survey,CPS)是两项重要调查,分别调查就业、工作小时和收入等数据,以及不同分类(包括行业)的全国劳动力、就业和失业状况数据(Robertson,2017)②。日本厚生劳动省开展本国就业统计工作,主要有三类调查:劳动力调查、劳动力特别调查和就业状况调查,囊括了劳动力统计、就业统计和失业统计等,这些统计数据可按行业、性别、年龄、职业和就业模式等指标进行分类或者交叉分类。加拿大有月度的就业调查,英国只有季度的数据,它们各有特点(见表 8-1)。中国有发布频率为年度的人口变动情况抽样调查、城镇单位就业人员统计、城镇私营企业就业人员统计等,也有发布频率为月度的全国月度劳动力调查,这两种就业统计在数据全面性和时效性方面互相补充。

---

① 劳工统计局的网址为 http://stats.bls.gov/。

② Robertson,K. W., Benchmarking the Current Employment Statistics Survey:Perspectives On Current Research,*Monthly Labor Review*,Vol. 2017,No.11,2017.

表 8-1　世界主要国家就业统计情况对比

国家	实施部门	主要调查方式	发布频率	特点
美国	劳工统计局	就业现状月度调查、人口现状月度调查	月度	①数据全面(包括总数及分行业数据);②时效性强
英国	英国统计局	劳动力调查	季度	有劳动力的流动数据
日本	厚生劳动省和总务省的统计局	劳动力调查、劳动力特别调查、就业状况调查	月度	时效性强
加拿大	劳动统计司	电子问卷、电话采访、计算机辅助电话采访等	月度	①调查方式省时省力;②时效性强
中国	国家统计局	人口变动情况抽样调查、城镇单位就业人员统计、城镇私营企业就业人员统计等	年度	数据较为全面,但时效性差
		全国月度劳动力调查	月度	时效性强但数据不甚全面

注:笔者根据各国国家统计机构网站信息整理所得。

　　KLEMS 数据库是目前国际上提供行业层面劳动数据的最重要数据库之一,由乔根森(Jorgenson)、蒂默(Timmer)和范·阿克(van Ark)发起,包括二十多个国家和地区的产出、资本、劳动力、中间投入和能源数据(Jorgenson 等,2016)①。以国家官方就业统计为数据基础,美国在 KLEMS 项目中公布了 65个行业的就业人数,日本公布了 89 个行业的就业人数,我国公布了 37 个行业的就业人数。作为世界上最大的发展中国家,我国有十年一次的人口普查,年度的人口变动情况抽样调查、城镇单位就业人员统计、城镇私营企业就业人员统计和乡村就业人员统计等,以及全国月度劳动力调查,但这些就业统计在统计对象、核算方法、行业分类等方面有所差异,以至于相关数据中尚无完整、连续的全国细分行业就业数据。

---

　　① Jorgenson, D. W., Fukao, K., Timmer, M. P., *The World Economy*: *Growth or Stagnation*? Cambridge:Cambridge University Press,2016.

为解决我国行业层面就业数据的匮乏问题,现有研究提供了三种核算方法:第一,直接使用在岗职工数据(阳立高等,2014)[①]和城镇单位就业人数数据(王恕立等,2015;闫雪凌等,2020)[②][③]代替全国就业数据;第二,使用普查和人口抽样调查数据(岳希明和任若恩,2008)[④],或省份数据(田友春等,2017)[⑤]推算全国细分行业就业数据;第三,将行业层面的城镇和乡村就业数据进行合并(李建强和赵西亮,2018)[⑥],或者将行业层面的国有企业、非国有企业和其他就业数据进行合并(Wu 和 Yue,2012;Wu 等,2015)[⑦],从而获得全国行业层面就业数据。以上研究或无法体现每年就业的真实变动状况,或没有覆盖整个国民经济的行业分类。

二、中国就业人数统计制度

中国常规就业人数统计制度包括两种(见表 8-2):一是劳动力调查制度,根据劳动力调查制度展开的统计有人口变动情况抽样调查和月度劳动力调查。二是劳动工资统计报表制度,该项调查制度包括城镇单位就业人员统计和城镇私营企业就业人员统计两个部分。此外,国家工商行政管理总局组织实施的私营企业和个体工商户统计提供私营个体就业人员统计数据,国家统计局实施的农业生产条件统计提供乡村就业人员统计数据,全国人口普查、

---

① 阳立高、谢锐、贺正楚等:《劳动力成本上升对制造业结构升级的影响研究——基于中国制造业细分行业数据的实证分析》,《中国软科学》2014 年第 12 期。

② 王恕立、滕泽伟、刘军:《中国服务业生产率变动的差异分析——基于区域及行业视角》,《经济研究》2015 年第 8 期。

③ 闫雪凌、朱博楷、马超:《工业机器人使用与制造业就业:来自中国的证据》,《统计研究》2020 年第 1 期。

④ 岳希明、任若恩:《测量中国经济的劳动投入:1982 — 2000 年》,《经济研究》2008 年第 3 期。

⑤ 田友春、卢盛荣、靳来群:《方法、数据与全要素生产率测算差异》,《数量经济技术经济研究》2017 年第 12 期。

⑥ 李建强、赵西亮:《中国制造还具有劳动力成本优势吗》,《统计研究》2018 年第 1 期。

⑦ Wu,H.,Yue,X.,"Accounting for Labor Input in Chinese Industry,1949-2009",2012.

全国1%人口抽样调查、经济普查、农业普查等也提供部分就业数据。

表8-2　中国现行就业人员数据统计来源汇总

就业统计制度	统计来源	统计对象	计算方法
劳动力调查制度	人口变动情况抽样调查	城乡居民家庭	调查推算法
	月度劳动力调查	城乡居民家庭	—
劳动工资统计报表制度	城镇单位就业人员统计	除私营企业和个体工商户以外的所有城镇企业、事业和行政单位的就业人员	统计合成法
—	城镇私营企业就业人员统计	城镇私营企业	
—	城镇私营个体就业人员统计	城镇私营个体	
	乡村就业人员统计	乡村就业人员	
—	全国人口普查、全国1%人口抽样调查、经济普查、农业普查等	—	—

注:笔者整理所得。

调查推算法和统计合成法是中国就业人数的两种计算方法(国家统计局,2013)[1]。调查推算法是根据劳动力调查数据对就业人数进行推算。统计合成法是利用实施范围不同又相互补充的几项统计数据相加而成。如表8-2所示,在这些对就业的统计数据中,城镇单位就业人员、城镇私营企业就业人员、城镇私营个体就业人员,以及乡村就业人员合并可构成全社会就业人员。这四种数据在统计对象上的互补性使其合并具有可能性和合理性(岳希明,2005)[2]。城镇单位就业人员统计的对象是除私营企业和个体工商户以外的所有城镇企业、事业和行政单位的就业人员;而城镇私营企业、个体就业人员统计的对象恰恰是城镇私营企业就业人员和城镇私营个体就业人员,

①　国家统计局:《中国主要统计指标诠释(第2版)》,中国统计出版社2013年版。
②　岳希明:《我国现行劳动统计的问题》,《经济研究》2005年第3期。

在统计对象上补充了城镇单位就业统计对私营企业和个体工商户的缺口；乡村就业人员的统计在城乡划分上与以上三个城镇就业人员统计形成了互补关系。

三、中国就业人数统计核算口径

中国常规就业人数统计有三个口径（见表 8-3）。口径一是国家统计局公布的使用统计合成法计算的就业人员总数，数据发布在《中国统计年鉴》中，分为 16 个行业门类，但只公布了 1978—2002 年的部分；口径二是本书利用统计合成法的定义，将每年官方公布的城镇单位就业人员数据、城镇私营企业和个体就业人员数据及乡村就业人员数据进行合并得到的，无行业分类，计算的时间跨度为 1990—2018 年；口径三是国家统计局公布的使用调查推算法计算的就业人员总数，数据发布在《中国统计年鉴》中，无行业分类，时间跨度最大，为 1952—2018 年。

表 8-3 1990—2018 年不同口径的就业人员数据比较

年份	口径一 国家统计局统计 合成法（万人）	口径二 本书计算统计合 成法（万人）	口径三 国家统计局调查 推算法（万人）	口径三/ 口径二
1990	56740	62625	64749	1.03
1991	58360	63487	65491	1.03
1992	59433	64132	66152	1.03
1993	60222	64519	66808	1.04
1994	61472	65618	67455	1.03
1995	62389	66371	68065	1.03
1996	62842	66578	68950	1.04
1997	63667	66744	69820	1.05
1998	62363	64948	70637	1.09
1999	62491	64579	71394	1.11

续表

年份	口径一 国家统计局统计 合成法（万人）	口径二 本书计算统计合 成法（万人）	口径三 国家统计局调查 推算法（万人）	口径三/ 口径二
2000	62978	63950	72085	1.13
2001	63052	63498	72797	1.15
2002	63779	63374	73280	1.16
2003	—	63408	73736	1.16
2004	—	63595	74264	1.17
2005	—	63908	74647	1.17
2006	—	64039	74978	1.17
2007	—	64293	75321	1.17
2008	—	64397	75564	1.17
2009	—	64879	75828	1.17
2010	—	65019	76105	1.17
2011	—	67069	76420	1.14
2012	—	68038	76704	1.13
2013	—	71230	76977	1.08
2014	—	73088	77253	1.06
2015	—	74084	77451	1.05
2016	—	74773	77603	1.04
2017	—	75497	77640	1.03
2018	—	75818	77586	1.02

注:笔者整理所得。"—"表示国家统计局在当年没有公布相应数据。

资料来源:本表中"口径一"和"口径三"的数据来自《中国统计年鉴》,其他数据由笔者计算。

　　口径一和口径二的差距由两部分组成。第一,口径一中未统计的军事人员数据和少统计的非农业就业人员数据。麦迪森(Maddison,2008)①认为,官

---

① Maddison, A., Chinese Economic Performance in the Long Run, 960-2030 Ad, *The Economic History Review*, Vol. 64, No. 4, 2008.

方公布的行业层面就业人员数据（口径一）未包括军事人员，吴和岳（Wu 和 Yue,2012）认为官方数据低估了主要从事"物质服务"的非农业就业人员数。第二,1998 年及以后城镇单位就业人员统计口径变小,但官方使用统计合成法(口径一)计算时未考虑此变化(蔡昉,2007)①。1998 年开始,城镇单位就业人员不再包括离开本单位仍保留劳动关系的职工。如图 8-2 所示,1998 年以前,口径一和口径二变化趋势保持一致;从 1998 年开始,口径二中由于离开本单位仍保留劳动关系的职工减少的程度强于其他就业人员增加的程度,导致就业人员总数呈现下降的趋势,并且这种趋势一直保持到 2002 年,甚至使口径二计算的就业人员总数低于口径一;2002 年以后,其他就业人员增加的程度超过了本单位仍保留劳动关系的职工减少的程度,口径二统计的就业人员总数呈现上升趋势。

（单位：万人）

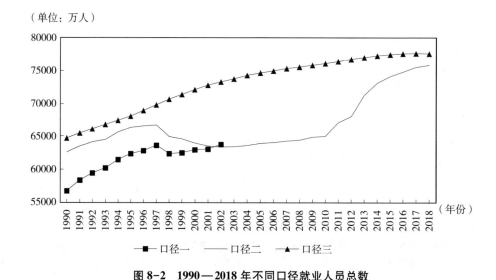

图 8-2　1990—2018 年不同口径就业人员总数

注:笔者整理所得。

口径二与口径三的差距由三个原因引起。第一,在口径二中,部分行业城

---

① 蔡昉:《中国劳动力市场发育与就业变化》,《经济研究》2007 年第 7 期。

镇就业人员的统计被遗漏。对于城镇单位就业人员统计,遗漏的就业人员主要为在城镇从事农业的劳动者(岳希明,2005)。对于城镇私营企业和个体就业人员统计,医疗领域的个体诊所,教育行业的个人业余辅导等都有可能未在工商部门登记。此外,工商行政管理局登记的是企业在注册时的就业人数,往往没有包括企业在发展过程中不断增加的就业数量(蔡昉,2004)[1]。第二,统计合成法和调查推算法对就业的定义不一致。口径二和口径三在定义就业时分别采用的是经常状态标准和当时状态标准[2]。当时状态标准的范围比经常状态标准要广,因此口径三的统计范围大于口径二。第三,1998 年及以后城镇单位就业人员统计口径变小,也是就上文提及的 1998 年及以后城镇单位就业人员不再包括离开本单位仍保留劳动关系的职工。这一影响可以从口径三和口径二的比率看出来,比率越大,两种计算结果的差距越大;反之,则越小。1998—2004 年,该比率急剧上升,这就是缩小城镇单位就业人员统计口径引起的(见图 8-2)。

四、文献评述

通过系统梳理国家统计局目前发布的就业统计数据和我国行业层面就业核算的相关研究,现阶段我国行业层面就业数据核算存在以下问题。第一,城乡就业统计行业分类不全。工商登记注册的城镇私营企业和个体就业人员的行业分类统计有七个行业门类,没有包括国民经济运行的全部行业。国家统计局关于第一产业行业大类就业人口的统计实际涵盖了城乡相关地域。城乡就业统计的不完整或交叉是全国行业层面就业数据调整及测算的一大障碍。第二,部分行业的城镇就业人数统计被遗漏。城镇单位就业人员由工作单位

---

① 蔡昉:《中国就业统计的一致性:事实和政策涵义》,《中国人口科学》2004 年第 3 期。

② 国际劳工组织认为就业有两种不同的标准,分别是当时状态(current status)标准和经常状态(usual status)标准。当时状态标准定义的就业指的是 15 岁(有些国家为 16 岁)以上,在调查周内只要从事过有收入的工作即就业;经常状态标准则是根据被调查人在一段较长的时间内的工作状态来判断就业。

统计,城镇私营企业和个体就业人员由国家市场监督管理总局统计。因此,会遗漏没有在单位就业或登记的就业人员。除此之外,运输、零售、餐饮以及医疗领域中未登记注册的个体诊所,教育行业中遗漏个人业余辅导等也导致就业人数被低估。第三,国民经济行业分类不统一。我国《国民经济行业分类》标准在持续变化,使行业基本数据的可比性较差。官方统计在 1984 年、1994 年、2002 年、2011 年和 2017 年几个版本的标准产业分类方面均发生了重大改动,但尚未对行业层面的就业历史数据进行调整。

第三节　标准化劳动投入测度

一、《国民账户体系(2008)》中的不同标准化劳动投入指标

全职当量就业人数是全职当量职位数,即所有雇员的实际工作时间之和除以一个全职职位的实际平均工作时长,但因为不同职位工作时长不同,同一职位的工作时长也是变化的,所以以全职当量作为标准化劳动投入并不准确,《国民账户体系(2008)》不推荐这一指标;实际工作时间是《国民账户体系(2008)》最重要的工作时间概念,使用实际工作时间计算劳动投入意味着每一工作时间具有相同的质量,但事实并非如此;经质量调整的劳动投入度量方法考虑到了就业人员构成随时间发生的变化,以不同类别就业人员工作质量指数作为权数,工作质量指数可用每类就业人员的平均工资表示,使用这一方法计算经质量调整的劳动投入指标需要大量数据,只有那些统计系统高度完善的国家才有可能拥有所需的详细数据资料;以不变报酬计量的雇员劳动投入与以上三个指标最大的区别就是使用价值量而非实物量,其价值可以通过缩减其现价价值来估算,同时也可以用直接方法计算,即用每一工作组的现有职位数乘以该工作组基年的平均劳动报酬(联合国等国际组织,2012)(见表 8-4)。

表 8-4　不同标准化劳动投入指标的比较

指标	含义	优点	缺点
全职当量	全职当量职位数	容易统计	①不同职位工作时长不同;②同一职位的工作时长是会发生变化的
实际工作时间	实际的工作时间	相对容易统计	①每一工作时间并非具有相同的质量;②实际工作时间难以界定
经质量调整的劳动投入	以不同类别就业人员工作质量指数作为权数,对劳动投入进行分类加总	考虑到了就业人员构成随时间发生变化	需要大量的数据,相对不易统计
不变报酬的雇员劳动投入	每一工作组的现有职位数乘以该工作组基年平均报酬	使用价值量指标度量劳动投入	数据难以获得,不易统计

注:笔者根据《国民账户体系(2008)》整理汇总得到。

二、不同国家标准化劳动投入测算研究

发达国家一般用经质量调整的劳动时间来衡量标准化劳动投入。丹尼森建立了一种以劳动时间为衡量标准的美国标准化劳动投入测算方法。为了反映就业人员的异质性,他将就业人员按年龄、性别和受教育程度进行分类(Denison,1961)[1]。但并未涉及行业层面。乔根森和格里利谢斯对美国所有行业进行了标准化劳动投入测算(Jorgenson 和 Griliches,1967)[2],是依据格里利谢斯(Griliches,1960)[3]对美国农业进行的测算方法,戈洛普和乔根森测算

———————

[1]　Denison,E. F.,"Measurement of Labor Input:Some Questions of Definition and the Adequacy of Data",1961.

[2]　Jorgenson,D. W.,Griliches,Z.,The Explanation of Productivity Change,*The Review of Economic Studies*,Vol. 34,No.3,1967.

[3]　Griliches,Z.,Measuring Inputs in Agriculture:A Critical Survey,*Journal of Farm Economics*,Vol. 42,No.5,1960.

了 1943—1957 年美国 51 个行业的标准化劳动投入指数（Gollop 和 Jorgenson，1980）①。乔根森和何（Ho）测算了 1948—1995 年美国的标准化劳动投入水平（Jorgenson 和 Ho，1999）②，就业人员的分类属性不仅包括年龄、性别和受教育程度，还增加了就业者的就业身份、所属行业和职业。除了测算出标准化劳动投入指数，乔根森将指数分解为劳动数量变化和劳动质量变化（Jorgenson 等，1987）③；施瓦特和图伦（Schwerdt 和 Turunen，2007）发现 1983—2005 年欧元地区劳动质量年均增长为 0.47%；施瓦特和图伦（Schwerdt 和 Turunen，2010）④发现，高学历者工作时长增长缓慢以及女性工作时长所占比重增加，导致过去几十年间德国劳动质量增长缓慢；野村和天野（Nomura 和 Amano，2012）⑤的分析表明，1974—2011 年新加坡劳动质量年均增长率为 2.19%，对标准化劳动投入增长贡献度达 37%。乔根森认为劳动质量能够通过增强受教育程度而提高（Jorgenson 等，2019）⑥。

中国使用劳动时间作为标准化劳动投入测算指标的研究较少。耿德伟（2014）⑦利用周劳动小时数与就业人数作为衡量指标测算 2002—2011 年中国标准化劳动投入指数，发现得到的两种指数差别较大，但他没有对不同就业人员的周工作时间进行分类，只是利用每年全国平均周工作时间进行标准化

---

① Gollop, F, Jorgenson, D., "Us Productivity Growth by Industry, 1947-1973", National Bureau of Economic Research, Inc., 1980.

② Jorgenson, D. W., Ho, M. S., The Quality of the U.S. Work Force 1948-1995, *Economics*, 1999.

③ Jorgenson, D. W., Gollop, F. M., Fraumeni, B. M., *Productivity and U.S. Economic Growth*, New York: Harvard University Press, 1987.

④ Schwerdt, G., Turunen, J., Labor Quality Growth in Germany, *Economics Letters*, Vol. 108, No.3, 2010.

⑤ Nomura, K., Amano, T., "Labor Productivity and Quality Change in Singapore: Achievements in 1974-2011 and Prospects for the Next Two Decades", 2012.

⑥ Jorgenson, D. W., Ho, M. S., Samuels, J. D., *Educational Attainment and the Revival of U.S. Economic Growth*, Chicago: University of Chicago Press, 2019

⑦ 耿德伟:《改革开放以来的中国劳动力投入增长及未来发展趋势》,《发展研究》2014 年第 9 期。

劳动投入指数的测算。陈平(1996)①虽然将劳动者按性别、年龄、文化程度和职业四种属性进行分类,考察了各类劳动者工作小时构成上的变化,但仅测算出1987—1990年标准化劳动投入的变化。

中国测算标准化劳动投入时使用的指标多为经质量调整的就业人数。首先,有研究将就业人数直接作为标准化劳动投入的测算指标(柳直勇等,2016)②。这些研究均未考虑到就业人员的异质性,即不同的就业人员,工作效率不同,生产效率也会不同,更没有考虑到质量提高对标准化劳动投入的贡献。其次,有学者利用受教育程度指标对标准化劳动投入进行质量调整(徐杰等,2016)③。受教育程度未考虑个人在接受教育过程中的差异,因此有学者引入多种指标综合的方法对标准化劳动投入进行质量调整。张国初等(1991)④建立了1982—1987年行业、性别、文化程度、年龄和职业五维交叉分类的劳动投入数据库;扬(Young,2003)⑤对1978—1998年的标准化劳动投入进行了测量。但是出于数据可信性考虑,他仅仅考虑性别、年龄、受教育程度三个属性。岳希明和任若恩(2008)通过编制了1982—2000年可反映劳动质量变化的劳动投入指数,测算了中国劳动质量提高与标准化劳动投入增长程度,而且就业人员有行业、性别、受教育程度、年龄四种属性,但行业分类仅有37个行业,对某些大行业没有进行细致分类(贾雪梅,2018)。

对于行业层面标准化劳动投入的测算,与其他国家相比,中国较少地以行业为视角对标准化劳动投入进行研究。美国测算标准化劳动投入的行业数为

①　陈平:《劳动投入与生产率》,《数量经济技术经济研究》1996年第12期。
②　柳直勇、李雪晴、魏汉泽:《制度变革、劳动投入与中国农业发展》,《中国经济问题》2016年第1期。
③　徐杰、王宏伟、李平:《我国创新型国家建设面临的挑战——基于东中西部地区科技进步的差异研究》,《经济问题探索》2016年第2期。
④　张国初、陈平、李军:《建立中国劳动投入数据库系统初探》,《数量经济技术经济研究》1991年第9期。
⑤　Young,A.,Gold Into Base Metals:Productivity Growth in the People's Republic of China During the Reform Period,*Journal of Political Economy*,Vol.111,No.6,2003.

65 个(Jorgenson 和 Schreyer,2013),新加坡为 19 个(Gómez Tello 等,2020)①,欧盟为 34 个(van Ark 和 Jager,2017)②,日本为 30 个行业(Lee 等,2020)③。中国对于行业层面标准化劳动投入的研究可以分为三类。第一类研究直接将当年就业人数(滕泽伟,2020;张建华等,2020)④⑤或者将就业人数按照受教育水平进行分类加总(马颖等,2018)⑥作为标准化劳动投入;第二类研究仅测算特定行业或产业的标准化劳动投入(王欢芳等,2020;余泳泽和潘妍,2019)⑦⑧;第三类研究测算包含国民经济运行的全部行业的标准化劳动投入(Wu 和 Yue,2012;张国初,1992)⑨。在第三类研究中,伍等(Wu 等,2015)对于行业的分类最为细致,为 37 个;同时,伍等(Wu 等,2015)将标准化劳动投入测算的年份更新到最近的 2010 年。综上所述,以上研究对中国标准化劳动投入的研究在行业分类方面并不充分,且测算结果缺乏时效性。

三、中国劳动投入相关数据行业分类

就业人数、劳动报酬和劳动时间是测算中国行业劳动投入的关键数据,也

① Gómez Tello,A.,Murgui García,M. J.,Sanchis Llopis,M. T.,Exploring the Recent Upsurge in Productivity Disparities Among European Regions,*Growth and Change*,Vol. 51,No.4,2020.

② van Ark,B.,Jager,K.,Recent Trends in Europe's Output and Productivity Growth Performance at the Sector Level,2002−2015,*International Productivity Monitor*,No.33,2017.

③ Lee,J.,Song,E.,Kwak,D. W.,Aging Labor,Ict Capital,and Productivity in Japan and Korea,*Journal of the Japanese and International Economies*,Vol. 58,2020.

④ 滕泽伟:《中国服务业绿色全要素生产率的空间分异及驱动因素研究》,《数量经济技术经济研究》2020 年第 11 期。

⑤ 张建华、郑冯忆、高达:《中国劳动力转移对全要素生产率增长的影响》,《中国人口科学》2020 年第 6 期。

⑥ 马颖、何清、李静:《行业间人力资本错配及其对产出的影响》,《中国工业经济》2018 年第 11 期。

⑦ 王欢芳、张幸、贺正楚等:《战略性新兴产业全要素生产率测度及影响因素研究》,《中国软科学》2020 年第 11 期。

⑧ 余泳泽、潘妍:《中国经济高速增长与服务业结构升级滞后并存之谜——基于地方经济增长目标约束视角的解释》,《经济研究》2019 年第 3 期。

⑨ 张国初:《中国产业部门劳动投入的度量与分析》,《数量经济技术经济研究》1992 年第 1 期。

是经济研究中使用较为广泛的数据。国家统计局出版的各年份《中国统计年鉴》《中国劳动统计年鉴》《中国人口和就业统计年鉴》《中国人口普查年鉴》，以及不同机构主办的微观调查数据，如北京师范大学中国收入分配研究院的中国居民收入调查数据、中国人民大学中国调查与数据中心的中国综合社会调查（Chinese General Social Survey，CGSS）、北京大学中国社会科学调查中心的中国家庭追踪调查和中山大学社会科学调查中心的中国劳动力动态调查都有关于行业劳动投入的数据。本书将这些数据库的劳动投入相关数据在行业层面进行归纳总结（见表8-5）。

四、文献评述

对于标准化劳动投入的理论研究已经较为丰富和具体，但在实际测度中尚存在一些问题。第一，就业人数这一指标作为标准化劳动投入的衡量尺度存在严重的缺陷。首先，就业人数序列由于统计口径的变化出现过几次断层，在时间上缺少连续性；其次，就业人数这一指标没有考虑劳动时间。在就业人数不变的情况下，法定工作日及工作时间的变化，不充分就业人员比例的增减、就业人员加班加点的变化等，都会导致时间总量的变化，造成标准化劳动投入变动的诸多因素无法通过统计就业人数而反映出来（岳希明，2005）；最后，就业人数与劳动质量是两个独立的概念，仅仅统计就业人数就会剔除劳动质量对标准化劳动投入的贡献（贾雪梅，2018）。第二，由于数据的可得性，中国标准化劳动投入测算的研究大多以就业人数为衡量指标。但标准化劳动投入增长对经济增长的作用过程中，不仅包括就业人数的变化，还应该包括就业人员质量的变化。尽管已有学者在受教育程度、年龄或者行业层面研究标准化劳动投入的增长率，但是相应地，这些学者测算的标准化劳动投入增长率仅包括就业人数的增长和受教育程度质量的变化、年龄结构的变化或者产业结构的变化。然而，就业人数质量的变化是行业、受教育程度、年龄结构甚至性别结构等因素的综合变化，如何对各个影响因素进行交叉分组，既能充分地体

表8-5 中国劳动投入相关数据的行业分类现状

数据库	编写/主办者	全国就业人员	行业层面就业人数数据定位	就业人员劳动报酬	行业层面劳动报酬数据定位	就业人员工作时间	行业层面劳动时间数据定位	数据库网址
中国统计年鉴	国家统计局	1978—2002年分16个行业	《中国统计年鉴2003》表5-5	无（仅有分行业城镇单位就业人员报酬数据，无全国就业报酬数据）	—	无	—	https://data.cnki.net/Yearbook/Single/N2021110004
		2003—2020年分三大产业	《中国统计年鉴2021》表4-2					
中国劳动统计年鉴	国家统计局	1978—2002年分16个行业	《中国劳动统计年鉴2004》表1-6	无（仅有分行业城镇单位就业人员报酬数据，无全国就业报酬数据）	—	1988—2003年无分行业劳动时间数据	—	https://data.cnki.net/Yearbook/Single/N2021020042
		2003—2020年分三大产业	《中国劳动统计年鉴2020》表1-5			城镇就业人员工作时间构成数据，2004—2019年分20个行业	《中国劳动统计年鉴2020》表1-53	
中国人口和就业统计年鉴	国家统计局	1952—2019年分三大产业	《中国人口和就业统计年鉴》表1-15	无（仅有分行业城镇单位就业人员报酬数据，无全国就业报酬数据）	—	城镇就业人员工作时间构成数据，2006—2019年分20个行业	《中国劳动统计年鉴2020》表3-32	https://data.cnki.net/Yearbook/Single/N2021020056
中国人口普查年鉴	国家统计局	2010年分396个行业	《中国人口普查年鉴2010》表4-6	无	—	全国分性别、行业中类，周工作时间的正在工作人口，2010年分396个行业	《中国人口普查年鉴2010》表4-12	http://www.stats.gov.cn/tjsj/pcsj/rkpc/6rp/indexce.htm
		2000年分92个行业	《中国人口普查年鉴2000》表4-1	无	—	全国按性别、行业，工作时间分的就业人口，2000年分16个行业	《中国人口普查年鉴2000》表4-11	http://www.stats.gov.cn/tjsj/pcsj/rkpc/6rp/indexch.htm

续表

数据库	编写/主办者	全国就业人员	行业层面就业人数数据定位	就业人员劳动报酬	行业层面劳动报酬数据定位	就业人员工作时间	行业层面劳动时间数据定位	数据库网址
中国居民收入调查数据	北京师范大学中国收入分配研究院	分20个行业（以2013年问卷为例）	2013年问卷变量C03-3	分20个行业（以2013年问卷为例）	2013年问卷变量C05-1	分20个行业（以2013年问卷为例）	2013年问卷变量C01-3	http://ciid.bnu.edu.cn/index/index.html
中国综合社会调查	中国人民大学中国调查与数据中心CGSS项目组	分6个行业(以2010年问卷为例)	2010年度问卷变量B12	分6个行业（以2010年问卷为例）	2010年度问卷变量A8a	分6个行业（以2010年问卷为例）	2010年度问卷A53	http://cgss.ruc.edu.cn/
中国家庭追踪调查	北京大学中国社会科学调查中心	分农业工作(农,林,牧,副,渔)和非农工作2个类别（以2020年问卷为例)	2020问卷变量QG101	分农业工作(农,林,牧,副,渔)和非农工作2个类别（以2020年问卷为例)	2020问卷变量QG12	分农业工作(农,林,牧,副,渔)和非农工作2个类别（以2020年问卷为例)	2020年问卷变量QG6	http://www.isss.pku.edu.cn/cfps/
中国劳动力动态调查	中山大学社会科学调查中心	分16个行业(以2016年问卷为例)	2016年问卷变量13a.8	分16个行业（以2016年问卷为例）	2016年问卷变量13a.6	分16个行业（以2016年问卷为例）	2016年问卷变量13a2.26、13a.27、13a3.4、13a5.2	http://css.cssn.cn/css/sy/fzshxsjzy/201712/t20171212_3778450.html

注：笔者根据各大数据库网站整理所得。

现就业人员的异质性,又能进行国际比较,是一个值得深入研究的问题。第三,以往的研究中对行业分组数目不充足,缺乏行业大类层面的标准化劳动投入测算研究。在各个影响因素中,行业分类是进行国际比较的关键,对我国标准化劳动投入的研究在行业的分组最多为 37 个,且缺乏时效性。

中国行业层面就业数据核算存在一些困难,如城乡就业统计行业分类不全、部分行业的城镇就业人数统计被遗漏,以及国民经济行业分类的不统一。中国行业标准化劳动投入的测度也存在一些问题,如就业人数这一指标作为标准化劳动投入的衡量尺度存在严重的缺陷,中国标准化劳动投入测算的研究大多以就业人数为衡量指标,现有研究中对行业分组数目不充分。

第九章　就业核算理论基础

第一节　就业核算基本理念

一、《国民账户体系（2008）》的劳动投入核算框架

《国民账户体系（2008）》中的人口与劳动核算框架（见图9-1）从人口和就业两个具有相互联系的逻辑线条展现人口和劳动数据与系列账户关键项目的联系，系统显示居民从经济行为中获得的收益和每个就业人员对产出的贡献，前者用人均国内生产总值来衡量，后者通过劳动生产率来衡量①。后者这一逻辑线条（见图9-1下方虚线框部分）从就业人数的核算出发，深入挖掘劳动投入的标准化测度方法，进而得到生产率的相关数据。

---

① 一个国家的总人口可细分为三类：就业人口、失业人口和非劳动人口。计算生产率时所需要的劳动投入可以用就业人数粗略估算。劳动生产率是每小时工作（每一雇员）的产出物量；全要素生产率是一种同时考虑劳动力和资本等所有投入要素对产出贡献的生产率测度方法；其他扩展生产率模型，如 KLEMS 项目中的生产率测算方法，通过生产中所使用的资本、劳动力、能源、物质生产部门产生的中间投入要素和服务生产部门产生的中间投入要素来估算生产率。

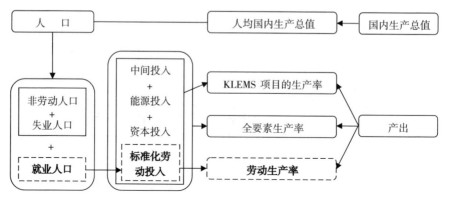

图 9-1　《国民账户体系(2008)》下的劳动投入核算框架

注:本图根据《国民账户体系(2008)》中"人口与劳动投入"一章绘制。

二、经济合作与发展组织劳动投入的标准化测度

经济合作与发展组织对劳动投入的测度进行了描述,详细介绍了经质量调整的劳动投入统计方法(见图 9-2)。经济合作与发展组织测度标准化劳动投入的统计数据有许多来源,包括以家庭为基础的劳动力调查和以基层单位或企业为基础的调查(以下简称 ES),其中,以家庭为基础的劳动力调查有代表性地从社会经济角度提供关于劳动力特性的可靠信息,例如,受教育程度、年龄、兼职状况,以及工作信息(如职业和合同类型),以家庭为基础的劳动力调查具有覆盖整体经济的优势,但在测算一国生产率时,需要对跨国界的就业人员和个体经营者进行调整(经济合作与发展组织,2008)①。经济合作与发展组织对标准化劳动投入的测度选取的指标是经质量调整的工作时间。测度的思路是先统计总就业人员数,然后与修正的平均工时数相乘,得到的总工时数可以根据不同的特征,比如性别、年龄和受教育程度或者行业加以区别,以通过相应的劳动报酬数据进行质量调整。

---

　　① 经济合作与发展组织:《生产率测算手册 基于总量层次和产业层次生产率增长的测算》,科学技术文献出版社 2008 年版。

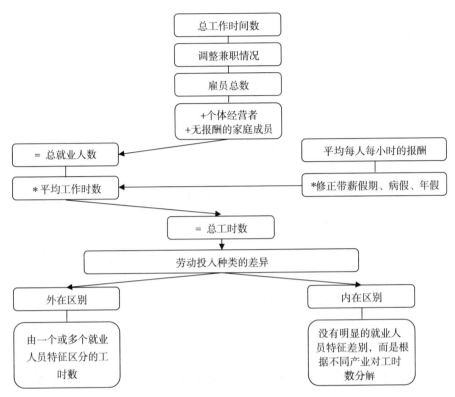

图 9-2　经济合作与发展组织的标准化劳动投入测度

注:本图根据经济合作与发展组织《生产率测算手册》中"劳动投入"一章绘制。

第二节　就业核算统计标准

一、国家统计局的就业人数计算方法

中国就业人数的计算方法依据来源的不同分为两种,分别为调查推算法和统计合成法。调查推算法是根据劳动力调查数据对就业人数进行推算,具体方法为:将劳动力调查采集到的各省样本数据,以各省人口占全国人口比例为权数进行加权汇总,得到全国各年龄组的总人口及就业人员的数据,然后根据分组比例推算法对全国就业人员数量进行推算(国家统计局,2013)。

统计合成法是利用实施范围不同又相互补充的几项就业人员统计数据相加而成,具体计算公式为(国家统计局,2013):

全国就业人员数据＝城镇单位就业人员数据+城镇私营企业和

个体就业人员数据+乡村就业人员数据 　　　　(9-1)

城镇就业人员数据＝城镇单位就业人员数据+城镇私营企业和

个体就业人员数据 　　　　(9-2)

在中国公布的全国及城镇就业人员数据中,按合成法统计的数据截至1989年。从1990年开始,全国及城镇就业人员数据已经改为按调查推算法进行统计(国家统计局,2013)。

二、中国行业分类标准及其统一

(一)中国行业分类标准

《国民经济行业分类》由中华人民共和国国家质量监督检验检疫总局和中国国家标准化管理委员会发布。我国行业划分为门类、大类、中类和小类,门类代码用字母表示,大、中、小类代码用数字表示(国家统计局和中国标准化研究院,2017)①(见图9-3)。

中国国民经济行业分类标准在不断变化。中国的国民经济行业分类标准的历次版本发布情况为:GB 4754—1984、GB/T 4754—1994、GB/T 4754—2002、GB/T 4754—2011 和 GB/T 4754—2017(见表9-1)。行业分类逐渐细化,门类个数从13个增至20个,大类个数从75个增至97个,中类个数从310个增至473个,小类个数从668个增至1381个。

---

① 国家统计局、中国标准化研究院:《国民经济行业分类(GB/T 4754—2017)》,中国标准出版社2017年版。

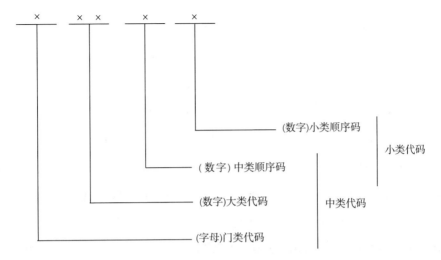

图 9-3　《国民经济行业分类》代码

注:笔者整理得到。

表 9-1　国民经济行业分类实施日期和行业个数对照

行业分类标准	实施日期	门类个数	大类个数	中类个数	小类个数
GB 4754—1984	1985 年 1 月 1 日	13	75	310	668
GB/T 4754—1994	1995 年 4 月 1 日	16	92	368	846
GB/T 4754—2002	2002 年 10 月 1 日	20	95	396	913
GB/T 4754—2011	2011 年 11 月 1 日	20	96	432	1094
GB/T 4754—2017	2017 年 10 月 1 日	20	97	473	1381

注:笔者整理得到。

(二)中国行业分类标准的统一

由于我国《国民经济行业分类》标准在持续变化,总体经济及其产业和部门的基本数据在时间上不一致,所以需要以最新的行业分类为标准,对各个年份的行业进行统一转化,保证核算数据在时间序列上可比。本书以 GB/T 4754—2017 为标准对所有年份的数据进行统一转化。1990—2021 年,我国行业分类标准共经历四次更新,因为每次更新是根据上一次更新的行业分类为标准,所以要将处于不同标准下的行业数据都转化为最近的分类标准,需要将原始行业数据从所处分类标准逐渐进行转化。1990—1993 年的行业数据需要经历从 GB/T 4754—1984 到 GB/T 4754—1994、从 GB/T 4754—1994 到 GB/T 4754—2002、从 GB/T 4754—2002 到 GB/T 4754—2011 和从 GB/T 4754—2011 到 GB/T 4754—2017 四次更新,1994—2002 年的行业数据需要经历从 GB/T 4754—1994 到 GB/T 4754—2002、从 GB/T 4754—2002 到 GB/T 4754—2011 和从 GB/T 4754—2011 到 GB/T 4754—2017 三次更新,2003—2011 年的行业数据需要经历从 GB/T 4754—2002 到 GB/T 4754—2011 和从 GB/T 4754—2011 到 GB/T 4754—2017 两次更新,2012—2017 年的数据需要经历从 GB/T 4754—2011 到 GB/T 4754—2017 一次更新,2018—2021 年的数据不需要更新。

(1)从 GB/T 4754—1984 到 GB/T 4754—1994

因《中国劳动统计年鉴》公布的 1993 年的城镇单位行业层面就业人员数已按照 GB/T 4754—1994 的行业分类进行过修正,所以我们只需对 1990—1992 年的行业分类进行调整。将 GB/T 4754—1994 与 GB/T 4754—1984 的行业分类进行比较,我们将这一阶段大类行业的变动及相应的调整方法分为以下几类:

第一,大类行业之间的移动或合并。所涉及的行业变动有:"水利业"从"农林牧渔业"移出,成为"地质勘察业、水利管理业"中的一个大类行业,并更名为"水利管理业";"采盐业"属于"非金属矿采选业";"仓储业"从"商业、公共饮食业、物资供销和仓储业"移出到"交通运输、邮电通讯业",成为其中一个大类行业;"房地产管理、公用事业、居民服务和咨询服务业"被拆分两个门类:"房地产业"和"社会服务业",其中"房地产业"是由"房地产管理业"更名得到,"社会服务业"是由"公用事业""居民服务业""咨询服务业"这三个行业相加得到;"勘察设计业"合并到"地质勘察业"中;"装卸搬运业"合并到

"交通运输辅助业"。

第二,利用相近年份的增长率对新增行业进行推算。GB/T 4754—1994 中新增的大类行业有"装修装饰业""其他交通运输业""租赁服务业""娱乐 服务业""计算机应用服务业""其他社会服务业""技术推广和科技交流""工 程设计业",因为这些行业的就业人员数在 1993—2002 年均呈现明显的平稳 上升或者下降趋势,所以我们假设 1990—1992 年这些行业就业人员数增长率 保持不变,且增长率与 1993 年相等,进而推算出 1990—1992 年就业人员数。

第三,需要细化的行业按照相近年份的行业结构进行分配。1990—1992 年,一些行业的分类较为粗糙,但在这之后官方公布了细分行业的数据,我们 假设 1990—1992 年这些细分行业的占比与 1993 年相等,进而对这三年的就 业人员数进行分配。GB/T 4754—1994 中"食品饮料烟草和家庭用品批发 业""能源材料和机械电子设备批发业""其他批发业""零售业""商业经纪与 代理业"是由 GB/T 4754—1984 中的"商业和物资供销业"拆分得到的,因此, 在调整时我们使用的是 1993 年"食品饮料烟草和家庭用品批发业""能源材 料和机械电子设备批发业""其他批发业""零售业""商业经纪与代理业"各 行业占比对 1990—1992 年的"商业和物资供销业"进行分配;如此操作的还 有:1990—1992 年的"房地产开发与经营业""房地产管理业""房地产代理与 经纪业"是根据 1993 年的行业结构对"房地产管理业"进行分配得到的;"气 象事业""地震事业""测绘事业""技术监督""海洋环境""环境保护事业" "其他综合技术服务业"是根据 1993 年的行业结构对"综合技术服务事业"进 行分配得到的;"国家机关""政党机关"是按照 1993 年的行业结构对"国家机 关、政党机关和社会团体"进行分配得到的。

第四,行业名称更改。除一些经过行业移动、合并或拆分的调整导致名称 改变的行业外,直接进行名称更改的有"公共饮食业"更改为"餐饮业","公用 事业"更名为"公共服务业"。

第五,记录不详的数据通过相近年份的增长率推算出来。在一些行业的就业人员数在 1993—2002 年均呈现明显的平稳上升或者下降趋势的前提下，本书假设 1990—1992 年这些行业就业人员数增长率保持不变，且增长率与 1993 年相等，进而推算出 1990—1992 年就业人员数。比如 1990—1993 年虽然有"企业管理机构"这一行业名称，但数值却为空白，我们按照 1993 年此行业的增长率进行推算，以填补空缺数据。

（2）从 GB/T 4754—1994 到 GB/T 4754—2002

将 GB/T 4754—2002 与 GB/T 4754—1994 的行业分类进行比较，本书将这一阶段大类行业的变动及相应的调整方法分为以下几类：

第一，大类行业之间的移动或合并。所涉及的行业变动有："木材及竹材采运业"从"采掘业"移动到"农林牧渔业"，合并到"林业"；"武器弹药制造业"合并到"专用设备制造业"；"地质勘察业、水利管理业"中的"地质勘察业"和"水利管理业"，分别移动到"科学研究和技术服务业""水利环境和公共设施管理业"；"其他交通运输业"合并到"城市公共交通业"；"食品饮料烟草和家庭用品批发业""能源材料和机械电子设备批发业""其他批发业""商业经纪与代理业"合并成为"批发业"；"旅馆业"从"社会服务业"移动到"住宿和餐饮业"，并更名为"住宿业"。

第二，新增行业的数据由相近年份的数据变动趋势进行推算。

①对于相近年份就业人数有明显的变化趋势的行业，利用相近年份的增长率对新增行业进行推算。"其他建筑业"是从"土木工程建筑业"移出来的，由于没有分小类行业的数据，假设 1990—2002 年的"其他建筑业"就业人员数增长率和 2003 年相等，推算出 1990—2002 年的人数，并从土木工程建筑业减去相应数目；新的行业分类将"交通运输辅助业"中的各种交通工具的运输辅助业分配到各自的运输业中，余下的部分被更名为"装卸搬运和其他运输服务业"，我们按照 2003 年的增长率将 1990—2002 年"其他运输服务业"中除各种交通工具的运输辅助业的余下部分推算出来，然后相减即各种交通工具的运输辅助业，再按照各种交通工具运输业的占比分配到相应的运输辅助

业;新的行业分类中新增的"城市公共交通业"由 2003 年的增长率推算出来,但这一大类行业包含三部分:原"交通运输辅助业"中的一部分,原"其他交通运输业"和原"公共设施服务业"中的一部分,前两项就业人数可得,所以可得原行业分类中的公共设施服务业中的移动到此行业的这部分数据,需重新分类的"公共设施服务业"中减去这部分移走的;其他按照 2003 年的增长率进行就业人数推算的行业还有:"电信和其他信息传输服务业""商务服务业""环境管理业""公共设施管理业""其他服务""群众社团、社会团体和宗教组织"。

②对于相近年份就业人数波动较大,且没有明显的变化趋势的行业,利用相近年份的就业人数数值替代未知年份的数据。"废弃资源和废旧材料回收加工业"是从"能源材料和机械电子设备批发业"移出的,由于没有分小类行业的数据,假设 1990—2002 年的"废弃资源和废旧材料回收加工业"就业人员数和 2003 年相等,并从"能源材料和机械电子设备批发业"中减去相应的数目。

第三,需要细化的行业按照相近年份的行业结构进行分配。"计算机服务业"和"软件业"由"计算机应用服务业"按照 2003 年的行业结构进行分配;"银行业""证券业""保险业""其他金融活动"按照 2003 年"金融业"这一门类行业中的大类结构进行分配;"物业管理"和"其他房地产活动"按照 2003年"房地产管理业"这一门类行业的大类结构比例分配;"社会福利业"和"社会保障业"按照 2003 年"社会福利保障业"的行业结构分配;"文化艺术业"和"新闻出版业"按照 2003 年"文化体育和娱乐业"的行业结构进行分配;"中国共产党机关"和"人民政协和民主党派"按照 2003 年"公共管理和社会组织"的行业结构进行分配。

(3)从 GB/T 4754—2002 到 GB/T 4754—2011

将 GB/T 4754—2011 与 GB/T 4754—2002 的行业分类进行比较,我们将这一阶段大类行业的变动及相应的调整方法分为以下几类:

第一,大类行业之间的移动或合并。所涉及的行业变动有:"地质勘察业"合并到专业技术服务业;"橡胶制品业"和"塑料制品业"合并成为"橡胶和塑料制品业";"武器弹药制造业"从"专用设备制造业"移动到"金属制品业";"建筑装饰业"和"其他建筑业"合并成为"建筑装饰和其他建筑业";2002 年行业分类标准的"道路运输业"和"城市公共交通业"合并成为 2011 年行业分类标准的"道路运输业";"计算机服务业"和"软件业"合并成为"软件和信息技术服务业";"社会保障业"从"卫生、社会保障和社会福利业"移动到"公共管理、社会保障和社会组织"。

第二,新增行业的数据由相近年份的数据变动趋势进行推算。

①对于相近年份就业人数有明显的变化趋势的行业,利用相近年份的增长率对新增行业进行推算。"其他采矿业"由 2012 年的增长率推算出来。

②对于相近年份就业人数波动较大,且没有明显的变化趋势的行业,利用相近年份的就业人数数值替代新增行业的未知数据。在 2011 年行业分类中,"金属制品、机械和设备修理业"是新增行业,我们假设 1990—2011 年此行业的数据为 2012 的数值。

第三,需要细化的行业按照相近年份的行业结构进行分配。

①对于在 2011 年行业分类标准中的新行业是由旧行业直接拆分得到的行业,可按照相近年份的行业结构进行直接分配。新增的"开采辅助活动"由三部分组成:"其他采矿业"的一部分,"煤炭开采和洗选业"的一部分,"石油和天然气开采业"的一部分,第一项由旧的"其他采矿业"与新的其他采矿业的差值得到,后两项均按照 2012 年"采掘业"的行业结构进行分配;"汽车制造业"和"铁路、船舶、航空航天和其他"按照 2012 年"交通运输设备制造业"的行业结构进行分配;"房屋建筑业"和"土木工程建筑业"是按照 2012 年"房屋和土木工程建筑业"行业结构进行分配;"电信、广播电视和卫星传输服务"和"互联网和相关服务"是按照 2012 年"电信和其他信息传输服务业"的行业结构进行分配。

②对于在 2011 年行业分类标准中新增行业中含有旧行业中的部分数据的,先按照相近年份的行业结构进行分配,再计算进行变动的部分数据的比例。"货币金融服务"由原"银行业"和"其他金融活动"的一部分的组成,按照 2012 年的数据结构对 2011 年的数据进行重新分配,得到新的"银行业"和"其他金融活动"数据,并分别更名为"货币金融服务"和"其他金融业",2011年"货币金融服务"与原"银行业"数值之差即为原"银行业"在行业调整之后新增的部分,算出这一部分的比例,假设 1990—2010 年均按照此比例进行"其他金融活动"行业在"银行业"的分配,即可推算出 1990—2011 年重新分配的行业数据;"公共设施管理业"由原"公共设施管理业"和原"环境管理业"的一部分组成,按照 2012 年的数据结构对 2011 年的数据进行重新分配,得到新的"环境管理业"和"公共设施管理业"数据,2011 年新计算的"环境管理业"与原"环境管理业"数值之差即为原"环境管理业"在行业调整之后新增的部分,算出这一部分的比例,假设 1990—2010 年均按照此比例进行"环境管理业"在"公共设施管理业"的分配,即可推算出 1990—2011 年重新分配的行业数据;"机动车、电子产品和日用产品"由"居民服务业"的一部分和"其他服务业"的一部分组成,按照 2012 年的数据结构对 2011 年的数据进行重新分配,得到新的"居民服务业、机动车、电子产品和日用产品"和"其他服务业"数据,2011 年新计算的"居民服务业"与原"居民服务业"数值之差即为原"居民服务业"在行业调整之后转移到"机动车、电子产品和日用产品业"的部分,同理,2011 年新计算的"其他服务业"与原"其他服务业"数值之差即为原"其他服务业"在行业调整之后转移到"机动车、电子产品和日用产品业"的部分,算出这两个比例,假设 1990—2010 年均按照此比例进行这三个大类行业之间的分配,即可推算出 1990—2011 年重新分配的行业数据。

(4) 从 GB/T 4754—2011 到 GB/T 4754—2017

从 GB/T 4754—2011 到 GB/T 4754—2017,中国行业分类标准的变动较小,仅涉及大类行业之间的移动或合并。相关的行业是"土地管理业",从"房地产业"移动到"水利、环境和公共设施管理业"。"土地管理业"的计算使用分行业城镇单位就业人员中"土地管理业"的就业人数占"土地管理业"和从"房地产业"就业人数之和的比重代替全国就业人员中的该比重,将"土地管理业"从"房地产业"中分劈出来。

第三节　就业数据库结构总览

本书测度的1990—2021年数字经济增加值和就业人数均在行业属性上进行分类($s=97$)。本书测度的1990—2021年标准化劳动投入在行业属性的基础上继续细化,按照6个受教育程度($e=6$)、6个年龄组($a=6$)和2个性别($g=2$)进行再分类,每个行业的就业人员被区分为72种,整个国民经济的就业人员被划分为6984种(见表9-2)。但是,受基础数据所限,1990—1994年的就业人员仅有行业分类,无受教育程度、年龄组和性别分类。

表9-2　就业人员属性的分类

代码	行业(s)	代码	受教育程度(e)
1	农业	1	文盲及半文盲
2	林业	2	普通小学
3	畜牧业	3	普通初中
4	渔业	4	高中阶段
5	农、林、牧、渔专业及辅助性活动	5	普通高职高专学校
6	煤炭开采和洗选业	6	本科及以上
7	石油和天然气开采业	代码	年龄组(a)
8	黑色金属矿采选业	1	16—24岁
9	有色金属矿采选业	2	25—34岁
10	非金属矿采选业	3	35—44岁
11	开采专业及辅助性活动	4	45—54岁
12	其他采矿业	5	55—64岁

续表

代码	行业(s)	代码	受教育程度(e)
13	农副食品加工业	6	65 岁+
…		代码	性别(g)
96	基层群众自治组织及其他组织	1	男
97	国际组织	2	女

注:笔者整理得到。

依据测度的行业数字经济增加值、就业人数和标准化劳动投入,本书建立了1990—2021年全国97个行业的数字化转型背景下劳动投入数据库系统。该系统由四部分数据库组成(见表9-3):(1)数字经济增加值数据库,为1990—2021年97个行业大类的数字经济增加值;(2)就业人数数据库,为1990—2021年97个行业大类就业人数和1995—2021年四维(行业、性别、年龄和受教育程度交叉分类)就业人数;(3)劳动报酬数据库,为1990—2021年97个行业大类劳动报酬和1995—2021年四维(行业、性别、年龄和受教育程度交叉分类)劳动报酬;(4)标准化劳动投入数据库,为1990—2021年97个行业大类标准化劳动投入和1995—2021年四维(行业、性别、年龄和受教育程度交叉分类)标准化劳动投入。

表9-3 数字化转型背景下行业劳动投入数据库总览

名称	时间跨度	属性
就业人数数据库	1990—2021 年	行业
劳动报酬数据库	1990—2021 年	行业
标准化劳动投入数据库	1990—2021 年	行业
就业人数数据库	1995—2021 年	行业、性别、年龄、受教育程度
劳动报酬数据库	1995—2021 年	行业、性别、年龄、受教育程度
标准化劳动投入数据库	1995—2021 年	行业、性别、年龄、受教育程度

注:笔者整理得到。

表 9-4 和表 9-5 分别展示了 1990—2021 行业层面的数据库结构和 1995—2021 年中任意年份按 97 个行业、2 个性别、6 个年龄组和 6 个受教育程度交叉分类的四维数据库结构。其中，s_i 表示第 i 个行业 $(i=1,2,\cdots,97)$，e_j 表示第 j 个受教育程度分类 $(j=1,2,\cdots,6)$，a_p 表示第 p 个年龄组分类 $(p=1,2,\cdots,6)$，g_q 表示第 q 个性别组分类 $(q=1,2)$。

表 9-4 1990—2021 年行业层面的数据库结构

行业	1990 年	1991 年	1992 年	...	2019 年	2020 年	2021 年
s_1							
s_2							
s_3							
...							
s_{95}							
s_{96}							
s_{97}							

注:笔者整理得到。

表 9-5 1995—2021 年任意年份四维数据库结构

维度		s_1		s_2		...	s_{96}		s_{97}	
		g_1	g_2	g_1	g_2		g_1	g_2	g_1	g_2
e_1	a_1									
	...									
	a_6									
...										
e_6	a_1									
	...									
	a_6									

注:笔者整理得到。

《国民账户体系(2008)》和经济合作与发展组织均论述了劳动投入的核算。国家统计局使用调查推算法和统计合成法对中国就业人数进行计算。中国的国民经济行业分类标准的历次版本发布情况为:GB/T 4754 — 1984、GB/T 4754 — 1994、GB/T 4754 — 2002、GB/T 4754 — 2011 和 GB 4754—2017,需要按照标准对行业的数据进行统一。本书将就业人员分为 97 个行业,6 个受教育程度、6 个年龄组和 2 个性别,共划分为 6984 种,并提供多种类型的数据库。

第十章　就业人数核算与分析

第一节　就业人数测度方法

目前,在官方统计中,包括分行业就业统计信息的主要是三项调查,分别是城镇单位就业人员统计、城镇私营企业和个体就业人员统计、乡村就业人员统计(以下简称"三大就业统计",下同)。本书的核算思路是以这三种行业层面就业人数为基础,构建分行业就业统计数据调整方法,推算全国行业层面可比的就业人数数据。

三大就业统计合并可构成全国就业人数。通过对我国就业数据的来源和计算方法进行梳理,本书厘清了就业人数统计的两种口径。口径一[①]是本书利用统计合成法的定义,将每年官方公布的三大就业统计人数进行合并,无行业分类,计算的时间跨度为 1990—2021 年;口径二是国家统计局公布的使用调查推算法计算的就业人数,无行业分类,公布在各年份的《中国统计年鉴》中,时间跨度为 1952—2021 年。

本章基于宏观经济数据测算行业层面就业人数,搭建不同口径行业层面就业人数的调整方法(见图10-1)。首先,通过对我国就业人数统计的两种口

---

① 本章的"口径一""口径二"分别对应第八章第二节中的"口径二""口径三"。

径进行比较,厘清口径一与口径二之间的差异;然后,以口径一中的三大就业统计人数为基础,以口径二的就业人数为控制总量,经过推算不同类型的行业门类就业数据、全国行业大类就业数据并进行数据矫正,测算出 1990—2021 年 97 个行业大类就业人数。

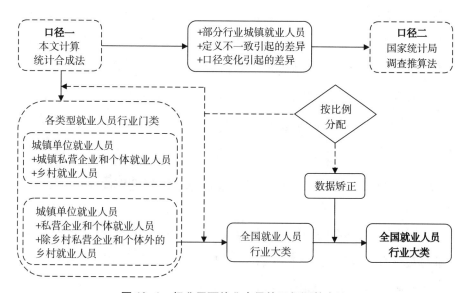

图 10-1　行业层面就业人员的口径调整方法

注:笔者整理得到。虚线框表示该框内数据无行业分类或行业分类不统一、不完整。

　　口径一的行业层面就业人数为基础,以口径二的就业人数为控制总量,可测算出一套行业之和与总数一致且行业分类统一的就业人数数据。口径一的数据可持续更新,且国家统计局公布的行业大类城镇单位就业数据、部分行业门类的城镇私营企业和个体就业数据及部分行业门类的乡村就业数据为进行全国行业层面就业核算提供了数据基础。口径二即调查推算法统计的就业人数,是我国目前在时间序列和统计口径上最为连续和统一的就业人员总数数据,所以口径二的就业人数可作为总量数据,对口径一的数据进行修正。

　　不同核算口径就业数据转换统一的方法有三个步骤。第一,获得行业门类的城镇单位就业人数、私营企业和个体就业人数与除乡村私营企业和个体外的乡村就业人数①。城镇私营企业和个体就业人数及乡村就业人数可以通过重新分配转变为私营企业和个体就业人数及除乡村私营企业和个体外的乡村就业人数,这两者的行业门类数据由"按比例分配"②方法补充完整。第二,获得97个行业大类的城镇单位就业人数、私营企业和个体就业人数与除乡村私营企业和个体外的乡村就业人数,利用"按比例分配"方法将数据扩充到行业大类层面,再将各年份行业大类统一到97个行业。第三,通过数据校正获得97个行业大类之和与调查推算法(口径二)的就业人数一致的行业层面数据,在此过程中也应用到"按比例分配"方法。

第二节　不同核算口径就业数据获取

要形成完整、连续的行业层面就业人数数据,需要对三大就业统计人数的行业分类进行完善和统一,并使其合并后与调查推算法(口径二)的就业人数一致。

一、分行业门类就业数据的获取

根据统计合成法的定义,要获得行业门类全国就业人数,就是要获得行业门类的三大就业统计人数,如式(10-1):

全国就业人数=城镇单位就业人数+城镇私营企业和个体就业人数+乡村就业人数 (10-1)

由于我国公布的城镇私营企业和个体就业人数以及乡村就业人数的行业

---

① 本书将乡村就业人数减去私营企业乡村就业人数,再减去个体乡村就业人数余下的数据称为"除乡村私营企业和个体外的乡村就业人数"。

② "按比例分配"是本书按照其他数据的结构推算目标数据时运用到的一种方法。根据"其他数据""目标数据"的不同,有多种具体的推算过程,在下文运用到这一方法时,本研究均会详细说明。

分类并不完全,部分缺失行业的数据需要推算得到。为使式(10-1)等式右边的统计数据尽可能选自官方公布的数据而非推算数据、最大化利用官方公布数据,进而使测算结果更接近真实就业状态,本书将式(10-1)进行以下改动:

全国就业人数=城镇单位就业人数+(私营企业和个体就业人数-私营企业乡村就业人数-个体乡村就业人数)+乡村就业人数=城镇单位就业人数+私营企业和个体就业人数+(乡村就业人数-私营企业乡村就业人数-个体乡村就业人数)=城镇单位就业人数+私营企业和个体就业人数+除乡村私营企业和个体外的乡村就业人数　　　　　　　　　　　　　(10-2)

为获得式(10-2)中行业门类的私营企业和个体就业人数,本书采用"按比例分配"的方法推算未公布的行业就业人数,即按照城镇单位就业人数的行业门类结构对需要推算的行业层面数据进行分配。在私营企业和个体就业人数行业门类不完整的情况下,本书用全国私营企业和个体就业人数减去已公布的行业门类的私营企业和个体就业人数总和,得到的差值即尚未具体到门类的私营企业和个体就业人数。《中国经济普查年鉴2018》显示私营企业和个体就业人员的行业分类中没有公共管理、社会保障和社会组织以及国际组织这两个行业门类,将尚未具体到门类的私营企业和个体就业人数按照城镇单位就业人数的行业结构比例在其他行业间进行分配,即得到分行业门类的私营企业和个体就业人数。

"按比例分配"方法的合理性与可行性体现在其能够保证推算数据与官方数据的匹配。私营企业和个体就业人数与除私营企业和个体外的乡村就业人数的行业之和都已公布,只是部分行业数据缺失,如果采用回归方程的方法(Wu等,2015)进行就业人数的推算,极有可能导致推算出的各行业数据相加之和与已公布行业数据之和不符。"按比例分配"这一方法将官方公布的行业之和数据与已知行业数据的差额作为需要推算的缺失行业数据的总量,避免了推算的行业数据之和与官方数据不匹配的情况。采用"按比例分配"的方法虽然会产生一定的误差,但在真实行业结构不可知的情况下,本书保证与官方数据匹配的同时,将推算的数据量控制到最小,进而在实现获取完整的行业门类数据的同时将误差控制到最小。

为获得式(10-2)中行业门类的除私营企业和个体外的乡村就业人数,可将其分为两部分推算。第一部分为"除乡村私营企业和个体外的乡村第一产业就业人数",将式(10-2)的统计范围由全国限定在"第一产业",并进行等式转换,即可得到能够测算除乡村私营企业和个体外的乡村第一产业就业人数的式(10-3);第二部分为"除乡村私营企业和个体外的乡村第二、第三产业就业人数",根据三次产业数据在统计对象上的互补性可以得到式(10-4)。将除乡村私营企业和个体外的乡村第二、第三产业就业人数按照城镇单位就业结构进行分配,得到1990—2021年行业层面除乡村私营企业和个体外的乡村就业人数。虽然按照城镇单位就业结构进行分配会产生一定的误差,但目前我国统计资料尚无有关乡村就业人员行业分布的内容,由于研究时间和篇幅的限制,本书暂且使用城镇单位就业结构对其进行分配。此外,本书中各年份除乡村私营企业和个体外的乡村第一产业就业人数占据三大产业的80%左右,在第二、第三产业分布的就业人数相对较少,将较少的数值进行分配也会对全国就业人数整体的行业分布产生较小的影响,可在有限的条件下将推算误差控制到最小。

除乡村私营企业和个体外的乡村第一产业就业人数＝全国第一产业就业人数-城镇单位第一产业就业人数-私营企业和个体第一产业就业人数

$$(10-3)$$

除乡村私营企业和个体外的乡村第二、第三产业就业人数＝除乡村私营企业和个体外的乡村就业人数-除乡村私营企业和个体外的乡村第一产业就业

$$(10-4)$$

二、分行业大类就业数据的获取

在得到各项指标行业门类就业人数后,需要将各行业门类数据进行再分

类,以得到行业大类的就业人数,本书采用"按比例分配"的方法。这里的"按比例分配"指的是按照城镇单位就业人数的行业大类结构分配上述推算的行业门类就业人数,该方法假设全国就业人数的行业大类结构与城镇单位就业人数的结构相同。囿于我国行业大类就业人数数据匮乏,城镇单位就业人数已是现有数据中行业分类最充分的指标,且"按比例分配"方法可保证推算数据与官方数据的匹配,所以本书在实现完整的行业大类数据获取的同时可将推算误差控制到最小。

由于我国国民经济行业分类标准在不断变化,行业分类的就业数据在时间上不一致,本书以最新的行业分类为标准,对各个年份的行业进行转换统一,以保证就业人数在时间序列上可比。本书所有年份的数据统一为相同的 20 个行业门类和 97 个行业大类。本书采用的行业分类协调过程(见图 10-2)。以此得到 1990—2021 年按照 GB/T 4754—2017 进行行业分类的就业人数。

三、基于调查推算法的行业层面数据矫正

为了获得行业加总之和与全国就业人数相等的行业大类就业人数,即保证分行业口径一的就业人数加总之和与口径二的全国就业人数相等,本书采用"按比例分配"的方法对误差项进行调整,即按照推算结果的行业大类数据结构分配口径一与口径二之间的差值(误差项)。口径一和口径二之间的误差由部分行业城镇就业人数的统计被遗漏、统计合成法和调查推算法对就业的定义不一致以及 1998 年城镇单位就业人数统计口径变小这些客观原因引起,但这些原因引起的就业人员数目及其所属行业变化无从得知(Ye 和 Robertson,2018)[①],只能通过口径一和口径二的数据差值确定这些原因的总体影响。使用"按比例分配"的方法进行数据矫正不会改变推算结果的行业大类结构,在统一口径一和口径二的同时将推算误差控制到最小。

---

① Ye,L.,Robertson, P. E., How Important was Labor Reallocation for China's Growth? A Skeptical Assessment,*The Review of Income and Wealth*,Vol. 64,No.4,2018.

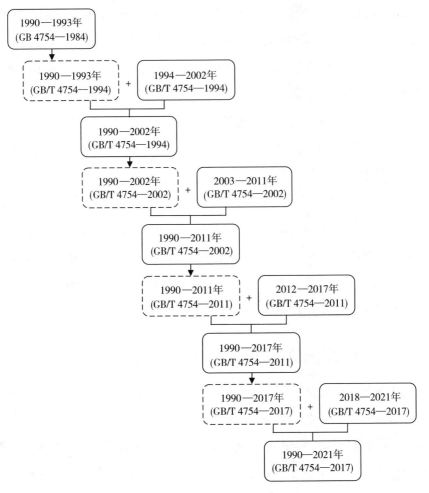

图 10-2　行业分类的统一与协调过程

注:笔者整理得到。图中虚线框表示该框内数据是经过行业转换后得到的以新的行业分类为标准的行
业分类数据。

第三节　就业人数测算结果比较

一、就业人数的测算结果

本书通过《中国劳动统计年鉴》公布的行业层面城镇单位就业人数、《中

国农村统计年鉴》公布的乡村就业人数以及国家统计局提供的私营企业和个体就业人数、私营企业乡村就业人数和个体乡村就业人数的数据,基于比例分配法,测算了1990—2020年我国20个行业门类和97个行业大类的就业人数。表10-1给出了我国20个行业门类就业人数结果①。

表 10-1　1990—2020 年我国行业层面就业人数　　（单位:万人）

行业	1990	1995	2000	2005	2010	2015	2020	年均增长率(%)
农、林、牧、渔业	40389	36620	40708	39086	32725	22951	14616	-3.33
采矿业	1255	1485	1145	1213	1307	1136	740	-1.75
制造业	9247	11100	9165	10291	11870	12689	9797	0.19
电力、热力、燃气及水生产和供应业	316	459	598	715	722	824	798	3.14
建筑业	1535	2009	1806	2400	3275	5356	4456	3.62
批发和零售业	4016	6109	5834	5131	7879	12182	16513	4.83
交通运输、仓储和邮政业	1733	1939	1934	1614	1596	1937	1924	0.35
住宿和餐饮业	440	669	830	1116	1522	2441	4153	7.77
信息传输、软件和信息技术	83	358	656	1463	1467	1779	1706	10.62
金融业	322	491	688	856	1093	1263	1805	5.92
房地产业	71	139	208	344	484	856	1104	9.56
租赁和商务服务业	116	260	618	912	1549	2856	4400	12.88
科学研究和技术服务业	504	461	476	543	680	855	906	1.97
水利、环境和公共设施管理业	345	367	443	435	516	582	516	1.35
居民服务、修理和其他服务业	318	310	298	873	1235	1733	3030	7.81
教育	1713	2435	3067	3534	3678	3615	4115	2.96
卫生和社会工作	621	763	989	1181	1434	1752	2210	4.32

---

①　因篇幅所限,本章仅展示20个行业和部分时段数据。

续表

行业	1990	1995	2000	2005	2010	2015	2020	年均增长率(%)
文化、体育和娱乐业	189	224	277	292	306	310	314	1.71
公共管理、社会保障和社会组织	1536	1865	2345	2648	2767	2331	1962	0.82
国际组织	0.68	0.67	0.74	0.77	0.77	0.69	0.65	-0.12
合计	64749	68065	72085	74647	76105	77451	75064	0.49

注:笔者整理得到。

从就业人数绝对值来看,农、林、牧、渔业的就业人数最多,但总体呈下降趋势。1990—2020 年,农、林、牧、渔业就业人数从 40389 万人迅速减少到 14616 万人,行业就业人数占全国就业人数的比重从 62.38% 降低到 19.47%。由于生产率的提高和生产机械化,过剩的农、林、牧、渔业就业人员逐步转移到其他行业,使得除 1997—2002 年外,其就业人数均有所减少;而 1997—2002 年,农、林、牧、渔业就业人数增加一方面是因为农村人口的自然增长,另一方面是国有企业鼓励减员增效,减少了第二产业对第一产业剩余劳动力的接收容量,从而将劳动力转移到了农、林、牧、渔业。

从就业人数增长速度来看,租赁和商务服务业的增速最快,信息传输、软件和信息技术次之,年均增长率分别高达 12.88% 和 10.62%。1990—2020年,仅有 5 个行业门类的就业人数年均增长率低于全国的 0.65%,分别为农、林、牧、渔业、采矿业、制造业、交通运输、仓储和邮政业以及国际组织。2015—2018 年,第一、第二产业中的所有行业门类的就业人数增长率均为负数。租赁和商务服务业就业人数增长较快主要归因于近些年我国分享经济的迅速发展。信息传输、软件和信息技术就业人数的快速增长主要归因于数字经济的迅速发展,日益增长的产品及服务需求促进了该行业就业人数的增长(Han,2020)[1]。

---

[1]　Han, G., Structural Transformation and its Implications for the Chinese Economy, *Pacific Economic Review*, Vol. 25, No.3, 2020.

第三产业的蓬勃发展带来了就业岗位的激增,吸纳了越来越多的就业人员,这也是近几年第一、第二产业就业人数增长率为负数的直接原因。

二、就业人数测算结果的比较

(一)不同研究结果的比较

为验证本书研究结果的合理性,探究核算方法与数据处理对研究结论的影响,本书选择就业统计的代表性研究结果伍等(Wu 等,2015)以及国家统计局公布的就业数据与本书测算结果进行比较。岳希明和任若恩(2008)展示了 1982—2000 年个别年份 16 个行业门类占据全部就业人数的比重结果,伍等(Wu 等,2015)测算了 1980—2010 年我国 37 个行业的就业人数,国家统计局公布了 1952—2018 年分三次产业就业人数,但无更细的行业数据。考虑到各个研究不同的行业分类,以及发布的不同数据指标,本书首先将测算的 97 个行业数据合并为三次产业数据并计算其占据就业人数的比重,与其他研究进行比较;然后合并为与伍等(Wu 等,2015)相同的 37 个行业,与其进行比较。图 10-3 将不同研究的数据结果合并为三次产业,并计算其占比情况,从上到下依次为第一、第二、第三产业。以国家统计局公布的结果为参考,本书与伍等(Wu 等,2015)的三次产业占比结果更接近国家统计局公布的结果,且本书和伍等(Wu 等,2015)的测算结果分别分布在国家统计局结果两端。从产业数据来看,本书测算的行业层面就业人数结果可靠性高,原因如下。

第一,本书测算结果与国家统计局结果的差异可被合理解释。这两个结果的差异主要体现在两方面,首先,从整体看,虽然本书与国家统计局公布的三次产业就业人数占比相近,但仍有差距,这是由于就业人数统计遗漏在行业间不平衡。私营企业和个体数据对于第二产业就业人数统计的遗漏多于城镇单位就业人数对于第一产业就业人数的遗漏,这直接导致被统计的第一产业就业人数偏多,第二产业偏少。其次,从局部看,2003 年前后,本书测算的第一产业比重上升或下降的幅度大于国家统计局结果,原因是私营企业和个体就业统计公布的数据中,就业人员的行业种类有所变化。从2003年开始,私营企业和个体就业统计中公布的行业数据不再包括农、林、牧、渔业,需要按照城镇单位就业人数的行业结构对其进行分配。但是城镇单位就业人数对于农、林、牧、渔业的统计本就存在遗漏,第一产业就业人数占比偏小,所以用其行业结构推算私营企业和个体就业人员的第一产业时,也会导致其占比偏小,在上文中显示为自2003年第一产业占比下降。

第二,本书测算结果可刻画就业结构的实际变化情况。在测算各行业就业人数时,伍等(2015)先测算出一些基准年份(普查年份和抽样调查年份)的行业层面就业人数,再通过基准年份推算出中间年份的就业人数。岳希明和任若恩(2008)仅测算了普查年份和有1%人口抽样调查年份的数据。而本书是基于各自年份的数据利用统一的方法推算出每个年份的行业大类就业人数。虽然图10-3中伍等(2015)的研究结果在时间序列上表现得较为平滑,但其结果无法体现每年就业人数的真实变化状况。相比,本书的测算结果真实地反映了各年就业人数的状况。

本书和伍等(Wu等,2015)测算的就业人数的细行业分布较为一致。本书将本书和伍等(Wu等,2015)的研究进行37个行业就业人数占比的比较(见表10-2)。从整体上来看,除农、林、牧、渔业(见表10-2纵轴的行业1)外,本书和伍等(Wu等,2015)测算的就业人数分布在建筑业(行业26)到居民服务、修理和其他服务业及文化、体育和娱乐业(行业37)均较多,其中批发和零售业(行业27)的就业人数比重最多。本书和伍等(Wu等,2015)的研究结果差距在于以下两方面。第一,从行业分布来看,对于第二、第三产业中的多数行业,本书测算的就业人数比重比伍等(Wu等,2015)的小,表现较为明显的有建筑业(行业26),居民服务、修理和其他服务业及文化、体育和娱乐业(行业37)。这是因为伍等(Wu等,2015)研究基于的人口普查和抽样调查数据高估了我国第一产业就业人数,从而造成了第二、第三产业中多数行业就业

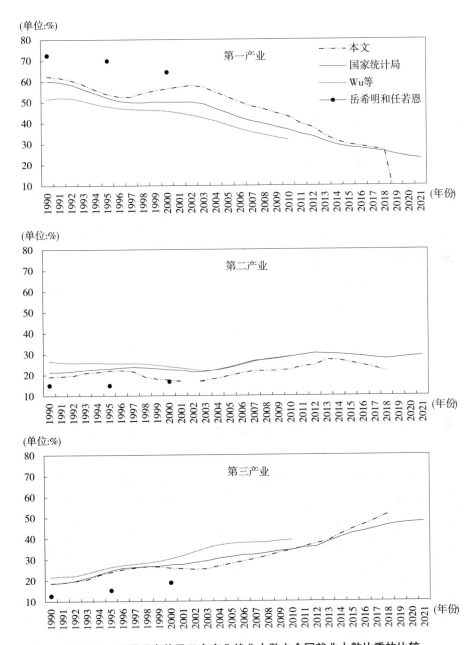

图 10-3　不同研究关于三次产业就业人数占全国就业人数比重的比较

注:笔者绘制所得。

中国流动人口消费效应与就业核算研究

人数比重大于本书测算结果。第二,从时间序列来看,伍等(Wu 等,2015)测算的就业人数呈现的趋势更为平滑,如表 10-2 中的批发和零售业(行业 27)。这是因为伍等(Wu 等,2015)是首先测算出基准年份的就业人数,然后使用回归方程推算出中间年份的数据;而本书是根据每年的基础数据推算出各年的就业人数,更能反映各年份行业层面就业人数的真实变化。

表 10-2　本书(左)和伍等(Wu 等,2015)的研究(右)的行业分布比较

（单位:%）

行业代码	1990 年		1995 年		2000 年		2005 年		2010 年	
	本书	伍等	本书	伍等	本书	伍等	本书	伍等	本书	伍等
1	62.38	51.62	53.80	47.98	56.47	45.72	52.36	38.98	43.00	31.85
2	1.41	1.31	1.49	1.17	1.13	0.91	1.16	0.90	1.25	0.98
3	0.15	0.13	0.27	0.23	0.19	0.08	0.21	0.12	0.24	0.14
4	0.21	0.19	0.24	0.22	0.16	0.17	0.16	0.16	0.16	0.20
5	0.17	1.24	0.18	0.93	0.11	0.68	0.08	0.42	0.07	0.35
6	1.11	2.15	1.32	1.80	1.04	1.58	1.07	1.36	1.24	1.55
7	0.08	0.05	0.10	0.05	0.11	0.04	0.08	0.03	0.09	0.03
8	2.00	2.33	2.01	1.80	1.29	1.36	1.20	1.61	1.00	1.85
9	0.44	1.23	0.52	1.09	0.47	1.25	0.76	1.34	0.87	1.54
10	0.21	0.46	0.30	0.47	0.23	0.59	0.37	0.69	0.40	0.79
11	0.30	0.61	0.32	0.57	0.19	0.60	0.27	0.78	0.28	0.97
12	0.66	0.90	0.80	0.70	0.60	0.66	0.60	0.68	0.65	0.75
13	0.20	0.10	0.21	0.13	0.24	0.11	0.24	0.11	0.24	0.13
14	1.33	0.96	1.67	1.09	1.46	0.87	1.40	0.87	1.48	1.07
15	0.47	0.96	0.55	0.80	0.41	0.92	0.48	1.01	0.55	1.20
16	1.05	1.89	1.27	1.94	0.95	1.25	0.92	1.11	0.82	1.07
17	1.03	0.71	1.33	0.87	1.19	0.66	1.14	0.61	1.27	0.72
18	0.49	1.25	0.58	1.02	0.38	0.94	0.41	0.89	0.48	1.01

续表

行业代码	1990 年		1995 年		2000 年		2005 年		2010 年	
	本书	伍等	本书	伍等	本书	伍等	本书	伍等	本书	伍等
19	2.65	1.74	2.12	1.45	1.52	0.96	1.52	1.17	1.71	1.51
20	0.45	0.68	0.73	0.65	0.57	0.65	0.71	0.96	0.99	1.40
21	0.42	0.37	0.51	0.41	0.55	0.65	1.02	0.85	1.53	1.30
22	0.17	0.16	0.26	0.17	0.18	0.33	0.25	0.24	0.30	0.27
23	0.54	0.51	1.10	0.66	0.96	0.56	1.04	0.61	1.40	0.88
24	0.67	2.09	0.60	1.68	0.36	1.26	0.31	0.86	0.30	0.85
25	0.49	0.32	0.67	0.41	0.83	0.45	0.96	0.47	0.95	0.51
26	2.37	4.35	2.95	5.26	2.50	6.34	3.21	5.56	4.30	7.78
27	6.20	6.23	8.98	6.47	8.09	7.27	6.87	9.56	10.35	8.69
28	0.68	0.82	0.98	1.34	1.15	2.13	1.50	2.92	2.00	2.70
29	2.68	3.58	2.85	3.14	2.68	3.01	2.16	2.85	2.10	2.52
30	0.13	0.31	0.53	0.40	0.91	0.52	1.96	0.52	1.93	0.54
31	0.50	0.32	0.72	0.43	0.95	0.50	1.15	1.14	1.44	1.62
32	0.11	0.07	0.20	0.13	0.29	0.15	0.46	0.78	0.64	1.34
33	0.96	0.55	1.06	0.50	1.52	0.44	1.95	1.61	2.93	2.01
34	2.91	1.60	3.28	1.63	3.87	1.70	4.13	3.93	4.32	5.13
35	2.65	3.32	3.58	4.98	4.25	5.10	4.73	4.25	4.83	4.61
36	0.96	1.23	1.12	2.02	1.37	2.31	1.58	2.02	1.88	2.33
37	0.78	3.66	0.79	5.40	0.80	7.26	1.56	8.04	2.02	7.81

注:笔者计算整理所得。表中纵坐标的"1"表示农、林、牧、渔业,因本书和伍等(Wu 等,2015)测算的农、林、牧、渔业占全国就业人数比重均远高于10%。纵坐标代表的其余36个行业从上到下依次为:2.煤炭开采和洗选业;3.石油和天然气开采业;4.金属矿采选业;5.非金属矿采选业;6.食品等制造业;7.烟草制造业;8.纺织业;9.纺织服装及其他产品制造业;10.皮革及其制品业;11.木材加工、家具制造业;12.造纸、印刷及出版业;13.石油和煤炭制品业;14.化学原料及化学制品业;15.橡胶和塑料制品业;16.非金属矿物制品业;17.金属冶炼及延压业;18.金属制品业;19.通用与专用设备制品业;20.电气机械和器材制造业;21.计算机、通信和其他电子;22.仪器仪表制造业;23.交通运输设备制造业;24.其他制造业;25.电力、热力、燃气及水生产和供应业;26.建筑业;27.批发和零售业;28.住宿和餐饮业;29.交通运输、仓储和邮政业;30.信息传输、软件和信息技术服务业;31.金融业;32.房地产业;33.租赁和商务服务业与科学研究和技术服务业;34.水利、环境和公共设施管理业、公共管理、社会保障和社会组织及国际组织;35.教育;36.卫生和社会工作;37.居民服务、修理和其他服务业及文化、体育和娱乐业。

(二)与普查年份数据的比较

本书在人口普查三个时点上将普查结果与本书测算的就业人数行业分布结果进行比较(见表10-3)①。总体来看,人口普查反映的就业人数比重始终高出本书的有农、林、牧、渔业与居民服务、修理和其他服务业,大多数行业的人口普查就业人数比重小于本书。人口普查与本书测算行业分布的差异由两方面原因引起。第一,人口普查对第一产业就业人数的高估。在统计第一产业中不再首要进行农业生产的就业人员时,人口普查将其仍纳入第一产业,没有准确地纳入第二产业或第三产业。第二,本书对第一产业就业人数的低估。本书应用的城镇单位就业人数对在城镇从事农业的劳动者本就存在统计遗漏,私营企业和个体的缺失行业就业人数是应用城镇单位就业人员的行业结构进行推算,被推算数据第一产业的低估进一步加强了本书测算结果中第一产业偏低的程度。由于行业之间的比重是相对的,人口普查对第一产业就业人数比重的高估会导致其他行业就业人数比重的低估,同样本书测算结果对第一产业就业比重的低估会导致其他行业就业人数比重偏高,因而导致了上文两种统计结果在各行业分布的差异。

表 10-3　人口普查与本书测算的就业人数行业分布比较　(单位:%)

行业	(1)人口普查			(2)本书			(3)差(=(1)-(2))		
	1990 年	2000 年	2010 年	1990 年	2000 年	2010 年	1990 年	2000 年	2010 年
农、林、牧、渔业	72.02	63.80	48.34	62.38	56.47	43.00	9.64	7.33	5.34
采矿业	1.34	0.99	1.13	1.94	1.59	1.72	-0.60	-0.60	-0.59
制造业	11.36	12.35	16.85	14.28	12.71	15.60	-2.92	-0.36	1.26
电力、热力、燃气及水生产和供应业	0.38	0.62	0.69	0.49	0.83	0.95	-0.10	-0.21	-0.26

① 因篇幅所限,本研究仅展示 20 个行业门类和部分时段数据。下同。

行业	(1)人口普查			(2)本书			(3)差(=(1)-(2))		
	1990 年	2000 年	2010 年	1990 年	2000 年	2010 年	1990 年	2000 年	2010 年
建筑业	1.73	2.66	5.48	2.37	2.50	4.30	-0.64	0.15	1.17
批发和零售业	3.38	5.35	9.30	6.20	8.09	10.35	-2.82	-2.75	-1.05
交通运输、仓储和邮政业	1.94	2.55	3.56	2.68	2.68	2.10	-0.74	-0.13	1.46
住宿和餐饮业	0.57	1.57	2.73	0.68	1.15	2.00	-0.11	0.42	0.73
信息传输、软件和信息技术	0.09	0.21	0.61	0.13	0.91	1.93	-0.04	-0.70	-1.31
金融业	0.33	0.58	0.81	0.50	0.95	1.44	-0.17	-0.37	-0.62
房地产业	0.07	0.23	0.67	0.11	0.29	0.64	-0.04	-0.06	0.04
租赁和商务服务业	0.35	0.84	0.69	0.18	0.86	2.03	0.17	-0.01	-1.35
科学研究和技术服务业	0.22	0.22	0.32	0.78	0.66	0.89	-0.56	-0.44	-0.57
水利、环境和公共设施管理业	0.33	0.26	0.37	0.53	0.61	0.68	-0.20	-0.36	-0.30
居民服务、修理和其他服务业	0.73	1.76	1.94	0.49	0.41	1.62	0.24	1.35	0.32
教育	2.12	2.30	2.31	2.65	4.25	4.83	-0.53	-1.96	-2.52
卫生和社会工作	0.79	1.04	1.17	0.96	1.37	1.88	-0.17	-0.33	-0.72
文化、体育和娱乐业	0.25	0.33	0.45	0.29	0.38	0.40	-0.04	-0.05	0.05
公共管理、社会保障和社会组织	1.99	2.33	2.57	2.37	3.25	3.64	-0.38	-0.92	-1.07
国际组织	0.00	0.00	0.00	0.00	0.00	0.00	0.00	0.00	0.00

注:笔者计算整理所得。

"十四五"时期是我国经济转型的攻坚期,新发展格局的构建刻不容缓,优化就业结构是我国必须跨越的关卡。在此背景下,本书厘清我国就业数据的不同核算口径,整理出一套可比的行业层面就业数据,为我国高质量发展研究提供基础性支撑。

城乡就业统计行业分类不完全、城镇就业人数统计遗漏和国民经济行业分类标准不统一是我国现存行业层面就业人数统计的主要问题。基于统计对象的互不包含和互补性,行业层面的三大就业统计人数合并可获得行业层面全国就业人数。然而,城镇私营企业和个体就业人员统计、乡村就业人员统计的行业分类不完全,城镇单位就业人员统计对个别行业有所遗漏,且我国行业分类标准在时间上不统一。这些原因导致我国目前尚无统一、连续的细分行业就业人数。本书重点解决了上述问题,提供了一套完整、连续且可持续更新的行业层面就业人数测算方法。

通过与现有研究和普查年份数据进行比较,本书的测算结果被证实可靠性高。首先,将本书与不同研究的第一、第二、第三产业就业人数占比进行比较,发现本书的测算较为接近国家统计局公布的结果,且本书与国家统计局结果的差距部分可被合理解释。其次,将本书与伍等(Wu 等,2015)的 37 个行业就业人数分布进行比较,发现两者测算的就业人数细分行业分布较为一致。最后,将本书与人口普查的就业人数行业分布进行比较,发现两者行业分布的差异由本书对于第一产业就业人数的低估,及人口普查对于第一产业就业人数的高估引起。

第四节　全员劳动生产率测算结果与分析

一、全员劳动生产率结果

表 10-4 给出了 2010—2021 年不同行业全员劳动生产率①。全员劳动生产率是行业增加值与就业人数之比(程虹,2018)②。从横向来看,金融业的全

---

① 《中国统计年鉴》仅公布 19 个行业门类的增加值,加之受篇幅和空间限制,本研究仅给出 2010—2018 年最近 9 年和 19 个行业门类的全员劳动生产率数据。
② 程虹:《管理提升了企业劳动生产率吗?——来自中国企业——劳动力匹配调查的经验证据》,《管理世界》2018 年第 2 期。

员劳动生产率一直保持较高水平,农、林、牧、渔业最低。2021 年,农、林、牧、渔业的全员劳动生产率为 1.29 万元/人,金融业的高达 11.59 万元/人,约为农、林、牧、渔的 9 倍。金融业的全员劳动生产率在所有行业中保持较高水平的原因是,金融业相对于其他行业不仅创造了更多的增加值,而且就业人数较少;农、林、牧、渔业的劳动生产率在所有行业中最低,最主要的原因是其就业人数相对较多,增加值增长速度较慢,我国还需以技术进步和制度创新为推动力提高农业生产率。

表 10-4　2010—2021 年我国行业全员劳动生产率　(单位:万元/人)

行业	2010年	2011年	2012年	2013年	2014年	2015年	2016年	2017年	2018年	2019年	2020年	2021年
农、林、牧、渔业	0.35	0.39	0.43	0.49	0.56	0.61	0.65	0.70	0.75	1.00	1.13	1.29
采矿业	7.30	8.10	7.68	8.48	8.33	7.78	8.43	10.03	11.15	15.57	14.81	21.03
制造业	5.01	5.35	5.89	5.92	6.48	7.23	8.03	8.98	10.42	11.72	11.94	12.87
电力、热力、燃气及水生产和供应业	7.10	6.98	7.85	7.86	7.79	9.08	10.02	11.27	12.50	15.56	15.26	12.86
建筑业	2.38	2.14	2.15	1.86	2.03	2.26	2.55	2.80	2.97	3.48	3.45	3.37
批发和零售业	1.22	1.21	1.30	1.33	1.30	1.27	1.28	1.29	1.27	1.29	1.20	1.26
交通运输、仓储和邮政业	4.65	4.65	4.01	4.57	4.94	5.31	5.81	6.48	6.91	7.39	7.22	7.85
住宿和餐饮业	1.69	1.69	1.71	1.53	1.49	1.39	1.31	1.22	1.21	1.19	0.93	0.96
信息传输、软件和信息技术	1.27	1.32	1.45	1.35	1.48	1.54	1.70	1.97	2.36	3.16	3.45	3.85
金融业	7.33	7.63	8.12	9.56	9.90	10.67	10.20	10.42	10.62	11.19	11.05	11.59
房地产业	9.79	9.27	8.92	7.56	7.08	7.01	7.37	7.73	7.42	8.12	7.79	7.69
租赁和商务服务业	1.00	1.11	1.15	1.12	1.06	0.99	1.05	1.06	1.12	1.11	1.00	1.02
科学研究和技术服务业	1.74	2.26	2.32	2.37	2.40	2.53	2.63	2.90	3.30	4.02	4.11	4.31
水利、环境和公共设施管理业	0.73	0.77	0.84	0.96	1.01	1.11	1.13	1.17	1.31	1.85	1.75	1.65
居民服务、修理和其他服务业	1.08	1.06	1.04	1.03	1.00	0.95	0.94	0.90	0.89	0.89	0.73	0.70

续表

行业	2010年	2011年	2012年	2013年	2014年	2015年	2016年	2017年	2018年	2019年	2020年	2021年
教育	0.68	0.78	0.82	0.94	0.98	1.05	1.12	1.22	1.32	1.53	1.50	1.54
卫生和社会工作	0.85	0.95	1.02	1.20	1.25	1.31	1.39	1.44	1.52	1.72	1.70	1.73
文化、体育和娱乐业	1.82	1.97	2.08	2.19	2.35	2.55	2.66	3.04	3.35	4.16	3.42	3.86
公共管理、社会保障和社会组织	1.23	1.28	1.37	1.53	1.62	1.90	2.28	2.66	3.09	1.85	1.83	1.75
合计	1.84	2.01	2.16	2.32	2.48	2.64	2.80	2.98	3.17	3.53	3.52	3.71

注:笔者整理所得。

从纵向来看,全员劳动生产率增长较快的行业有公共管理、社会保障和社会组织行业,农林、牧、渔业,信息传输、软件和信息技术行业,采矿业与制造业年均增速分别高达12.60%、10.60%和10.10%。农、林、牧、渔业采矿业和社会组织和制造的就业人数增长缓慢是其全员劳动生产率增长较快的主要原因,2010—2021年就业人数增长率分别为-7.74%、-4.02%和-1.53%;国家对于教育的重视以及教育经费投入的提高是教育行业全员劳动生产率迅速增长的重要原因,我国教育经费投入从2010年的1.96万亿元增长到2021年的5.79万亿元①。除此之外,科学研究和技术服务业、信息传输、软件和信息技术行业的全员劳动生产率年均增速也较高,均在8%以上,原因在于我国技术研发投入的加强加快了以信息技术为载体的行业升级速度,并且政府部门积极发挥调节作用,引导推进产品创新,使其在就业人数相对较少的情况下保持较高的行业增加值增速。

二、不同研究的比较和国际比较

(一)不同研究测算结果的比较

为进一步验证第七章就业人数结果的可靠性,表10-5利用本书和伍等

---

① 数据来自中华人民共和国教育部 http://www.moe.gov.cn/。

(Wu 等,2015)测算的行业层面就业人数,计算各自的全员劳动生产率,并在2010 年加入基于人口普查数据计算的全员劳动生产率结果进行比较。受限于伍等(Wu 等,2015)年份更新程度与国家统计局对于行业层面增加值的公布状况,表 10-5 仅进行 2005—2010 年的行业层面全员劳动生产率测算结果的比较。

表 10-5　行业层面全员劳动生产率结果比较　　(单位:万元/人)

行业	2005 年		2006 年		2007 年		2008 年		2009 年		2010 年		
	本书	伍等	本书	伍等	本书	伍等	本书	伍等	本书	伍等	本书	伍等	普查
农、林、牧、渔业	0.23	0.31	0.26	0.34	0.28	0.36	0.30	0.40	0.32	0.42	0.35	0.46	0.33
采矿业	4.66	4.64	4.94	5.00	5.14	5.23	6.94	6.97	6.17	6.25	7.30	7.28	11.78
制造业	3.20	2.75	3.37	2.91	3.74	3.16	4.13	3.29	4.66	3.68	5.01	4.02	4.94
电力、热力、燃气及水生产和供应业	5.21	10.36	5.74	11.16	6.47	12.47	5.04	9.64	5.58	9.93	7.10	12.90	10.34
建筑业	1.61	0.91	1.75	1.00	1.89	1.07	1.99	1.11	2.21	1.23	2.38	1.28	1.99
批发和零售业	0.88	0.62	0.97	0.76	1.08	0.93	1.15	1.09	1.14	1.22	1.22	1.41	3.77
交通运输、仓储和邮政业	3.08	2.30	3.44	2.61	3.85	2.99	4.10	3.24	4.13	3.37	4.65	3.75	16.90
住宿和餐饮业	1.52	0.77	1.60	0.87	1.67	0.97	1.71	1.07	1.68	1.11	1.69	1.22	0.39
信息传输、软件和信息技术	0.92	3.43	1.01	3.78	1.08	4.08	1.17	4.39	1.19	4.31	1.27	4.38	0.95
金融业	4.23	4.19	5.05	4.78	5.96	5.67	6.23	5.79	6.87	6.21	7.33	6.29	13.79
房地产业	8.02	4.67	8.69	4.76	9.90	5.34	9.61	4.69	9.88	4.66	9.79	4.50	9.86
租赁和商务服务业	0.94	1.11	0.95	1.21	1.00	1.35	0.99	1.33	0.95	1.31	1.00	1.40	3.17
科学研究和技术服务业	1.10	1.33	1.24	1.61	1.41	1.96	1.45	2.02	1.60	2.29	1.74	2.52	5.16
水利、环境和公共设施管理业	0.54	0.57	0.54	0.56	0.57	0.57	0.59	0.62	0.66	0.69	0.73	0.77	1.40

续表

行业	2005 年		2006 年		2007 年		2008 年		2009 年		2010 年		
	本书	伍等	本书	伍等	本书	伍等	本书	伍等	本书	伍等	本书	伍等	普查
居民服务、修理和其他服务业	0.99	0.19	1.03	0.20	1.02	0.20	1.03	0.22	1.04	0.24	1.08	0.27	0.96
教育	0.45	0.49	0.46	0.49	0.51	0.52	0.54	0.57	0.62	0.64	0.68	0.69	1.51
卫生和社会工作	0.70	0.73	0.71	0.72	0.76	0.77	0.79	0.83	0.81	0.85	0.85	0.91	1.46
文化、体育和娱乐业	1.13	0.22	1.21	0.24	1.30	0.27	1.42	0.31	1.59	0.38	1.82	0.47	1.72
公共管理、社会保障和社会组织	0.76	0.68	0.86	0.74	0.96	0.81	1.11	0.88	1.18	0.88	1.23	0.84	1.85
合计	1.09	1.07	1.23	1.20	1.39	1.36	1.52	1.48	1.66	1.61	1.84	1.78	1.95

注:笔者整理所得。

本书计算的行业层面就业数据可靠性更高。在表 10-5 的 19 个行业中，本书和伍等（Wu 等，2015）的全员劳动生产率测算结果差距较大的有 5 个。对于电力、热力、燃气及水生产和供应业及信息传输、软件和信息技术服务业，本书测算的全员劳动生产率结果低于伍等（Wu 等，2015）。其中，本书测算的信息传输、软件和信息技术服务业的全员劳动生产率与国家统计局的结果更接近，而伍等（Wu 等，2015）测算的与国家统计局相差较远，这说明伍等（Wu 等，2015）对于信息传输、软件和信息技术服务业就业人数的测算结果偏小。对于房地产业、居民服务、修理和其他服务业以及文化、体育和娱乐业，本书测算的结果高于伍等（Wu 等，2015）。在这 5 个行业中，相比于伍等（Wu 等，2015）的研究，其中 4 个行业本书测算的 2010 年全员劳动生产率均更接近于人口普查数据计算的结果；即使对于剩下的 1 个行业，本书和伍等（Wu 等，2015）测算结果差异也相当。

（二）全员劳动生产率的国际比较

将本书测算的就业人数按照联合国《所有经济活动的国际标准行业分类

（ISIC Rev. 4)》重新分类,行业名称由 A—U 表示。选取美国和欧盟①的就业
人数,首先对 2018 年不同国家或地区的行业分布进行比较(见图 10-4),在此
基础上,本书进一步计算了 2018 当年价格经购买力平价调整后的行业门类全
员劳动生产率的国际差异情况(见图 10-5)。受限于欧盟行业层面的增加值
数据,本书在图 10-5 中仅进行中美比较。美国和欧盟的数据分别来自各国
统计局,购买力平价的数据来自世界发展指标数据库②。

(单位: %)

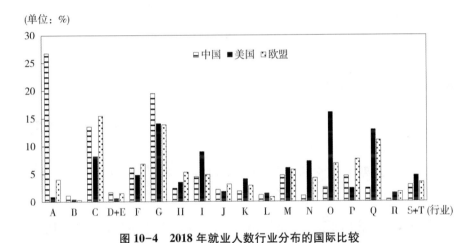

图 10-4　2018 年就业人数行业分布的国际比较

注:笔者绘制所得。美国的国际组织和机构的活动(U)的就业人数不详,图中未展示此行业。

我国第三产业就业人数占比与美国和欧盟仍有一定的差距,应继续增加
服务业就业人数的比重。2018 年,中国、美国和欧盟第三产业就业人数占比
分别为 50.73%、85.00%和 71.87%。我国第三产业就业人数占比相对较少一
方面是因为我国第三产业经济发展还有待提高,2018 年美国的第三产业增加
值占比为 79.77%,而我国仅为 52.22%,第三产业还有较大的发展空间,对于

① 在本研究中,欧盟指的是欧盟 28 个成员国。

② 美国联邦统计局及美国的数据来自 https://www.bea.gov/;欧盟统计局及欧盟的数据来
自 http://ec.europa.eu/eurostat/data/database? node_code=nama_10_lp_ulc;世界发展指标(World
Development Indicators, WDI) 数据库为 https://datacatalog.worldbank.org/dataset/wdi-database-
archives。

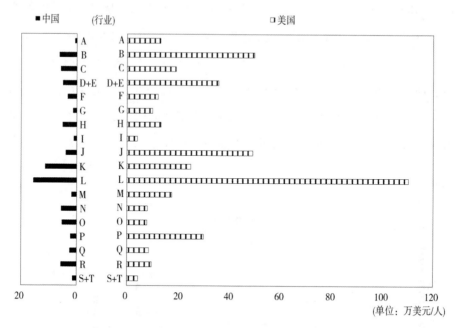

图 10-5　2018 年中国和美国行业全员劳动生产率的比较

注:笔者绘制所得。

第三产业就业人数拉动具有较大潜力;另一方面是低水平的人力资本阻碍了就业人员进入第三产业,第三产业相对于第一、第二产业需要更高的人力资本水平,教育水平是人力资本的一个重要体现,但我国 85.99% 的就业人员的学历在高中及以下①,提高就业人员的教育投入及专业技术知识水平是优化就业结构的必要之举(李昕和关会娟,2018)②。应继续深化改革开放,优化制度环境,以提高产业结构调整和技术升级的力度,鼓励就业人员向第三产业转移,为提高国际竞争力提供有力保障。

中美两国主要行业的全员劳动生产率存在以下两个特点。一是两国国内行业之间全员劳动生产率都存在较大差异。我国全员劳动生产率最高和最低

---

① 数据来自《中国人口和就业统计年鉴 2019》。

② 李昕、关会娟:《各级教育投入、劳动力转移与城乡居民收入差距》,《统计研究》2018 年第 3 期。

的行业分别是房地产活动(L)和农业、林业及渔业(A),2018年人均增加值分别为15.70万美元和0.77万美元。美国全员劳动生产率最高的行业同样是房地产活动,2018年人均增加值高达109.94万美元;最低的行业是食宿服务活动(I),人均增加值为4.01万美元。行业就业人数占国家总就业人数过多是导致我国农业、林业及渔业和美国食宿服务活动全员劳动生产率低的重要原因。

二是与美国相比,我国各个行业的全员劳动生产率都相对较低,但各行业差异程度不一。图10-5中,我国农业、林业及渔业全员劳动生产率与美国差距最大,2018年人均增加值仅相当于美国的6.26%;教育(P)与信息和通信(J)的全员劳动生产率也与美国差距较大,仅相当于美国的7.56%和8.14%。我国与美国全员劳动生产率差距最小的行业为行政和辅助活动(N)、公共管理与国防;强制性社会保障(O)以及艺术、娱乐和文娱活动(R)三个行业,2018年我国人均增加值分别达到美国的78.52%、76.32%以及64.18%。结合图10-3可以发现,除信息和通信行业外,我国其他行业全员劳动生产率与美国的差距均与图10-4的就业人数占比差距成正比,即我国与美国就业人数占比差距越大,全员劳动生产率差距就越大。在中国和美国的信息和通信行业就业人数占比相当的情况下(见图10-4),两国的全员劳动生产率却差异巨大,在一定程度上表明我国信息和通信行业就业人员的科技创新能力尚存较大的上升空间,政府应着力于提高就业人员的教育水平、专业培训以及创新能力培养等,以提高高端行业的劳动效率,加快我国产业链中低端向中高端跃升的步伐。

第十一章 标准化劳动投入
核算与分析

第一节 标准化劳动投入测度方法

标准化劳动投入的测算有复杂程度不同的各种指标,如全职当量就业人数、实际工作时间、经质量调整的劳动投入和以不变报酬计量的雇员劳动投入价值。基于中国现有就业数据的可获取程度和标准化劳动投入的核算标准的综合考虑,本书选用经质量调整的劳动投入度量方法进行中国行业标准化劳动投入的核算。经质量调整的劳动投入度量方法是以不同类别就业人员工作质量指数作为权数,用实际工作总时间作为投入指标。工作质量指数可用每类就业人员的平均工资表示。囿于中国多维度就业人员实际工作时间数据的统计,本书采用相应维度分类的就业人数数据代替实际工作时间数据,即经质量调整的就业人数。

一、标准化劳动投入测度思路

本书定义"全维标准化劳动投入数据库"是指包含行业、受教育程度、年龄组和性别这四个维度的标准化劳动投入数据库,其建立以全维就业人数数据库和全维劳动报酬数据库为基础(见图11-1)。

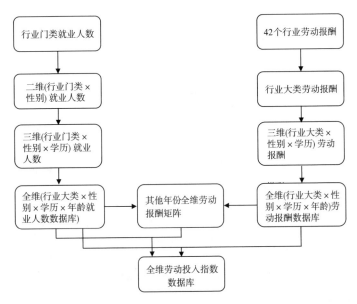

图 11-1　标准化劳动投入数据库的构建

注:笔者绘制所得。

全维就业人数数据库的构建是以相应年份的行业层面就业人数为基础,利用来自《中国劳动统计年鉴》和《中国人口和就业统计年鉴》的性别、受教育程度和年龄数据对行业层面的数据进行维度的扩充。全维劳动报酬数据库的构建根据年份的不同分为直接测算和间接推算两种方式,以 97 个行业大类劳动报酬数据和中国收入分配研究院的中国家庭收入调查数据为基础。行业大类劳动报酬数据通过"按比例分配"获取,即按照基准年份《中国劳动统计年鉴》中的行业层面城镇单位就业人员工资结构的比例对王(2017)编制的国家投入产出表中的分 42 个经济部门的劳动者报酬数据进行分配。

二、标准化劳动投入计算与分解方法

本书根据乔根森等(Jorgenson 等,1987)的增长核算框架进行标准化劳动投入计算与分解。行业层面标准化劳动投入增长率的测算需要将就业人数在行业层面进行加权加总。标准化劳动投入不能简单地等价于就业人员的数量,因为就业人员具有异质性,不同的就业人员具有不同的劳动价值。在测算标准化劳动投入时,要将不同维度中不同分类的就业人数利用超越对数函数①进行加总,并将相应分类的劳动报酬作为权重,见式(11-1):

$$\ln L = \alpha_0 + \sum_{i=1}^{n} \alpha_i \ln L_i + \frac{1}{2} \sum_{i=1}^{n} \sum_{j=1}^{n} \beta_{ij} \ln L_i \times \ln L_j \tag{11-1}$$

式(11-1)中,i 和 j 分别表示第 i 组和第 j 组就业人员,n 是就业人员组数,L 代表标准化劳动投入;L_i 和 L_j 分别表示第 i 组和第 j 组的标准化劳动投入;α_0、α_i、β_{ij} 是估计参数。

上述超越对数函数计算得出的标准化劳动投入是某一个时期标准化劳动投入的绝对水平,由于标准化劳动投入测算主要被应用于经济增长的核算,因此测算出标准化劳动投入的增长率会更有实际意义。在超越对数函数下,本书的标准化劳动投入增长率计算公式为:

$$
\begin{aligned}
g_{t,t-1}^{L} &= \ln L_t - \ln L_{t-1} \\
&= \sum_{i=1}^{n} \omega_{i,t} \times (\ln L_{i,t} - \ln L_{i,t-1}) \\
&= \sum_{i=1}^{n} \omega_{i,t} \times g_{t,t-1}^{L_i}
\end{aligned}
\tag{11-2}
$$

式(11-2)中,t 表示时间,i 表示第 i 组就业人员;$g_{t,t-1}^{L}$ 表示 $t-1$ 和 t 之间的标准化劳动投入增长率,$g_{t,t-1}^{L_i}$ 表示第 i 组就业人数在 $t-1$ 和 t 之间的增长率,$\omega_{i,t}$ 作为第 i 组就业人数在 $t-1$ 和 t 之间的增长率的权重,等于第 i 组的劳动报酬份额占比在 $t-1$ 时与 t 时的平均值。式(11-2)表示标准化劳动投入增长率等于以不同分类就业人员的劳动报酬总额占全部报酬总额的比例为权重,对各个分类就业人数增长率的加权平均。

标准化劳动投入增长与就业人数增长的区别在于标准化劳动投入增长中包含了质量变化带来的增长。据此将标准化劳动投入增长分解为数量变化和

---

① 超越对数函数是由克里斯坦森等(christensen 等)提出的,该函数主要用作生产函数,但是也提供了用于不同种类就业人数和不同种类资产的加总指数方法。

质量变化两个部分,分解公式为式(11-3):

$$g_{t,t-1}^{q} \equiv g_{t,t-1}^{L} - g_{t,t-1}^{H} \tag{11-3}$$

式(11-3)中,L 表示标准化劳动投入,H 表示就业人数,q 表示质量;$g_{t,t-1}^{L}$ 表示标准化劳动投入增长率,$g_{t,t-1}^{H}$ 表示就业人数增长率,$g_{t,t-1}^{q}$ 表示质量变化。

劳动质量提高的分解是通过标准化劳动投入的偏指数实现的。选择任意个数的维度进行构建标准化劳动投入指数就可以看作为标准化劳动投入的偏指数,这里的标准化劳动投入指数指的是标准化劳动投入增长率。以本书为例,本书的就业人员被划分为 4 个维度,一次偏指数是根据一个维度(如受教育程度)计算的偏指数,同理,二次、三次、四次偏指数分别是根据两个、三个和四个维度计算的偏指数(岳希明和任若恩,2008)。在本书中,四次偏指数也就是标准化劳动投入指数。在本书 4 种维度的条件下,一次偏指数有 4 个,二次偏指数有 6 个,三次偏指数有 4 个,四次偏指数有 1 个。以受教育程度为例,一次偏指数的计算方法见式(11-4):

$$g_{t,t-1}^{e} = \sum_{e=1}^{6} \omega^{e} \times (\ln \sum_{g=1}^{2} \sum_{a=1}^{6} \sum_{s=1}^{97} L_{t}^{gaes} - \ln \sum_{g=1}^{2} \sum_{a=1}^{6} \sum_{s=1}^{97} L_{t-1}^{gaes}) \tag{11-4}$$

式(11-4)中,e 表示就业人员的受教育程度(education attendance),g 表示性别(gender)属性,s 表示行业(sector)属性,a 表示就业人员的年龄组(age)。ω^{e} 表示不同受教育程度就业人员的劳动报酬占比在 t 和 $t-1$ 之间的平均值,$g_{t,t-1}^{e}$ 表示对应于受教育程度的偏指数。使用同样的公式可以计算出其他三个维度的一次偏指数。以受教育程度和性别为例,二次偏指数的计算方法如式(11-5)所示:

$$g_{t,t-1}^{ge} = \sum_{g=1}^{2} \sum_{e=1}^{6} \omega^{ge} \times (\ln \sum_{a=1}^{6} \sum_{s=1}^{97} L_{t}^{gaes} - \ln \sum_{a=1}^{6} \sum_{s=1}^{97} L_{t}^{gaes} \tag{11-5}$$

由式(11-4)的标准化劳动投入偏指数定义可看出,由于就业人员受教育程度结构变化引起的劳动质量提高等于对应的受教育程度标准化劳动投入偏指数与就业人员指数之差,公式如式(11-6)所示:

$$q^e = g^e_{t,t-1} - g^H_{t,t-1} \tag{11-6}$$

式(11-6)中, q^e 表示 t 和 $t-1$ 之间就业人员受教育程度构成对劳动质量提高的贡献。同理,就业人员受教育程度与性别两种属性交叉变化对劳动质量提高的贡献的计算方法为:

$$q^{ge} = g^{ge}_{t,t-1} - g^H_{t,t-1} - q^g - q^e \tag{11-7}$$

就业人员受教育程度、性别和年龄组三种属性交叉变化对劳动质量提高的贡献的计算方法为:

$$q^{gea} = g^{gea}_{t,t-1} - g^H_{t,t-1} - q^g - q^e - q^a - q^{ge} - q^{ga} - q^{ae} \tag{11-8}$$

就业人员四种属性交叉变化对劳动质量提高的贡献的计算只有一种,在此不予赘述。由此可得出劳动质量提高增长率可以分解如下:

$$\begin{aligned}
g^q_{t,t-1} = {} & q^g + q^a + q^e + q^s \\
& + q^{ga} + q^{ge} + q^{gs} + q^{ae} + q^{as} + q^{es} \\
& + q^{gae} + q^{gas} + q^{ges} + q^{aes} + q^{gaes}
\end{aligned} \tag{11-9}$$

第二节　标准化劳动投入数据库构建

一、就业人数数据库的构建

就业人数数据库的构建是从一维逐渐增加到四维(见图11-2)。首先,一维的大类行业层面的就业人数采用的是王亚菲等(2021)测算的结果。王亚菲等(2021)是通过对不同口径的行业层面城镇单位就业人数、私营企业和个体就业人数、城镇私营企业和个体就业人数和乡村就业人数进行转换之后,根据这些数据统计范围的互补性,利用统计合成法测算出以《国民经济行业分类(GB/T 4754—2017)》为标准的 20 个行业门类和 97 个行业大类的就业人数。

其次,二维就业人数矩阵是通过行业大类的不同性别就业人数占全国就

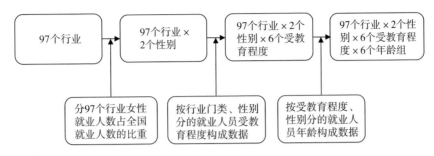

图 11-2　就业人员数据库构建过程

注:笔者绘制所得。

业人数的比例对行业大类层面一维数据进行性别维度的扩充得到。各年份性别就业人数占全国就业人数的比例数据有两种获得方式。第一种是直接获得,具体是指 2000 年和 2010 年数据分别从《中国 2000 年人口普查资料》和《中国 2010 年人口普查资料》获得;第二种是间接获得,是指其他年份的数据由 2000—2010 年的年均增速推算得到。

再次,三维就业人数矩阵的构建是通过按行业门类、性别分的就业人员受教育程度构成数据对二维矩阵进行受教育程度维度的扩充得到。以不同性别和行业门类的各个受教育程度就业人数为行和,以不同性别的行业门类中的行业大类就业人数为列和,利用双比例尺度法对分性别、行业大类和受教育程度的就业人数进行推算。在 1990—2002 年,《中国劳动统计年鉴》公布的受教育程度构成数据没有行业层面的信息,只可以所有行业按性别分的不同受教育程度为行和。对 2003—2021 年的三维矩阵进行扩充时,有了行业门类就业人数的数据限制,使得在用双比例尺度法进行扩充时结果更加接近真实状况。

最后,四维就业人数矩阵的构建是通过按受教育程度、性别分的就业人员年龄构成数据对三维的就业人数数据进行年龄的扩充得到。按受教育程度、性别分的就业人员年龄构成数据是从各年份《中国劳动统计年鉴》获得的。以不同性别、受教育程度和行业大类的各个年龄组就业人数为行和,以不同性别、受教育程度的行业大类就业人数为列和,利用双比例尺度法,对分性别、受教育程度、行业大类和年龄组的就业人数进行推算。

二、劳动报酬数据库的构建

全维劳动报酬数据库的构建根据年份的不同分为直接测算和间接推算两种方式,两种构建方式都需要以各个年份的 97 个行业大类劳动报酬数据为基础。行业大类劳动报酬数据是按照《中国劳动统计年鉴》中的行业层面城镇单位就业人员工资结构的比例对王(2017)编制的国家投入产出表中的分 42 个经济部门的劳动者报酬数据进行分配获得,再依照王亚菲等(2021)对不同行业分类标准进行统一的方法,将 1990—2021 年的劳动报酬数据统一为以《国民经济行业分类(GB/T 4754—2017)》为标准的 20 个行业门类和 97 个行业大类。

第一种方式为直接测算,采用这种方式测算全维劳动报酬数据库的年份是当年的中国家庭收入调查数据可得,称这些年份为"基准年份"。直接测算是基于中国家庭收入调查数据库获得性别、受教育程度和年龄组交叉分类的三维劳动报酬矩阵,再结合行业层面就业人数,利用双比例尺度法获得四维劳动报酬总额矩阵。三维劳动报酬矩阵是将三维平均劳动报酬矩阵和相应年份的三维就业人数矩阵相乘。三维平均劳动报酬矩阵的数据来自中国家庭收入调查数据库,基准年份相同结构的三维就业人数矩阵来自本书测算的就业人数数据库。

第二种方式为间接推算,采用这种方式推算全维劳动报酬数据库的年份是当年的中国家庭收入调查数据不可得。间接推算方法是通过倍数运算来实行。目标年份依据"就近原则"选择各自的基准年份,即在保证矩阵结构一致时,选取距离最近的有中国家庭收入调查数据的年份为基准年份。表 11-1 就是按照这一原则为各个无中国家庭收入调查数据的年份选择基准年份,其中 1999—2000 年没有选择距离较近的 2002 年,而是 1995 年是因为 1999—2000 年的全维就业人数矩阵与 2002 年的结构不一致。由于教育环境和统计

环境的限制,1999—2000 年的就业人员受教育程度分类只有五类:文盲及半
文盲、小学、初中、普通高中、大专及以上;而 2002 年的就业人员受教育程度
分类在此基础上将大专及以上细分为大学专科和本科及以上这两个分类。
所以,在结构相同和就近这两个原则的指导下,1999—2000 年选择的基准
年份是 1995 年。同样的情况也发生在 2003—2004 年,2003—2004 年没有
选择距离更近的 2002 年而是 2007 年,这是因为 2002 年中国公布了新的行
业分类标准(GB/T 4754—2002),2003—2004 年与 2007 年的行业结构更
接近。

表 11-1　无中国家庭收入调查数据的年份进行"倍数运算"选取的基准年份

无中国家庭收入 调查数据年份	基准年份	无中国家庭收入 调查数据年份	基准年份
1990	1995	2005	2007
1991		2006	
1992		2009	2008
1993		2010	
1994		2011	2013
1996		2012	
1997		2014	
1998		2015	
1999		2016	2018
2000		2017	
2001	2002	2019	
2003	2007	2020	
2004		2021	

注:笔者整理所得。

间接推算的方法以 1996 年全维劳动报酬矩阵的构建为例进行说明:

（1）测算 1995 年全维劳动报酬矩阵。通过第一种方法测算出 1995 年的全维劳动报酬矩阵。

（2）计算行业层面劳动报酬的倍数。将 1996 年全维就业人数矩阵乘以 1995 年全维劳动报酬矩阵,得到矩阵 A_1^{1996}。将 A_1^{1996} 的行业层面的报酬总额数据除以通过"按比例分配"方法得到的各年份 97 个行业大类劳动报酬数据相除,得到行业层面的倍数矩阵 A_2^{1996}。

（3）倍数相乘。1996 年全维劳动报酬矩阵 = $[A_2^{1996}]^{-1} \times A_1^{1996}$。

倍数运算的结果是除行业外,按照受教育程度、年龄组和性别这三个属性区分相对劳动报酬与 1995 年相同。应用倍数运算方法推算全维劳动报酬合理,理由如下:第一,目标年份与基准年份接近。表 11-1 中目标年份与基准年份相差最大的为 5 年,较短的时间间距使得两者的行业相对报酬总额差距较小。第二,满足劳动报酬作为权重的要求。通过倍数运算推算出的各年份劳动报酬份额数据各不相同,能够对不同年份不同分类的就业人员进行有效加权。第三,标准化劳动投入增长率的计算方法能够减小倍数运算引起的误差。参与标准化劳动投入计算的最终权重由相邻两年对应分类的劳动报酬占比平均得到,会减小了倍数运算引起的误差,使推算得到的权重数据尽可能接近真实权重。

第三节　标准化劳动投入测度结果与比较

一、标准化劳动投入的测度结果

本书通过建立的就业人数数据库和劳动报酬数据库,测算了 1991—2021 年中国 97 个行业大类的标准化劳动投入增长率,分解出了其中的就业人员数量增长率和质量增长率,由质量增长率除以标准化劳动投入增长率计算得到质量贡献(见图 11-3)①。

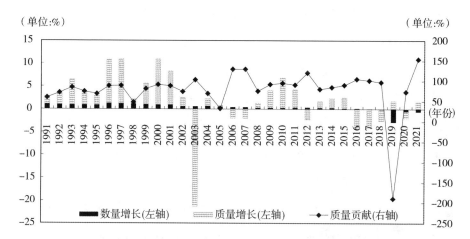

图 11-3　1991—2021 年标准化劳动投入数量增长率、质量增长率和质量贡献

注:笔者计算绘制所得。

　　除 2018 年之前,标准化劳动投入数量增长率一直为正;自 2003 年起,部分年份的标准化劳动投入质量增长率为负。1991—2021 年,中国就业人员数量从 1990 年的 64749 万人增长至 2021 年的 74652 万人,但标准化劳动投入数量增长率呈下降趋势,从 1991 年的 1.14%下降至 2021 年的 0.55%。标准化劳动投入质量增长率在 1991—2002 年均为正,其中 2000 年的质量增长率达到 90%以上;2003 年,标准化劳动投入质量增长率极低,为-21.33%,这主要是因为《国民经济行业分类(GB/T 4754—2002)》的实施,使得 2003 年就业人员的行业划分和统计标准改变,行业层面就业人数变化较大②;2003 年及以后,标准化劳动投入质量出现负增长,标准化劳动投入质量增长率在 0%处上下波动。

　　除标准化劳动质量增长率为负的年份外,标准化劳动质量贡献一般在

---

　　①　除特别说明外,本书测算的数据均以 1990 年为基期。

　　②　国家统计局公布的就业人数在《国民经济行业分类(GB/T 4754—2002)》实施后,三大产业的就业结构均发生了较大的变化。2003 年第一产业的就业人数增长率由正转负,第二产业的就业人数增长率由负转正。

60%—98%波动。1998年质量增长率为正,质量贡献为47.85%,这主要因为1998年的亚洲金融危机打破了中国经济急速发展的景象,对金融业、房地产业等的就业率产生了巨大的负面影响,而这些行业正是高劳动报酬行业,进而大大减弱了1998年的劳动质量水平。此外,2005年的质量贡献也较低,主要原因是用于计算就业人员受教育程度的原始数据①在这一年发生突变,本书用2004年和2006年受教育程度构成数据的平均值代替2005年的相应数据,但修正后的数据并非真实的标准化劳动投入质量,以致2005年的劳动质量与其他年份不在同一水平范围。对于质量贡献高于100%的年份,超高水平的质量贡献率并不表示该年份劳动质量增长率对标准化劳动投入增长率的贡献较高,反而表示的是质量增长率为负,对标准化劳动投入的增长产生了副作用。标准化劳动投入增长率为负可能是因为当年其他生产要素或者全要素生产率水平较高,或者是当年就业人员的行业结构变动较大。

表11-2是1995—2021年行业层面标准化劳动投入年均增长率和劳动质量年均增长率②。从横向看,租赁和商务服务业的标准化劳动投入年均增长最快,2005年后第三产业中行业的劳动质量年均增长率多数为负。1995—2021年,租赁和商务服务业的标准化劳动投入年均增长率为16.04%,在1995—2000年高达24.25%,在其他时间段也保持较高水平。2005—2021年,第三产业中的行业劳动质量水平呈下降趋势。劳动质量下降可以分为两种情况进行解释。当行业标准化劳动投入增长率为正时,质量增长率为负主要是因为该行业就业人数增长过快,如金融业和房地产业;当行业标准化劳动

---

① 2005年就业人员受教育程度构成数据来源于《中国劳动统计年鉴2006》表1-50,但是与2004年和2006年相比,2005年"文盲及半文盲"就业人数明显较高,导致整体受教育程度的比例与其他年份相比有所偏差。

② 囿于早期就业统计的不完善,本书就业人数数据库中1990—1994年的就业人员仅有行业分类,在行业层面无法进一步区分就业人员的异质性,因此表中没有呈现1991—1995年行业层面劳动投入及质量增长率的测算结果,下同;因篇幅所限,本研究仅给出1995—2018年5个时间段的20个行业门类的劳动投入和劳动质量年均增长率。

投入增长率为负时,标准化劳动投入增长率为负即为质量增长率为负的主要原因,第三产业在发展过程中以创新点燃改革引擎,机器换人以现代化、自动化的装备提升传统产业,多数行业的资本投入快速增加(王亚菲和王春云,2017)①,以致减少就业人数,部分从事低报酬但必要的工作的就业人员得以保留,从而标准化劳动投入和劳动质量的增长率均呈现下降的趋势。

表 11-2　1995—2021 年行业层面标准化劳动投入
年均增长率和劳动质量年均增长率　　　　　（单位:%）

行　业	1995—2000 年		2000—2005 年		2005—2010 年		2010—2015 年		2015—2021 年		1995—2021 年	
	标准化劳动投入	劳动质量	标准化劳动投入	劳动质量	标准化劳动投入	劳动质量	标准化劳动投入	劳动质量	标准化劳动投入	劳动质量	标准化劳动投入	劳动质量
农、林、牧、渔业	8.72	6.60	-17.86	-17.05	-0.25	3.30	-4.00	3.09	-6.44	2.79	-3.59	-1.12
采矿业	1.20	6.40	3.87	2.72	5.36	3.88	-0.47	2.33	-6.96	0.47	2.05	4.40
制造业	2.74	6.58	6.04	3.72	3.21	0.35	4.53	3.19	-5.34	-0.61	3.91	4.15
电力、热力、燃气及水生产和供应业	11.78	6.49	6.26	2.68	-1.36	-1.56	1.91	-0.75	-0.94	-0.56	6.23	3.97
建筑业	5.48	7.62	8.96	3.27	5.14	-1.08	12.18	2.34	-2.10	1.06	7.34	3.57
批发和零售业	5.66	6.58	1.16	3.73	10.18	1.61	10.96	2.24	5.33	-0.04	8.28	4.34
交通运输、仓储和邮政业	7.31	7.36	0.84	4.45	0.76	0.99	5.92	2.04	-1.60	-1.75	4.80	4.91
住宿和餐饮业	10.97	6.68	6.84	0.92	7.51	1.30	12.03	2.58	9.70	-0.24	10.81	3.65
信息传输、软件和信息技术	18.84	6.71	19.66	3.64	-1.70	-1.76	2.24	-1.61	-0.79	0.12	12.82	6.02
金融业	13.31	6.56	-0.81	-5.17	-7.71	-12.60	0.86	-2.04	3.01	-2.20	8.69	3.96
房地产业	14.62	6.57	15.50	5.46	7.02	0.16	10.54	-0.83	3.43	-1.02	12.93	4.48
租赁和商务服务业	24.25	6.95	12.19	4.41	9.17	-1.41	11.11	-1.13	6.07	-2.13	16.04	4.52

---

①　王亚菲、王春云:《中国行业层面信息与通信技术资本服务核算》,《统计研究》2017 年第 12 期。

续表

行　业	1995—2000 年		2000—2005 年		2005—2010 年		2010—2015 年		2015—2021 年		1995—2021 年	
	标准化劳动投入	劳动质量	标准化劳动投入	劳动质量	标准化劳动投入	劳动质量	标准化劳动投入	劳动质量	标准化劳动投入	劳动质量	标准化劳动投入	劳动质量
科学研究和技术服务业	7.30	6.63	4.82	2.20	2.40	-2.09	2.25	-2.34	-1.02	-2.78	5.77	3.05
水利、环境和公共设施管理业	10.33	6.58	10.70	11.07	3.23	-0.18	1.86	-0.54	-2.89	-1.41	5.60	3.89
居民服务、修理和其他服务业	5.88	6.66	23.17	1.70	6.58	-0.36	11.90	5.12	8.65	-2.39	12.83	4.05
教育	11.12	6.50	-0.74	-3.58	0.46	-0.34	-1.92	-1.57	-1.07	-3.41	4.41	2.68
卫生和社会工作	11.60	6.42	5.89	2.34	0.85	-3.02	3.77	-0.25	0.99	-3.61	7.43	3.45
文化、体育和娱乐业	10.85	6.65	7.88	6.80	0.11	-0.80	-0.61	-0.90	-0.70	-1.23	5.69	4.34
公共管理、社会保障和社会组织	11.53	6.96	3.54	1.11	2.16	1.28	-5.72	-2.29	-4.23	-0.79	3.63	3.34
国际组织	8.44	6.58	24.54	23.79	-2.86	-2.90	3.17	5.43	-7.36	-5.85	6.48	6.49

注:笔者计算所得。

从纵向看,首先,多数行业标准化劳动投入和劳动质量年均增长率为正。1995—2000 年,所有行业的标准化劳动投入和劳动质量均出现大幅上升,这得益于改革开放政策的全面实施,生产活动蓬勃发展引发了就业高潮;2000—2005 年,农、林、牧、渔业的标准化劳动投入和劳动质量急剧下降,这是因为第二、第三产业吸纳了大量的第一产业就业人员,农业机械化及其自动化占据了大量的资本投入,从而导致标准化劳动投入和劳动质量年均增长率下降;2005—2015 年,标准化劳动投入和劳动质量年均增长率为负的行业逐渐增多,这与美国的次贷危机蔓延有关,对中国劳动力市场的影响表现为多个行业部门经营效益恶化,就业渠道收窄;2015—2021 年,几乎所有行业标准化劳动投入和劳动质量增速均放缓,这表明中国经济由高速增长阶段转向高质量发展阶段,以新旧转换推动劳动市场优化升级,通过深化供给侧结构性改革,构建发展新格局。

其次,标准化劳动投入和劳动质量增长率的变化趋势相对一致。从计算的角度来看,劳动质量的增长率由标准化劳动投入与就业人员数量增长率之差决定;从理论角度来看,就业人员的质量变化相较于数量变化对标准化劳动投入的影响更大,就业人员数量增长率变化的范围较小而且较为固定,而劳动质量会因为行业改革升级、提升教育质量、男女同工同酬、延迟退休等政策的实施,在短时间内有较大的改变。

以上研究表明,质量提高对标准化劳动投入的增长十分重要。在一些年份或者维度,质量提高对标准化劳动投入增长的贡献度甚至超过单纯就业人数增长。挖掘劳动质量提高的源泉很有必要。本书进行了劳动质量提高的分解(见表 11-3)。分解的结果有一次效果、二次效果、三次效果和四次效果。单一属性带来的质量变化为一次效果,两个交叉分类的属性引起的质量变化为二次效果。以此类推,有三次效果和四次效果。

表 11-3 1995—2021 年分时段劳动质量提高的分解 （单位:%）

	1995—2000 年	2000—2005 年	2005—2010 年	2010—2015 年	2015—2021 年
质量提高	7.00	-1.11	1.76	2.12	-1.88
s	0.07	1.47	1.21	0.46	-1.72
g	0.00	-0.01	-0.03	0.01	-0.61
a	1.02	0.36	-0.34	-0.16	0.34
e	3.89	3.77	1.63	2.89	1.48
sg	0.34	0.20	0.10	0.01	-0.75
sa	-0.02	-0.38	-0.09	-0.25	0.84
se	-0.05	-7.05	0.28	-0.05	-1.14
ga	0.04	-0.01	-0.02	-0.03	-0.69
ge	0.09	0.03	-0.09	-0.03	-0.69
ae	1.08	0.02	-0.76	-1.04	-1.75

续表

	1995—2000 年	2000—2005 年	2005—2010 年	2010—2015 年	2015—2021 年
sga	0.02	−0.09	0.00	0.00	0.66
sge	0.05	0.01	−0.23	0.00	0.74
sae	−0.01	0.40	0.14	0.28	0.81
gae	0.48	0.10	0.05	0.06	0.68
sgae	0.01	0.07	−0.09	−0.03	0.39

注:笔者计算所得。

　　劳动质量在2000—2005年和2015—2021年经历了负增长,受教育程度对劳动质量变化的影响效果较大。2000—2005年和2015—2021年标准化劳动投入质量年均增速为负的原因分别是按行业和受教育程度交叉分类的就业人员的劳动质量年均增速较低,和行业层面就业人员质量增速较低。2015—2021年行业层面标准化劳动投入质量年均增速较低是因为所有行业的劳动报酬均有所下降。在劳动质量分解的一次效果中,受教育程度带来的标准化劳动投入质量变化一直保持较高水平,性别带来的质量变化一直较低。一次效果相较于二次及二次以上的效果更大。一次效果中,受教育程度构成变化对劳动质量变化的影响最大,其年均质量变化所受的最小影响为2015—2021年的1.48%;性别构成变化对劳动质量变化的影响效果最小,其年均质量变化所受的最大影响为2005—2010年和2015—2021年的0.61%。

　　行业层面劳动质量经历了先上升后下降的变化。行业层面的劳动质量变化可以通过行业层面就业人数和劳动报酬的结构变化进行解释。1995—2015年,行业层面劳动质量年均增速为正,这是因为第一产业就业人员占全部就业人员比重较大,其就业人数或者报酬的变化对整体就业人员的质量变化起着关键的作用,低报酬的第一产业就业人员数量保持下降趋势,部分高报酬的其他高端产业就业人数增加,导致整体劳动质量上升。2015—2021年,行业层面劳动质量年均增速又转为负,这是因为所有行业门类的劳动报酬均在下降。

二、测度结果的比较

（一）数据库的比较

为验证本书建立的标准化劳动投入数据库的合理性,探究核算方法与数据处理对研究结论的影响,本书选择标准化劳动投入核算的代表性研究(Wu等,2015)的结果以及《中国 2010 年人口普查资料》与本书的测算结果进行比较(见图 11-4)。囿于不同文献对标准化劳动投入测算时间节点的差异,本书选取 2010 年的数据进行比较。是 2010 年不同来源研究就业人数(左)及劳动报酬(右)的行业分布比较,表 11-4 是 2010 年不同来源研究就业人员的年龄组、性别和受教育程度分布比较。

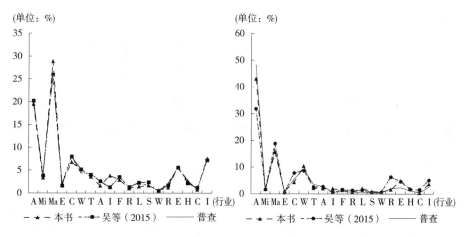

图 11-4 不同研究关于 2010 年不同来源的就业人员（左）及其劳动报酬（右）行业分布比较

注:笔者绘制所得。

本书测算的行业层面标准化劳动投入结果可靠性高。从就业人员的行业分布来看(见图 11-4 左),以《中国 2010 年人口普查资料》为参考,本书比伍等(Wu 等,2015)的结果更接近普查数据。本书的行业分布状况与普查数据基本一致,即使有所差异,如本书测算的第一产业就业人数占全部就业人数比

中国流动人口消费效应与就业核算研究

重低于普查数据,也可被合理解释(王亚菲等,2021)。从劳动报酬的行业分布来看(见图 11-4 右),以 2010 年全国投入产出表为参考,本书和伍等(Wu 等,2015)的结果均较接近于投入产出表的数据。虽然本书数据中农、林、牧、渔业、采矿业、制造业、住宿业和租赁业与投入产出表有所差异,但本书的劳动报酬数据已是能获取的最接近于全国投入产出表的连续年份数据。因为全国投入产出表仅公布了个别年份,伍等(Wu 等,2015)的连续年份劳动报酬数据是由几个基准年份推算而来,无法真实地反映各个年份的劳动报酬变动状况,而本书的报酬数据在连续和真实反映当年状况这两个方面均满足条件。

本书测算的就业人员受教育程度、年龄组和性别分布结果可靠性高。如表 11-4 所示,将本书和《中国 2010 年人口普查资料》的就业人员的属性按照伍等(Wu 等,2015)的标准进行分类并作比较,结果发现对于不同的受教育程度和年龄组占所有就业人员的比重,本书与普查数据的差距几乎均小于伍等(Wu 等,2015)与普查数据的差距;对于不同性别占所有就业人员的比重,本书与普查数据的差距几乎大于伍等(Wu 等,2015)与普查数据的差距,但差距较小。其他年份的数据测算采用与 2010 年相同的方法,因此可推测本书测算的 1990—2021 年就业人员的受教育程度、年龄组和性别分布数据较为接近真实水平。

表 11-4　2010 年不同研究的就业人员受教育程度、年龄组和性别分布比较

(单位:%)

维度	分类	①本书	②伍等	③普查	差(=①-③)	差(=②-③)
受教育程度	文盲及半文盲	2.97	2.51	3.41	-0.44	-0.90
	普通小学	21.49	19.22	23.86	-2.37	-4.64
	普通初中	45.66	45.84	48.80	-3.14	-2.96
	高中阶段	15.05	16.31	13.87	1.18	2.44
	大专及以上	14.83	16.12	10.05	4.78	6.07

322

续表

维度	分类	①本书	②伍等	③普查	差(=①-③)	差(=②-③)
年龄组	16—19 岁	3.10	3.10	3.23	-0.13	-0.13
	20—24 岁	11.36	11.33	11.09	0.28	0.25
	25—29 岁	11.89	12.01	11.12	0.78	0.90
	30—39 岁	25.39	26.41	24.79	0.60	1.62
	40—49 岁	26.55	27.36	26.89	-0.34	0.47
	50—54 岁	7.79	7.68	8.01	-0.22	-0.33
	54 岁+	13.92	12.10	14.88	-0.96	-2.78
性别	男	57.69	56.83	55.34	2.34	1.49
	女	42.31	43.17	44.66	-2.34	-1.49

注:笔者整理所得。

(二)不同研究测算结果的比较

为进一步验证本书行业标准化劳动投入测算的可靠性,本书和伍等(Wu等,2015)的研究进行了 37 个行业的比较(见表 11-5)。从整体上看,本书的测算结果相对可靠。本书和伍等(Wu 等,2015)测算的行业层面标准化劳动投入结果趋势一致,且处于相同数量级。两者标准化劳动投入增速较快的行业均含有计算机、通信和其他电子、信息传输、软件和信息技术服务业、金融业、房地产业以及租赁和商务服务业;科学研究和技术服务业,第一产业的标准化劳动投入增速均较慢。本书和伍等(Wu 等,2015)对于就业人数和劳动报酬的核算采用的方法均不相同,但以此为基础测算的各行业标准化劳动投入处于相同数量级,此外,图 11-4 和表 11-5 也验证了就业人数和劳动报酬数据库的可靠性,由此可验证本书测算方法和测算结果的可靠性。

1995—2010 年,中国高端产业的标准化劳动投入增长较快,第一产业增长最慢。根据本书测算的行业层面标准化劳动投入结果,有 5 个行业的标准化劳动投入增长率高达10%以上,分别为信息传输、软件和信息技术服务业、房地产业、租赁和商务服务业;科学研究和技术服务业、计算机、通信和其他电子以及居民服务、修理和其他服务业;文化、体育和娱乐业。大数据的应用和数字经济的蓬勃发展可能是这些行业标准化劳动投入增长率较高的重要原因(杨慧梅和江璐,2021)①。大数据的应用能够帮助各部门从烦冗的数据中提取出有利于行业发展的重要数据,并转化为知识支撑企业决策,提高行业效率。数字经济已经成为经济发展的新动能,2018年中国的数字经济规模高达31.3万亿元,至少有1/3的国内生产总值由其构建。标准化劳动投入增长率较高的5个行业的大数据技术和数字经济水平均较高(王亚菲和王春云,2017),有助于加快它们的产业高级化和转型升级,高端产业的强盛发展吸纳更多的就业人员,表11-5中显示的较高的就业人数增长率同时印证了这一重要原因。相反地,就业人员的大量流出、较为落后的生产方式、经营和增收渠道单一是农、林、牧、渔业标准化劳动投入增长率最低的重要原因。

表11-5 1995—2010年行业标准化劳动投入、就业
人数和劳动报酬总额的年均增长率

(单位:%)

行业	标准化劳动投入		就业人数		劳动报酬总额	
	本书	伍等	本书	伍等	本书	伍等
农、林、牧、渔业	-4.95	-0.33	-0.75	-1.75	0.10	0.09
煤炭开采和洗选业	5.52	2.50	-0.46	-0.21	0.55	0.14
石油和天然气开采业	6.11	5.75	-0.04	-2.37	0.57	0.16
金属矿采选业	3.84	3.88	-2.11	0.35	0.37	0.15
非金属矿采选业	0.67	-0.48	-5.62	-5.50	-3.48	0.08
食品等制造业	4.47	1.87	0.33	0.00	-0.13	0.18
烟草制造业	4.14	3.80	-0.10	-3.00	2.24	0.19
纺织业	0.77	2.73	-3.93	1.15	1.08	0.10

---

① 杨慧梅、江璐:《数字经济、空间效应与全要素生产率》,《统计研究》2021年第4期。

续表

行业	标准化劳动投入		就业人数		劳动报酬总额	
	本书	伍等	本书	伍等	本书	伍等
纺织服装及其他产品制造业	9.22	4.11	4.13	3.29	1.45	0.15
皮革及其制品业	7.75	5.00	2.75	4.43	0.01	0.16
木材加工、家具制造业	4.47	1.32	-0.16	4.51	0.60	0.16
造纸、印刷及出版业	3.62	3.38	-0.69	1.39	0.59	0.12
石油和煤炭制品业	5.59	6.02	1.52	0.50	1.04	0.14
化学原料及化学制品业	4.09	4.45	-0.07	0.86	0.24	0.13
橡胶和塑料制品业	5.05	4.35	0.69	3.67	1.20	0.15
非金属矿物制品业	2.03	1.91	-2.13	-3.02	0.41	0.09
金属冶炼及延压业	4.43	3.68	0.42	-0.29	0.62	0.16
金属制品业	3.67	2.52	-0.47	0.87	0.31	0.13
通用与专用设备制品业	3.44	2.19	-0.69	1.25	0.16	0.11
电气机械和器材制造业	7.12	6.20	2.79	6.09	0.46	0.17
计算机、通信和其他电子	13.02	8.11	8.03	8.66	0.09	0.24
仪器仪表制造业	6.23	4.56	1.88	3.85	-0.29	0.13
交通运输设备制造业	6.60	4.62	2.31	2.85	0.20	0.16
其他制造业	0.47	-0.33	-4.53	-3.52	1.47	-0.02
电力、热力、燃气及水生产和供应业	8.59	6.11	3.03	2.41	0.31	0.17
建筑业	6.29	7.03	3.26	3.58	0.22	0.14
批发和零售业	6.73	5.64	1.70	2.94	0.22	0.13
住宿和餐饮业	8.85	7.47	5.48	5.64	0.23	0.17
交通运输、仓储和邮政业	3.52	2.81	-1.30	-0.47	0.33	0.10
信息传输、软件和信息技术服务业	14.54	8.06	9.41	3.04	0.06	0.18
金融业	9.98	11.78	5.33	9.79	0.08	0.13
房地产业	13.84	14.20	8.31	16.79	0.03	0.15
租赁和商务服务业;科学研究和技术服务业	13.31	7.75	7.52	10.31	0.19	0.20

行业	标准化劳动投入		就业人数		劳动报酬总额	
	本书	伍等	本书	伍等	本书	伍等
水利、环境和公共设施管理业；公共管理、社会保障和社会组织；国际组织	7.49	9.50	2.57	8.61	0.04	0.15
教育	6.01	6.25	2.75	0.47	0.02	0.15
卫生和社会工作	8.99	7.35	4.21	1.92	0.11	0.15
居民服务、修理和其他服务业；文化、体育和娱乐业	11.42	7.60	7.06	3.44	0.18	0.17
所有行业	3.51	4.08	0.74	0.98	0.24	0.13

注：除伍等（Wu等，2015）的标准化劳动投入年均增长率这一指标的数据外，其他数据均由笔者计算。
资料来源：中国信息通信研究院：《中国数字经济发展与就业白皮书（2019年）》。
注：笔者整理所得。（1）由于伍等（Wu等，2015）对于行业层面的测算结果仅公布了1980—2010年的标准化劳动投入年均增长率，因此上表中伍等（Wu等，2015）的标准化劳动投入年均增长率指的是1980—2010年，其他指标的年均增速均为1995—2018年；（2）由于伍等（Wu等，2015）公布的劳动报酬总额为当年价格，所以此处本书与之进行比较的劳动报酬总额也为当年价格。

　　高质量发展是以满足人民日益增长的美好生活需要为目标的高效率、公平和绿色可持续的发展，从高速增长转向高质量发展，既是经济增长方式和路径的转变，更是一个体制改革和机制转换的过程，转向高质量发展的关键，是加快形成与之相适应、相配套的体制机制。标准化劳动投入作为高质量发展最重要的投入要素来源之一，其相关测度理论与实践至关重要。在此背景下，本书构建了四维就业人数和劳动报酬数据库，测算出行业标准化劳动投入增长率，为中国高质量发展研究提供基础性支撑。

　　经质量调整的就业人数是适用于中国劳动统计现状的标准化劳动投入度量指标。一方面，经质量调整的就业人数是中国行业层面标准化劳动投入测算能够获得的最高标准数据。王亚菲等（2021）和王（2017）测算的行业层面就业人数和劳动报酬数据，及国家统计局和中国家庭收入调查数据库公布的受教育程度、年龄和性别数据为本书构建四维数据库提供了数据基础。另一方面,本书证实了经质量调整的就业人数比就业人数更能反映真实的标准化劳动投入水平。

本书构建的数据库及测算的行业层面标准化劳动投入增长率具有可靠性。一方面,本书测算的就业人员属性分布比伍等(Wu 等,2015)的结果更接近普查数据。另一方面,从行业层面标准化劳动投入测算结果来说,本书和伍等(Wu 等,2015)的标准化劳动投入增长率趋势一致且处于相同数量级。

第四节 指数法劳动生产率测算结果与分析

一、指数法劳动生产率结果

表 11-6 给出了 2010—2021 年不同行业的指数法劳动生产率数据①。指数法劳动生产率由行业增加值与该行业标准化劳动投入之比计算。优化标准化劳动投入结构,提高指数法劳动生产率水平有利于转化中国的比较优势,促进劳动力等要素低成本优势转为物质基础雄厚、人力资本丰富、产业体系和配套能力完整等优势,为实现国内大循环提供坚实的供给基础。

表 11-6 2010—2021 年行业指数法劳动生产率 (单位:万元/人)

行 业	2010年	2011年	2012年	2013年	2014年	2015年	2016年	2017年	2018年	2019年	2020年	2021年
农、林、牧、渔业	0.36	0.29	0.33	0.43	0.51	0.56	0.59	0.65	0.72	0.48	0.57	0.66
采矿业	5.29	4.76	4.33	4.59	4.61	4.29	4.56	5.21	6.08	4.94	4.83	7.16
制造业	3.35	3.15	3.51	3.60	3.99	4.62	4.96	5.35	6.15	4.66	4.89	5.51
电力、热力、燃气及水生产和供应业	3.63	3.35	3.73	3.86	3.68	4.39	4.75	5.07	5.84	5.02	5.08	4.44
建筑业	1.46	1.19	1.18	1.14	1.17	1.38	1.50	1.66	1.77	1.12	1.14	1.18

---

① 《中国统计年鉴》仅公布 19 个行业门类的增加值,加之受篇幅和空间限制,本研究仅给出 2010—2018 年最近 9 年和 19 个行业门类的劳动生产率数据。

续表

行　业	2010年	2011年	2012年	2013年	2014年	2015年	2016年	2017年	2018年	2019年	2020年	2021年
批发和零售业	0.83	0.67	0.79	0.82	0.83	0.83	0.80	0.79	0.77	0.57	0.54	0.59
交通运输、仓储和邮政业	2.80	2.79	2.35	2.50	2.83	3.38	3.53	3.79	3.96	2.79	2.78	3.16
住宿和餐饮业	1.31	1.19	1.13	1.03	1.01	0.96	0.86	0.77	0.76	0.49	0.39	0.43
信息传输、软件和信息技术服务业	0.59	0.73	0.88	0.72	0.83	0.49	0.54	0.59	0.70	0.80	0.87	0.98
金融业	3.31	4.39	4.53	4.92	4.80	4.29	3.94	4.01	3.95	3.56	3.54	3.73
房地产业	5.46	4.55	4.81	4.02	3.84	3.75	3.73	3.83	3.63	2.95	2.89	2.98
租赁和商务服务业	0.51	0.57	0.60	0.58	0.54	0.53	0.53	0.50	0.50	0.44	0.40	0.43
科学研究和技术服务业	0.70	1.33	1.31	1.10	1.09	1.12	1.03	1.17	1.26	1.28	1.33	1.44
水利、环境和公共设施管理业	0.45	0.43	0.47	0.57	0.59	0.71	0.70	0.69	0.79	0.68	0.67	0.66
居民服务、修理和其他服务业	0.71	0.70	0.64	0.66	0.65	0.70	0.69	0.64	0.63	0.42	0.36	0.36
教育	0.32	0.48	0.47	0.48	0.48	0.48	0.50	0.53	0.55	0.57	0.56	0.59
卫生和社会工作	0.44	0.56	0.57	0.65	0.60	0.67	0.66	0.66	0.69	0.65	0.66	0.69
文化、体育和娱乐业	0.94	0.96	1.05	1.17	1.16	1.28	1.29	1.45	1.56	1.53	1.29	1.50
公共管理、社会保障和社会组织	0.60	0.58	0.63	0.73	0.72	0.90	1.01	1.17	1.32	1.34	1.41	1.47

注:笔者计算所得。

从指数法劳动生产率绝对值来看,工业的指数法劳动生产率在所有行业中最高,传统服务业的指数法劳动生产率相对较低。2021年,制造业的指数法劳动生产率最高,为7.16万元/人,约为指数法劳动生产率最低的居民服务、修理和其他服务业的19.89倍。工业的指数法劳动生产率水平高是因为该行业的标准化劳动投入不足,且有限资源抬高了其就业人员收入水平。此外,房地产业和交通运输、仓储和邮政业对工业有带动效应,为其较高的指数法劳动生产率作出了一定的贡献。劳动密集型的传统服务业吸纳了大量的第一产业就业人员,但囿于传统服务业数字化转型缓慢,且边际效用相对较低的特性,其行业增加值增长缓慢,导致传统服务业的指数法劳动生产率较低。

从指数法劳动生产率增速来看,多数行业指数法劳动生产率保持上升趋势,其中,农、林、牧、渔业的指数法劳动生产率增长较快,年均增速高达5.73%。标准化劳动投入质量的提高是农、林、牧、渔业指数法劳动生产率增长较快的主要原因,2010—2015年,其标准化劳动投入质量增长率高达3.09%。除此之外,科学研究和技术服务业、教育以及公共管理、社会保障和社会组织的指数法劳动生产率年均增速也较高,均在5%以上。增加值增速较快,标准化劳动投入增速较慢是这些行业的共同特点。与较高的全员劳动生产率水平相反的是,房地产业的指数法劳动生产率增长率极低,为-5.37%,这是因为房地产业采取的是对土地资源扩张式的开发、对能源等工业资源消耗式的使用等非可持续的方式来满足过度的需求。

二、与全员劳动生产率的比较

图11-5比较了1995—2021年三大产业的全员劳动生产率和指数法劳动生产率。行业生产率的测算方法为行业增加值除以相应的标准化劳动投入或就业人数,产业增加值数据来自国家统计局,劳动投入指标数据来自本书计算。

指数法劳动生产率更能反映出真实的劳动生产率水平。三大产业中经质量调整的就业人数计算的生产率低于就业人数计算的生产率。产业增加值相同的情况下,劳动生产率水平高即表示标准化劳动投入水平低,标准化劳动投入水平低可能的原因有就业人员数量降低,质量降低,或者数量和质量都降低。经质量调整的就业人数高于实际就业人数,这说明使用就业人数会低估真实标准化劳动投入水平,直接用就业人数当作标准化劳动投入忽略了就业人员的异质性,会导致劳动生产率的高估。

2022年是"十四五"规划实施的关键之年,也是开创国家建设新局面、谱

(单位:万元/人)

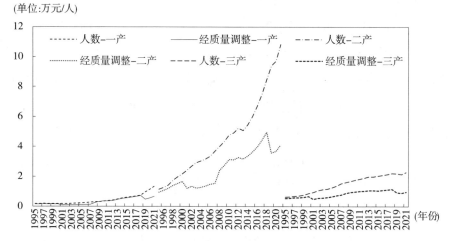

图 11-5　1995—2021 年三大产业的全员劳动生产率和指数法劳动生产率

注:笔者绘制所得。

写高质量发展新篇章的重要之年。劳动生产率是高质量发展的重要评价指标之一。劳动生产率能够对行业效益、市场竞争力进行科学的分析和评价。劳动生产率的提高为行业经济效益的增长和提升提供了重要的保证。

对于指数法劳动生产率、完全指数法劳动生产率、半完全指数法劳动生产率、半完全数字经济指数法劳动生产率四个指标的比较,相同之处在于工业和房地产业均较高,不同之处有:(1)所有行业的半完全数字经济指数法劳动生产率远高于其他三个指标。主要因为数字经济增加值驱动的标准化劳动投入在很大程度上少于总标准化劳动投入。(2)只有半完全数字经济指数法劳动生产率的所有行业呈下降趋势,这可能是因为随着数字经济的蓬勃发展,数字经济红利逐渐减小。(3)半完全指数法劳动生产率的行业差异在四个指标中是最小的,这说明按照增加值供给驱动的标准化劳动投入的行业差异较原始标准化劳动投入小。

第十二章　消费的就业效应核算

　　党的二十大提出"实施扩大内需战略同深化供给侧结构性改革有机结合起来,增强国内大循环内生动力和可靠性",这是党中央根据国内国际环境变化,特别是今后一个时期高效发挥大国经济优势提出的重大战略举措。消费不仅是经济增长的直接动力,更是创造就业机会的源泉。消费者的需求和偏好直接影响着生产结构和就业市场的变动,从而形成一个动态的、互相促进的经济大循环。在这一过程中,消费的多样性和个性化需求促使企业不断创新,进而推动就业市场的多样化和灵活性。随着数字经济、平台经济等新商业模式的涌现与人口结构的加速转变,消费行为也相应地呈现出诸多新特征和新趋势,这势必成为中国通过消费提质扩容促进经济高质量发展的新增长点和重要驱动力。因此,深入剖析我国居民消费的结构特征与变化趋势,对制定有效的扩大内需政策和就业政策具有重要意义。

　　数字消费不仅改变了传统的消费模式,也为就业市场带来了新的特征和模式。数字平台的兴起,如电子商务、在线教育、远程医疗等,为消费者提供了更加便捷和个性化的服务,同时也创造了大量的就业机会。这些新兴的就业岗位往往需要具备特定的技能和知识,如数据分析、网络安全、数字营销等。因此,挖掘数字消费驱动就业的新特征和新模式,对理解数字经济发展下就业市场的演变具有重要的理论和实践价值。

随着中国人口老龄化进程的加快,"银发经济"的消费潜力和就业驱动力也日益凸显。老年人口群体不仅拥有较大的消费能力,其消费需求也具有独特性,如健康保健、休闲娱乐、终身学习等。这些需求的增长为相关产业的发展提供了广阔的空间,同时也为就业市场带来了新的动力。例如,养老服务、健康产业、老年教育等领域的快速发展,需要大量的专业人才和服务人员。因此,从人口结构视角出发,探究老年人口消费驱动就业的规模和结构,对应对人口老龄化带来的挑战、促进社会经济的可持续发展具有深远的意义。

综上所述,本章聚焦消费驱动就业的经济大循环,运用就业扩展的投入产出模型,在把握总体消费驱动就业规模的基础上,重点测算数字消费和老年人口消费两大领域驱动的就业规模和结构特征,旨在为政府设计扩大内需和促进就业的政策提供参考和启示。

第一节　总体消费的就业效应

本节以第十章和第十一章测算的就业人数和标准化劳动力投入作为卫星账户统计指标,以国家统计局公布的 2020 年全国投入产出表为基础,运用就业扩展的投入产出模型,对最终消费(居民消费和政府消费)驱动的就业人数和标准化劳动力投入进行系统测算。

一、总体就业效应

(一)总体就业规模变动趋势

1995—2021 年考察期内,最终消费驱动的就业人数和标准化劳动投入均呈现"M"型的变动特征,但标准化劳动投入总量始终高于就业人数(见图 12-1)。最终消费驱动的就业人数总量从 1995 年的 4.03 亿人增长至 2021 年的 4.22 亿人,在 2018 年达到最大(4.48 亿人),而标准化劳动投入从 1995

年的 4.74 亿人增长至 2021 年的 9.73 亿人,2019 年达到最大(10.01 亿人)。在整个考察期内标准化劳动投入的总量始终高于就业人数,表明中国劳动力市场的就业质量相对较高,这可能与技术进步、教育水平提高或劳动组织方式的优化有关。尤其是 2001 年以后,就业人数和标准化劳动投入上升较为明显,这一增长可能与经济快速扩张和消费需求逐步提升有关。2007 年以后,就业人数和标准化劳动投入出现了下降,且二者的变动趋势有所背离,前者在 2018 年之前逐年呈现下降趋势,而后者在 2011 年后呈现递增趋势。就业人数的下降可能由经济周期的变化、外部冲击等宏观经济因素所致,而标准化劳动投入上升充分表明最终消费驱动的就业质量上升快于就业人数。

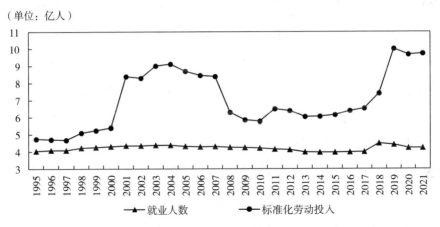

（单位：亿人）

图 12-1　1995—2021 年最终消费驱动的就业人数和标准化劳动投入

注:由笔者通过运用就业扩展的投入产出模型测算的就业人数和标准化劳动投入结果绘制所得。

2018 年以后,尽管最终消费规模一直在扩张,但其驱动的就业人数和标准化劳动投入均呈现一定程度的下降(见图 12-1)。这可能受全球经济环境变化、技术进步、产业结构调整以及劳动力市场政策变动等多重因素的影响。随着自动化和智能化技术的快速发展,一些重复性高、技术含量低的工作岗位逐渐被机器取代,促使部分行业劳动力需求减少。此外,经济全球化和国际贸易的不确定性也可能对就业市场产生影响,导致劳动力需求的短期波动。总之,最终消费作为经济增长的重要驱动力,对就业人数和标准化劳动投入有直接且明显的影响。政策制定者应当关注消费趋势的变化,通过合理的政策引导,促进就业市场的稳定和劳动力的高效利用。

(二)总体就业效应的行业分布

行业层面,不同年份最终消费驱动的就业人数和标准化劳动投入差异明显(见表 12-1)。农、林、牧、渔业在 1995 年的就业人数较高,为 12083.30 万人,但随着时间的推移,就业人数有所下降。而农、林、牧、渔业的标准化劳动投入有所增加,2021 年达 9078.90 万人,在一定程度上反映了农业技术的进步和劳动力效率的提升,促使该行业就业质量大幅提升。采矿业在 2005 年和 2015 年的就业人数效应有所下降,但到 2021 年,标准化劳动投入增加至93.10 万人,这可能与采矿业技术的发展和对能源需求的增加有关。制造业的就业人数和标准化劳动投入在 2005 年到 2015 年间有所下降,可能由于全球经济形势的变化、国内经济政策的调整(如产业结构调整、去产能政策等)以及市场需求的变化,导致制造业的就业人数和标准化劳动投入有所下降。而到 2021 年,尽管制造业的就业人数仍在下降,但其标准化劳动投入出现了回升(15183.65 万人),说明近年来制造业行业就业质量大幅提升。

表 12-1　部分年份最终消费驱动行业层面的就业人数和标准化劳动投入

行业	1995 年		2005 年		2015 年		2021 年	
	就业人数(万人)	标准化劳动投入(万人)	就业人数(万人)	标准化劳动投入(万人)	就业人数(万人)	标准化劳动投入(万人)	就业人数(万人)	标准化劳动投入(万人)
农、林、牧、渔业	12083.30	14189.36	12447.21	25560.68	7648.15	8569.88	4453.72	9078.90
采矿业	9.35	11.82	7.67	17.78	7.83	13.33	36.40	93.10
制造业	11501.55	13464.26	11115.61	23082.29	8065.15	10410.29	6944.24	15183.65
电力、热力、燃气及水生产和供应业	148.48	179.53	165.07	347.40	186.41	335.72	384.24	966.85

续表

行业	1995 年		2005 年		2015 年		2021 年	
	就业人数（万人）	标准化劳动投入（万人）	就业人数（万人）	标准化劳动投入（万人）	就业人数（万人）	标准化劳动投入（万人）	就业人数（万人）	标准化劳动投入（万人）
建筑业	127.75	157.71	129.23	297.04	179.71	292.23	140.34	369.96
批发和零售业	2912.20	3411.50	2462.85	5475.40	4952.47	7716.06	6248.38	14048.83
交通运输、仓储和邮政业	897.38	1115.95	784.57	1804.44	853.29	1302.59	945.07	2300.32
住宿和餐饮业	2015.65	2349.80	2189.70	4538.76	2155.86	2894.00	2631.15	6053.55
信息传输、软件和信息技术	369.63	429.37	783.99	1515.22	970.99	2519.66	1612.41	4794.83
金融业	230.85	269.99	309.18	492.13	415.05	867.17	870.24	2354.63
房地产业	216.66	257.41	328.83	658.04	612.86	1102.60	962.70	2297.50
租赁和商务服务业	163.74	190.49	209.09	439.06	395.89	699.22	1762.25	4300.44
科学研究和技术服务业	210.80	253.38	230.04	457.96	314.72	638.33	1055.90	2619.54
水利、环境和公共设施管理业	433.14	507.98	486.49	1070.27	575.04	880.14	666.11	1534.96
居民服务、修理和其他服务业	444.51	517.98	664.00	1414.54	1000.94	1459.95	1863.65	3865.08
教育	3158.69	3657.79	4210.36	7145.26	4344.93	8949.78	4581.11	10878.46
卫生和社会工作	1827.62	2118.95	2182.24	4097.74	2732.10	4885.36	3352.43	7825.43
文化、体育和娱乐业	304.50	359.34	325.60	669.66	317.41	534.12	391.11	913.30
公共管理、社会保障和社会组织	3249.34	3973.84	4120.00	7894.05	3888.85	7389.02	3263.13	7781.64
国际组织	1.17	1.44	1.19	2.29	1.15	2.18	1.07	3.23

注：由笔者通过运用就业扩展的投入产出模型测算的就业人数和标准化劳动投入结果。由于篇幅限制，仅展示部分年份 20 个行业门类的结果。

最终消费驱动大多数服务业行业的就业人数和标准化劳动投入增加（见表12-1）。考察期内，批发和零售业、住宿和餐饮业、租赁和商务服务业等行业的就业人数和标准化劳动投入普遍呈上升趋势，这反映了服务业在经济中的比重逐渐增加和服务型消费需求的持续增长。同时，最终消费驱动信息传输、软件和信息技术业，科学研究和技术服务业的就业人数和标准化劳动投入均呈现明显增长，这表明技术和知识密集型行业在经济发展中的重要性日益提升，电子商务和数字消费的迅速发展促使相关行业的就业人数和标准化劳动投入增加。

二、不同受教育程度的就业效应

最终消费驱动受教育程度为普通初中的就业人数和标准化劳动投入比重最大①(见图12-2)。所考察年份中,最终消费驱动普通初中就业人数均超过36%,但呈下降趋势,从2010年的42.08%下降至2021年的36.12%,这可能与教育资源优化及高中阶段教育普及有关。值得注意的是,普通初中标准化劳动投入占比在2010年、2015年占比均低于就业人数,而这一数值在2021年出现了反转,表明近年来普通初中教育背景的劳动者在就业市场上的竞争

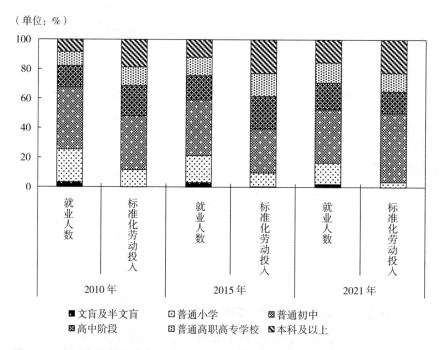

图 12-2　部分年份最终消费驱动的不同受教育程度就业人数和标准化劳动投入构成

注:由笔者通过运用就业扩展的投入产出模型测算的就业人数和标准化劳动投入结果绘制所得。

---

① 由于《中国统计年鉴》在2005年前后对受教育程度的划分标准不同,本节仅选取2010年、2015年和2021年的结果展开分析。

力有所增强,可能受教育改革、技能培训和市场需求变化的影响,在一定程度上反映了劳动力素质的整体提升和对普通初中教育层次劳动力需求的增长。

最终消费驱动受教育程度为本科及以上组的就业人数和标准化劳动投入比重呈现上升趋势(见图12-2)。本科及以上组的就业人数和标准化劳动投入比重分别从2010年的8.28%和18.67%增长至2021年的15.46%和22.56%,一方面反映了高等教育对劳动力市场的影响力日益增强,教育水平提升与经济发展紧密结合,另一方面揭示了新型消费规模增加对驱动知识经济和技术创新就业具有重要作用。

最终消费驱动受教育程度为文盲及半文盲和普通小学的就业人数和标准化劳动投入比重呈现下降趋势(见图12-2)。在2021年,最终消费驱动文盲及半文盲和普通小学的就业人数占比分别为2.13%和14.50%,而其对应的标准化劳动投入占比分别为0.03%和3.56%。文盲及半文盲组就业人员基本未参与正规劳动力市场,多依赖于非正规就业。普通小学组虽占有一定就业比例,但标准化劳动投入较低,说明其就业质量较低,反映了低受教育程度组在就业市场中的边缘化和低技能化现象。

三、不同年龄段的就业效应

最终消费驱动16—24岁的就业人数和标准化劳动投入呈下降趋势(见图12-3)。16—24岁的就业人数和标准化劳动投入占比分别从1995年的18.50%和9.63%下降至2021的7.14%和0.79%,这可能与教育水平提升、技术进步和就业市场变化有关。随着教育普及和高等教育参与率的提高,年轻人可能更倾向于继续学习而非进入劳动力市场,经济结构转型和服务业增长可能也减少了对低年龄组劳动力的需求,尤其是在制造业和一些传统行业中。

最终消费驱动的不同年龄段就业人数和标准化劳动投入中,25—34岁和35—44岁组的就业人员占据主导地位(见图12-3)。25—34岁和35—44岁组是中国劳动力市场的中流砥柱,2021年最终消费驱动就业人数和标准化劳

（单位：%）

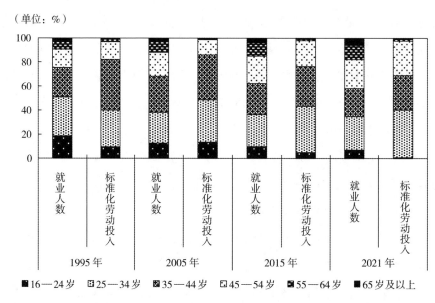

图 12-3　部分年份最终消费驱动的不同年龄段就业人数和标准化劳动投入构成

注：由笔者通过运用就业扩展的投入产出模型测算的就业人数和标准化劳动投入结果绘制所得。

动投入在这两个年龄段的占比分别高于 51% 和高于 68%。25—44 岁组通常处于职业生涯的黄金时期，拥有较为丰富的工作经验和成熟的专业技能，是企业和社会经济发展的中坚力量。上述结果揭示了劳动力市场的结构性特征，即劳动力市场对中青年劳动力的高度依赖。

最终消费驱动 65 岁及以上组的就业人数呈上升趋势，而标准化劳动投入保持相对稳定（见图 12-3）。最终消费驱动 65 岁及以上组的就业人数占比从 1995 年的 2.06% 上升至 2021 年的 5.99%，这不仅与老年人口在总人口中所占比例的增加有关，也可能与延迟退休年龄、劳动力市场需求扩张和健康寿命增加等有关，这些综合因素促使老年人口的劳动参与度有所提升。

本节研究表明，最终消费对就业人数和标准化劳动投入具有重要的驱动作用。1995—2021 年最终消费驱动的就业人数和标准化劳动投入呈"M"型变动趋势，标准化劳动投入始终高于就业人数，意味着最终消费驱动的就业质量增长速度快于就业人数。行业层面，不同行业就业效应存在差异，农业和制造业就业人数下降但标准化劳动投入增加,服务业就业人数增长强劲,尤其是技术和知识密集型行业就业增长较快。受教育程度层面,普通初中组的就业效应比重下降,本科及以上组的就业效应不断上升,反映了劳动力市场对高教育水平就业人员的需求增加。年龄构成层面,最终消费驱动劳动力市场对不同年龄段的劳动力需求不同,16—24 岁组的就业人数占比下降,25—34 岁和 35—44 岁组是劳动力市场的主力军,65 岁及以上组就业人数上升明显。本节研究凸显了消费趋势的变动对就业市场的持续稳定和劳动力资源的高效配置具有重要影响,政策制定者应审慎分析消费趋势的演变,制定前瞻性的消费和就业政策以适应市场变化,从而促进消费扩张与就业市场相协调的发展模式。

第二节 数字消费的就业效应

本节基于国家统计局宏观统计数据和商务部商务大数据,整理得到 2014 年和 2021 年数字消费数据,通过运用就业扩展的投入产出模型测算了数字消费驱动的就业人数和标准化劳动投入,并从行业、受教育程度和年龄段三个维度深入分析了数字消费对就业市场的驱动作用。

一、总体就业效应

(一)数字消费核算

本节参考经济合作与发展组织数字经济的定义,对数字消费进行核算。根据经济合作与发展组织《数字供给使用表编制手册》①和《数字贸易测度手

---

① Organization for Economic Co-operation and Development, OECD Handbook on Compiling Digital Supply and Use Tables, https://www.oecd.org/en/publications/oecd-handbook-on-compiling-digital-supply-and-use-tables_11a0db02-en.html, 2024.

册》①对数字经济进行统计测度的指导意见,数字技术对传统消费模式的改变体现在交易环节与消费环节。在交易环节表现为通过数字订购或数字交付方式进行消费品的订购和使用,在消费环节表现为可消费数字产品类型的增加。本节据此将数字消费定义为:消费主体(主要是居民)通过计算机网络,运用线上交易方式订购、交付和使用各种货物和服务的行为。

从交易方式看,网上零售额数据均为买卖双方通过互联网平台的交易数据,满足数字消费的特征。从消费品角度看,中国统计机构发布的网上零售额数据是通过公共网络交易平台实现的实物商品和非实物商品(服务)的销售额,满足数字消费的特征。因此,本节选取了《中国统计年鉴》网上零售额总量数据和商务部商务大数据监测的分类网络零售额数据,测算中国2014年和2021年的数字消费规模。考虑到重点监测商品网络零售结构数据从2017年开始发布季度和年度全国层面网络零售商品的销售额结构,需对2014年的网络零售商品的销售结构进行估计。通过对比分析发现,2017—2021年网络零售商品结构具有稳定性,故选取2017—2021年结构数据的平均值作为2014年网络零售商品销售额结构的估计值。通过2014年和2021年的网络零售商品销售额结构,匹配了18类实物消费品②的网上零售额,非实物网上零售额通过网上零售额与18类实物消费品网上零售额的差额获得。本节得到中国2014年和2021年包含18类实物消费品网上零售额和非实物网上零售额数据,形成不同消费类型的数字消费数据。

---

① International Monetary Fund, Organization for Economic Co‐operation and Development, United Nations Conference on Trade, Development and World Trade Organization, Handbook on Measuring Digital Trade, Second Edition, https://www.oecd‐ilibrary.org/trade/handbook‐on‐measuring‐digital‐trade‐second‐edition_ac99e6d3‐en, 2024.

② 18类实物消费品类别包括电子出版物及音像制,书报杂志,体育、娱乐用品,五金、电料,建筑及装潢材料,汽车,通讯器材,家具,文化办公用品,中西药品,家用电器和音像器材,日用品,金银珠宝,化妆品,服装鞋帽、针纺织品,烟酒,饮料,粮油、食品。

(二)数字消费驱动的就业人数和标准化劳动投入

1.数字消费的就业效应总量

随着数字经济的发展,数字消费对就业的驱动作用愈发明显(见表12-2)。2014年,数字消费驱动就业人数总量达到2861.70万人,标准化劳动投入总量为4367.06万人;2021年这组数值分别为14375.19万人和31546.04万人。从2014年到2021年,数字消费驱动的就业人数总量增加了402.33%,标准化劳动投入总量增长了622.36%,说明数字消费对整个就业市场的影响正在逐步扩大,同时也预示着未来就业结构将更加依赖于数字技能和创新能力。政府和企业需加强数字教育和培训,以确保劳动力市场适应数字消费规模扩张带来的变化。

表12-2　2014年和2021年不同数字消费类型驱动的就业人数和标准化劳动投入

消费类型	2014年		2021年	
	就业人数 (万人)	标准化劳动 投入(万人)	就业人数 (万人)	标准化劳动 投入(万人)
电子出版物及音像制品	0.81	1.25	6.20	13.39
书报杂志	31.55	48.74	162.34	350.19
体育、娱乐用品	89.99	139.65	461.38	1001.88
五金、电料	64.12	99.55	360.49	784.47
建筑及装潢材料	48.47	74.67	276.89	599.27
汽车	47.64	73.92	270.78	587.35
通讯器材	180.07	278.82	1015.73	2203.81
家具	113.45	174.68	810.67	1756.89
文化办公用品	150.85	232.54	936.62	2023.00
中西药品	18.14	28.02	140.05	302.41
家用电器和音像器材	261.57	406.34	1282.93	2801.03
日用品	271.62	421.20	1742.84	3815.76

消费类型	2014 年		2021 年	
	就业人数（万人）	标准化劳动投入（万人）	就业人数（万人）	标准化劳动投入（万人）
金银珠宝	50.04	77.12	278.37	600.94
化妆品	133.73	206.59	914.56	1977.84
服装鞋帽、针纺织品	606.01	898.18	2683.93	5813.91
烟酒	33.39	40.51	80.70	170.07
饮料	38.03	46.12	108.94	229.50
粮油、食品	250.57	302.06	728.15	1536.90
非实物	471.65	817.12	2113.58	4977.42
合计	2861.70	4367.06	14375.19	31546.04

注：由笔者通过运用就业扩展的投入产出模型测算所得。

在服装鞋帽、针纺织品,非实物,日用品及家用电器和音像器材方面的数字消费对就业的驱动作用较大(见表12-2)。服装鞋帽、针纺织品消费驱动的就业人数从2014年的606.01万人增长至2021年的2683.93万人,增长率达342.89%。非实物消费驱动的就业人数次之,占就业人数总量的比重在14%—16%之间,表明以数字产品和服务为代表的新兴消费模式对就业结构转型具有重要的推动作用。日用品,家用电器和音像器材对就业具有一定的驱动作用,其就业人数从2014年到2021年分别增长了541.65%和390.47%。上述数字消费类型驱动的就业规模相对较大,相应的标准化劳动投入也呈相似的变动特征。值得注意的是,从2014年到2021年,中西药品、家具和化妆品消费驱动的就业人数增长率占据前三位,分别为672.05%、614.56%和583.89%,说明近年来消费者对这些领域的产品需求增强了,进而推动相关行业的就业扩张,同时也反映了居民消费升级趋势和对生活品质追求的提升,凸显了消费结构变化对就业市场的导向作用。

2.数字消费的行业就业效应

数字消费重点驱动了零售业、教育、商务服务业、林业、农业、餐饮业、卫生、批发业等行业大类的就业（见表12-3）。数字消费驱动零售业的就业人数从 2014 年的 1642.63 万人增加到 2021 年的 9723.09 万人，增长率为491.92%，充分说明中国数字消费促进零售业的发展，扩展了消费参与方的选择权，同时增加了各行业（以零售业为主）对标准化劳动投入的需求，是促进就业市场发展和驱动经济增长的重要动力之一。教育、商务服务业、林业、农业、餐饮业、卫生和批发业由于数字消费的需求扩展，在2014年到2021年，数字消费驱动上述行业的就业人数分别增加了 406.43 万人、434.26 万人、261.51 万人、53.95 万人、254.76 万人、223.95 万人和 212.52 万人。表明数字消费的兴起对各行各业产生了积极的推动作用，尤其是服务业和传统产业，通过数字化转型创造了更多就业机会，凸显了数字技术在促进产业升级和劳动力市场多样化中的关键作用。

表 12-3　2014 年和 2021 年数字消费驱动行业层面的就业人数和标准化劳动投入

行业	2014 年		2021 年	
	就业人数（万人）	标准化劳动投入（万人）	就业人数（万人）	标准化劳动投入（万人）
零售业	1642.63	2523.66	9723.09	20660.34
教育	128.64	260.79	535.07	1269.63
商务服务业	54.09	106.03	488.35	1219.45
林业	112.74	132.93	374.25	821.79
农业	262.56	277.47	316.51	585.52
餐饮业	27.75	41.39	282.51	687.73
卫生	58.47	122.55	282.42	657.47
批发业	33.19	54.34	245.71	571.11
农、林、牧、渔服务业	39.67	45.51	194.89	384.50

行业	2014 年		2021 年	
	就业人数 （万人）	标准化劳动 投入（万人）	就业人数 （万人）	标准化劳动 投入（万人）
住宿业	30.78	45.17	185.63	417.81
其他服务业	20.34	31.20	172.77	334.95
计算机、通信和其他电子	30.77	48.23	118.11	278.29
畜牧业	27.97	28.90	113.25	230.21
纺织服装、服饰业	52.53	76.28	97.72	195.20
居民服务业	8.02	12.21	81.14	140.93
软件和信息技术服务业	15.91	28.87	80.57	288.98
电气(机械和器材制造业	22.02	35.12	75.70	181.12
上述行业合计	2568.09	3870.66	13367.68	28925.03
占总就业效应比重	89.74%	88.63%	93.00%	91.69%

注:由笔者通过运用就业扩展的投入产出模型测算所得。由于篇幅限制,仅展示就业效应占比超过
　　0.5%的行业(共97个行业)。

数字消费对计算机、通信和其他电子,软件和信息技术服务业的就业人数和标准化劳动投入的驱动作用较为明显(见表12-3)。2014年数字消费驱动计算机、通信和其他电子,软件和信息技术服务业的就业人数分别是30.77万元和从15.91万人,到2021年,相应的就业人数分别增加至118.11万人和80.57万人,这两大行业的标准化劳动投入也呈现出类似的增长,其标准化劳动投入的增长速度高于就业人数。表明这两个行业就业质量快于就业数量的增长,这与近几年互联网行业吸纳就业人员的特征与发展现状相吻合。

二、不同受教育程度的就业效应

(一)数字消费驱动的不同受教育程度就业人数

数字消费驱动的就业人数总量随受教育程度的提升先增加后减少(见图

12-4)。普通初中组受数字消费的驱动作用最为明显,其就业人数占比为44.63%,同时该组的就业人数从 2014 年的 1277.23 万人增加到 2021 年的5798.98 万人,增长率为 354.03%。表明普通初中组因数字消费普及而呈现明显的就业增长,显示出数字经济对低技能劳动力的吸纳能力。数字消费驱动高中阶段和普通高职高专学校的就业人数规模较大。2014 年,数字消费驱动普通高职高专学校与普通小学组的就业人数相近,分别是 333.54 万人和353.97 万人,占总就业人数的 11.66% 和 12.37%。在 2021 年,数字消费驱动的高中阶段和普通高职高专学校就业人数达到 3498.76 万人和 2037.36,其中普通高职高专学校的就业人数增长速度较快(增速为 510.82%)。数字消费驱动本科及以上组的就业人数在 2021 年达到 1472.87 万人,是 2014 年就业人数的 7.18 倍。随着受教育程度的提高,就业人数增长速度有所放缓,可能与高技能劳动力市场相对饱和或对数字技能要求更高有关。

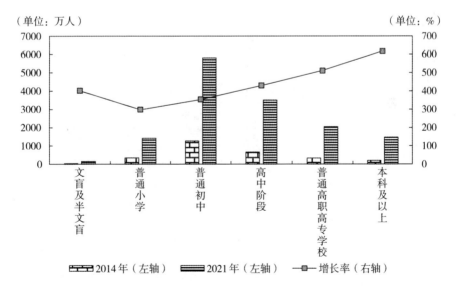

图 12-4 2014 年和 2021 年数字消费驱动的不同受教育程度就业人数及其增长率

注:由笔者通过运用就业扩展的投入产出模型测算结果绘制所得。

数字消费驱动高学历就业人员的比例明显增加。从 2014 年到 2021 年,数字消费驱动本科及以上、普通高职高专学校和高中阶段组的就业人数占比分别增加了 3.08%、2.52% 和 1.25%。普通初中及以下学历组的就业比例均有所下降,尤其是普通初中和普通小学组的就业人员,其就业人数占比分别下降了 4.29% 和 2.56%。尽管数字消费扩大了所有受教育程度的就业人数规模,但整体就业效应仍向高素质人才倾斜。

(二)数字消费驱动的不同受教育程度标准化劳动投入

数字消费驱动的标准化劳动投入对普通初中、高中阶段、本科及以上、普通高职高专学校、普通小学和文盲及半文盲组的就业影响逐级递减(见图 12-5)。2021 年,数字消费驱动普通初中的标准化劳动投入为 15897.75 万人,占标准化劳动投入总量的 50.40%。高中阶段组受数字消费的影响也

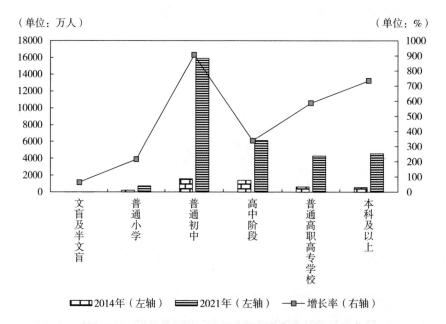

图 12-5　2014 年和 2021 年数字消费驱动的不同受教育程度标准化劳动投入及其增长率

注:由笔者通过运用就业扩展的投入产出模型测算结果绘制所得。

较大,其标准化劳动投入从 2014 年的 1388.03 万人增加到 2021 年的 6102.05 万人,增长率为 339.62%。普通小学、普通高职高专学校和本科及以上组的标准化劳动投入在 2014 年较为接近,处于 200 万—650 万人。而在 2021 年,普通高职高专学校和本科及以上组的标准化劳动投入大幅增加,分别达到 4274.21 万人和 4544.91 万人,约是该年普通小学组标准化劳动投入的 6 倍。数字消费驱动文盲及半文盲组的标准化劳动投入占比不到 0.1%。

数字消费驱动不同学历标准化劳动投入的比例差异明显。从 2014 年到 2021 年,高学历就业人员占比增加,具体体现在本科及以上、普通高职高专学校组的就业人员,二者的标准化劳动投入占比从 26.71% 增长到 27.96%。普通初中组的标准化劳动投入占比从 2014 年的 36.21% 增长至 2021 年的 50.40%,而高中阶段、普通小学和文盲及半文盲的标准化劳动投入呈现下降趋势,尤其是高中阶段的标准化劳动投入占比下降了 12.44%,这可能与中考制度改革有关。

三、不同年龄段的就业效应

(一)数字消费驱动的不同年龄段就业人数

数字消费驱动的就业人数随着年龄增长先增加后减少,对中青年群体的就业影响较大(见图 12-6)。在 2014 年,数字消费驱动 35—44 岁的就业人员数量为 774.98 万人,比 25—34 岁和 45—54 岁的就业人数分别多出 15.84 万人和 188.17 万人。而在 2021 年,25—34 岁和 45—54 岁的就业人数在数字消费驱动下大幅增加,分别达到了 3947.05 万人和 3534.21 万人。从 2014 年到 2021 年,数字消费驱动了所有年龄段就业人员数量的增长,但各年龄段对应的增长率存在差异。65 岁及以上组的就业人数增长率最高,达到 713.00%,其就业人数从 2014 年的 84.82 万人增加到了 2021 年的 689.62 万人。表明数字经济的发展为老年人提供了更多灵活就业的选择。作为劳动力主力的25—34岁、35—44岁和45—54岁就业人员,也获得了较多就业机会,其对应的增长率分别为419.94%、348.83%和502.27%。

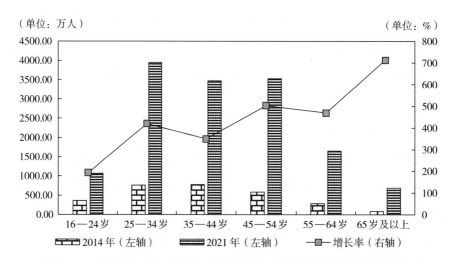

图 12-6　2014 年和 2021 年数字消费驱动的不同年龄段就业人数及其增长率

注:由笔者通过运用就业扩展的投入产出模型测算结果绘制所得。

　　数字消费主要驱动了25—34岁、35—44岁和45—54岁组的就业。2021年就业人数的年龄构成与2014年相比变化不大,25—34岁、35—44岁和45—54岁三个主要工作年龄组占据就业人数总量的74%以上。在2014年和2021年,55—64岁工作人员占比保持在10%—12%,而65岁及以上组就业人数占比从2014年的2.96%增加到了4.80%。16—24岁的就业人数占比出现了明显下降,比2014年的12.75%下降了5.31%,这一下降份额主要由45—54岁的年龄组替代。这可能与教育观念的普及与教育水平的提升有关,促使更多青年劳动者优先选择提升自身综合素质,推迟了进入就业市场的时间。

(二)数字消费驱动的不同年龄段标准化劳动投入

　　数字消费驱动的标准化劳动投入与年龄呈现倒"U"型特征(见图12-7)。2014年,35—44岁的标准化劳动投入受数字消费驱动的影响最大(1581.25

万人),依次为 45—54 岁年龄组(1388.03 万人)和 55—64 岁年龄组(621.73
万人)。到 2021 年,数字消费驱动的标准化劳动投入对各年龄组的影响进一
步固化,尤其是以 35—44 岁和 45—54 岁为代表的两个主要工作年龄组,二
者对应的标准化劳动投入占比之和从 2014 年的 67.99% 上升到 2021 年的
69.74%,标准化劳动投入总量在 2021 年达到 21999.80 万人,其中 35—44 岁
年龄组的标准化劳动投入增长率最大,达到 905.39%。相比之下,25—34 岁
的标准化劳动投入占比呈现下降趋势,其 2021 年的标准化劳动投入比重比
2014 年减少了 2.96%,从 5.25% 减少到 2.29%。此外,65 岁及以上年龄组的
标准化劳动投入从 2014 年的 544.59 万人增加到 2021 年的 4544.91 万人,其
标准化劳动投入占比也从 12.47% 增加至 14.41%。以上结果表明数字消费
增加了中老年劳动力的就业市场参与度。

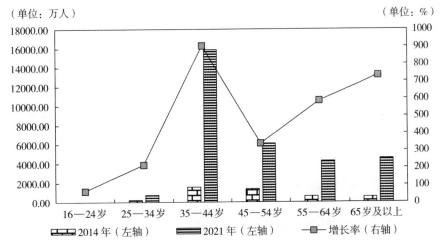

图 12-7　2014 年和 2021 年数字消费驱动的不同年龄段标准化就业投入及其增长率
注:由笔者通过运用就业扩展的投入产出模型测算结果绘制所得。

本节研究表明,数字消费对就业具有重要驱动作用,就业人数总量从
2014 年的 2861.70 万人增长至 2021 年的 14375.19 万人,标准化劳动投入也
大幅增长了 402.33%。数字消费在服装鞋帽、针纺织品,非实物,日用品,家

用电器和音像器材等领域对就业的驱动作用尤为突出,同时化妆品、文化办公用品和家具等消费类型驱动的就业人数增长率位居前列。行业层面,零售业、教育、商务服务业是数字消费推动就业的主要领域,其就业人数和标准化劳动投入均有明显增长。受教育程度层面,数字消费驱动普通初中组的就业人数占比最高,但随着受教育程度的提高,高学历就业人数占比增长明显。年龄构成层面,数字消费对中青年群体的就业影响较大,35—44 岁和 45—54 岁两个年龄段的就业人数和标准化劳动投入占比最高,同时数字消费为老年人提供了更多灵活就业的机会,65 岁及以上组就业人数增长率最高。数字消费的快速扩张已成为推动就业增长的重要因素,未来就业市场将更加依赖数字技能和创新能力,政府和企业需加强数字教育和培训以适应这一变化。

第三节　人口老龄化的就业效应

本节基于微观住户调查数据库整理所得的 2014 年和 2021 年老年人口消费数据,运用就业扩展的投入产出模型,测算了老年人口消费驱动的就业规模和结构,并从行业、受教育程度和年龄三个维度详细探究了人口老龄化对就业市场的影响效果。

一、总体就业效应

(一)老年人口的消费核算

1.不同年龄段消费模型

本节采用朱勤和魏涛远(2016)的不同年龄段消费量化模型估算不同年龄段居民消费支出情况。[①] 该模型在经典需求函数和消费函数框架下,借鉴

---

　　① 朱勤、魏涛远:《中国人口老龄化与城镇化对未来居民消费的影响分析》,《人口研究》2016 年第 6 期。

曼昆和威尔(Mankiw 和 Weil,1989)构建的计量经济学模型①,将家庭消费分解到家庭成员个体层面,形成包含年龄结构的居民消费模型,具体表达式为:

$$
\begin{cases}
\ln E = a + b\ln I + c\,(\ln I)^2 + \sum_{j=0}^{85} d_j\,Y_j + u \\[2mm]
\ln E_k = \alpha_k + \beta_k \ln E + \sum_{j=0}^{85} \gamma_{k,j}\,Y_j + \varepsilon_k
\end{cases}
,(i = 1,2,\cdots,N; j = 0,5,\cdots,85)
$$

$$(12\text{-}1)$$

式(12-1)中,E 为家庭人均总支出,E_k 为第 k 个消费类型的平均支出,I 代表家庭人均纯收入。$Y_j = \sum_{i=1}^{N} D_{i,j}$,表示年龄为 j 的家庭成员数量。$D_{i,j}$ 是哑变量,表示家庭中第 i 个成员的年龄是否为 j。若第 i 个成员的年龄处于第 j 年龄组,则 $D_{i,j} = 1$。$j = 0,5,10,\cdots,85$,表示以 5 岁为间隔的年龄组,分别为 0—4 岁、5—9 岁、10—14 岁、$\cdots$、80 岁及以上;N 为家庭成员人数。a,b,c,d 和 $\alpha_k,\beta_k,\gamma_{k,j}$ 均表示待估参数,u 和 ε_k 为随机误差。

将式(12-1)进行改写,可估算第 j 岁年龄人口的人均总消费支出和对第 k 个消费类别的消费支出:

$$
\begin{cases}
\widetilde{E}_j = \exp(a + b\ln \bar{I} + c\,(\ln \bar{I}^2 + d_j) \\[2mm]
\widetilde{E}_{k,j} = \exp(\alpha_k + \beta_k \ln \bar{E} + \gamma_{k,j})
\end{cases}
\qquad (12\text{-}2)
$$

式(12-2)中,$\widetilde{E}_j$ 为第 j 年龄组成员的消费总支出,$\widetilde{E}_{k,j}$ 是位于第 j 年龄组成员购买第 k 个消费类型的消费支出。$\bar{I}$ 和 $\bar{E}$ 分别是不同年龄组的人均收入和人均支出。

本节选取了中国家庭金融调查 2015 年和中国居民收入调查 2018 年的居民收支数据,采用似不相关回归估计式(12-1),将估计参数代入式(12-2),

---

① Mankiw, N.G.; Weil, D.N., The Baby Boom, the Baby Bust, and the Housing Market, *Regional Science and Urban Economics*, Vol. 19, No.2, 1989.

得到相应年份不同城乡的不同年龄组在八大消费类型方面的消费支出。考虑到微观住户调查的家庭支出数据可能存在低报问题,为避免估计结果偏小,本节进一步运用国家统计局官方数据对模型结果进行校准。本节先将式(12-2)得到的 18 个年龄组的消费支出结构加权到三个年龄组,即 0—14 岁、15—64 岁和 65 岁及以上(老年人口组)。继而结合《中国统计年鉴》提供的人口年龄结构、城乡人均消费总量及八大类消费支出结构等信息,用微观住户调查数据库计算所得的不同年龄段的消费比例进行拆分,最终得到 2014 年和2021 年全国不同城乡的老年人口消费支出信息。

（二）老年人口消费的总体就业效应

老年人口消费驱动的就业规模不容忽视,其中城镇老年人口的就业效应最强(见表 12-4)。老年人口消费驱动的就业人数和标准化劳动投入分别从2014 年的 1737.15 万人和 2516.53 万人增长至 2021 年的 3788.99 万人和8649.46 万人。其中城镇地区老年人口消费的就业效应约是农村地区老年人口组的三倍,说明城镇地区老年人口不仅是重要的消费群体,更是促进就业市场发展和驱动经济增长的重要动力之一。从 2014 年到 2021 年,老年人口消费驱动的就业人数总量增加了 118.12%,标准化劳动投入总量增长了243.71%,说明老年人口消费对整个就业市场的影响正在逐步扩大。

表 12-4　2014 年和 2021 年老年人口八大消费类型驱动的
就业人数和标准化劳动投入

消费类型	2014 就业人数（万人）		2021 就业人数（万人）		2014 标准化劳动投入（万人）		2021 标准化劳动投入（万人）	
	农村	城镇	农村	城镇	农村	城镇	农村	城镇
食品烟酒	256.77	689.58	373.77	1148.10	321.61	863.71	811.56	2492.84
衣着	24.82	73.24	52.15	191.35	38.11	112.48	116.41	427.16
居住	31.85	117.01	95.58	386.50	56.22	206.55	232.86	941.67

续表

消费类型	2014 就业人数（万人）		2021 就业人数（万人）		2014 标准化劳动投入（万人）		2021 标准化劳动投入（万人）	
	农村	城镇	农村	城镇	农村	城镇	农村	城镇
生活用品及服务	24.45	66.88	64.62	224.84	39.18	107.17	145.41	505.96
交通通信	20.87	54.72	52.09	147.34	34.47	90.36	141.15	399.24
教育文化娱乐	31.38	89.20	68.59	273.87	55.32	157.23	162.77	649.90
医疗保健	53.01	163.85	132.88	472.76	90.51	279.79	303.63	1080.26
其他用品及服务	8.66	30.86	19.40	85.15	13.99	49.83	44.28	194.36
合计	451.81	1285.34	859.08	2929.91	649.41	1867.12	1958.07	6691.39

注:由笔者通过运用就业扩展的投入产出模型测算所得。

老年人口在食品烟酒、医疗保健两大类消费方面驱动的就业人数和标准化劳动投入规模较大(见表12-4)。从2014年到2021年,老年人口的食品烟酒消费驱动就业人数从946.35万人增长至1521.87万人,增长率达60.81%。老年人口在医疗保健消费方面引致的就业效应规模也较大,在2021年的就业人数为605.64万人,占总就业人数的比重为15.99%,比2014年的占比增长了3.51%,表明随着人口老龄化的加速和健康意识的提高,老年人口对医疗保健服务的需求不断增长,这不仅推动了医疗保健行业的就业机会,也凸显了医疗保健行业在消费领域中的就业潜力和增长空间。值得注意的是,从2014年到2021年,老年人口在居住、生活用品及服务两大消费类型方面消费驱动的就业人数增长率较快,分别为223.85%和216.94%,这可能与老年人口对生活质量的追求提升、对居住环境改善的需求增加以及对便利性生活用品和服务的依赖性增强有关。随着社会对老年人口的关怀和服务的重视,老年人口的消费模式正在发生变化,特别是在居家护理、智能生活辅助设备以及个性化养老服务等领域,为相关行业的就业提供了新的增长点。

人口老龄化主要驱动了批发业、零售业、商务服务业、农业、林业、餐饮业、房地产业和卫生等行业的就业(见表12-5)。老年人口消费驱动批发业和零售业的就业人数从2014年的595.38万人增加到2021年的1787.88万人(增长率为200.29%)。商务服务业、餐饮业和房地产业比较契合老年人的消费习惯,在2014年到2021年期间,相应行业的就业人数分别增加了200.30万人、117.60万人和66.81万人。农业和林业作为传统劳动密集型产业,为满足日益增长的老年人口农产品消费需求,吸纳了大量就业人员。随着老年人口数量增加,医疗卫生机构将面临严峻挑战,从事卫生行业的就业人数数量从2014年的22.27万人增加到2021年的68.81万人,增长率为208.98%,其标准化劳动投入从46.68万人增加到160.20万人,增长率为243.19%。

表12-5　2014年和2021年老年人口消费驱动行业层面的
就业人数和标准化就业投入

行业	2014年		2021年	
	就业人数(万人)	标准化劳动投入(万人)	就业人数(万人)	标准化劳动投入(万人)
批发业	285.42	467.35	972.41	2260.19
零售业	309.96	476.21	815.47	1732.78
商务服务业	58.93	115.52	259.23	647.32
林业	162.34	191.43	258.89	568.49
农业	408.37	431.57	232.50	430.10
农、林、牧、渔服务业	69.19	79.37	165.83	327.17
餐饮业	26.42	39.40	144.02	350.58
房地产业	34.03	62.75	100.84	239.56
畜牧业	40.40	41.75	78.74	160.06
卫生	22.27	46.68	68.81	160.20
软件和信息技术服务业	19.42	35.24	57.76	207.15

续表

行业	2014 年		2021 年	
	就业人数（万人）	标准化劳动投入（万人）	就业人数（万人）	标准化劳动投入（万人）
居民服务业	10.97	16.71	51.74	89.87
教育	16.90	34.26	46.87	111.22
住宿业	11.22	16.46	37.46	84.33
货币金融服务	15.57	32.65	34.46	100.85
电信、广播电视和卫星传输服务	25.48	44.97	27.46	100.81
计算机、通信和其他电子	11.88	18.62	26.08	61.46
其他服务业	4.55	6.98	24.20	46.91
道路运输业	10.55	13.97	22.27	47.15
电力、热力生产和供应业	10.73	22.86	21.57	58.34
上述行业合计	1554.61	2194.75	3446.61	7784.54
占总就业效应比重	89.49%	88.93%	91.83%	90.74%

注:由笔者通过运用就业扩展的投入产出模型测算所得。由于篇幅限制,仅展示就业效应排名前 20 的
　　行业。

　　随着数字信息技术的发展,越来越多的老年人逐渐接纳了线上消费模式,进而引领新兴产业的发展。在老年人消费需求的驱动下,软件和信息技术服务业,电信、广播电视和卫星传输服务及计算机、通信和其他电子行业的就业人数分别从 2014 年的 19.42 万人,25.48 万人和 11.88 万人增加到 2021 年的 57.76 万人,27.46 万人和 26.08 万人,增长率分别为 197.43%,7.77% 和 119.53%。上述结果表明庞大的老年人口群体旺盛的"数字化服务需求"应当得到数字信息产业的重视,是未来新经济增长点的重要抓手之一。

二、不同受教育程度的就业效应

（一）老年人口消费驱动的不同受教育程度就业人数

老年人口消费驱动的就业人数随着受教育程度的升高先增加后减少（见图 12-8）。普通初中组受老年人消费的驱动作用最为明显，其就业人数从 2014 年的 800.26 万人增加到 2021 年的 1497.88 万人，增长率为 87.17%，占就业人数总量的比接近 40%。高中阶段和普通小学的就业人数也受老年人口消费影响较大，在 2014 年相应的就业人数较为接近，分别为 316.73 万人和 325.66 万人，占总就业人数的比重分别为 18.43% 和 18.95%。而在 2021 年，老年人口消费驱动的高中阶段就业人数达到 808.47 万人，比普通小学就业人数多 303.15 万人。普通高职高专学校的就业人数增长速度最快（增速为

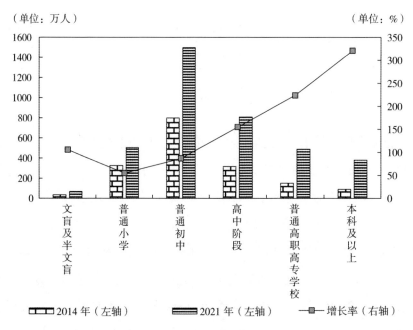

图 12-8　2014 年和 2021 年老年人口消费驱动的不同受教育程度就业人数

注：由笔者通过运用就业扩展的投入产出模型测算结果绘制所得。

224.30%),在 2014 年 151.30 万人的基础上增加到了 490.67 万人,持续逼近
2021 年普通小学组的就业人数。本科及以上组的就业人数在 2021 年达到
381.40 万人,是 2014 年就业人数的 4.21 倍。

老年人口消费驱动高学历就业人员的比重明显增加。从 2014 年到 2021
年,本科及以上、普通高职高专学校和高中阶段组的就业人数占比分别增加了
4.89%、4.27% 和 3.11%。而普通初中及以下学历组的就业人数比例均有所
下降,尤其是普通初中和普通小学学历的就业人员,其就业人数占比分别下降
了 6.66% 和 5.49%。这一变化既与中国高等教育培养体系初见成效有关,也
反映了老年人口消费转型对高素质人才需求的增加。

(二)老年人口消费驱动的不同受教育程度标准化劳动投入

老年人口消费驱动的标准化劳动投入对普通初中、高中阶段、普通高职高
专学校、本科及以上、普通小学和文盲及半文盲组的就业影响逐级递减(见图
12-9)。普通初中组的 2021 年的标准化劳动投入在 2014 年基础上增加了
3451.81 万人,为 4476.34 万人,占当年标准化劳动投入的 52.18%。高中阶
段组的标准化劳动投入受老年人消费的影响较大,其标准化劳动投入从 2014
年的 696.35 万人增加至 2021 年的 1489.98 万人,增长率为 113.97%。普通
小学、普通高职高专学校和本科及以上组的标准化劳动投入在 2014 年比较接
近,处于 214.46—286.87 万人。然而,到 2021 年,普通高职高专学校和本科
及以上组的标准化劳动投入大幅度增加,分别达到 1061.43 万人和
1253.51 万人,超过了同年份普通小学组标准化劳动投入的 3 倍。老年人
口消费驱动文盲及半文盲的标准化劳动投入占比不足 0.1%,其标准化劳动
投入从 2014 年的 2.51 万人减少至 2021 年的 1.95 万人。可见,老年人口
消费除对文盲及半文盲组以外的其他群体的标准化劳动投入均有正向促进
作用,对普通初中组的就业促进作用最为显著,同时影响效果也在向高学历
群体逐渐转移。

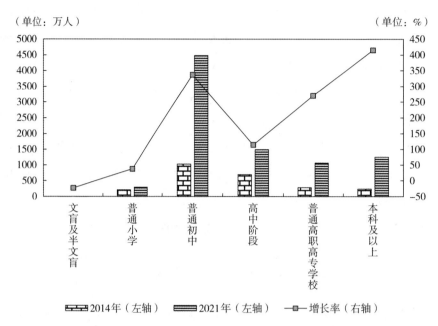

（单位：万人）　　　　　　　　　　　　　　　　　（单位：%）

█▓ 2014年（左轴）　　███ 2021年（左轴）　　■ 增长率（右轴）

图 12-9　2014 年和 2021 年老年人口消费驱动的不同受教育程度标准化劳动投入

注：由笔者通过运用就业扩展的投入产出模型测算结果绘制所得。

老年人口消费对不同受教育程度组的标准化劳动投入影响趋势具有差异性。从 2014 年到 2021 年，高学历就业人员的比例有所增加，具体体现在本科及以上、普通高职高专学校的就业人员，其标准化劳动投入占比分别增加了 4.75% 和 0.76%。普通初中组的标准化劳动投入占比较 2014 年呈现大幅度上升，增加了 10.66%。高中阶段、普通小学和文盲及半文盲组的标准化劳动投入占比出现了下降，尤其是高中阶段组的标准化劳动投入占比下降了 10.85%。上述结果表明落实九年义务教育政策和高素质人才培养方针，培养适合于老龄化社会生产结构的劳动力群体也是非常有必要的。

三、不同年龄段的就业效应

（一）老年人口消费驱动的不同年龄段就业人数

老年人口消费对就业的驱动力在不断增强，但对不同年龄段就业人数的驱动程度存在差异(见图 12-10)。2014 年,老年人口消费驱动的就业人数随着年龄的增长先增加后减少,其中 35—44 岁组的就业人数规模最大(451.78万人),比 25—34 岁和 45—54 岁组的就业人数分别多出 43.51 万人和 85.00万人。而在 2021 年,25—34 岁(977.54 万人)和 45—54 岁(939.84 万人)的就业人数在老年人口消费驱动下大幅增加,超过了 35—44 岁的就业人数。65 岁及以上组的就业人员增长率最高,达到 210.27%,其就业人数从 2014 年的 73.73 万人增加到了 2021 年的 228.77 万人。这可能是因医疗条件的改善和生活水平的提高,老年人的平均预期寿命延长,使得其在法定年龄退休后依然愿意工作,同时,产业结构转型也为老年人提供了更多灵活就业的选择。作为劳动力主力群体的 25—34 岁、35—44 岁和 45—54 岁的就业人员,老年人口消费扩张为这三组就业人员带来了较多就业机会,其对应的增长率分别为139.43%、93.47% 和 156.24%。

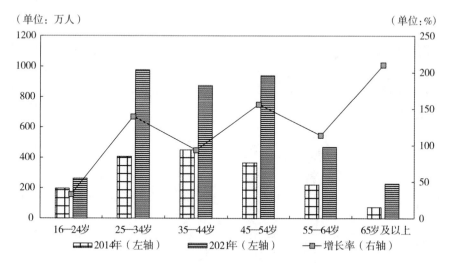

图 12-10　2014 年和 2021 年老年人口消费驱动的不同年龄段就业人数

注:由笔者通过运用就业扩展的投入产出模型测算结果绘制所得。

从 2014 年到 2021 年,老年人口消费对各年龄段就业人数结构的影响保持相对稳定。在 2014 年和 2021 年,三个主要工作年龄组(25—34 岁、35—44

岁和45—54岁)占就业人数总量的70%以上,并处于稳定状态。55—64岁就业人数占比虽有轻微下降,却依然保持在12%以上。65岁及以上组就业人数占比从2014年的4.29%增加到了6.10%。16—24岁的就业人数占比出现了明显下降,从2014年的11.49%下降了近5个百分点。上述结果表明,随着教育意识的广泛传播和教育质量的提高,越来越多的年轻就业人员倾向于提升自己的综合素质,而不是立即投身于职场。

(二)老年人口消费驱动的不同年龄段标准化劳动投入

老年人口消费对中青年年龄段的标准化劳动投入驱动作用较大(见图12-11)。2014年,35—44岁的标准化劳动投入受老年人口消费的影响最大,为869.71万人,依次为25—34岁年龄组(783.19万人)和45—54岁年龄组(537.58万人)。16—24岁的标准化劳动投入超过了55—64岁和65岁以上两个年龄组,为203.04万人。在2021年,老年人口消费依旧驱动了25—34岁、35—44岁和45—54岁三个年龄组的就业,其标准化劳动投入占比之和从

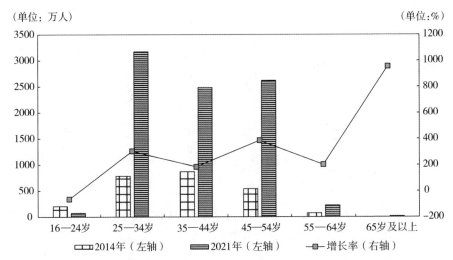

图12-11 2014年和2021年老年人口消费驱动的不同年龄段标准化就业投入
注:由笔者通过运用就业扩展的投入产出模型测算结果绘制所得。

2014 年的 88.76% 上升到 2021 年的 96.42%(8271.39 万人)。相比之下,16—24 岁的标准化劳动投入呈现明显下降趋势,其 2021 年的标准化劳动投入比 2014 年减少了 132.10 万人,该组标准化劳动投入占比也从 8.23% 骤减到 0.83%。此外,尽管 65 岁及以上组的标准化劳动投入增长率高达 954.93%,但其标准化劳动投入规模占比不足 0.2%。这表明老年人口的消费需求正成为中青年就业市场的强大驱动力。

本节研究表明,老年人口消费对就业具有重要的驱动作用,特别是城镇地区老年人口的消费,其就业效应是农村地区的近三倍。老年人口在食品烟酒和医疗保健方面的消费是驱动就业的主要领域,居住和生活用品及服务消费类型的就业人数增长率突出。行业层面上,老年人口消费显著推动了批发业、零售业、商务服务业等行业的就业,特别是数字化服务需求的增长,为软件和信息技术服务业等新兴产业提供了发展机遇。受教育程度方面,老年人口消费驱动的就业人数规模随着受教育程度的提高呈现先增后减的趋势,但高学历人才需求增加明显。年龄构成层面,老年人口消费对中青年群体的就业影响较大,尤其是 25—34 岁、35—44 岁和 45—54 岁三个年龄段,而 65 岁及以上组老年人口的就业人数增长率最高,说明老年人口健康和生活水平的提升也为老年人提供了更多就业机会。可见,老年人口消费不仅促进了就业市场的扩张,也推动了就业结构向第三产业和新兴服务业的转型。

总体而言,老年人口消费驱动的就业效应主要集中在第三产业和第一产业。老年人最终消费需求的规模扩大与质量提升,驱动批发和零售业、商务服务业、餐饮业和房地产业的就业人数居于前列。同时,它还极大地推动了传统劳动密集型行业(农业和林业)以及软件和信息技术服务业等新兴服务行业的发展,对我国就业市场产生了结构性变化。

本章深入探讨了消费的就业效应,尤其在数字经济和人口老龄化背景下的新趋势。研究表明,消费作为经济增长的主要引擎,对就业机会的创造具有决定性作用。从 1995 年至 2021 年,最终消费驱动的就业人数虽有波动,但整体呈现增长态势,反映出劳动力市场的适应性和消费需求的动态变化。特别是数字消费的兴起,不仅改变了传统消费模式,还为就业市场带来新特征和模式,如电子商务和在线教育等领域的快速发展,为具有数据分析和数字营销等特定技能的人才创造了大量的就业机会。同时,随着中国人口老龄化的加速,"银发经济"对消费潜力和就业驱动力的贡献日益明显,养老服务和健康产业的发展为就业市场注入了新动力。

进一步对按行业、教育程度和年龄段划分的就业人数和标准化劳动投入展开分析,以揭示消费驱动就业的多样性和复杂性。研究表明,制造业和服务业的就业人数及标准化劳动投入虽受宏观经济政策和市场变化的影响,但长期看仍保持增长。受教育程度方面,普通初中及以下学历的就业人数呈下降趋势,而本科及以上组的高学历人才需求则显著增加,反映出劳动力市场对高素质教育背景人才的偏好。在对年龄段的分析中,25—34 岁和 35—44 岁的中青年群体是劳动力市场的主力,同时老年人口的就业参与度也有所提升,表明延迟退休和寿命延长的社会趋势。总体而言,本章的研究不仅为理解消费与就业之间的复杂关系提供了实证分析结果,也为政府制定扩大内需和促进就业的政策提供了重要参考。

参 考 文 献

1. 白重恩、张琼：《中国生产率估计及其波动分解》，《世界经济》2015 年第 12 期。

2. 鲍宗豪、岳伟：《新中国 70 年城乡关系：历程、转变、启示》，《学术界》2019 年第 6 期。

3. 蔡博峰：《城市温室气体清单研究》，化学工业出版社 2009 年版。

4. 蔡博峰、王金南、杨姝影等：《中国城市 CO_2 排放数据集研究——基于中国高空间分辨率网格数据》，《中国人口·资源与环境》2017 年第 2 期。

5. 蔡昉：《中国就业统计的一致性：事实和政策涵义》，《中国人口科学》2004 年第 3 期。

6. 蔡昉：《中国劳动力市场发育与就业变化》，《经济研究》2007 年第 7 期。

7. 蔡跃洲、付一夫：《全要素生产率增长中的技术效应与结构效应——基于中国宏观和产业数据的测算及分解》，《经济研究》2017 年第 1 期。

8. 曹广忠、刘嘉杰、刘涛：《空气质量对中国人口迁移的影响》，《地理研究》2021 年第 1 期。

9. 陈斌开、陆铭、钟宁桦：《户籍制约下的居民消费》，《经济研究》2010 年第 S1 期。

10. 陈东景：《基于投入产出表的居民服务业宏观经济效应分析》，《统计与决策》2016 年第 9 期。

11. 陈东林：《三线建设——备战时期的西部开发》，中共中央党校出版社 2003 年版。

12. 陈海燕、黄报远：《东莞流动人口变化情况及其对经济发展的影响》，《湖南城市学院学报》2010 年第 1 期。

13. 陈珺：《流动人口社会经济效应分析》，《当代经济》2007 年第 6 期。

14. 陈梦根、侯园园：《中国行业劳动投入和劳动生产率：2000—2018》，《经济研究》2021 年第 5 期。

15. 陈明星、郭莎莎、陆大道：《新型城镇化背景下京津冀城市群流动人口特征与格局》，《地理科学进展》2018 年第 3 期。

16. 陈平：《劳动投入与生产率》，《数量经济技术经济研究》1996 年第 12 期。

17. 陈锡康、杨翠红：《投入产出技术》，科学出版社 2011 年版。

18. 陈云松、张翼：《城镇化的不平等效应与社会融合》，《中国社会科学》2015 年第 6 期。

19. 程虹：《管理提升了企业劳动生产率吗？——来自中国企业——劳动力匹配调查的经验证据》，《管理世界》2018 年第 2 期。

20. 程杰、尹熙：《流动人口市民化的消费潜力有多大？——基于新时期中国流动人口消费弹性估算》，《城市与环境研究》2020 年第 1 期。

21. 邓建清、周柳：《试论流动人口对广州市社会经济可持续发展的影响及对策》，《西北人口》2000 年第 4 期。

22. 翟振武、王宇、石琦：《中国流动人口走向何方？》，《人口研究》2019 年第 2 期。

23. 丁宪浩：《长三角地区两种人口流动模式比较分析》，《华东经济管理》2003 年第 6 期。

24. 杜威、樊胜岳：《城镇化进程中居民生活碳排放动态特征分析》，《生态经济》2016 年第 5 期。

25. 杜小敏、陈建宝：《人口迁移与流动对我国各地区经济影响的实证分析》，《人口研究》2010 年第 3 期。

26. 段成荣、孙玉晶：《我国流动人口统计口径的历史变动》，《人口研究》2006 年第 4 期。

27. 方福前：《中国居民消费潜力及增长点分析——基于 2035 年基本实现社会主义现代化的目标》，《经济学动态》2021 年第 2 期。

28. 付晓东：《付晓东自选集》，中国人民大学出版社 2017 年版。

29. 高敏雪、李静萍、许健：《国民经济核算原理与中国实践》，中国人民大学出版社 2016 年版。

30. 耿德伟：《改革开放以来的中国劳动力投入增长及未来发展趋势》，《发展研究》2014 年第 9 期。

31. 郭菊娥、邢公奇、李琦：《中国金融发展对经济增长影响效应的投入产出分析》，《管理评论》2004 年第 12 期。

32. 郭凯明、余靖雯、龚六堂：《人口政策、劳动力结构与经济增长》，《世界经济》

2013 年第 11 期。

33. 郭冉:《新中国成立 70 年人口流动的社会变迁》,《河南社会科学》2019 年第
9 期。

34. 国家发展改革委:《2018 年推进新型城镇化建设重点任务》,https://www.gov.
cn/xinwen/2018-03113/content_5273637.htm,2023。

35. 国家发展改革委:《2019 年新型城镇化建设重点任务》,https://www.gov.cn/
xinwen/2019-04/08/content_5380457.htm,2023。

36. 国家发展改革委:《2020 年新型城镇化建设和城乡融合发展重点任务》,
https://www.gov.cn/zhengce/zhengceku/2020--04/09/content_5500696.htm,2023。

37. 国家发展改革委:《2021 年新型城镇化建设和城乡融合发展重点任务》,
https://www.gov.cn/zhengce/zhengceku/2021-04/13/content_5599332.htm,2023。

38. 国家发展改革委:《中国行业企业温室气体排放核算方法与报告指南》,2013
年版。

39. 国家环境保护总局规划与财务司:《环境统计概论》,中国环境科学出版社
2001 年版。

40. 国家气候战略中心:《省级温室气体清单编制指南》,见 http://www.edcmep.org.
cn/tzh/ptfb/zcbz/,2024。

41. 国家统计局:《中国主要统计指标诠释(第 2 版)》,中国统计出版社 2013 年版。

42. 国家统计局:《2015 年全国 1% 人口抽样调查主要数据公报》,http://www.stats.
gov.cn/tjsj/zxfb/201604/t20160420_1346151.html。

43. 国家统计局:《中国国民经济核算体系 2016》,中国统计出版社 2017 年版。

44. 国家统计局:《第七次全国人口普查公报(第七号)——城乡人口和流动人口情
况》,《中国统计》2021 年第 5 期。

45. 国家统计局、中国标准化研究院:《国民经济行业分类(GB/T 4754—2017)》,
中国标准出版社 2017 年版。

46. 国家卫生和计划生育委员会:《2013 年调查技术手册》,2013 年版。

47. 国家卫生健康委员会:《中国流动人口发展报告 2018》,中国人口出版社 2018
年版。

48. 国务院发展研究中心课题组、刘世锦、陈昌盛等:《农民工市民化对扩大内需和
经济增长的影响》,《经济研究》2010 年第 6 期。

49. 郝千婷、黄明祥、包刚:《碳排放核算方法概述与比较研究》,《中国环境管理》
2011 年第 4 期。

50. 郝演苏、周佳璇、张建伟：《医疗保险、市民化与农业转移人口消费》，《经济社会体制比较》2022 年第 1 期。

51. 贺丹、黄匡时：《流动人口城市融合的碳排放效应》，《人口与社会》2017 年第 2 期。

52. 洪小良、尹德挺、马小红：《北京人口蓝皮书：北京人口发展研究报告（2018）》，社会科学文献出版社 2018 年版。

53. 呼倩、夏晓华、黄桂田：《中国产业发展的流动劳动力工资增长效应——来自流动人口动态监测的微观证据》，《管理世界》2021 年第 10 期。

54. 胡焕庸：《胡焕庸人口地理选集》，中国财政经济出版社 1990 年版。

55. 胡若痴：《城市化进程中流动人口消费问题探析》，《管理学刊》2012 年第 6 期。

56. 胡霞、丁浩：《子女随迁政策对农民工家庭消费的影响机制研究》，《经济学动态》2016 年第 10 期。

57. 户籍研究课题组：《现行户籍管理制度与经济体制改革》，《上海社会科学院学术季刊》1989 年第 3 期。

58. 黄祖辉、杨进、彭超等：《中国农户家庭的劳动供给演变：人口、土地和工资》，《中国人口科学》2012 年第 6 期。

59. 贾雪梅：《中国行业层面劳动投入测算》，《经济统计学（季刊）》2018 年第 2 期。

60. 蒋萍、刘丹丹、王勇：《SNA 研究的最新进展：中心框架、卫星账户和扩展研究》，《统计研究》2013 年第 3 期。

61. 蒋萍、王勇：《社会与人口核算教程》，中国统计出版社 2016 年版。

62. 经济合作与发展组织：《生产率测算手册　基于总量层次和产业层次生产率增长的测算》，科学技术文献出版社 2008 年版。

63. 雷明、敬晓清：《行业吸纳就业的能力研究——基于宁夏回族自治区的投入产出核算分析》，《统计研究》2004 年第 1 期。

64. 雷潇雨、龚六堂：《城镇化对于居民消费率的影响：理论模型与实证分析》，《经济研究》2014 年第 6 期。

65. 李跟强、潘文卿：《国内价值链如何嵌入全球价值链：增加值的视角》，《管理世界》2016 年第 7 期。

66. 李建强、赵西亮：《中国制造还具有劳动力成本优势吗》，《统计研究》2018 年第 1 期。

67. 李杰伟、陆铭：《城市人多添堵？——人口与通勤的实证研究和中美比较》，《世界经济文汇》2018 年第 6 期。

68. 李俊霞:《人口大规模流出对农村家庭结构的影响及对策研究——基于四川省的数据》,《农村经济》2017 年第 11 期。

69. 李善同:《2012 年中国地区扩展投入产出表:编制与应用》,经济科学出版社 2018 年版。

70. 李尚红、陶金:《人口流出对皖北地区经济增长影响的实证分析》,《中国高新技术企业》2015 年第 32 期。

71. 李寿德、柯大钢:《环境外部性起源理论研究述评》,《经济理论与经济管理》2000 年第 5 期。

72. 李天成、孟繁郁:《产业升级背景下农民工就业结构变化及影响因素研究》,《经济经纬》2020 年第 4 期。

73. 李通屏、成金华:《城市化驱动投资与消费效应研究》,《中国人口科学》2005 年第 5 期。

74. 李伟:《公共服务获得与居民消费——基于流动人口微观视角的分析》,《山西财经大学学报》2022 年第 7 期。

75. 李晓壮:《北京流动人口结构性特征及对策研究》,《北京社会科学》2017 年第 11 期。

76. 李晓壮:《北京流动人口的结构性特征:5 年回顾与展望》,《西北人口》2018 年第 2 期。

77. 李昕、关会娟:《各级教育投入、劳动力转移与城乡居民收入差距》,《统计研究》2018 年第 3 期。

78. 李昕、徐滇庆:《中国外贸依存度和失衡度的重新估算——全球生产链中的增加值贸易》,《中国社会科学》2013 年第 1 期。

79. 李秀婷、刘凡、吴迪等:《基于投入产出模型的我国房地产业宏观经济效应分析》,《系统工程理论与实践》2014 年第 2 期。

80. 李展、崔雪:《要素投入质量改善对中国 TFP 增长率的影响》,《华东经济管理》2021 年第 4 期。

81. 李志刚、陈宏胜:《城镇化的社会效应及城镇化中后期的规划应对》,《城市规划》2019 年第 9 期。

82. 联合国:《联合国:2019 年国际移民数量约 2.72 亿,占全球人口 3.5%》,https://news.un.org/zh/story/2019/09/1041612,2022。

83. 联合国等国际组织:《国民账户体系(2008)》,中国统计出版社 2012 年版。

84. 梁赛、王亚菲、徐明等:《环境投入产出分析在产业生态学中的应用》,《生态学报》2016 年第 22 期。

　　85. 梁中堂、翟胜明:《经济增长理论史研究(上)》,《经济问题》2004 年第 3 期。

　　86. 林素絮:《劳动力变动趋势对广东经济发展的影响研究》,《广东轻工职业技术学院学报》2014 年第 4 期。

　　87. 刘丹丹、吕文婧:《劳动投入法在国民经济核算中的应用》,《统计教育》2004 年第 1 期。

　　88. 刘国军:《试从环境人口容量看我国人口迁移对生态环境的影响》,《兰州教育学院学报》1992 年第 1 期。

　　89. 刘欢:《户籍管制、基本公共服务供给与城市化——基于城市特征与流动人口监测数据的经验分析》,《经济理论与经济管理》2019 年第 8 期。

　　90. 刘家强、刘昌宇、唐代盛:《新中国 70 年城市化演进逻辑、基本经验与改革路径》,《经济学家》2020 年第 1 期。

　　91. 刘晶茹、Glen P. Peters、王如松等:《综合生命周期分析在可持续消费研究中的应用》,《生态学报》2007 年第 12 期。

　　92. 刘明达、蒙吉军、刘碧寒:《国内外碳排放核算方法研究进展》,《热带地理》2014 年第 2 期。

　　93. 刘泮振:《投入产出技术的产生、发展和应用》,《经济经纬》1996 年第 5 期。

　　94. 刘起运:《投入产出分析》,中国人民大学出版社 2007 年版。

　　95. 刘睿雯、徐舒、张川川:《贸易开放、就业结构变迁与生产率增长》,《中国工业经济》2020 年第 6 期。

　　96. 刘涛、卓云霞、王洁晶:《邻近性对人口再流动目的地选择的影响》,《地理学报》2020 年第 12 期。

　　97. 刘卫东、陈杰、唐志鹏:《中国 2007 年 30 省区市区域间投入产出表编制理论与实践》,中国统计出版社 2012 年版。

　　98. 刘艺梅、杨锦秀、杨启智等:《基于熵权的农民工对流出地影响的模糊综合评价——以四川省为例》,《农业技术经济》2008 年第 4 期。

　　99. 刘铮:《我国沿海地区小城镇经济发展和人口迁移》,中国展望出版社 1990 年版。

　　100. 柳直勇、李雪晴、魏汉泽:《制度变革、劳动投入与中国农业发展》,《中国经济问题》2016 年第 1 期。

　　101. 龙琪琪、王道勇:《城市接纳农民工的社会效应分析》,《城市观察》2016 年第 5 期。

102. 娄伟:《情景分析理论与方法》,社会科学文献出版社 2012 年版。

103. 卢永军:《重庆市主城区流动人口对社会经济的影响》,《重庆三峡学院学报》2004 年第 2 期。

104. 陆继霞、汪东升、吴丽娟:《新中国成立 70 年来人口流动政策回顾》,《中国农业大学学报(社会科学版)》2019 年第 5 期。

105. 陆铭:《享受"规模红利"》,《上海国资》2017 年第 3 期。

106. 陆铭:《大城市的供给侧改革》,《金融市场研究》2017 年第 11 期。

107. 陆铭:《城市、区域和国家发展——空间政治经济学的现在与未来》,《经济学(季刊)》2017 年第 4 期。

108. 陆铭:《城市发展如何达到高效且包容》,《中国青年社会科学》2018 年第 1 期。

109. 陆益龙:《1949 年后的中国户籍制度:结构与变迁》,《北京大学学报(哲学社会科学版)》2002 年第 2 期。

110. 罗胜:《中国省域碳排放核算与责任分摊研究》,《上海经济研究》2016 年第 4 期。

111. 吕昭河:《人口流动的政治经济学含义》,《经济学动态》2012 年第 8 期。

112. 马丹、郁霞:《中国区域贸易增加值的特征与启示》,《数量经济技术经济研究》2021 年第 12 期。

113. 马双、赵文博:《方言多样性与流动人口收入——基于 CHFS 的实证研究》,《经济学(季刊)》2019 年第 1 期。

114. 马颖、何清、李静:《行业间人力资本错配及其对产出的影响》,《中国工业经济》2018 年第 11 期。

115. 马志飞、尹上岗、张宇等:《中国城城流动人口的空间分布、流动规律及其形成机制》,《地理研究》2019 年第 4 期。

116. 聂伟:《就业质量、生活控制与农民工的获得感》,《中国人口科学》2019 年第 2 期。

117. 潘浩然、林欣月、李锦等:《国际投入产出数据的新进展》,http://www.scces.cn/newsitem/278520012,2020。

118. 彭水军、张文城:《中国居民消费的碳排放趋势及其影响因素的经验分析》,《世界经济》2013 年第 3 期。

119. 邱东:《国民经济统计学》,高等教育出版社 2011 年版。

120. 盛来运:《农村劳动力流动的经济影响和效果》,《统计研究》2007 年第 10 期。

121. 石俊敏、张卓颖:《中国省区间投入产出模型与区际经济联系》,科学出版社2012年版。

122. 宋健:《泛珠三角人口流动对区域经济发展的影响》,《特区经济》2005年第11期。

123. 宋健:《中国流动人口的就业特征及其影响因素——与留守人口的比较研究》,《人口研究》2010年第6期。

124. 苏志霞:《流动人口的"消费"功能初探》,《消费经济》1999年第3期。

125. 孙峰华、李世泰、杨爱荣等:《2005年中国流动人口分布的空间格局及其对区域经济发展的影响》,《经济地理》2006年第6期。

126. 孙兢新:《跨世纪的中国人口(综合卷)》,中国统计出版社1990年版。

127. 孙伟增、邓筱莹、万广华:《住房租金与居民消费:效果、机制与不均等》,《经济研究》2020年第12期。

128. 唐聪聪、杨伟国、王非:《中国去产能政策的就业效应研究》,《宏观经济研究》2020年第6期。

129. 唐代盛、盛伟:《人口城市化、结构红利与时空效应研究——以劳动力市场效率为视角》,《中国人口科学》2019年第5期。

130. 唐琦、夏庆杰、李实:《中国城市居民家庭的消费结构分析:1995—2013》,《经济研究》2018年第2期。

131. 滕泽伟:《中国服务业绿色全要素生产率的空间分异及驱动因素研究》,《数量经济技术经济研究》2020年第11期。

132. 田友春、卢盛荣、靳来群:《方法、数据与全要素生产率测算差异》,《数量经济技术经济研究》2017年第12期。

133. 万川:《当代中国户籍制度改革的回顾与思考》,《中国人口科学》1999年第1期。

134. 王博峰、李富有、杨恒:《中国2007绿色能源投入产出表编制及应用分析》,《统计与信息论坛》2012年第8期。

135. 王涤、周少雄、彭伟斌:《试论浙江流动人口的社会效应及其对经济社会发展的影响》,《浙江社会科学》2004年第3期。

136. 王桂新:《中国人口分布与区域经济发展——一项人口分布经济学的探索研究》,华东师范大学出版社1997年版。

137. 王桂新:《新中国人口迁移70年:机制、过程与发展》,《中国人口科学》2019年第5期。

138. 王桂新、黄颖钰:《中国省际人口迁移与东部地带的经济发展:1995—2000》,《人口研究》2005 年第 1 期。

139. 王欢芳、张幸、贺正楚等:《战略性新兴产业全要素生产率测度及影响因素研究》,《中国软科学》2020 年第 11 期。

140. 王立军、胡耀岭、马文秀:《中国劳动质量与投入测算:1982—2050——基于偏好惯性视角的四维测算方法》,《中国人口科学》2015 年第 3 期。

141. 王曼:《北京务工型流动人口消费行为及策略选择》,《北京工商大学学报(社会科学版)》2004 年第 3 期。

142. 王培安:《把握新时代人口流动趋势 推动流动人口研究繁荣发展》,《人口研究》2019 年第 2 期。

143. 王世平、毛海涛、钱学锋:《城市规模、流动成本与异质性就业》,《中南财经政法大学学报》2015 年第 4 期。

144. 王恕立、滕泽伟、刘军:《中国服务业生产率变动的差异分析——基于区域及行业视角》,《经济研究》2015 年第 8 期。

145. 王韬、毛建新:《流动人口家庭与城镇家庭的消费差异——基于分位数回归的分析》,《人口与经济》2015 年第 4 期。

146. 王小鸽:《中国不同尺度能源消费二氧化碳排放时空演变分析》,西北农林科技大学 2019 年博士学位论文。

147. 王雪松、任胜钢、袁宝龙等:《城镇化、城乡消费比例和结构对居民消费间接 CO_2 排放的影响》,《经济理论与经济管理》2016 年第 8 期。

148. 王亚菲、贾雪梅、王春云:《中国行业层面就业核算研究》,《统计研究》2021 年第 12 期。

149. 王亚菲、王春云:《中国行业层面信息与通信技术资本服务核算》,《统计研究》2017 年第 12 期。

150. 王亚菲、王瑞、徐丽笑:《流动人口消费的就业效应——基于多区域投入产出视角》,《中国人口科学》2020 年第 2 期。

151. 王泳璇、朱娜、李锋等:《人口迁移视角下城镇化对典型领域碳排放驱动效应研究——以辽宁省为例》,《环境科学学报》2021 年第 7 期。

152. 王勇:《对社会与人口核算的再认识——基于 SSDS 与 SNA 的比较研究》,《统计研究》2016 年第 7 期。

153. 王长波、张力小、庞明月:《生命周期评价方法研究综述——兼论混合生命周期评价的发展与应用》,《自然资源学报》2015 年第 7 期。

154. 王直、魏尚进、祝坤福:《总贸易核算法:官方贸易统计与全球价值链的度量》,《中国社会科学》2015 年第 9 期。

155. 魏东霞、谌新民:《落户门槛、技能偏向与儿童留守——基于 2014 年全国流动人口监测数据的实证研究》,《经济学(季刊)》2018 年第 2 期。

156. 卫瑞、张文城:《中国外需隐含国内就业及其影响因素分析》,《统计研究》2015 年第 6 期。

157. 吴瑞君:《关于流动人口涵义的探索》,《人口与经济》1990 年第 3 期。

158. 夏怡然:《低工资水平下城市农民工的劳动供给模型》,《中国人口科学》2010 年第 3 期。

159. 夏怡然、陆铭:《跨越世纪的城市人力资本足迹——历史遗产、政策冲击和劳动力流动》,《经济研究》2019 年第 1 期。

160. 项莹、赵静:《中国省际高技术产业非竞争型投入产出表编制及应用研究》,《数量经济技术经济研究》2020 年第 1 期。

161. 谢伏瞻、马建堂、洪银兴等:《中国共产党与中国特色社会主义政治经济学——庆祝中国共产党成立一百周年笔谈》,《经济研究》2021 年第 6 期。

162. 徐国祥、陈海龙:《中国省区间人口投入产出表编制方法创新及实证研究》,《统计研究》2019 年第 4 期。

163. 徐杰、王宏伟、李平:《我国创新型国家建设面临的挑战——基于东中西部地区科技进步的差异研究》,《经济问题探索》2016 年第 2 期。

164. 习近平:《决胜全面建成小康社会 夺取新时代中国特色社会主义伟大胜利——在中国共产党第十九次全国代表大会上的报告》,人民出版社 2017 年版。

165. 徐丽笑:《中国城市碳排放核算方法及应用研究——以京津冀城市群为例》,北京师范大学 2019 年博士学位论文。

166. 许宪春、李善同:《中国区域投入产出表的编制与分析(1997 年)》,清华大学出版社 2008 年版。

167. 闫雪凌、朱博楷、马超:《工业机器人使用与制造业就业:来自中国的证据》,《统计研究》2020 年第 1 期。

168. 严超、常志霄:《中国省际劳动力迁移对地区经济增长的影响研究——基于 1995—2005 年数据的实证分析》,《经济科学》2011 年第 6 期。

169. 阎蓓:《流动人口及其社会经济效应探微》,《人口战线》1995 年第 4 期。

170. 阳立高、谢锐、贺正楚等:《劳动力成本上升对制造业结构升级的影响研究——基于中国制造业细分行业数据的实证分析》,《中国软科学》2014 年第 12 期。

171. 杨光勇、计国君:《构建基于三重底线的绿色供应链:欧盟与美国的环境规制比较》,《中国工业经济》2011 年第 2 期。

172. 杨慧梅、江璐:《数字经济、空间效应与全要素生产率》,《统计研究》2021 年第 4 期。

173. 杨菊华:《流动人口(再)市民化:理论、现实与反思》,《吉林大学社会科学学报》2019 年第 2 期。

174. 杨汝岱:《中国制造业企业全要素生产率研究》,《经济研究》2015 年第 2 期。

175. 杨选梅、葛幼松、曾红鹰:《基于个体消费行为的家庭碳排放研究》,《中国人口·资源与环境》2010 年第 5 期。

176. 杨应满、张盛、陈素英:《人口外流对韶关经济发展的影响》,《南方人口》2003 年第 3 期。

177. 杨云彦:《中国人口迁移与发展的长期战略》,武汉出版社 1994 年版。

178. 叶文平、李新春、陈强远:《流动人口对城市创业活跃度的影响:机制与证据》,《经济研究》2018 年第 6 期。

179. 尹德挺:《超大城市人口调控困境的再思考》,《中国人口科学》2016 年第 4 期。

180. 尹志超、刘泰星、张诚:《农村劳动力流动对家庭储蓄率的影响》,《中国工业经济》2020 年第 1 期。

181. 应益华:《三重底线报告——政府财务报告未来的发展方向》,《华东经济管理》2012 年第 6 期。

182. 余钱:《河南省农业劳动力转移对经济社会影响的分析》,《江西农业学报》2012 年第 1 期。

183. 余泳泽、潘妍:《中国经济高速增长与服务业结构升级滞后并存之谜——基于地方经济增长目标约束视角的解释》,《经济研究》2019 年第 3 期。

184. 虞晓红:《经济增长理论演进与经济增长模型浅析》,《生产力研究》2005 年第 2 期。

185. 袁志刚、解栋栋:《中国劳动力错配对 TFP 的影响分析》,《经济研究》2011 年第 7 期。

186. 岳希明:《我国现行劳动统计的问题》,《经济研究》2005 年第 3 期。

187. 岳希明、任若恩:《测量中国经济的劳动投入:1982 — 2000 年》,《经济研究》2008 年第 3 期。

188. 张德英、张丽霞:《碳源排碳量估算办法研究进展》,《内蒙古林业科技》2005

年第 1 期。

189. 张国初:《中国产业部门劳动投入的度量与分析》,《数量经济技术经济研究》1992 年第 1 期。

190. 张国初、陈平、李军等:《建立中国劳动投入数据库系统初探》,《数量经济技术经济研究》1991 年第 9 期。

191. 张海峰、林细细、梁若冰等:《城市生态文明建设与新一代劳动力流动——劳动力资源竞争的新视角》,《中国工业经济》2019 年第 4 期。

192. 张红霞、夏明、苏汝劼等:《中国时间序列投入产出表的编制:1981 — 2018》,《统计研究》2021 年第 11 期。

193. 张华初、刘胜蓝:《失业风险对流动人口消费的影响》,《经济评论》2015 年第 2 期。

194. 张建华、郑冯忆、高达:《中国劳动力转移对全要素生产率增长的影响》,《中国人口科学》2020 年第 6 期。

195. 张磊:《黑龙江省人口流出及其影响研究》,吉林大学 2019 年博士学位论文。

196. 张力:《流动人口对城市的经济贡献剖析:以上海为例》,《人口研究》2015 年第 4 期。

197. 张立明、马勇:《流动人口对武汉城市建设和发展的影响与对策研究》,《南方人口》1996 年第 4 期。

198. 张庆五:《关于人口迁移与流动人口概念问题》,《人口研究》1988 年第 3 期。

199. 张腾飞、杨俊、盛鹏飞:《城镇化对中国碳排放的影响及作用渠道》,《中国人口·资源与环境》2016 年第 2 期。

200. 张亚军、干春晖、郑若谷:《生产性服务业与制造业的内生与关联效应——基于投入产出结构分解技术的实证研究》,《产业经济研究》2014 年第 6 期。

201. 张志明、代鹏、崔日明:《中国增加值出口贸易的就业效应及其影响因素研究》,《数量经济技术经济研究》2016 年第 5 期。

202. 张钟文、叶银丹、许宪春:《高技术产业发展对经济增长和促进就业的作用研究》,《统计研究》2017 年第 7 期。

203. 赵敏、张卫国、俞立中:《上海市居民出行方式与城市交通 CO_2 排放及减排对策》,《环境科学研究》2009 年第 6 期。

204. 赵楠:《劳动力流动与产业结构调整的空间效应研究》,《统计研究》2016 年第 2 期。

205. 赵毅:《流动人口对社会经济发展的主要影响》,《今日财富》第二届今日财富论坛论文集,2016年,第42篇。

206. 赵永春:《关于"人口迁移"、"移民"及其相关概念》,《史学集刊》2012年第2期。

207. 郑怡林、陆铭:《大城市更不环保吗?——基于规模效应与同群效应的分析》,《复旦学报(社会科学版)》2018年第1期。

208. 钟契夫、邵汉卿:《投入产出分析的应用和发展》,《教学与研究》1979年第3期。

209. 周崇经等:《中国人口(新疆分册)》,中国财政经济出版社1990年版。

210. 周国富:《如何更准确地统计劳动投入总量——试析SNA关于劳动投入核算的若干指导性意见》,《统计教育》2002年第1期。

211. 周明海、金樟峰:《长期居住意愿对流动人口消费行为的影响》,《中国人口科学》2017年第5期。

212. 周南南、孙绪换:《分享经济就业核算理论与方法探讨》,《统计与决策》2020年第7期。

213. 周平、王黎明:《中国居民最终需求的碳排放测算》,《统计研究》2011年第7期。

214. 周申、李春梅:《工业贸易结构变化对我国就业的影响》,《数量经济技术经济研究》2006年第7期。

215. 朱铭来、史晓晨:《医疗风险、医疗保险与流动人口消费》,《江西财经大学学报》2017年第4期。

216. 朱勤、魏涛远:《中国人口老龄化与城镇化对未来居民消费的影响分析》,《人口研究》2016年第6期。

217. 朱韵洁、贺浩亮:《流动人口的经济效应及其政策建议》,《经济与管理》2009年第4期。

218. Acemoglu, D., Autor, D., Dorn, D., et al., Import Competition and the Great Us Employment Sag of the 2000S, *Journal of Labor Economics*, Vol. 34, No.S1, 2016.

219. Ahmed, K., The Sheer Scale of China's Urban Renewal and Co_2 Emissions: Multiple Structural Breaks, Long-Run Relationship, and Short-Run Dynamics, *Environmental Science and Pollution Research International*, Vol. 23, No.16, 2016.

220. Alsamawi, A., Mcbain, D., Murray, J., et al., Social Impacts of International Trade On the Chinese Transport Sector: Social Impacts of Trade On the Chinese Transport Sector, *Journal of Industrial Ecology*, Vol. 20, No.3, 2016.

221. Alsamawi, A., Murray, J., Lenzen, M., The Employment Footprints of Nations Uncovering Master-Servant Relationships, *Journal of Industrial Ecology*, Vol. 18, No.1, 2014.

222. Bodvarsson, Ö. B., Van den Berg, H. F., Lewer, J. J., Measuring Immigration's Effects On Labor Demand: A Reexamination of the Mariel Boatlift, *Labour Economics*, Vol. 15, No.4, 2008.

223. Cai, B., Guo, H., Cao, L., et al., Local Strategies for China's Carbon Mitigation: An Investigation of Chinese City - Level CO_2 Emissions, *Journal of Cleaner Production*, Vol. 178, 2018.

224. Cai, J., Jiang, Z., Changing of Energy Consumption Patterns From Rural Households to Urban Households in China: An Example From Shaanxi Province, China, *Renewable & Sustainable Energy Reviews*, Vol. 12, No.6, 2008.

225. Cao, M., Kang, W., Cao, Q., et al., Estimating Chinese Rural and Urban Residents' Carbon Consumption and its Drivers: Considering Capital Formation as a Productive Input, *Environment, Development and Sustainability*, Vol. 22, No.6, 2020.

226. Chen, B., Lu, M., Zhong, N., How Urban Segregation Distorts Chinese Migrants' Consumption? *World Development*, Vol. 70, 2015.

227. Chen, G., Shan, Y., Hu, Y., et al., Review On City - Level Carbon Accounting, *Environmental Science Technology*, Vol. 53, No.10, 2019.

228. Chen, G., Wiedmann, T., Wang, Y., et al., Transnational City Carbon Footprint Networks-Exploring Carbon Links Between Australian and Chinese Cities, *Applied Energy*, Vol. 184, 2016.

229. Chen, G., Zhu, Y., Wiedmann, T., et al., Urban - Rural Disparities of Household Energy Requirements and Influence Factors in China: Classification Tree Models, *Applied Energy*, Vol. 250, 2019.

230. Chen, X., Why Do Migrant Households Consume so Little? *China Economic Review*, Vol. 49, 2018.

231. Commoner, B., *The Closing Circle: Nature, Man, and Technology*, New York: Bantam Books Inc, 1971.

232. Commoner, B., The Closing Circle' Response, *Bulletin of the Atomic Scientists*, Vol. 28, No.5, 1972.

233. Denison, E. F., "Measurement of Labor Input: Some Questions of Definition and the Adequacy of Data", 1961.

234. Dietzenbacher, E., Los, B., Stehrer, R., et al., The Construction of World Input – Output Tables in the Wiod Project, *Economic Systems Research*, Vol. 25, No.1, 2013.

235. Ding, N., Liu, J., Kong, Z., et al., Life Cycle Greenhouse Gas Emissions of Chinese Urban Household Consumption Based On Process Life Cycle Assessment: Exploring the Critical Influencing Factors, *Journal of Cleaner Production*, Vol. 210, 2019.

236. Ehrlich, P., Holdren, J., *Impact of Population Growth in Population, Resources and the Environment*, Washington: US Government Printing Office, 1972.

237. Elkington, J., *Cannibals with Forks: The Triple Bottom Line of 21St Century Business*, Oxford: Capstone, 1997.

238. Fahey, R., *Learning From the Future: Competitive Foresight Scenarios*, New York: John Wiley & Sons, 2009.

239. Fan, J., Liao, H., Tang, B., et al., The Impacts of Migrant Workers Consumption On Energy Use and CO_2 Emissions in China, *Natural Hazards*, Vol. 81, No.2, 2016.

240. Franco, S., Mandla, V. R., Ram Mohan Rao, K., Urbanization, Energy Consumption and Emissions in the Indian Context a Review, *Renewable & Sustainable Energy Reviews*, Vol. 71, 2017.

241. Fry, J., Lenzen, M., Jin, Y., et al., Assessing Carbon Footprints of Cities Under Limited Information, *Journal of Cleaner Production*, Vol. 176, 2018.

242. Grollop, F., Jorgenson, D., Us Productivity Growth by Industry, 1947–73 National Bureau of Economic Research, Inc, 1980.

243. Gao, C., Tao, S., He, Y., et al., Effect of Population Migration On Spatial Carbon Emission Transfers in China, *Energy Policy*, Vol. 156, 2021.

244. Godet, M., The Art of Scenarios and Strategic Planning: Tools and Pitfalls, *Technological Forecasting & Social Change*, Vol. 65, No.1, 2000.

245. Gómez Tello, A., Murgui García, M. J., Sanchis Llopis, M. T., Exploring the Recent Upsurge in Productivity Disparities Among European Regions, *Growth and Change*, Vol. 51, No.4, 2020.

246. Grau, H. R., Aide, T. M., Are Rural – Urban Migration and Sustainable Development Compatible in Mountain Systems? *Mountain Research and Development*, Vol. 27, No.2, 2007.

247. Griliches, Z., Measuring Inputs in Agriculture: A Critical Survey, *Journal of Farm Economics*, Vol. 42, No.5, 1960.

248. Hägerstrand, T., On the Definition of Migration., *Finnish Yearbook of Population Research*, Vol. 11, 1969.

249. Han, G., Structural Transformation and its Implications for the Chinese Economy, *Pacific Economic Review*, Vol. 25, No.3, 2020.

250. Herman, K., Wiener, A. J., *The Year* 2000: *a Framework for Speculation On the Next Thirty-Three Years*, New York: The Macmillan Company, 1967.

251. Jorgenson, D.W., Ho, M. S., The Quality of the U.S. Work Force 1948–1995, 1999.

252. Hoekstra, R., van den Bergh, J., Structural Decomposition Analysis of Physical Flows in the Economy, *Environmental & Resource Economics*, Vol. 23, No.3, 2002.

253. Hu, Y., Su, M., Wang, Y., et al., Food Production in China Requires Intensified Measures to be Consistent with National and Provincial Environmental Boundaries, *Nature Food*, Vol. 1, No.9, 2020.

254. Huang, Q., Chen, G., Wang, Y., et al., Modelling the Global Impact of China's Ban On Plastic Waste Imports, *Resources, Conservation and Recycling*, Vol. 154, 2020.

255. ILO, "Report Ⅱ: Measurement of Working Time", 2008.

256. ILO, "Measuring the Economically Active in Population Censuses: A Handbook", 2012.

257. ILO, "Resolution Concerning Statistics of Work, Employment and Labour Underutilization", 2013.

International Monetary Fund, Organization for Economic Co-operation and Development, United Nations Conference on Trade, Development and World Trade Organization, Handbook on Measuring Digital Trade, Second Edition, https://www.oecd-ilibrary.org/trade/handbook-on-measuring-digital-trade-second-edition_ac99e6d3-en, 2024.

258. IPCC, "2006 Ipcc Guidelines for National Greenhouse Gas Inventories.", 2006.

259. IUSSP, Multilingual Demographic Dictionary, http://www.demopaedia.org/tools/? Dictonary-generator, 2024。

260. Ivanova, D., Wood, R., The Unequal Distribution of Household Carbon Footprints in Europe and its Link to Sustainability, *Global Sustainability*, Vol. 3, 2020.

261. Jin, Y., Wang, H., Wang, Y., et al., Material Footprints of Chinese Megacities, *Resources, Conservation and Recycling*, Vol. 174, 2021.

262. Jorgenson, D. W., *Productivity and Economic Growth*, Chicago: University of

Chicago Press,1991.

263. Jorgenson, D. W., Fukao, K., Timmer, M. P., *The World Economy: Growth Or Stagnation?* Cambridge, United Kingdom: Cambridge University Press, 2016.

264. Jorgenson, D. W., Gollop, F. M., Fraumeni, B. M., *Productivity and U.S. Economic Growth*, New York: Harvard University Press, 1987.

265. Jorgenson, D. W., Ho., M. S., Samuels, J. D., *Educational Attainment and the Revival of U.S. Economic Growth*, Chicago: University of Chicago Press, 2019.

266. Jorgenson, D. W., Griliches, Z., The Explanation of Productivity Change, *The Review of Economic Studies*, Vol. 34, No.3, 1967.

267. Jorgenson, D. W., Schreyer, P., Industry-Level Productivity Measurement and the 2008 System of National Accounts, *The Review of Income and Wealth*, Vol. 59, No.2, 2013.

268. Kerr, S. P., Kerr, W., Oezden, C., et al., Global Talent Flows, *The Journal of Economic Perspectives*, Vol. 30, No.4, 2016.

269. Khan, K., Su, C., Tao, R., et al., Urbanization and Carbon Emission: Causality Evidence From the New Industrialized Economies, *Environment, Development and Sustainability*, Vol. 22, No.8, 2020.

270. Lee, J., Song, E., Kwak, D. W., Aging Labor, Ict Capital, and Productivity in Japan and Korea, *Journal of the Japanese and International Economies*, Vol. 58, 2020.

271. Lenzen, M., Structural Path Analysis of Ecosystem Networks, *Ecological Modelling*, Vol. 200, No.3, 2007.

272. Lenzen, M., Moran, D., Kanemoto, K., et al., Building Eora: A Global Multi-Region Input-Output Database at High Country and Sector Resolution, *Economic Systems Research*, Vol. 25, No.1, 2013.

273. Leontief, W. W., Quantitative Input and Output Relations in the Economic Systems of the United States, *The Review of Economics and Statistics*, Vol. 18, No.3, 1936.

274. Leontief, W. W., Input-Output Economics, *Scientific American*, Vol. 185, No.4, 1951.

275. Leontief, W., Environmental Repercussions and the Economic Structure: An Input-Output Approach, *The Review of Economics and Statistics*, Vol. 52, No.3, 1970.

276. Li, C., Surplus Rural Laborers and Internal Migration in China: Current Status and Future Prospects, *Asian Survey*, Vol. 36, No.11, 1996.

277. Liu, Z., Geng, Y., Lindner, S., et al., Uncovering China's Greenhouse Gas Emission

From Regional and Sectoral Perspectives, *Energy*, Vol. 45, No.1, 2012.

278. Liu, Z., Yu, L., Stay Or Leave? The Role of Air Pollution in Urban Migration Choices, *Ecological Economics*, Vol. 177, 2020.

279. Lucas, R. E., On the Mechanics of Economic Development, *Journal of Monetary Economics*, Vol. 22, No.1, 1988.

280. Maddison, A., Chinese Economic Performance in the Long Run, 960−2030 Ad, *The Economic History Review*, Vol. 64, No.4, 2008.

281. Malik, A., Lenzen, M., Geschke, A., Triple Bottom Line Study of a Lignocellulosic Biofuel Industry, *GCB Bioenergy*, Vol. 8, No.1, 2016.

282. Malik, A., Mcbain, D., Wiedmann, T. O., et al., Advancements in Input−Output Models and Indicators for Consumption−Based Accounting, *Journal of Industrial Ecology*, Vol. 23, No.2, 2019.

283. Mankiw, N.G.; Weil, D.N., The Baby Boom, the Baby Bust, and the Housing Market, *Regional Science and Urban Economics*. Vol. 19, No.2, 1989.

284. Matthews, H. S., Small, M. J., Extending the Boundaries of Life−Cycle Assessment through Environmental Economic Input−Output Models, *Journal of Industrial Ecology*, Vol. 4, No.3, 2000.

285. Meng, B., Zhang, Y., Inomata, S., Compilation and Applications of Ide−Jetro's International Input−Output Tables, *Economic Systems Research*, Vol. 25, No.1, 2013.

286. Merciai, S., Schmidt, J., Methodology for the Construction of Global Multi−Regional Hybrid Supply and Use Tables for the Exiobase V3 Database: Methodology of Mr−Hsuts for the Exiobase Database, *Journal of Industrial Ecology*, Vol. 22, No.3, 2018.

287. Mi, Z., Zheng, J., Meng, J., et al., Economic Development and Converging Household Carbon Footprints in China, *Nature Sustainability*, Vol. 3, No.7, 2020.

288. Miller, R. E., Blair, P. D., *Input−Output Analysis: Foundations and Extensions*, Cambridge, UK: Cambridge University Press, 2009.

289. Moses, L. N., The Stability of Interregional Trading Patterns and Input−Output Analysis, *The American Economic Review*, Vol. 45, No.5, 1955.

290. Nadim, A., Norihiko, Y., "The Oecd Input−Output Database: 2006 Edition", 2006.

291. Narayanan, G. B., Walmsley, T. L., "Global Trade, Assistance, and Production: The Gtap7 Data Base, Center for Global Trade Analysis", 2008.

292. Newman, M. E. J., The Structure and Function of Complex Networks, *SIAM review*,

Vol. 45,No.2,2003.

293. Nomura,K., Amano,T., "Labor Productivity and Quality Change in Singapore: Achievements in 1974-2011 and Prospects for the Next Two Decades",2012.

294. OECD, *Measuring Productivity: Measurement of Aggregate and Industry - Level Productivity Growth*,Paris:Paris:OECD publishing,2001.

295. OECD,"Eurostat Manual of Supply,Use and Input-Output Tables,Luxembourg: Office for Official Publications of the European Communities",2008.

296. Organization for Economic Co-operation and Development, OECD Handbook on Compiling Digital Supply and Use Tables, https://www. oecd. org/en/publications/oecd-handbook-on-compiling-digital-supply-and-use-tables_11a0db02-en.html, 2024.

297. Pak, M., Poissonnier, A., "Accounting for Technology, Trade and Final Consumption in Employment:An Input-Output Decomposition", *IDEAS Working Paper Series from RePEc*,2016.

298. Qi,W., Li,G.,Residential Carbon Emission Embedded in China's Inter-Provincial Population Migration,*Energy Policy*,Vol. 136,2020.

299. Rafiq,S.,Nielsen,I., Smyth,R.,Effect of Internal Migration On the Environment in China,*Energy Economics*,Vol. 64,2017.

300. Robertson, K. W., Benchmarking the Current Employment Statistics Survey: Perspectives On Current Research,*Monthly Labor Review*,Vol. 2017,No.11,2017.

301. Rosa,E. A., Dietz,T.,Climate Change and Society-Speculation,Construction and Scientific Investigation,*International Sociology*,Vol. 13,No.4,1998.

302. qRybakovsky, L. L., On Specifying the Notion of 'Population Migration', *Sotsiologicheskie Issledovaniia*,No.12,2016.

303. Sakai,M.,Owen,A., Barrett,J.,The Uk's Emissions and Employment Footprints: Exploring the Trade-Offs,*Sustainability*,Vol. 9,No.7,2017.

304. Santos, J. R., Haimes, Y. Y., Modeling the Demand Reduction Input-Output (I-O) Inoperability Due to Terrorism of Interconnected Infrastructures, *Risk Analysis*, Vol. 24,No.6,2004.

305. Schulze,P. C.,I=Pbat,*Ecological Economics*,Vol. 40,No.2,2002.

306. Schwerdt, G., Turunen, J., Growth in Euro Area Labor Quality, *The Review of Income and Wealth*,Vol. 53,No.4,2007.

307. Schwerdt, G., Turunen, J., Labor Quality Growth in Germany, *Economics Letters*,

Vol. 108, No. 3, 2010.

308. Selin, C., Trust and the Illusive Force of Scenarios, *Futures*, Vol. 38, No. 1, 2006.

309. Shan, Y. L., Guan, D. B., Zheng, H. R., et al., Data Descriptor: China CO$_2$ Emission Accounts 1997—2015, *Scientific Data*, Vol. 5, 2018.

310. Shi, G., Lu, X., Deng, Y., et al., Air Pollutant Emissions Induced by Population Migration in China, *Environmental Science & Technology*, Vol. 54, No. 10, 2020.

311. Shi, Y., Wang, H., Shi, S., Relationship Between Social Civilization Forms and Carbon Emission Intensity: A Study of the Shanghai Metropolitan Area, *Journal of Cleaner Production*, Vol. 228, 2019.

312. Simas, M. S., Golsteijn, L., Huijbregts, M., et al., The "Bad Labor" Footprint: Quantifying the Social Impacts of Globalization, *Sustainability*, Vol. 6, No. 11, 2014.

313. Simas, M., Wood, R., Hertwich, E., Labor Embodied in Trade: The Role of Labor and Energy Productivity and Implications for Greenhouse Gas Emissions, *Journal of Industrial Ecology*, Vol. 19, No. 3, 2015.

314. Song, K., Qu, S., Taiebat, M., et al., Scale, Distribution and Variations of Global Greenhouse Gas Emissions Driven by U.S. Households, *Environment International*, Vol. 133, No. part A, 2019.

315. Sridhar, K. S., Urbanization and Carbon Emissions in India and China, *Environment and Urbanization Asia*, Vol. 9, No. 2, 2018.

316. Stadler, K., Steen-Olsen, K., Wood, R., The 'Rest of the World'—Estimating the Economic Structure of Missing Regions in Global Multi-Regional Input-Output Tables, *Economic Systems Research*, Vol. 26, No. 3, 2014.

317. Stadler, K., Wood, R., Bulavskaya, T., et al., Exiobase 3: Developing a Time Series of Detailed Environmentally Extended Multi-Regional Input-Output Tables: Exiobase 3, *Journal of Industrial Ecology*, Vol. 22, No. 3, 2018.

318. Steen-Olsen, K., Wood, R., Hertwich, E. G., The Carbon Footprint of Norwegian Household Consumption 1999—2012, *Journal of Industrial Ecology*, Vol. 20, No. 3, 2016.

319. Suh, S., Lenzen, M., Treloar, G. J., et al., System Boundary Selection in Life-Cycle Inventories Using Hybrid Approaches, *Environmental Science & Technology*, Vol. 38, No. 3, 2004.

320. Ten Raa, T., *The Economics of Input-Output Analysis*, Cambridge: Cambridge University Press, 2006.

321. Timmer, M. P., Dietzenbacher, E., Los, B., et al., An Illustrated User Guide to the World Input-Output Database: The Case of Global Automotive Production: User Guide to World Input-Output Database, *Review of International Economics*, Vol. 23, No.3, 2015.

322. UNEP, "Element for Policies for Sustainable Consumption", 1994.

323. UNEP, "Scenario Development and Analysis, Geo Resource Book - a Training Manual On Integrated Environmental Assessment and Reporting", 2007.

324. UNEP, "Emissions Gap Report 2019", 2019.

325. van Ark, B., Jager, K., Recent Trends in Europe's Output and Productivity Growth Performance at the Sector Level, 2002-2015, *International Productivity Monitor*, No.33, 2017.

326. Vita, G., Lundström, J. R., Hertwich, E. G., et al., The Environmental Impact of Green Consumption and Sufficiency Lifestyles Scenarios in Europe: Connecting Local Sustainability Visions to Global Consequences, *Ecological Economics*, Vol. 164, 2019.

327. Waggoner, P. E., Ausubel, J. H., A Framework for Sustainability Science: A Renovated Ipat Identity, *Proceedings of the National Academy of Sciences*, Vol. 99, No. 12, 2002.

328. Wang, M., Cai, B., A Two-Level Comparison of CO_2 Emission Data in China: Evidence From Three Gridded Data Sources, *Journal of Cleaner Production*, Vol. 148, 2017.

329. Wang, X., Chen, S., Urban-Rural Carbon Footprint Disparity Across China From Essential Household Expenditure: Survey - Based Analysis, 2010 - 2014, *Journal of Environmental Management*, Vol. 267, 2020.

330. Wang, Y. F., An Industrial Ecology Virtual Framework for Policy Making in China, *Economic Systems Research*, Vol. 29, No.2, 2017.

331. Wang, Y. F., Geschke, A., Lenzen, M., Constructing a Time Series of Nested Multiregion Input-Output Tables, *International Regional Science Review*, Vol. 40, No.5, 2017.

332. Wang, Y., Liang, S., Carbon Dioxide Mitigation Target of China in 2020 and Key Economic Sectors, *Energy policy*, Vol. 58, 2013.

333. Wang, Z., Shang-Jin, W., Yu, X., et al., "Re-Examining the Effects of Trading with China On Local Labor Markets: A Supply Chain Perspective", *NBER Working Paper Series*, 2018.

334. Wei, J., Li, Z., Li, K., et al., Full-Coverage Mapping and Spatiotemporal Variations of Ground-Level Ozone (O_3) Pollution From 2013 to 2020 Across China, *Remote Sensing of Environment*, Vol. 270, 2022.

335. Wiebe, K. S., Bruckner, M., Giljum, S., et al., Carbon and Materials Embodied in the International Trade of Emerging Economies, *Journal of Industrial Ecology*, Vol. 16, No. 4, 2012.

336. Wiedmann, T., A Review of Recent Multi-Region Input-Output Models Used for Consumption-Based Emission and Resource Accounting, *Ecological Economics*, Vol. 69, No. 2, 2009.

337. Wiedmann, T., Lenzen, M., Turner, K., et al., Examining the Global Environmental Impact of Regional Consumption Activities—Part 2: Review of Input-Output Models for the Assessment of Environmental Impacts Embodied in Trade, *Ecological Economics*, Vol. 61, No. 1, 2007.

338. Wiedmann, T., Barrett, J., A Review of the Ecological Footprint Indicator—Perceptions and Methods, *Sustainability*, Vol. 2, No.6, 2010.

339. Wiedmann, T., Lenzen, M., Environmental and Social Footprints of International Trade, *Nature Geoscience*, Vol. 11, No.5, 2018.

340. Wiedmann, T., Minx, J., A Definition of "Carbon Footprint", *Ecological Economics Research Trends*, Vol. 2, 2010.

341. Wu, H., Yue, X., Zhang, G. G., "Constructing Annual Employment and Compensation Matrices and Measuring Labor Input in China", 2015.

342. Wu, H., Yue, X., "Accounting for Labor Input in Chinese Industry, 1949-2009", 2012.

343. Xiao, Y. Y., Lenzen, M., Benoit-Norris, C., et al., The Corruption Footprints of Nations, *Journal of Industrial Ecology*, Vol. 22, No.1, 2018.

344. Xiao, Y., Norris, C. B., Lenzen, M., et al., How Social Footprints of Nations Can Assist in Achieving the Sustainable Development Goals, *Ecological Economics*, Vol. 135, 2017.

345. Xu, L., Chen, G., Wiedmann, T., et al., Supply-Side Carbon Accounting and Mitigation Analysis for Beijing-Tianjin-Hebei Urban Agglomeration in China, *Journal of Environmental Management*, Vol. 248, 2019.

346. Yao, X., Kou, D., Shao, S., et al., Can Urbanization Process and Carbon Emission Abatement be Harmonious? New Evidence From China, *Environmental Impact Assessment Review*, Vol. 71, 2018.

347. Ye, L., Robertson, P. E., How Important was Labor Reallocation for China's

Growth? A Skeptical Assessment, *The Review of Income and Wealth*, Vol. 64, No.4, 2018.

348. Young, A., Gold Into Base Metals: Productivity Growth in the People's Republic of China During the Reform Period, *Journal of Political Economy*, Vol. 111, No.6, 2003.

349. Zhang, C., Cao, X., Ramaswami, A., A Novel Analysis of Consumption – Based Carbon Footprints in China: Unpacking the Effects of Urban Settlement and Rural–to–Urban Migration, *Global Environmental Change*, Vol. 39, 2016.

350. Zhang, Y., Yi, W., Li, B., The Impact of Urbanization On Carbon Emission: Empirical Evidence in Beijing, *Energy Procedia*, Vol. 75, 2015.

351. 350.Zheng, B., Zhang, Q., Tong, D., et al., Resolution Dependence of Uncertainties in Gridded Emission Inventories: A Case Study in Hebei, China, *Atmospheric Chemistry and Physics*, Vol. 17, No.2, 2017.

352. Zheng, H. R., Meng, J., Mi, Z. F., et al., Linking City–Level Input–Output Table to Urban Energy Footprint: Construction Framework and Application, *Journal of Industrial Ecology*, Vol. 23, No.4, 2019.

353. Zheng, H. R., Tobben, J., Dietzenbacher, E., et al., Entropy – Based Chinese City–Level Mrio Table Framework, *Economic Systems Research*, Vol. 34, No.4, 2022.

354. Zheng, H., Zhang, Z., Wei, W., et al., Regional Determinants of China's Consumption–Based Emissions in the Economic Transition, *Environmental Research Letters*, Vol. 15, No.7, 2020.

策划编辑：郑海燕
责任编辑：高　旭
封面设计：石笑梦
版式设计：胡欣欣
责任校对：周晓东

图书在版编目（CIP）数据

中国流动人口消费效应与就业核算研究 ／ 王亚菲，
王瑞，贾雪梅著. -- 北京 ： 人民出版社，2024. 10.
ISBN 978－7－01－026788－3

Ⅰ. F126.1

中国国家版本馆 CIP 数据核字第 20248985B7 号

中国流动人口消费效应与就业核算研究

ZHONGGUO LIUDONG RENKOU XIAOFEI XIAOYING YU JIUYE HESUAN YANJIU

王亚菲　王瑞　贾雪梅　著

人民出版社 出版发行

（100706　北京市东城区隆福寺街 99 号）

中煤（北京）印务有限公司印刷　新华书店经销

2024 年 10 月第 1 版　2024 年 10 月北京第 1 次印刷
开本：710 毫米×1000 毫米 1/16　印张：24. 75
字数：350 千字

ISBN 978－7－01－026788－3　定价：125. 00 元

邮购地址 100706　北京市东城区隆福寺街 99 号
人民东方图书销售中心　电话 （010）65250042　65289539